易學典籍選刊

周易述

上

〔清〕惠　棟　撰
鄭萬耕　點校

附　易漢學　易例

中華書局

圖書在版編目(CIP)數據

周易述/(清)惠棟撰;鄭萬耕點校.—北京:中華書局,
2007.9(2025.3 重印)
附:易漢學、易例
ISBN 978-7-101-02739-6

Ⅰ.周…　Ⅱ.①惠…②鄭…　Ⅲ.周易-研究
Ⅳ.B221.5

中國版本圖書館 CIP 數據核字(2007)第 145269 號

封面題簽:劉宗漢
封面設計:王銘基
責任印製:管　斌

周　易　述
附:易漢學　易例
(全二册)
〔清〕惠　棟　撰
鄭萬耕　點校

*

中華書局出版發行
(北京市豐臺區太平橋西里 38 號　100073)
http://www.zhbc.com.cn
E-mail:zhbc@zhbc.com.cn
北京建宏印刷有限公司印刷

*

850×1168 毫米 1/32・23⅛印張・4 插頁・416 千字
2007 年 9 月第 1 版　2025 年 3 月第 7 次印刷
印數:8601-9100 册　定價:110.00 元

ISBN 978-7-101-02739-6

目錄

易漢學

點校説明

惠棟（一六九七——一七五八年）字定宇，號松崖，元和（今江蘇蘇州）人。其曾祖父惠有聲，以九經教授鄉里；其祖父惠周惕、父惠士奇俱精於經學，著述頗豐。惠棟自幼篤志向學，日夜攻讀。於經、史、諸子、稗官野乘及七經毖緯之學，乃至小學、六書，無不涉獵，撰著甚夥。所著皆發揚家學之風，篤守古學，其言並有依據，力矯空疏説經之弊。

惠棟於易學，造詣尤爲深邃。所撰周易述二十三卷，以荀爽、虞翻爲主，而參以鄭玄、宋咸、干寶諸家之説，自爲注而疏之。一切唯漢易是從，不敢有所立異與創新。雖爲未完之書，然漢儒之學絶千五百餘年，至此而復明，於易亦不爲無功。易例二卷，本亦其周易述目録所列之書，乃鎔鑄漢儒舊説，以發明易之本例，實即其論易諸家之發凡。所撰易漢學八卷，拾掇孟喜、虞翻、京房、荀爽緒論，鉤稽考證，使學者得以略見漢易之門徑。其末篇附以己意，則闡發漢易之理，以辨正河圖、洛書、先天、太極之學。實亦與周易述相發明。故輯爲一書，以見大凡。

此次點校，以文淵閣四庫全書本（簡稱四庫本）爲底本，周易述用皇清經解本（簡稱經解本）參校；易漢學、易例用皇清經解續編本（簡稱續編本）參校。校勘中凡改正錯謬，删減衍文，增補文句，均出注予以説明。一般筆誤、形誤、避諱之字，以及不常見的異體字，圖表中之錯謬，則隨手改正，不再予以説明。惠氏此書所徵引之古籍甚多，其中有原文照録者，有中間删略者，有偶爾脱落一二文字者等等。此次點校時，引文（疏中小字注除外）均用引號標出，以清眉目。引文中脱落之文字，除個別與理解文義關係重大者補正，並出注説明外，一般不作校補。對引文中由於作者所用版本而造成與通行本之不同，則一仍其舊。書後擇要附録了有關文獻，以備參考。

整理易學古籍，是一件很有意義而又十分艱巨的工作。由於才力和學識的限制，錯謬疏漏，實所多有，懇切希望專家師友和讀者同志們不吝賜教。

鄭萬耕

一九九〇年六月

周易述

周易述卷一

周易上經

䷀八純卦，象天，消息四月。

乾。元亨利貞。注：元，始；亨，通；利，和；貞，正也。乾初爲道本，故曰元。息至二，升坤五，乾坤交，故亨。乾六爻二、四、上匪正，坤六爻初、三、五匪正。「乾道變化，各正性命。保合大和，乃利貞。」傳曰：利貞，剛柔正而位當也。**疏**：繫上曰：大衍之數五十，其用四十有九。分而爲二以象兩，掛一以象三，揲之以四以象四時，歸奇于扐以象閏。又繫下曰：易有太極，是生兩儀。兩儀生四象，四象生八卦。虞翻注云：兩儀，乾坤也。庖犧幽贊于神明而生蓍，演三才五行而爲大衍之數五十，其一太極，故用四十有九，即蓍之數也。太極生兩儀，故分而爲二以象兩。又分天象爲三才，故掛一以象三。播五行于四時，故揲之以四以象四時。乾坤之筴當期之日，以閏月定四時成歲，故歸奇于扐以象閏。所謂兩儀生四象也。四營而成易，十有八變而成卦，是生八卦而小成。所謂四象生八卦也。引信三才至萬有一千五百二十，而六十四卦備矣。此聖人作八卦之事也。乾坤陰陽之本，故首乾坤。元，始；亨，通；利，和；貞，正。子夏義也。元，始。釋詁文。亨者，乾坤交也。乾天坤地，天地交爲泰。序卦曰：泰者，通也。故知亨爲通也。說文曰：利從刀，和然後利。從和省。文言曰：利者，義之和也。又曰：利物足以和義。故知利爲和也。貞，正也者，師彖傳文。乾初，謂初九也。初，始也。元亦始也。何休注公羊曰：元者，氣也，天地之始。故傳曰：大哉乾元，萬物資始。說文曰：元從一。故春秋一年稱元年。說文又曰：唯初大始，道立於一，造分天地，化生萬物。董子對策曰：謂一爲元者，視大始而欲正本。是乾初爲道本，故曰元也。初九注云：大衍之數虛一不用，謂此爻。故謂之道本。乾坤，消息之卦，乾息坤消。息至二當升坤五，爲天子，乾坤交通，故亨。經凡言亨者，皆謂乾坤交也。乾六爻二、四、上匪正，坤六爻初、三、五匪正，虞翻義也。二、四、上以陽居陰，初、三、五以陰居陽，故皆不正。乾變坤化，六爻皆正，故各正性命。乾爲性，巽爲命也。乾坤合德，六爻和會，故保合太和。正即貞，和即利，故乃利貞。傳曰：利貞，剛柔正而位當也者，既濟彖傳文。六爻皆正，故剛柔正而位當。經凡言利貞者，皆爻當位，或變之正，或剛柔相易。經惟既濟一卦六爻正而得位，故云剛柔正而位當。乾用九、坤用六成既濟定。中庸所謂「致中和，天地位焉，萬物育焉」是也。此聖人作易之事也。

初九，潛龍勿用。**注**：易逆數也。氣從下生，以下爻爲始。乾爲龍，陽藏在下，故曰潛龍。其初難知，故稱勿用。大衍之數虛一不用，謂此爻也。九二，見龍在田，利見大人。**注**：坤爲田，大人謂天子。二升坤五，下體离，离爲見，故曰見龍在田。羣陰應之，故曰利見大人。九三，君子終日乾乾，夕惕若夤，厲无咎。**注**：三于三才爲人道，有乾德而在人道，君子之象。惕，懼；夤，敬；厲，危也。离爲日，坤爲夕。以乾接乾，故曰乾乾。四變坎爲惕，乾爲敬，故夕惕若夤。三多凶，故厲。因時而惕，故无咎。俗本脫「夤」，今從古。九四，或躍在淵，无咎。**注**：躍，上也。淵謂初。四失位，故上躍居五者，欲下居坤初，求陽之正，故无咎。九五，飛龍在天，利見大人。**注**：五體离，离爲飛，五在天，故曰飛龍在天。二變應之，故利見大人。虞氏謂：文王書經，繫庖犧于乾五，造作八卦，備物致用，以利天下，天下之所利見是也。**上九，忼龍有悔。****注**：窮高曰忼。陽極于上，當下之坤三，失位无應，窮不知變，故有悔。**用九，****注**：九、六者，爻之變，坤爲用，發揮于剛柔而生爻，立地之道，故稱用也。**見羣龍无首，吉。****注**：羣龍，六龍也。時乘六龍以御天，故曰見羣龍。乾爲首，坤下承之，故无首，吉。象曰：「天德不可爲首也。」**疏**：易逆至爻也。説卦云：易逆數也。注云：易氣從下生，故云逆數。繫上曰：錯綜其數。虞翻彼注云：逆上曰錯。卦從下升，故曰錯綜其數。乾鑿度曰：易氣從下生。鄭玄注云：易本無形，自微及著，故氣從下生，以下爻爲始是也。乾爲龍，九家説卦文。乾之所以取象於龍者，管子曰：伏闇能存而能亡者，蓍龜與龍是也。龜生於水，發之於火，於是爲萬物先，爲禍福正。龍生於水，被五色而游，故神。欲小則化如蠶蠋，欲大則藏於天下，欲上則陵於雲氣，欲下則入於深泉。變化無日，上下無時，謂之神。龜與龍，伏闇能存而能亡者也。若然，乾之取象于龍，以其能變化也。荀子曰：變化代興謂之天德。天德，元也。天之元兼五色，故龍被五色。文言曰：潛龍勿用，下也。又曰：陽氣潛藏。故曰潛龍。其初難知，下繫文。初尚微，故難知。荀爽注「大衍之數五十」云：乾初九潛龍勿用，故用四十九。初九，元也，即太極也。太極函三爲一，故大衍之數虚一不用耳。若然，用九之義，六龍皆御，而初獨不用者，但易有六位，乾稱六龍，六位之成，六龍之御，皆有其時，初當潛隱，故稱勿用。然萬物所資始，王位在德元，以一持萬，以元用九，吾道之貫，天下之治，皆是物也。坤爲至大人。此荀爽義也。與坤旁通，坤土稱田。釋言曰：土，田也。太玄曰：觸地而田之。故曰坤爲田也。許慎五經異義曰：易孟、京説有君人五號：帝，天稱也；王，美稱也；天子，爵號，三也；大君者，與上行異，四也；大人者，聖明德備，五也。其説本乾鑿度。是大人與天子同在五號之中，故云大人謂天子。王肅謂聖人在位之目，義亦同也。九二陽不正，故當升坤五，五降二體离。説卦曰：相見乎离。故离爲見。二升坤田，故見龍在田。坤羣陰應之，故利見大人也。

三于至之象。　此鄭玄義也。五爻皆有龍象，三獨稱君子者，以易有三才，三于三才爲人道。文言曰：君子行此四德者，故曰乾元亨利貞。是君子爲有乾德，而在人道者。經凡言君子，皆謂九三也。

惕懼至從古。　惕，懼。鄭義也。説文曰：夤，敬惕也。文言曰：雖危无咎。故知厲爲危也。离爲日，坤爲夕，虞翻義也。虞以陽息至三，二變成离，离爲日。繫上曰：剛柔者，晝夜之道也。荀彼注云：乾爲晝，坤爲夜。説文：夜從夕。襄十三年春秋傳曰：窀夕之事。杜預注云：夕，夜也。是夕與夜同義，故知坤爲夕也。三與外體接，以乾接乾，故曰乾乾。荀氏謂承乾行乾，義亦同也。坎爲惕，乾爲敬，亦虞義也。説卦曰：坎爲加憂。故爲惕。乾爲天。周語曰：言敬必及天。又曰：象天能敬。韋昭注云：象天之敬，乾乾不息。故知乾爲敬也。寅本訓敬，今從夕，敬不衰于夕，夕惕之象。俗本皆脱「夤」字。説文夕部引易曰：夕惕若夤。案，許慎叙曰：其偁易，孟氏古文也。是古文易有「夤」字。虞翻傳其家五世孟氏之學，以乾有夤敬之義，故其注易以乾爲敬。俗本脱「夤」，今從古增入也。

躍上至无咎。　此荀義也。躍，上，廣雅文。荀以地下稱淵，故謂淵爲初。四本陰位，故非上躍居五者，即欲下居坤初。五與初皆陽之正位，故文言曰：上下无常，非爲邪也。荀氏易例：乾在二者，當上升坤五；在四者，當下居坤初；在上者，居坤三。坤在五者，當下居乾二；在三者，居乾上；在初者，居乾四。如是則爻皆得位。乾四當居初，今以或躍爲居五者。案，干寶注此經云：初九，復也；九二，臨也；九三，泰也；九四，大壯也；九五，夬也；上九，乾也。坤初六，遘也；六二，遯也；六三，否也；六四，觀也；六五，剥也；上六，坤也。消息十二卦，實乾坤十二爻。九四體大壯，經云：藩决不羸，壯于大轝之腹，謂居五也。是四亦有居五之義矣。

五體至是也。　説文釋龍曰：春分而登天，秋分而潛淵。陽息至五體夬，夬三月卦，龍已登天，故有是象。四變五體离。説卦曰：离爲雉。郭璞洞林曰：离爲朱雀。是离有飛鳥之象。故曰飛。五于三才爲天道，又天位也，故飛龍在天。此上虞義也。二已變，正應五，故利見大人。乾鑿度曰：三畫已下爲地，四畫已上爲天。物感以動，類相應也。動於地之中則應於天之中，動於地之上則應於天之上。初以四，二以五，三以上，此之謂應。是言六爻相應之義也。易重當位，其次爲應，故象傳言應者十有七卦。六十四卦之中，有當位而應者，有當位而不應者，有不當位而應者。若皆陰皆陽，謂之敵應。艮象傳所謂上下敵應，不相與也。今乾二五敵應，而稱利見大人者，乾用九，坤用六，乾二升五而應坤，坤五降二而應乾，故皆云利見大人。例諸他卦，或兩爻敵應，亦得變而相應也。虞氏以卦辭、爻辭皆文王所作，庖犧德合乾五，故繫於九五。冠禮記曰：天下无生而貴者。天問曰：登立爲帝，孰道尚之。王逸注云：言伏羲始作八卦，修行道德，萬民登以爲帝，誰開道而尚之。是伏羲亦自下升也。象曰：大人造也。文言曰：聖人作而萬物覩。聖人作，是造作八卦也。萬物覩，是利見大人也。窮高至有悔。窮高曰抗，王肅義也。抗，高也，極也。故曰窮高。陽極于上，當下之坤三，此九家義也。荀氏例亦如此。九居上爲失位，應在三，三陽爻，故無應。繫下曰：易窮則變。窮不知變，猶言知進而不知退也，故有悔。京房易積算曰：静爲悔，發爲貞。是有悔爲不變之義也。

九六至用也。乾鑿度曰：陽動而進，變七之九；陰動而退，變八之六。是九六者，爻之變也。坤，陰消之卦，起遘終乾，萬物成熟，成熟則給用，故坤爲用。六畫稱爻，庖犧分天象爲三才，以地兩之爲六畫。爻有剛柔，故發揮于剛柔而生爻。立地之道曰柔與剛，剛柔地道，故稱用也。

羣龍至首也。乾六爻皆龍，故曰羣龍。是羣龍即六龍也。荀注九二見龍云：見者，居其位。是見羣龍亦謂六龍皆居天位也。但龍之潛、見、惕、躍、飛、抗，各有其時，是以象傳、文言皆云：時乘六龍以御天。六龍乘時御天，即用九見羣龍之義也。乾爲首，説卦文。乾位天德，坤下承之，故无首，吉。漢書張竦曰：德无首者，褎不檢。義與此同。引象傳者，明坤不可爲天德之首也。樂出于易，易之乾坤十二爻，即樂之十二律也。周語伶州鳩論六律六吕之義曰：爲之六間，以揚沈伏，而黜散越也；元間大吕，助宣物也。韋昭注云：六間六吕在陽律之間。吕，陰律，所以侣；間，陽律，成其功。十二月大吕，坤六四也。元，一也。陰繫於陽，以黄鐘爲主，故曰元間以陽爲首。不名其初，臣歸功於上之義也。是言陰无首，以陽爲首，與用九之義同也。

䷁ 八純卦，象地，消息十月。

坤。元亨。**注：**乾流坤形，坤凝乾元，終亥出子，品物咸亨。故元亨。利牝馬之貞。君子有攸往。**注：**坤爲牝，乾爲馬。陰順于陽，故利牝馬之貞。乾來據坤，故君子有攸往。先迷後得主，利。**注：**坤爲迷。消剥艮爲迷復，故先迷。震爲主。反剥爲復體震，故後得主，利。西南得朋，東北喪朋。安貞吉。**注：**爻辰初在未，未西南陰位，故得朋。四在丑，丑東北陽位，故喪朋。地闢于丑位在未，未衝丑爲地正，承天之義也。故安貞吉。虞氏説此經以納甲云：此易道陰陽消息大要也。謂陽月三日變而成震，出庚；至月八日成兑，見丁。庚西丁南，故西南得朋，謂二陽爲朋。故兑，君子以朋友講習。彖曰：「乃與類行。」二十九日消乙入坤，滅藏于癸。乙東癸北，故東北喪朋，謂之以坤滅乾，坤爲喪也。**疏：**乾流至元亨。此虞義也。坤爲形，乾之坤成坎，坎水流坤，是乾流坤形也。坤消乾自初，初爲元。坤初六傳曰：陰始凝也。是坤凝乾元也。坤終于亥，出乾初子，陰陽氣通，品物咸亨，故元亨。坤爲至攸往。坤爲牝，九家説卦文。乾爲馬，説卦文。坤，順也，故爲牝。乾，健也，故爲馬。以陰順陽。傳曰：柔順利貞。故利牝馬之貞也。凡卦辭、爻辭言利者，繫下云：變動以利言，故乾坤變動皆言利也。君子謂陽，陰順于陽，陽來據坤初、三、五之位，故君子有攸往也。坤爲至主利。坤爲迷，九家說卦文。剥上體艮，消剥爲坤。剥上九曰：小人剥廬。虞注云：上變滅艮，坤陰迷亂，故小人剥廬。是消剥爲迷復，先迷之象也。序卦曰：主器者莫若長子，故受之以震。是震爲主也。剥窮上反下爲復，故反剥。復初體震，震爲主，故後得主，乃利也。爻辰至故也。此劉歆義。歆說詳三統歷也。爻辰者，謂乾坤十二爻所值之辰。乾貞于十一月子，間時而治六辰；坤貞于六月未，亦間時而治六辰。乾左行，坤右行。十一月子，乾初九也；十二月丑，坤六四也；正月寅，乾九二也；二月卯，坤六五也；三月辰，乾九三也；四月巳，坤上六也；五月午，乾九四也；六月未，坤初六也；七月申，乾九五也；八月酉，坤六二也；九月戌，乾上九也；十月亥，坤六三也。二卦十二爻而朞一歲。鄭氏說易專用爻辰十二律，取法于此焉。坤初六在未，未值西南，又坤之位，故得朋。六四在丑，丑值東北，陽位，故喪朋。漢書天文志曰：東北，地事天位是也。子爲天正，丑爲地正，初在未，四在丑，地正適其始，衝氣相通也。衝，猶對也。淮南天文曰：其對爲衝，天開於子，地闢於丑，承天之義。漢楊震疏曰：臣聞師言：坤者陰精，當安静承陽。彖傳注謂安于承天之正是也。注釋得喪，正以坤之卦爻皆有承天之義，則此得朋、喪朋，當指坤之一卦而言，故用劉氏之說，獨以爻辰釋之。後世王弼、崔憬之徒，舍坤象之卦爻，廣求之于方位，尋其歸趣，雖强附于得喪，未見承天之象。今既刊落俗說，唯是易含萬象，所託多塗。虞氏說經，獨見其大，故兼采之以廣其義。虞以易道在天，八卦三爻已括大要，故以得朋、喪朋爲陰陽消息之義。謂月三日之暮，震象出于庚方，至月八日二陽成兑，見于丁方。生明于庚，上弦于丁，庚西丁南，故西南得朋。謂兑二陽同類爲朋。又兩口對，有朋友講習之象。傳曰乃與類行是也。十五日乾體盈甲，十六日旦，消乾成巽在辛，二十三日成艮在丙，二十九日消乙入坤，滅藏于癸。乙東癸北，故東北喪朋。坤消乾喪于乙，故坤爲喪也。

初六，履霜，堅冰至。**注**：初爲履。霜者，乾之命也。初當之乾四，履乾命令，而成堅冰也。六二，直方，大，不習，无不利。**注**：乾爲直，坤爲方，故曰直方。陽動直，而大生焉，故曰大。習，重也，與襲通。春秋傳曰：「卜不襲，吉。」三動坎爲習，坤善六二，故不習，无不利。六三，含章，可貞。或從王事，无成有終。**注**：貞，正也。以陰包陽，故含章。三失位，發得正，故可貞。乾爲王，坤爲事，三之上，終乾事，故或從王事，无成有終，文言曰：「地道无成，而代有終也。」六四，括囊，无咎无譽。**注**：括，結也。謂泰反成否，坤爲囊，艮爲手，巽爲繩，故括囊。在外多咎，得位承五，繫于包桑，故无咎。陰在二多譽，今在四，故无譽。六五，黄裳，元吉。**注**：坤爲裳。黄，中之色。裳，下之飾。五當之乾二，而居下中，故曰黄裳。降二承乾，陰陽位正，故元吉。上六，龍戰于野，其血玄黄。**注**：消息坤在亥，亥乾之位，爲其兼于陽也，故稱龍。戰者，接也。説卦曰：「戰乎乾。乾，西北之卦。」稱野。陰陽相薄，故有是象。血，以喻陰也。玄黄，天地之雜，言乾坤合居也。用六，利永貞。**注**：永，長也。陰利居正，承陽則永，故用六利永貞。京氏謂「六偶承奇」是也。**疏**：初爲至冰也。爻例：初爲足，爲趾，爲拇。履，踐也。足所以踐，故初爲履。霜者，乾之命也已下，九家義也。乾居西北之地，爲寒爲冰，是霜與冰皆是乾氣加坤而成者。故曰霜者，乾之命也。劉向鴻範五行傳曰：九月陰，至五通於天位，其卦爲剥，剥落萬物，始大殺矣。明陰從陽命，臣受君令，而後殺也。若然，坤之消乾，皆順乾命而成者。故文言曰：蓋言順也。君子疾其末則正其本，易繫此爻正以示戒。　乾爲至不利。　與乾旁通，乾爲直，坤爲方，九家説卦文。繫上曰：乾，其動也直。故乾爲直。文言曰：坤，至静而德方。虞氏云：陰開爲方。故坤爲方。陽動直而大生，陰動闢而廣生。方有廣義，故云直方大。習者，重襲，故與襲通。春秋傳者，哀十年傳文。禮表記曰：卜筮不相襲。鄭注大司徒云：故書襲爲習。是習爲古文襲。習吉，猶重吉也。士喪禮曰：筮者三人。公羊傳曰：求吉之道三，故經有初筮、原筮之文。不習者，言不煩再筮也。坎爲習，虞義也。三可貞，動體坎，故坎爲習。乾坤二卦唯九五、六二爲天地之中，陰陽之正，故云坤善六二，不習，无不利也。　貞正至終也。此虞義也。貞，正也。釋見上。荀氏云：六三陽位，下有伏陽，故以陰包陽。以六居三爲失位。象曰：以時發。故云發得正也。荀氏例：坤三當之乾上。蓋六三、九四不中不正，故彖象二傳言不當位者，獨詳于此二爻，三凡十四卦，四凡八卦也。説卦曰：乾爲君。又曰：乾以君之。故乾爲王。坤致役，故爲事。荀子曰：主道知人，臣道知事。坤臣道，故坤爲事。京房曰：陰爲事也。三爲三公，得從王事。乾立于巳，爻辰上六亦在巳，故云三之上，終乾事。又引文言爲證也。　括結至无譽。此虞義也。括，結。廣雅文。説文曰：括，絜也。絜與結古文通。故鄭注大學曰：絜猶結也。禮經解曰：絜静精微，易教也。絜者，括絜。絜静，坤也。精微，乾也。坤元絜静，乾元精微，故云易教也。坤爲囊，九家説卦文。坤文言曰：天地閉，賢人隱。虞彼注云：謂四。泰反成否，故賢人隱也〔一〕。艮爲手，巽爲繩，直故爲繩。以手持繩，括絜囊口，故曰括囊。四近五，故多咎。五休否，繫于包桑。四居陰得位，上承九五，存不忘亡，故无咎也。繫下云：二與四同功，二多譽，四多懼。今在四，故无譽也。　坤爲至元吉。九家説卦曰：乾爲衣，坤爲裳。黄，中之色。裳，下之飾。昭十二年春秋傳文。九家説卦曰：坤爲黄。文言曰：天玄而地黄。案，坤爲土。月令曰：中央土。郊特牲曰：黄者，中也。故云：黄，中之色。經凡言黄者，皆謂陰爻居中也。毛萇詩傳曰：上曰衣，下曰裳。故云：裳，下之飾。五居下

〔一〕「也」，原作「否」，據皇清經解本改。

中，故取象于黄裳也。降二承乾，陰陽位正，故元吉，謂承陽之吉也。消息至居也。坤，消卦也。上六在亥，故曰消息在亥。乾鑿度曰：陽始於亥，形於丑，乾位在西北，陽祖微據始。是以乾位在亥。文言曰：爲其兼于陽也。乾爲龍，故稱龍。說文曰：壬位北方，陰極陽生。易曰：龍戰于野。戰者，接也。上六行至亥，與乾接。説卦戰乎乾，謂陰陽相薄也。卦无傷象，王弼謂與陽戰而相傷，失之。毛萇詩傳曰：郊外曰野。乾位西北，故爲野。血以喻陰已下，九家義也。文言曰：猶未離其類也。故稱血焉。知血以喻陰也。乾鑿度曰：乾坤氣合戌亥。故曰合居。永長至是也。永，長。釋詁文。文言曰：坤道其順乎？承天而時行。是坤之六爻皆當居陰位而承乾也。陰承陽則可長，故用六利永貞。京氏者，京房律術文。案，律術一卷，虞翻爲之注。其言曰：陽以圓爲形，其性動；陰以方爲節，其性静。動者數三，静者數二，皆參天兩地，圓蓋方覆，六偶承奇之道是也。禮易生人曰：偶以承奇。易家用九、用六，即律家合辰合聲之法也。

䷂坎宫二世卦。消息内卦十一月，外卦十二月。

屯。元亨利貞。**注**：坎二之初，六二乘剛五爲上弇，故名屯。三動之正，成既濟定，故元亨利貞。勿用有攸往，利建侯。**注**：震，一夫之行也。動而遇坎，小事不濟，故勿用有攸往。震爲侯，建侯應四，往吉，无不利矣。古諸侯不世，賢則建之。二之初，故云建。**疏**：坎二至利貞。卦自坎來，故云坎二之初。之卦之說本諸彖傳，詳見于荀氏、虞氏、姚信、范長生、盧氏等注，而虞氏尤備。乾坤者，諸卦之祖。乾二五之坤成震、坎、艮，坤二五之乾成巽、离、兑，則六子皆自乾坤來也。復、臨、泰、大壯、夬，乾息之卦；遘、遯、否、觀，剥，坤消之卦。而臨、觀二陽四陰，大壯、遂四陽二陰，泰、否三陽三陰，又以例諸卦。自臨來者四卦，明夷、解、升、震也。自遂來者五卦，訟、无妄、家人、革、巽也。自泰來者九卦，蠱、賁、恒、損、井、歸妹、豐、節、既濟也。自否來者九卦，隨、噬嗑、咸、益、困、漸、旅、涣、未濟也。自大壯來者五卦，需、大畜、睽、鼎、兑也。自觀來者四卦，㬜、寋、萃、艮也。自乾、坤來而再見者，從爻例也。卦无剥、復、夬、遘之例，故師、同人、大有、嗛〔一〕從六子例，亦自乾坤來。小畜，需上變也。履，訟初變也。豫自復來，乃兩象易，非乾坤往來也。頤、小過，㬜四之初、上之二也。大過、中孚，訟上之三、四之初也。此四卦與乾、坤、坎、离反復不衰，故不從臨、觀之例。師二升五成比，噬嗑上之三，折獄成豐；賁初之四，進退无恒，而成旅。皆據傳爲説，故亦從兩象易之例。因繫辭、彖傳而復出者二，睽自无妄來，寋自升來，皆二之五。此卦坎二之初，虞義也。案，當從四陰二陽臨觀之例。而云坎二之初者，因彖傳剛柔始交，乃乾始交坤成坎，故知自坎來也。屯，難也，規固不相通之義。卦二五得正而名屯者，以二乘初，剛五弇于上，不能相應，故二有屯如之難，五有屯膏之凶，名之曰屯也。三變則六爻皆正，陰陽氣通，成既濟之世，故云元亨利貞。卦具四德者七，乾、坤、屯、隨、臨、无妄、革，皆以既濟言也。震一至云建。卦内震外坎，震爲夫，故曰一夫，言微也。動而遇坎，坎險在前，一夫舉事必不能成，故曰小事不濟也。晉語司空季子説此卦云：小事不濟，壅也。故曰勿用有攸往，一夫之行也。此注所據矣。震爲侯，虞義也。後漢司徒丁恭曰：古帝王封諸侯不過百里，故利以建侯，取法於雷。逸禮王度記曰：諸侯封不過百里，象雷震百里。故震爲侯。初正應四，建侯則貴，得正得民，故往吉，无不利矣。謂初往也。禮運：孔子曰：大道之行也，天下爲公，選賢與能。天下爲公，

〔一〕「遘」、「遂」、「㬜」、「寋」、「嗛」，通行本周易作「姤」、「遯」、「晉」、「蹇」、「謙」，惠棟注易，企圖恢復漢易原貌，故多用古文。下同。

如二升五之類也。選賢與能，如利建侯之類也。是説古侯不世，賢則建之之義也。昭八年春秋傳曰：嗣吉，何建？建非嗣也。今二之初，故云建。韓非子曰：樹木有曼根，有直根。根者，書之所謂柢也。柢也者，木之所以建生也。初在下，故云建，是其義也。

初九，般桓，利居貞，利建侯。**注**：應在艮。艮爲石，震爲阪，故般桓。艮爲居，二動居初，故利居貞。震爲諸侯，居正應四，故利建侯。六二，屯如亶如，乘馬驙如，匪寇，昏冓。女子貞不字，十年乃字。**注**：乘馬，乘初也。二乘剛，故屯如亶如。馬重難行，故驙如。匪，非也。五體坎，坎爲寇，二應五，故匪寇。陰陽得正，故昏冓。字，許嫁也。二乘初馬，初非正應，故貞不字。坤數十，三動反正，陰陽氣通，故十年乃字。象曰：反常也。六三，即鹿无虞，惟入于林中。**注**：即，就也。虞，山虞也。艮爲山，山足曰鹿。鹿，林也。三變體坎，坎爲藂木；山下，故稱林中。坤爲兕虎，震爲麋鹿，艮爲狐狼，三應上，上乘五馬，故无虞。三變，禽入於林中，故即鹿无虞，惟入于林中矣。君子機不如舍，往吝。**注**：君子，謂陽已正。機，虞機。舍，舍拔。上不應三，張機舍拔，言无所獲，往必吝也。六四，乘馬班如，求昏冓，往吉，无不利。**注**：乘，初也。班，别也。求，初求四也。之外稱往，四正應初，初建侯，故往吉，无不利。九五，屯其膏，小貞吉，大貞凶。**注**：屯者，固也。坎雨稱膏，二五貞也。而皆屯二之屯，女子之貞也。故小貞吉。五，陽也。陽主施，五之屯膏，澤不下於民，故大貞凶。上六，乘馬班如，泣血漣如。**注**：乘五也。上于五，非昏因之正。初雖乘馬，終必泣血。三變體离，离爲目，坎爲血，艮爲手，弇目流血，泣之象也。**疏**：應在至建侯。般桓，馬融以爲旋也。應在艮，四體艮，艮爲石。説卦曰：震爲阪生。阪，陵阪也。故震爲阪。古文尚書禹貢曰：織皮西傾，因桓是來。鄭玄彼注云：桓是隴阪，名其道盤旋曲而上，故名曰桓。此經般桓亦謂陵阪旋曲，故云般桓也。二失位，動居初得正，故利居貞。震，諸侯象，得正應四，以貴下賤，大得民，故利建侯也。荀氏以爲，般桓者，動而退也，謂陽從二動而退居初，義亦通也。

乘馬至常也。　陰陽相求，有昏冓之道，二四上陰爻，故皆言乘馬。虞氏亦謂：二乘初，故曰乘馬也。鄭箴：膏，肓。曰天子以至大夫，皆有留車反馬之禮。又云：士昏禮云：主人爵弁，纁裳緇衣，乘車從車二乘，婦車亦如之。此婦車出于夫家，則士妻始嫁，乘夫家之車也。注以乘馬爲乘初者，亦是乘初之車，但二與初非昏因之正，故云屯如亶如，乘馬驙如。馬氏云：亶如，不進之貌。説文曰：驙者，馬重難行。震爲馬馵足，故驙如也。坎爲寇，虞義也。説卦云：坎爲盜。故爲寇。匪，非。虞義也。匪與非古今字。應在坎，故匪寇。陰陽得正，故昏冓。虞氏又謂：字，妊娠。案，妊娠爲已嫁，虞氏非也。曲禮曰：女子許嫁，笄而字。是字爲許嫁，故易虞義也。二不許初，故貞不字。繫上曰：天九地十。故云坤數十。三動成既濟，故陰陽氣通。虞氏曰：三動反正，故十年乃字。謂成既濟定是也。

即就至中矣。　此虞義也。論語曰：亦可以即戎矣。包咸注云：即，就也。儀禮鄉飲酒禮曰：衆賓序升即席。王制：必即天倫。鄭氏皆訓爲就，故云：即，就也。周禮地官：有山虞掌山林之政令，及獘田植虞旗于中，致禽而珥焉。虞氏謂：虞，虞人，掌禽獸者，即山虞也。鹿，王肅本作麓，故云山足曰鹿。鹿、麓古今字。山足有林，故云鹿林也。三變下體成坎。九家説卦曰：坎爲叢棘。故曰叢木。木在山足，故稱林中。兕，野牛也。坤爲牛爲虎，故爲兕虎。麋鹿善驚，震者震驚，故爲麋鹿。京房易傳曰：震遂泥厥咎，國多麋。九家説卦曰：艮爲狐。狐狼皆黔喙之屬，故爲狐狼也。　三體震互坤艮，艮爲山，三變體坎，坎爲叢木，艮象不見，故曰林中。又无震坤，禽皆走入于林中矣。

君子至吝也。　乾鑿度：九三爲君子。三變之正，故曰君子。此虞義也。機一作幾。鄭本作機，云：弩也。故曰：機，虞機。荀氏曰：震爲動，故爲機。緇衣引逸書太甲曰：若虞機張，往省括于厥度，則釋。鄭彼注云：虞人之射禽，弩已張，從機閒視括與所射參相得，乃後釋。釋，古文作舍。故云：舍，舍拔。詩駟鐵曰：舍拔則獲。毛傳云：拔，矢末也。上乘五馬，故不應三。凡爻相應而相得者，稱獲稱得。今君子張機不能獲禽，不如舍者，舍拔而已，言無所獲。無獲而往，必困窮矣，故云往吝也。　乘初至不利。　四與初應，故乘初，謂乘初車也。馬將行，其羣分乃長鳴，故襄十八年春秋傳曰：有班馬之聲。班猶分別也。昏禮：男先于女，初以貴下賤。故云：求，初求四也。之外稱往，虞義也。許慎五經異義曰：春秋公羊說云：自天子至庶人，娶皆親迎，所以重昏禮也。禮戴記：天子親迎。初求四，行親迎之禮，故往吉，无不利也。　屯者至貞凶。　閔元年春秋傳曰：初畢萬筮仕於晉，遇屯之比。辛廖占之曰：屯固比入，吉孰大焉。固者，規固。曲禮曰：毋固獲。鄭注云欲專之曰固是也。卦之所以名屯者，以二五。二貞不字，五屯其膏，皆有規固之義，故云：屯者，固也。坎雨稱膏，虞義也。又虞引詩曰：陰雨膏之。膏者膏潤，雨以潤之，故稱膏也。二五得正，故云貞，而皆固，故云屯。陰稱小，二乘初，守貞不字，女子之貞，故小貞吉。陽稱大，天施地生，故陽主施。孟康釋此爻曰：大貞，君也。遭屯難飢荒，君當開倉廩振百姓，而反吝，則凶。膏澤不下於民，屯膏之象也。　乘五至象也。　上乘五馬，故云乘五。上體坎，說卦震坎皆有馬象，故皆云乘馬也。上不應三，而乘五馬，故云非昏因之正。桓寬鹽鐵論曰：小人先合而後忤。初雖乘馬，後必泣血。是其義也。說文曰：漣，泣下也。离爲目以下，九家義也。虞氏曰：三變時，离爲目，坎爲血，震爲出，血流出目，故泣血漣如。義略同也。

䷃离宮四世卦，消息正月。

蒙。亨。 注：艮三之二，六五爲童蒙，體艮，故云蒙。蒙，物之穉也。五應二，剛柔接，故亨。**匪我求童蒙，童蒙求我。** 注：我謂二，艮爲求，五應二，故匪我求童蒙，童蒙求我。禮有來學，无往教，虞氏以二體師象，坎爲經，謂二爲經師也。初筮告，再三瀆，瀆則不告。注：初筮謂初，再三謂三四。二之正，故不告。利貞。注：二五失位，利變之正，故利貞。疏：艮三至故亨。卦自艮來，九三之二。此虞義也。此亦當從四陰二陽臨觀之例，而云艮三之二者，以六五童蒙，二以亨行時中，故知自艮來也。名蒙者，以六五童蒙體艮，艮爲少男。鄭氏云：蒙，幼小之貌。故名蒙。蒙，物之穉也者，序卦文。鄭謂孩稚也。卦之所以亨者，有兩義焉：當其爲師則二剛五柔，以志相應；當其爲婦則五剛二柔，以禮相接。皆有亨道，故云亨。傳曰：以亨行時中。兼兩義也。我謂至師也。二五相應，五求二，故我謂二。艮兑同氣相求，故艮爲求。以取女言，則陽求陰，咸彖傳男下女是也。以發蒙言，則陰求陽，此經匪我求童蒙，童蒙求我是也。禮有來學，无往教，虞氏據曲禮釋經也。二至五有師象，故二體師。乾鑿度曰：坎离爲經，震兑爲緯。故坎爲經。虞謂二爲經師。經者，六經。師者，師長。六經取義于經緯，故周書謚法曰經緯天地曰文是也。周禮小司徒云：五旅爲師，與易師卦同義。太宰九兩：一曰牧，以地得民；二曰長，以貴得民；三曰師，以賢得民。師與牧長同稱，教人以道，可爲民長，亦猶師之文人，文有長義，故經師之師，亦得是稱。漢時通經有家法，故五經皆有師，謂之經師。虞氏以二爲經師，借漢法爲況也。初筮至不告。三之二據初，初發成兑，兑爲講習，故告。再三謂三四，荀義也。五應二，有求之之道，故童蒙吉。二據初有告之之義，故初筮告。三四非應非據，故瀆。瀆，古文黷也。二之正，除師學之禮，故不告。詳彖傳疏也。二五至利貞。此虞義也，說見上。

初六，發蒙，利用刑人，用說桎梏，以往吝。注：發蒙之正，體兑，兑爲刑人，坤爲用，故曰利用刑人。坎爲桎梏，初發成兑，坎象毁壞，故曰用說桎梏。之應歷險，故以往吝。九二，包蒙，納婦吉，子克家。注：九居二，據初應五，故包蒙。伏巽爲婦，二本陰位，變之正，故納婦吉。五體艮，艮爲子，二稱家，故子克家也。六三，勿用娶女，見金夫不有躬，无攸利。注：誡上也。初發成兑，故三稱女。兑爲見，陽稱金，震爲夫，坤身稱躬，五變坤體壞，故見金夫不有躬。失位多凶，故无攸利。六四，困蒙，吝。注：遠於陽，故困。困而不學，民斯爲下，故吝。六五，童蒙，吉。注：蒙以養正，故吉。上九，擊蒙，不利爲寇，利禦寇。注：擊，三也。體艮爲手，故擊。謂五已變，上動成坎稱寇，而逆乘陽，故不利爲寇。禦，止也。上應三，三體坎，行不順，故利禦寇。明堂月令曰：兵戎不起，不可從我始。疏：發蒙至往吝。此虞義也。初，蒙也。文言曰：六爻發揮。説卦曰：發揮于剛柔。虞注云：發，動也。動之正，故曰初發成兑，二陽爲兑也。兑，正秋。周書小開武曰：秋以紀殺。故爲刑人。坎爲桎梏，九家説卦文。虞氏謂：震足艮手，互與坎連，故稱桎梏。兑成則坎毁，故云坎象毁壞，用説桎梏之義也。坎爲險，初應四，四困蒙，故之應歷險，則吝也。九居至家也。九居二，有師道。據初，故初發蒙；應五，故五童蒙，吉。包蒙之象也。巽伏震下，故伏巽爲婦也。彖曰利貞，以二五失位，變之正則五剛二柔，故納婦吉，子克家。婦謂二，子謂五也。文言稱陰爲妻道也，臣道也，蓋言妻臣一例也。高誘注吕覽曰：師道與天子，遭時見尊，不可常也。師道無常，故有臣而爲師者，亦有師而爲臣者。學記曰：君之所不臣於其臣者二：當其爲師則弗臣也，是臣而爲師也。孟子曰：湯之于伊尹，學焉而後臣之，是師而爲臣也。二五之正，則蒙反爲聖，師反爲臣。妻臣一例，故五始求師，而繼納婦也。五體艮，艮少男，故稱童，又稱子，子與童皆未成君之稱。二稱家，虞義也。乾鑿度曰：二爲大夫。鄭注禮記曰：大夫稱家，又在内。雜卦曰：家人，内也。故二稱家。五應二，故子克家也。誡上至攸利。三應上，三不正，故誡上。兑爲少女，故稱女。雜卦曰：兑見。虞注云：兑陽息二，故兑爲見。陽稱金者，兑之陽爻稱金也。坤爲身，荀子引逸詩云：妨其躬身。躬身同物，故又爲躬。此皆虞義也。三體坤，五之正，坤體壞，故見金夫不有躬。三多凶，六居三爲失位，故云失位多凶，无攸利也。遠於陽至故吝。陽謂二，二包蒙，四獨遠之，故困。二之正，再三瀆，故吝。困而不學，民斯爲下，論語文。蒙以至故吉。二之正，五變應之，蒙以養正，優入聖域，故吉也。變應者，由不正而之正也。二五失位，二之正，五變應之，則各得其正。荀子不苟篇曰：詩曰：左之左之，君子宜之；右之右之，君子有之。此言君子能以義詘信變應故也。是變應之義矣，易之例也。擊三至我始。上應三，三行不順，故擊三也。艮爲手，説卦文。坎爲寇，三體坎，五上變亦爲坎，故爻辭有二寇，一謂上，一謂三也。五變，上動乘之，是乘陽也。乘陽爲逆，故曰逆乘陽。韋注魯語曰：禦，止也。釋詁曰：禦，禁也。禁有止義。此上皆虞義也。禦，禦三也。上應三，三行不順，是寇也，非昬冓也，故利禦之。引月令者，蒙于消息爲正月卦。月令孟春令曰：兵戎不起，不可從我始。是不利爲寇，利禦寇之事也。

䷄坤宮遊魂卦，消息内卦正月，外卦二月。

需。有孚光。亨貞吉。利涉大川。 **注**：大壯四之五，與比旁通。需，須也。乾陽在下，坎險在前，乾知險，故須。四之五，坎爲孚，离爲光，故有孚光。坎爲雲，雲須時欲降，乾須時當升，三陽既上，二位天位，故亨貞吉。坎爲大川。**疏**：卦自大壯來，從四陽二陰之例也。案，大壯九四：貞吉，悔亡。壯于大轝之腹。虞注云：失位悔也。之五得中，故貞吉而悔亡矣。震四上處五則藩毁壞，故決不羸。坤爲大轝爲輹，四之五折坤，故壯于大轝之輹。是其事也。需，須也。彖傳文。京房易傳曰：需者，待也。須亦待也。乾知險，下繫文。乾下坎上，乾當上升以知險，故需而不遽進。彖傳所謂剛健而不陷是也。卦氣需當驚蟄，太玄準爲耎。范望注云：是時陰尚在上，萬物滋生，猶以爲難。是需之義也。大壯四之五，體坎互离，坎信故有孚，离日故稱光。坎在上爲雲，在下爲雨，上下无常。是以荀注乾彖傳曰：乾升于坤曰雲行，坤降於乾曰雨施。是坎有升降之理。故此卦之義，坎當降，乾當升，升降有時，因名爲需。需，須也。雲出自穴則入于穴，是須時欲降也。須道已終，陽當上升，是須時當升也。以亨貞吉爲二居五者，因彖爻辭皆有貞吉之文而知之。五爲天位，故彖傳曰：位乎天位，以正中也。彖之正中，象之中正，皆謂二居五矣。説卦曰：坎爲溝瀆。考工記匠人：爲溝洫，專達於川。故坎爲大川。宣十二年春秋傳曰：川壅爲澤。杜預注云坎爲川是也。乾升涉坎，故利涉大川。此兼用荀、虞義也。尋用九、用六之法，无兩體升降之例，荀于需、泰、升三卦皆然。案，泰、升二卦，九二升五，不當言一體俱升，唯需之外卦爲坎，取象于雲之出入，坎當下降，乾當上升。上六不速之客三人，謂乾三爻也。乾升坎降，而一卦五爻皆失位，然乾升在上，君位以定，坎降在下，當循臣職，合于天尊地卑之義。故傳曰：雖不當位，未大失也。是需卦獨取義于兩體升降，至泰、升二卦，荀義雖然，今不用也。

初九，需于郊，利用恒，无咎。**注**：乾爲郊，初變體恒，故曰利用恒。需極上升，得位承五，故无咎。九二，需于沚，小有言，終吉。**注**：沚謂坎五，水中之剛，故曰沚。二當升五，故需于沚。四體兑，兑爲口爲小，故小有言。二終居五，故終吉。九三，需于泥，致寇至。**注**：親與坎接，故稱泥。須止不進，不取於四，不致寇害。六四，需于血，出自穴。**注**：坎爲血，故需于血。雲從地出，上升于天。自地出者莫不由穴，故出自穴。九五，需于酒食，貞吉。**注**：五互离坎，水在火上，酒食之象。需者，飲食之道，故坎在需家爲酒食也。五以酒食需二，舉坎以降，二上居正，故曰貞吉。上六，入于穴，有不速之客三人來，敬之終吉。**注**：需道已終，雲當入穴。三人謂下三陽也。不速猶不戒。須時當升，非有召者，故曰不速之客。乾往居上，故稱客。坎爲主人，故稱來。乾升在上，君位以定，坎降在下，當循臣職，故敬之終吉。乾爲敬也。**疏**：乾爲至无咎。乾位西北之地，故稱郊。需于郊，則不犯坎難。虞註九二曰：四之五，震象半見，故初變體恒。需時當升，初居四得位承五，故无咎。繫下云：爻象動乎内，吉凶見乎外。虞彼注云：内初外上也。陽象動内則吉見外，陰爻動内則凶見外。初之无咎，二之終吉，皆據需道已成言之。是吉凶見外之例也。沚謂至終吉。沚，古文沙。説文：沚，沙或字。譚長説：沙或從止。當據古文易也。坎之中爻乃水中之剛者，故曰沚。沚謂五，二當升五，故需于沚。隔於六四，故小有言，知小有言爲四者。京房易傳曰：三陽務上而隔於六四，路之險也。蓋四方出穴，故云路之險。兑爲小，虞義也。上六入穴，三陽上升，二當居五，上爲終，故終吉。此皆荀義。荀惟以小有言謂三，與注異也。親與至寇害。此荀義也。坎爲水，泥，水旁之地。三以乾接坎，故云親與坎接。三知險，故須止不進。三當上升，故不取於四。雖有寇至，不爲害也。坎爲至自穴。説卦曰坎爲血卦，故爲血。雲從地出以下，九家義也。坎爲坎窞，故爲穴。坤爲地，乾二五之坤爲坎，上坎爲雲，故云雲從地出，上升于天。公羊傳曰：觸石而出，膚寸而合。故云自地出者，莫不由穴也。五互至貞吉。此荀義也。昭二十年春秋傳曰：水火醯醢鹽梅，以烹魚肉，燀之以薪，宰夫和之。故知水在火上，酒食之象。需者，飲食之道。序卦文。荀彼注曰：坎在乾上，中有离象，水火交和，故爲飲食之道。以需有飲食之道，故知坎在需家爲酒食也。需，須也。酒食者，享食之禮也。禮速客之辭曰：主人須矣。故知需于酒食，爲五需二也。五爲坎主，舉坎以降，三陽上升，二正居五，故曰貞吉也。需道至敬也。此荀義也。爻終上六，故曰需道已終。雲升極當降，故曰雲當入穴。乾爲人，故三人謂三陽也。儀禮鄉飲酒曰：主人戒賓。士冠禮曰：乃宿賓。宿賓之法前期二日。亦作肅。故禮記祭統曰：先期旬有一日，宫宰宿夫人。鄭注讀宿爲肅，云肅猶戒也。泰六四曰：不戒以孚。故知不速猶不戒也。速與肅通。五爻皆有需象，上不言需，稱不速之客。北音讀速爲須，聲之轉也。易例内爲主，外爲客，内爲來，外爲往。今乾在内卦，稱客、稱來者，以乾往居上，故稱客。客對主言，坎爲主人，據主召客，故稱來也。乾升在上，二位天位，故君位以定。坎降在下，二變體坤應五，坤爲臣道，故當循臣職。乾爲敬，虞義也。

䷅离宮游魂卦，消息三月。

訟。有孚。窒惕。中吉終凶。**注**：遯三之二，孚謂二。窒，塞，止也。惕，懼也。坎爲悔，爲惕。二失位，故不言貞。遯將成否，三來之二得中，故中吉。六爻不親，故終凶。利見大人，不利涉大川。**注**：大人謂五。二與四訟，利見於五，故利見大人。坎爲大川，五爻失位，不變則入于淵，故不利涉大川。**疏**：遯三至終凶。此虞義也。卦自遯來，亦四陽二陰之例。九三來之二體坎，坎爲孚。虞注夬卦曰：陽在二五稱孚。坎陽在二五，故孚謂二。説文曰：窒，塞也。塞有止義，故云：塞，止也。坎心爲悔，又爲加憂，故爲惕。九二陽不正，故不言貞。遯陰消二及三，故將成否。三來之二得中，有孚，窒惕，故中吉。卦惟九五中正，餘皆失位，六爻不親，故訟初不永所事。三四易位，則終吉，若終止不變，是謂終訟，故凶。傳曰：訟不可成也。大人至大川。此荀義也。五爲天子，故大人謂五。二四争三，故二與四訟。五陽中正，故利見於五。坎爲大川以下，虞義也。卦中五爻失位，初爲淵不變，自初始陷於坎險，故入于淵也。

初六，不永所事，小有言，終吉。**注**：永，長也。坤爲事，初失位而爲訟始，變之正，故不永所事。體兑，故小有言。二動應五，三食舊德，故終吉。九二，不克訟，歸而逋其邑，人三百户，无眚。**注**：二與四訟，失位，故不克訟。坎爲隱伏，故歸而逋其邑。三百户，下大夫之禄。二本大夫，守至薄之禄，不與上訟，故无災眚。

六三，食舊德，貞厲，終吉。**注**：乾爲舊德，三動得位，四變食乾，故食舊德。體坎，故貞厲。得位，故終吉。

或從王事。无成。**注：**乾爲王，坤爲事，故或從王事。訟不可成，故无成也。九四，不克訟，復即命。渝，安貞吉。**注：**二以惡德受服，九五中正，奪二與四，故不克訟，復即命。渝，變也。四變體巽爲命，得位承五，故渝，安貞吉。坤爲安。九五，訟元吉。**注：**聽訟得其中正，故元吉。上九，或錫之鞶帶，終朝三拕之。**注：**二四争三，三本下體，取之有緣，以三錫二，於義疑矣。争競之世，分理未明，故或以錫之。終朝者君道明，三者陽功成也。拕，奪也。君明道盛，則奪二與四，故曰終朝三拕之也。鞶帶，宗廟之服。拕二服者，五也。上爲宗廟，故發其義于此爻耳。**疏：**永長至終吉。永，長也。釋詁文。坤爲事，謂遯坤也。遯，陰消之卦，初六爲訟始，利變之正，故云不永所事。此上虞義也。兑爲小、爲口，故小有言。二動應五，三食舊德，兑象毁壞，故終吉也。

二與至災眚。此荀、鄭義也。爻例二爲大夫，三爲三公，四爲諸侯。二失位，與四争三公之服，是無德而争，故不克訟，義弗克也。坎爲隱伏，説卦文。九五中正，奪二服，故歸而逋其邑。鄭注云：下大夫采地方一成，其定税三百家，故三百户。一成九百夫，宫室涂巷山澤三分去一，餘六百夫。地有不易、一易、再易，通率一家受二夫之地，故一成定税三百家，是下大夫之禄也。荀自藏隱，不與上争，故无災眚。所以取象三百户者，虞注云：乾爲百，坤爲户，三爻故三百户。坎化爲坤，故無眚。坎化爲坤者，變之正也。乾爲至終吉。乾爲久、爲德，故爲舊德。四變食乾，讀如日月有食之之食。四變乾體壞，如有食之者，故云食乾。此皆虞義也。許慎五經異義曰：爻位三爲三公。曰食舊德，食父故禄也。乾爲父，三失位，動而承乾，有食舊德之象。二四之正，三變體坎，虞氏謂正危貞厲是也。三爲下卦之終，得位，故終吉。與初同占也。此亦虞義。乾爲王至无成也。乾爲王，坤爲事，虞義也。訟不可成，變之正，不克訟，是无成之義也。二以至爲安。緇衣曰：兑命曰爵，無及惡德。鄭彼注云：言君祭祀，賜諸臣，無與惡德之人。古者賜爵服，必於太廟。二失位，上九或錫之鞶帶。注謂錫二，是二以惡德受服也。五中正，故不克訟。奪二與四，故復即命。謂受鞶帶之命服也。渝，變也。釋言文。巽象傳曰：重巽以申命。故巽爲命。四變得位，安于承乾之正，故渝，安貞吉。坤爲安，虞義也。　聽訟至元吉。　卦惟九五一爻中正，是聽訟得其中正者，故元吉。二四至爻耳。　此荀義也。二與四争，争三公之服，故云二四争三。三與二比，故取之有緣，以三公之服而錫二之大夫，故云于義疑矣。在訟家，故云争競之世。以大夫而受三公之服，非其分，故云分理未明。或以錫之，或之者，疑之也。尚書大傳曰：歲之朝，月之朝，日之朝，則后王受之。鄭彼注云：自正月盡四月爲歲之朝，上旬爲月之朝，平旦至食時爲日之朝。故終朝爲君道明。春秋元命包曰：陽成於三。故云三者陽功成也。拕，奪，鄭義也。四爲諸侯，諸侯入爲三公，宜服三公之服，故君明道盛則奪二與四，陽道方長，故三拕之也。鞶帶，大帶，服以祭者，故曰宗廟之服。五拕二服，不發于二五爻者，以上與三應，三體巽，巽爲要帶，上爲宗廟，故發義于宗廟。爻三變，巽體壞，有拕之象。拕俗作褫，今從古。

周易述卷二

周易上經

䷆坎宫歸魂卦，消息四月。

師。貞丈人，吉，无咎。注：乾二之坤，與同人旁通。丈之言長，丈人謂二，二體震爲長子，故云丈人。二失位，當升五居正，故云：貞丈人，吉，无咎。**疏：**乾二五之坤成坎，坤二五之乾成离，故師、同人、比、大有皆從乾坤來。蜀才謂師自剥來。案，虞氏論之卦，无一陽五陰之例。其注象傳君子以容民畜衆云：君子謂二，陽在二，寬以居之，故知是乾二之坤也。與同人旁通，虞義也。服虔左氏解誼説此卦曰：坎爲水，坤爲衆，互體震，震爲雷，雷鼓類，又爲長子，長子帥衆鳴鼓，巡水而行，師之象也。丈之言長，鄭義也。大戴禮本命曰：丈者，長也，言長萬物也。丈人，老人，年長者。震爲長子，長丈同物，故云丈之言長。丈人謂二，荀、虞義也。象之丈人即爻之長子，故知丈人謂二。二中而不正，上升坤五則正矣。故云：貞丈人，吉，无咎也。

初六，師出以律，否臧凶。注：震爲出，坎爲律。臧，善也。初失位，故不臧凶。**九二，在師中，吉，无咎。王三錫命。注：**長子帥師，故在師中。以中行和，故吉无咎。王謂二。三者，陽德成也。德純道盛，故能上居王位，而行錫命也。六三，師或輿尸，凶。**注：**坤爲尸，坎爲車多眚。同人离爲戈兵，爲折首。失位乘剛，无應，尸在車上，故車尸，凶。一說：尸，主也。坤坎皆有輿象，師以輿爲主也。六四，師左次，无咎。**注：**震爲左。次，舍也。二與四同功，四承五，五无陽，故呼二舍於五，四得承之，故无咎。六五，田有禽，利執言，无咎。**注：**田，獵也。二欲獵五，五利度二之命，執行其言，故无咎。長子帥師，弟子輿尸，貞凶。**注：**五已正而稱長子，據五自二升也。長子帥師，而弟子主之，明使不當而貞凶。上六，大君有命，開國承家，小人勿用。**注：**二升五爲大君，坤爲國，二稱家，二之五處坤之中，故曰開國。五降二，得位承五，故曰承家。小人謂三與初。**疏：**震爲至臧凶。震爲出，虞義也。初爲出師之始，故云出。坎爲律，九家說卦文。律者，同律也。周禮太師曰：大師執同律，以聽軍聲而詔吉凶。鄭注云：大師，大起軍師。兵書曰：王者行師出軍之日，太師吹律合音，商則戰勝，軍士强；角則軍擾多變，失士心；宫則軍和，士卒同心；徵則將急數怒，軍士勞；羽則兵弱，少威明。史記律書曰：王者制事立法，壹稟于六律。六律爲萬事根本，其於兵械尤重，是師出以律之事也。臧，善。釋詁文。爻例初九爲善，初六爲不善。宣十二年春秋傳：晉知莊子說此爻曰：執事順成爲臧，逆爲否。初失位，故不臧，凶也。　長子至命也。此荀、虞義也。長子帥師而居中，故云在師中。師克在和，二以中德而行和道，羣陰順從，故吉无咎。爻辭與彖辭同占也。二當升五，故王謂二。陽成於三，故三者陽德成。二盛德也，五盛位也。德純道盛，中和之行，應于盛位，故能上居王位，而行錫命。乾鑿度說此爻曰：師者，衆也。言有盛德，行中和，順民心，天下歸往之，莫不美命爲王也。行師以除民害，賜命以長世德之盛。是其義也。　坤爲至主也。坤爲身、爲喪，身喪故爲尸。坎爲車多眚，說卦文。虞本輿爲車，故云車也。與同人旁通，故同人离爲戈兵。說卦曰：离爲折上槁。离上九曰：有嘉，折首。离折乾首，故爲折首。三以陰居陽，而乘二剛，又不與上應，故失位乘剛，无應。坤尸在坎車之上，故車尸，凶也。此上虞義也。一説：尸，主也。釋詁文。戰國策曰：寧爲雞尸。故知尸，主也。説卦：坤爲大轝。坎，其於輿也爲多眚，故坤坎皆有輿象。轝、輿古今字。師以輿爲主者，師之進退以輿爲主。凡帥師謂之帥賦輿，故曰輿尸。楚令尹南轅反旆，王用伍參之言，改轅而北，則師之進退在輿也。三失位，以弟子主師，故或之乘剛，无應。有帥不從，衆所不與，故凶，義亦通也。震爲至无咎。此荀義也。管子曰：春生於左，秋殺於右。董子曰：木居左，金居右。二體震，震爲春、爲木，故爲左。荀氏謂陽稱左，義亦同也。少儀曰：軍尚左。故師左次。莊三年春秋傳曰：凡師一宿爲舍，再宿爲信，過信爲次。次雖多日，亦是舍義，故云：次，舍也。二與四同功，繫下文。四近承五，五虚无陽，故四呼二舍於五，云師左次也。二既升五，四順承之，以陰承陽，故无咎也。田獵至无咎。此荀義也。坤爲田。田獵者，爲田除害，獵之言獲也。凡爻相比相應而相得者，謂之獲，獲亦得也。又謂之田。二與五應，二當升五，故二欲獲五；五當降二，故利度二之命，執行其言。所執之言，即王與大君之命也。在上謂之命，在下謂之言，尊卑之義也。二執五言，故无咎。五已至貞凶。卦中稱王及大君者皆指二，而此獨稱長子者，明其自二升五，據震爲長子而言也。二已正五位，任賢使能，當得其人，如長子帥師而弟子主之，是謂所使不當，雖貞亦凶。二升至輿初。乾鑿度曰：大君者，君人之盛者也。荀氏曰：大君謂二，故知二升五爲大君也。坤爲國，二稱家，虞義也。二之五爲比，五建國，故云開國。二爲大夫，五降二承五，故曰承家。此宋衷義也。小人謂三與初者，但二之三錫以四二，四爲國，而二爲家也。五之執言以三初，三無功而初失律也。一以正功，一以示戒。用命賞于祖，故總其義于宗廟爻也。

䷇坤宮歸魂卦，消息四月。

比。吉。注：師二上之五得位，衆陰順從，比而輔之，故吉。原筮元，永貞无咎。注：原，再也。二爲原筮，初九爲元，坤爲永。二升五得正，初在應外，終來有它，吉，故原筮元，永貞无咎。與萃五同義。不寧方來，後夫凶。注：不寧，寧也。坤安爲寧。一陽在上，衆陰比之，故不寧方來，坤爲方也。後夫謂上，在五後，故曰後夫。乘陽无應，故凶。周官大司馬建太常，比軍衆，誅後至者，蓋三代之法歟。疏：師二至故吉。此虞義也。凡一陰一陽之卦，皆自乾坤來，故九家易注坤六五曰：若五動爲比，乃事業之盛。則比實自坤來。如乾五動之坤五，爲大有也。此從兩象易，故云師二上之五。九居二爲失位，升五爲得位，二正五位，衆陰順從。傳曰：比，輔也，下順從也。以五陰比一陽，故曰比。以五陰順一陽，故曰吉也。原再至无咎。原，再也。釋言文。周禮馬質曰：禁原蠶者。文王世子云：末有原。鄭彼注並云：原，再也。漢有原廟，亦謂再立廟。古訓原皆爲再。其原田之原古文作邍，原泉之原説文作厵，俗混爲一，古學之亡久矣。蒙初筮謂初，故知比原筮謂二。僖三十一年公羊傳曰：求吉之道三，故易有初筮、原筮之文。初九乾元，故爲元。坤利永貞，故爲永。師二升五得正，初在應外，變之正，五孚盈缶，終來有它，吉，故原筮元，永貞无咎。萃九五爻辭「元永貞」，亦謂初變之正，故同義也。不寧至法歟。不寧言寧，猶不顯爲顯。下體坤，坤爲安，故爲寧。聖人在上，萬國咸寧，四方來同，故云方來。坤爲方，九家説卦文。荀氏云：後夫謂上六。虞氏云：後爲上，夫謂五也。上後于五，故稱後夫。乘五，故曰乘陽。應在三，三匪人，故曰无應。傳曰：後夫凶，其道窮也。引周官而云三代之法者，文王彖、爻辭皆據唐、虞、夏、商之法，嫌引周禮以爲周法，故上推之三代。魯語：仲尼曰：昔禹致羣神於會稽之山，防風氏後至，禹殺而戮之。是知夏、商以前朝會師田，亦誅後至者也。

初六，有孚。比之无咎。**注**：孚謂五，初失位，變得正，故无咎。有孚盈缶，終來有它，吉。**注**：坤器爲缶，以喻中國。初動屯爲盈，故盈缶。孚既盈滿中國，終來及初，非應，故曰它。六二，比之自內，貞吉。**注**：二比初，故自內。正應五，故貞吉。六三，比之匪人。**注**：六三乙卯，坤之鬼吏，故曰匪人。六四，外比之，貞吉。**注**：外謂五，四比五，故外比之。正應初，故貞吉。九五，顯比，王用三驅，失前禽，邑人不戒，吉。**注**：五貴多功，得位正中，初三已變，體重明，故顯比，謂顯諸仁也。坎五稱王，三驅謂驅下三陰。不及於初，故失前禽。初變成震，震爲鹿、爲奔走，鹿斯之奔，失前禽也。坤爲邑，師震爲人，不戒猶不速也。師時坤虛无君，使師二上居五中，故不戒，吉。上六，比之无首，凶。**注**：上爲首，乘陽无首，故凶。**疏**：孚謂至无咎。此虞義也。初與五比，故孚謂五。荀氏謂：初在應外，以喻殊俗也。六居初爲失位，變之正，故无咎。坤器至曰它。此荀、虞義也。繫上曰：形乃謂之器。又曰：形而下者謂之器。皆指坤，故知坤爲器。坤爲土、爲器，缶者土器，故曰坤器爲缶也。坤爲國，故以缶喻中國。初動體屯。序卦曰：屯者，盈也。盈缶之象。九五之信，既盈滿中國，初雖在殊俗，不與五應，而五之誠信足以及之，故云終來及初。穀梁傳曰：來者，接內也。五來初，故曰終來。初正應四而遠應五，故曰非應。子夏云：非應曰它。後漢書魯恭傳曰：和帝初立，議遣車騎將軍竇憲擊匈奴。恭上疏諫曰：夫人道乂於下則陰陽和於上，祥風時雨覆被遠方，夷狄重譯而至矣。易曰：有孚盈缶，終來有它，吉。言甘雨滿我之缶，誠來有它而吉已。亦是說遠方爲它，當有誠信以及之也。二比至貞吉。內謂初，故云比初。二正應五，故曰貞吉。所以別于它也。六三至匪人。此干寶義也。案，火珠林：坤六三乙卯木干。又云：比者，坤之歸魂也。坤爲土，土以木爲官，故云坤之鬼吏。此與否六三同義，故二卦皆云匪人。虞氏注否之匪人云：謂三比坤滅乾，故爲匪人，與比三同義。是也。坤六三不云匪人者，坤用六，三之上，終乾事，故不與比否同也。外謂至貞吉。五在四外，四與五比，故云外比之。又初變得位，四正應初，故云貞吉。二四皆以當位爲貞也。五貴至戒吉。此虞義也。繫上曰：卑高以陳，貴賤位矣。虞彼注云：乾高貴五，五多功，故五貴多功。初三失位當變，有兩离象，故體重明也。說文㬎字下云：案，微，杪也。从日中視絲。古文以爲顯字。卦自下升，微而之顯，顯从日，离爲日，日中視絲。案，見微杪，故九五稱顯比。繫上曰：顯諸仁。亦謂重离也。乾爲王，乾五之坤五成坎，坎五即乾五，故坎五稱王。二升五，歷三爻皆陰，故云三陰。五自二升，故不及初。三敺之法，三面敺禽，獨開前面，故失前禽。初在二前，前禽之象。二升五，初變體震，震爲鹿，故稱禽。震爲驚，爲作足，故爲奔走。鹿斯之奔，詩小弁文也。不戒猶不速者，需上六稱不速之客，謂乾三爻升也。今師二升五，故亦云不戒。凡主延賓，稱戒稱速，今師二升五，爲比之主，非賓客之比，故稱不戒也。上爲至故凶。爻例上爲首。乾用九曰：見羣龍无首，吉。謂六龍皆見，六耦承之，故无首，吉。但陰无首，以陽爲首，上乘五，是陰不承陽，爲无首也。故凶。陽爲首者，春秋保乾圖曰：味謂鳥陽，七星爲頸。宋均注云：陽猶首也。柳謂之味。味，鳥首也。故知陽爲首也。

䷈巽宮一世卦，消息四月。

小畜。亨。**注**：需上變爲巽，與豫旁通。陰稱小。畜，斂聚也。以陰畜陽，故曰小畜。一陰劣，不能固陽，四五合力，其志得行，乃亨。密雲不雨，自我西郊。**注**：需坎爲雲，上變爲陽，坎象半見，故密雲不雨。我謂四，四體兌，兌爲西，乾爲郊。雲西行，則雨自我西郊，畜道未成。傳曰：「施未行也。」**疏**：需上至乃亨。此京、虞義也。

凡一陰五陽、一陽五陰之卦，皆自乾坤來。故虞注嗛卦云：乾上九來之坤。又注大有上九云：乾五動成大有是也。卦无剥、復、夬、遘之例，此卦一陰五陽，故不云自夬遘來，而云需上變爲巽也。旁通者，卦之反，義見乾卦。小畜與豫相反，故云旁通。卦惟一陰，陰稱小，陰道斂聚，故云：畜，斂聚也。一陰畜五陽，故曰小畜。京房易傳曰：小畜之義在於六四，陰不能固三連同進。傳曰：密雲不雨，尚往也。陸績謂：一陰劣，不能固陽，是以往也。九五剛中，四與合志畜乾，至上九而畜道成。陸績謂：外巽積陰，能固陽道，成在上九。傳曰：剛中而志行，乃亨。謂柔道亨也。需坎至行也。需時坎在上爲雲，上變坎象半見，四體兑，兑爲密，故密雲不雨。四爲卦主，故我謂四。兑正秋，消息兑在西，故兑爲西。乾位西北之郊，故爲郊。吕氏春秋曰雲氣西行云云，然高誘云：雲西行則雨。今自我西郊而不雨者，由陰劣不能固陽，畜道未成，故彖傳謂施未行也。

初九，復自道，何其咎，吉。**注**：謂從豫四之坤初，成復卦，故復自道。出入无疾，朋來无咎。何其咎，吉。乾爲道也。九二，牽復，吉。**注**：變至二，與初同復，故牽復。至五體需，二變應之，故吉。九三，轝説腹。**注**：腹讀爲輹。豫坤爲轝、爲輹，至三成乾，坤象不見，故轝説輹。馬君及俗儒皆以乾爲車，非也。夫妻反目。**注**：豫震爲夫、爲反，巽爲妻，离爲目。今夫妻共在四，离火動上，目象不正，巽多白眼，故反目。六四，有孚，血去惕出，无咎。**注**：孚謂五，血讀爲恤。豫坎爲恤、爲惕，震爲出，變成小畜，坎象不見，故恤去惕出。得位承五，故无咎。九五，有孚攣如，富以其鄰。**注**：有孚，下三爻也。攣，連也。鄰謂四。五以四陰作財，與下三陽共之，故曰富以其鄰。上九，既雨既處，尚得載。婦貞厲。**注**：畜道已成，故既雨既處，尚得載。四順故稱婦，得位故言貞，上已正，坎成巽壞，故婦貞厲。月近望，君子征凶。**注**：近讀爲既。坎爲月，十五日乾象盈甲，十六日巽象退辛，故月近望。君子謂三，陰盛消陽，故君子征凶。**疏**：謂從至道也。　此虞義也。需與豫旁通，豫、復兩象易也。故云：從豫四之坤初，成復卦。兩象易者，本諸繫辭下傳大壯、大過、夬三「蓋取」，與无妄、中孚、履兩象易。此漢法也。復彖曰：出入无疾，崩〔一〕來无咎。故云：何其咎，吉。乾初體震，震開門爲大塗，故爲道也。　變至至故吉。　變至二，謂從旁通變也。陽息至二，故與初同復，爲牽復也。二變失位，至五體需，五剛居正，二變應之，故吉。象曰：亦不自失也。　豫坤至非也。　此虞義也。腹，古文輹，故讀爲輹。坤爲大轝，車轝同物。子夏曰：輹，車下伏菟。虞氏以爲車之鉤心夾軸之物。故坤爲大轝、爲輹。從旁通變至三，則下體成乾，乾成坤毁，故坤象不見。轝，所以載者，説輹則不能載也。馬君及俗儒以三體乾，而漢書王莽傳有「乾文車，坤六馬」之文，因謂乾爲車。易无乾爲車、坤爲馬之例，故云非也。　豫震至反目。　此虞義也。晉語曰：震一夫之行。故爲夫。震爲反生，故爲反。巽婦爲妻，四體离爲目，豫震爲夫，小畜巽爲妻，故同在四。豫變爲小畜，故离火動上。又在四，故目象不正。巽多白眼，説卦文。虞氏謂：巽爲白，离目上向，故多白眼。經曰反目，反目爲眅，説文曰：多白眼也。　孚謂至无咎。　此虞義也。五陽居中，故孚謂五。　血讀爲恤，讀從馬氏，蓋古文恤作血也。坎爲加憂，故爲恤、爲惕。萬物出乎震，故震爲出。四以一陰乘乾，乾陽尚往，不爲所畜，故爲恤、爲惕。旁通變至上成小畜，坎象不見，故恤去惕出。四陰得位，上承九五，與五合志，故无咎也。　有孚至其鄰。　此九家義也。畜乾者四，五貴在上，與四合志，五之孚及于下，故云：有孚，下三陽也。攣，連。馬義也。連下三陽，故攣如。釋名曰：鄰，連也，相接連也。四近五，故鄰謂四。　繫下曰：何以聚人曰財。彼注云：財爻與人同制之爻，故以聚人。　火珠林：巽屬木，六四辛未

〔一〕「崩」，皇清經解本作「朋」。

土，巽之財也。故云：以四陰作財，與下三陽共之，爲富以其鄰也。　畜道至貞厲。　以巽畜乾，至上而成，故云畜道已成。昔之不雨者既雨矣，昔之尚往者既處矣，昔之説輹者得載矣。上言婦，三言妻，皆指四。白虎通曰：妻者，齊也，與夫齊體。婦者服也，服有順義。昏義曰：明婦順。故四順稱婦也。四得位，故言貞。上變體坎，坎成巽壞，故婦貞厲。蓋一陰畜衆陽，雖正亦危也。　近讀至貞凶。　近讀爲既，謂既望，孟喜以爲十六日也。詩嵩高曰：往近王舅。鄭氏讀如「彼記之子」之記。毛傳云：已也。近音近既，既有已義，故讀從之。卦内乾外巽，十五日乾象盈甲，十六日巽象退辛，此納甲法也。魏伯陽參同契曰：十五乾體就，盛滿甲東方。蟾蜍與兔魄，日月氣雙明。七八道已訖，屈折低下降。十六轉受統，巽辛見平明。是其義也。上應三，故君子謂三。以陰畜陽之卦，故畜道成則陰盛陽消，君子不可以有行也。

䷉艮宫五世卦，消息六月。

履虎尾，不咥人，亨。利貞。 **注：** 坤三之乾，與嗛旁通。以坤履乾，故曰履。彖曰：履，柔履剛也。坤之乾成兑，兑爲虎，初爲尾，以乾履兑，故履虎尾。咥，齕也。乾爲人，兑説而應，虎口與上絶，故不咥人，亨。五剛中正，履危不疚，故利貞。王弼本脱利貞。**疏：** 此荀、虞義也。荀注：嗛彖傳曰：陰去爲离，陽來成坎。陰去爲离成履，陽來成坎爲嗛，則履乃坤三之乾。虞于嗛卦引彭城蔡景君説：剥上來之三，此當自夬來。虞无一陰五陽之例，故不云自夬來也。虞用需上變巽爲小畜之例，謂變訟初兑也。坤三之乾，以柔履剛，故名履，而引彖傳以明之。郭璞洞林曰：朱雀西北，白虎東起。注云：离爲朱雀，兑爲白虎，白虎西方宿，兑正西，故云虎。洞林皆以兑爲虎。虞注此經云：俗儒以兑爲虎。蓋漢儒相傳，以兑爲虎。虞氏斥爲俗儒，非是。虞氏據旁通謂嗛、坤爲虎，今不用也。爻例：近取諸身，則初爲趾，上爲首；遠取諸物，則初爲尾，上爲角。今言虎尾，故知尾謂初。以卦言之，坤三之乾，以柔履剛，故名履；以爻言之，坤之乾體兑，兑爲虎，初爲尾，以乾履兑，故履虎尾。所以取義于虎尾者，序卦曰：履者，禮也。荀子大略曰：禮者，人之所履也。失所履，則顛蹷陷溺。所失微而其爲亂大者，禮。是以取義于虎尾也。咥，齕。馬義也。人象乾德而生，故乾爲人。兑爲和説而應乾剛，三爲虎口與乾異體，故與上絶。三不當位，故咥人，凶；兑説而應，故不咥人，亨。九五貞厲，是履危也。以剛中正，故不疚。彖傳剛中正以下，正以釋利貞之義。王弼本脱利貞字，荀氏有之，今從古也。

初九，素履，往无咎。**注**：初爲履始，故云素。應在四，四失位，變得正，故往无咎。九二，履道坦坦，幽人貞吉。**注**：二失位，變成震，爲道、爲大塗，故履道坦坦。虞氏謂履自訟來，訟時二在坎獄中，故稱幽人。之正得位，震出兑説，故貞吉。六三，眇而眂，跛而履，履虎尾，咥人，凶。**注**：离目不正，兑爲小，故眇而視。巽爲股，訟坎爲曳，故跛而履。位在虎口中，故咥人，凶。武人爲于大君。**注**：三失位，變成乾，乾爲武人，應在上，乾爲大君，故武人爲于大君。外傳曰：「武人不亂。」九四，履虎尾，愬愬，終吉。**注**：愬愬，敬懼貌。體與下絶，乾爲敬，四多懼，故愬愬。變體坎，得位承五應初，故終吉。九五，夬履，貞厲。**注**：三上已變，體夬象，故夬履。四變五在坎中，故貞厲。上九，眂履考詳，其旋元吉。**注**：考，稽；詳，徵也。應在三，以三之視履稽其禍福之詳，三上易位，故其旋元吉。象曰：大有慶也。**疏**：初爲至无咎。乾鑿度曰：太素者，質之始。鄭注尚書大傳曰：素猶始也。初爲履始，故云素。素亦始也，故云素履。應在四以下，虞義也。初與四應，九四失位，愬愬，終吉，是變得正。初往應四，故往无咎也。二失位至貞吉。此虞義也。二變體震，乾爲道，震得乾之初，故爲道、爲大塗。倉頡篇曰：坦，著也。陽在二，大道著明，故履之坦坦。幽人，幽繫之人。尸子曰：文王幽于羑里。荀子曰：公侯失禮則幽。訟時二體坎，坎爲獄，二在坎獄中，故稱幽人。俗謂高士爲幽人，非也。二失位，變之正，故爲得位。震出兑説，出獄而喜，貞吉之象。　离目至咥人凶。　此虞義也。离在二五稱正，今在三，故不正。説文曰：眇，一目小也。兑爲小，小目不正，故爲眇。古而能通，故眇而視，謂視上也。巽爲股，坎爲曳，皆説卦文。行以股，而曳跛之象，故跛而履。虞氏據旁通，以嗛震爲足，今不用也。兑三爲口，故云位在虎口中。眇而視，非禮之視也；跛而履，非禮之履也。以位不當，故有是象。象曰：咥人之凶，位不當也。　三失至不亂。　兑三變成乾。楚語曰：天事武。韋昭云：乾稱剛健，故武。乾爲人、爲武，故爲武人。説卦曰：乾以君之。故乾爲大君。應在上，是爲于大君也。俗説謂三爲大君，非是。武人不亂，晉語文。引之者，證武人非三也。　愬愬至終吉。　序卦曰：履者，禮也。白虎通曰：以履踐而行，禮以敬爲主，不敬則禮不行，故卦名爲履。此卦之義，柔履剛則咥人，乾履兑則不咥人，敬與不敬之殊也。子夏曰：愬愬，恐懼貌。宣六年公羊傳曰：靈公望見趙盾，愬而再拜。何休注云：知盾欲諫，以敬拒之。是愬愬者，恐懼行禮，兼有敬義，故云敬懼貌。乾與兑絶體，故云體與下絶。兑爲虎，初爲尾，四履兑初，敬懼愬愬，是履虎尾，不咥人之象。四失位，變體坎，上承九五，下應初九，故終吉。此兼虞義也。　三上至貞厲。　此虞義也。夬履，兩象易也。故三上易位體夬。象曰：夬履。蓋制禮之人也。四變五體坎，坎爲疾、爲災，故貞厲。以乾履兑，五在乾體有中正之德，而又常存危厲之心，此其所以履帝位而不疚歟？　考稽至慶也。此虞義也。考，稽。小爾雅文。廣雅曰：稽，考問也。字本作卟。説文曰：卜以問疑也。从口卜，讀與稽同。書云：卟疑。大戴四代曰：天道以視，地道以履，人道以稽，所謂人與天地相參也。詳，古文祥。吕氏春秋曰：天必先見祥。高誘云：祥，徵應也。故謂詳爲徵也。中庸曰：國家將興，必有禎祥。是吉祥也。豐上六象傳曰：天際祥也。昭十八年春秋傳曰：將有大祥。尚書大傳曰：時則有青眚、青祥。是凶祥也。則祥兼吉凶，故云：以三之視履，稽其禍福之祥。旋，反也。三位不當，故視履皆非禮。上亦失位，兩爻易位，各反于正，故其旋元吉。二四已正，三上易位，成既濟，故傳曰：大有慶也。

䷊坤宮三世卦，消息正月。

泰。小往大來，吉亨。**注**：陽息坤，反否也。坤陰詘外爲小往，乾陽信內稱大來。天地交，萬物通，故吉亨。

疏：此虞義也。泰息卦，卦自坤來，故云陽息坤。雜卦曰：否、泰反其類也。虞注云：否反成泰，泰反成否。故云反否。在他卦則云旁通是也。息卦坤詘乾信，陰爲小，陽爲大。坤在外，故坤陰詘外爲小往；乾在內，故乾陽信內爲大來。爻在外曰往，在內曰來也。二五失位，二升五，五降二，天地交，萬物通，成既濟定，故吉亨。

初九，拔茅茹以其彙，征吉。**注**：初在泰家，故稱拔。否巽爲茅。茹，茅根。艮爲手。彙，類也。二升五，故拔茅茹以其彙。震爲征，得位應四，故征吉。九二，苞巟。**注**：巟，虛也。五虛无陽，二上苞之。用馮河，不遐遺。**注**：馮河，涉河。遐，遠。遺，亡也。失位變，得正體坎，坎爲河，震爲足，故用馮河。乾爲遠，故不遐遺。朋亡，得尚于中行。**注**：五降二，故朋亡。五爲中，震爲行，朋亡而下，則二得上居五，而行中和矣。九三，无平不陂，无往不復。**注**：陂，傾也，應在上。平謂三，陂謂上。往謂消外，復爲息內。從三至上，體復象，故无平不陂，无往不復。艱貞无咎，勿恤其孚，于食有福。**注**：艱，險；貞，正。恤，憂；孚，信也。二之五，三體坎，爲險、爲恤、爲孚，乾爲福。三得位，故艱貞无咎，勿恤其孚，于食有福也。六四，偏偏，不富以其鄰。注：五不正，故云偏偏。坤虚无陽，故不富。鄰謂四上。不戒以孚。注：坤邑人不戒，故使二升五，信來孚邑，故不戒以孚。六五，帝乙歸妹以祉，元吉。注：震爲帝，坤爲乙。歸，嫁也。震爲兄，兑爲妹，故歸妹。祉，福也。五下嫁二，上承乾福，故以祉，元吉。上六，城復于堭。注：否艮爲城，坤虚稱堭，泰反成否，乾壞爲坤，故城復于堭。勿用師，自邑告命。貞吝。注：二動體師，陰乘陽，故勿用師。邑，天子之居也。坤爲邑，否巽爲告、爲命。政教不出於國門，故自邑告命，雖貞亦吝。疏：初在至征吉。初剛難拔，故文言於乾初九曰：確乎其不可拔，潛龍也。潛龍之志，不易世不成名，故難拔。泰二拔茅而連初，君子道長，故云初在泰家稱拔也。卦稱家者，易以道陰陽，陰陽五行皆稱家。故劉向別録有陰陽家。後漢書有明帝五家要説章句，即爲五行之家。蓋漢學如此。否巽爲茅以下，虞義也。泰反否，故云否巽。巽爲草木，剛爻爲木，柔爻爲草，故巽爲茅。爻例取象植物則初爲本，上爲末，根本同義。故云：茹，茅根。根謂初也。艮爲手，説卦文。據否艮，拔茅以手也。否泰反其類，三陽三陰爲類，故云：萺，類也。今文作彙。九二拔茅而連初，故云拔茅茹。初與三，皆其類也，故云以其萺。二升五則六爻得位，陰陽氣通，故有是象。非謂三陽俱升也。荀氏注九二不遐遺，謂三體俱上，失其義矣。震爲行，釋言曰：征，行也。初得位而應四，故征吉。巟虚至苞之。此翟玄義也。玄字子玄，名在九家，有易義注，不詳何人。巟，鄭讀爲康，云虚也。釋詁曰：康，虚也。翟氏從鄭所讀，字故訓爲虚。詩桑柔云：具贅卒荒。毛傳曰：荒，虚也。乾盈坤虚，故五虚无陽。二當升五，故上苞之。馮河至遐遺。此虞義也。釋訓曰：馮河，徒涉。故云涉河。遐，遠。釋詁文。詩谷風曰：棄子如遺。毛傳訓爲遺亡，故云：遺，亡也。二變體坎，坎爲河，九家説卦文。彼文作可，乃河字磨滅之餘也。震爲足，説卦文。二升五，歷坎而上，故用馮河。荀氏謂「陽性欲升，陰性欲承，馮河而上，不用舟航」是也。天道遠，故乾爲遠。荀氏謂「自地升天，道雖遼遠，不能止之」是也。五降至和矣。此荀、虞義也。兑爲用，坤喪爲亡，虞氏謂：坤虚无君，欲使二上，故朋亡。蓋五離其朋類而下，如坤之喪朋也。尚，上也。朋亡而下，故二上居五而行中和。中和謂六二、九五，合言之則二五爲中，相應爲和；分言之則五爲中，二爲和。故周禮大宗伯曰：以天産作陰德，以中禮防之；以地産作陽德，以和樂防之。天地者，二五也。天交乎地，天産作陰德也。五爲中，故以中禮防之。地交乎天，以地産作陽德也。二爲和，故以和樂防之。又曰：以禮樂合天地之化、百物之産。中庸所謂「致中和，天地位焉，萬物育焉」是也。漢儒皆以二五爲中和，故易乾鑿度於師之九二曰：有盛德，行中和，順民心。于臨之九五曰：中和之盛，應于盛位，浸大之化，行于萬民。揚子亦云：中和莫尚于五。是也。陂傾至不復。鄭注樂記曰：陂，傾也。三應上，上者，泰之極而否之始也。平謂三，虞氏謂：天地分，故平也。陂謂上，上六城復于隍，陂之象也。往謂消外，坤爲消也。復謂息内，乾爲息也。三至上體復象，互體也。艱險至福也。此虞義也。艱，難也；險亦難也。故云艱險。恤，憂；孚，信。釋詁文。坎彖傳曰：習坎，重險也。故爲險。説卦曰：坎爲加憂。故爲恤。坎爲信，故爲孚。乾爲積善，故爲福。二變三體坎，故爲艱、爲恤。得位承上，故言貞、言无咎、言有孚。食讀如「食舊德」之食。三二皆體乾，二之五，五以祉元吉，故三食乾福也。五不至四上。上體以五爲主，故偏偏謂五。鴻範曰：毋偏毋頗，遵王之義。是不正爲偏。京房易傳曰：陽實陰虚。故坤虚无陽爲不富。虞氏云：然也。四上同在坤體，故不富以其鄰。鄰謂爻之連比者也。坤邑至以孚。此虞義也。戒者，主召客之詞。二升五爲卦主，故稱不戒。坤爲邑，邑人不戒，故二升五。信行于坤，故云孚。虞云：與比邑人不戒同義。亦謂師二升五也。震爲至元吉。此虞、九家義也。帝出乎震，故震爲帝。坤納乙，故坤爲乙。隱二年公羊傳曰：婦人謂嫁曰歸。故云：歸，嫁也。體震兑，震長男，故爲兄；兑少女，故爲妹。六陰爻，五貴位。陰之貴者莫如帝妹，貴而當降者亦莫如帝妹。坤，妻道也，臣道也，故六居五必降。素問謂：君位臣則順，臣位君則逆，逆則其害速，順則其害微。故君可居臣位，臣不可居君位。樂本乎易，五音宫，君也；商，臣也。宫可居商位，商不可居宫位。故周禮大司樂有四宫、四均而無商。非無商也，商不爲均也。商不爲均，猶六不居五。故聖人于坤、泰、歸妹系黄裳、歸妹之詞，以明六五之當降。兩漢經師皆如此説。魏晉以來，王弼、韓伯之輩始改師法，而易之大義乖矣。祉，福。釋詁文。五下嫁二，二上升五，以陰承陽，故云上承乾福。與坤黄裳元吉同義也。帝乙，虞氏據左傳以爲紂父，秦漢先儒皆以爲湯。故乾鑿度曰：泰，正月之卦也。陽氣始通，陰道執順，故因此見湯之嫁妹，能順天地之道，敬戒之義。自成湯至帝乙，帝乙，湯之玄孫之孫也。此帝乙即湯也。殷録質，以生日爲名，順天性也。玄孫之孫，外恩絶矣，疏可同名。湯以乙生。嫁妹本天地，正夫婦，夫婦正則王教興矣。故曰易之帝乙爲成湯。書之帝乙六世王同名，不害以明功。疏猶所也。晉賀循議曰：案，殷紀成湯已下至於帝乙，父子兄弟相繼爲君，合十二世而正世唯六。故乾鑿度曰：殷帝乙六世王，不數兄弟爲正世也。子夏、京房、荀爽皆同。易説、世本湯名天乙，故稱帝乙。則先儒之説不爲無據。古人通經有家法，左氏傳春秋，不如易家之審也。泰、婦妹二卦皆言歸妹者，歸妹九月卦，泰正月卦。荀子曰：霜降逆女，冰泮殺内。家語曰：霜降而婦功成，嫁娶者行焉；冰泮而農事起，婚禮殺於此。自秋至春，辛壬癸甲，皆嫁娶之時。故易獨舉泰、婦妹二卦以明之也。

否艮至于堭。　否互艮，故云否艮。艮爲城，虞義也。虞云：堭，城下溝。亦作隍。釋言曰：隍，壑也。郭璞云：城池空者爲壑。釋詁云：隍，虚也。是隍是土之虚者，故云坤虚稱堭。上六，泰之終，故云泰反爲否。泰反爲否，則乾壞爲坤，城復于堭之象也。

二動至亦吝。　二動體師，互體也。坤三陰乘陽，故勿用師。人主所居謂之邑，故云：邑，天子之居也。逸書言西邑夏、大邑周，多士言天邑商，皆謂天子之居。周公作周禮，始以四井爲邑爾。坤爲邑，巽爲告，皆虞義也。重巽以申命，故巽爲命。泰反爲否，政教陵夷，一人僅亦守府，號令不出于國門，上六雖得位，亦爲吝也。

䷋乾宮三世卦，消息七月。

否之匪人，不利君子貞，大往小來。**注：**陰消乾，又反泰也。謂三比坤滅乾，以臣弒君，以子弒父，故曰匪人。君子謂五，陰消陽，故不利君子貞。陽詘陰信，故大往小來。**疏：**此虞義也。否消卦，卦自乾來，故云陰消乾。泰反成否，故云反泰，與泰旁通也。匪人謂三，陰消至三成坤，故云比坤滅乾。臣謂坤，子謂遯艮也。弒父弒君，人道滅絕，故曰匪人。虞氏謂：與比三同義。尋比乃坤歸魂也。六三爲鬼吏，故曰匪人。否，乾世以三爲財，其謂匪人，以消乾也。義各有取，虞氏非是。外體三爻，唯五得正，故君子謂五。陰消至五，故不利君子貞。爻辭其亡其亡是也。五大人而稱君子者，陰陽消息之際，君子小人之辯宜明，故稱君子也。陽詘在外，故曰大往；陰信在內，故曰小來。

初六，拔茅茹以其彙，貞吉亨。**注：**初惡未著，與二三同類承五，變之正，猶可亨，故曰貞吉亨。六二，苞承，小人吉，大人否亨。**注：**二正承五，爲五所苞，故曰苞承。小人謂初，二拔茅及初，初之正，故吉。大人謂五。否，不也。乾坤分體，天地否隔，故大人否亨。六三，苞羞。**注：**否成於三，坤恥爲羞，今以不正，爲上所苞，故曰苞羞。九四，有命，无咎，疇离祉。**注：**疇，類。离，麗。祉，福也。巽爲命，乾爲福，四受五命，以據三陰，故无咎。四失位，變應初，與二同功，二离爻，故同類，皆麗乾福矣。九五，休否，大人吉。**注：**陰欲消陽，五處和居正，以否絶之，乾坤異體，升降殊隔，卑不犯尊，故大人吉也。其亡其亡，繫于苞桑。注：消四及五，故其亡其亡。巽爲桑，桑者喪也。坤爲喪，以陽苞陰，故曰苞桑。繫者，坤繫于乾，不能消乾使亡也。荀氏謂：苞者，乾坤相苞也。桑者，上玄下黄。乾坤相苞以正，故不可亡。上九，傾否，先否後喜。注：否終必傾，應在三，故先否。下反於初，成益體震，民説无疆，故後喜。疏：初惡至吉亨。坤爲積惡，初尚微，故惡未著。二拔茅而及茹，茹謂初。以其彙，是初與二三同類承五也。初四失位，變之正，則猶可亨。故曰貞吉亨。否初言亨者，否陰消之卦，陰消成坤，坤至柔而動也剛，天地盈虚，與時消息，故否初獨言亨也。二正至否亨。二得位，故二正承五，五苞桑，故爲五所苞也。苞二承五，故曰苞承。乾鑿度遘初爲小人，觀遘皆消卦，故觀初亦爲小人。否之小人，指初也。荀氏以二爲小人。案，二得位，故乾鑿度以逯二爲君子。荀氏非也。或傳寫之訛耳。初惡未著，辨之早，故吉。大人者，君人五號之一，故謂五。否，不。虞義也。否亨，言不亨也。乾坤分體以下，荀義也。乾陽坤陰，分陰分陽，故云分體。天地不交，故云否隔。凡乾與坤交，則稱亨。否隔之世，三陰雖同類承五，五不下應，故大人否亨。否成至苞羞。陰消至三成否，故云否成於三。坤爲恥，虞義也。廣雅曰：羞，恥也。故云坤恥爲羞。三不正，爲上所苞，以陽苞陰，是苞羞也。孟子曰：無羞惡之心，非人也。故象以三爲匪人。疇類至福矣。此九家義也。説文云：𠷎，古文疇。虞書帝曰：𠷎咨。又鄭氏尚書酒誥曰：若𠷎圻父。今皆讀爲疇。漢書律曆志曰：疇人子弟分散。李奇云：同類之人。是疇爲類也。坤彖傳曰：乃與類行。繫上曰：方以類聚。此卦曰彙、曰𠷎，皆以三陰爲類矣。説卦曰：离者，麗也。故云：离，麗。九家謂：离，附也。麗爲附著，其義同也。四近五，受五命以據三陰，故无咎。九家謂：无命而據，則有咎也。繫下曰：二與四同功。謂同是陰位。鄭氏易例：乾四初震爻，五二坎爻，上三艮爻也；坤四初巽爻，五二离爻，上三兑爻也。初與二三同類承五，四變應之，故與二同功。二离爻，故同類。三爻皆麗乾福矣。陰欲至吉也。此九家義也。否者消卦，故陰欲消陽。以九居五，故處和居正。休者，止息；否者，閉隔。故以否絶之謂之休否。乾坤異體，猶分體也。乾上升，坤下降，故云升降殊隔。否七月，萬物已成，乾坤位定，卑不犯尊，故大人吉也。盛明之世，小人當遠，大人利見。今小人以志君爲吉，大人以休否爲吉，此義唯施諸於否家。蓋不如是，則君臣之道息矣。消四至可亡。荀氏曰：陰欲消陽，由四及五，故曰其亡其亡。巽爲桑，虞義也。桑者，喪也。漢書五行志文。尚書大傳曰：武丁時桑穀生于朝。祖乙曰：桑穀，野草也。野草生于朝，亡乎！是桑者，喪亡之象。坤喪于乙，故爲喪。否内坤外乾，故曰坤繫于乾。凡言繫者，皆陰繫于陽，陰繫于陽爲陽所苞，故曰繫于苞桑。亡者，保其存者也。五爲陽位，處和居正，坤繫于乾，故不能消乾使亡也。荀氏謂：苞者，乾坤相苞者。參同契文。文言曰：天玄而地黄。考工記：畫繪之事有五色，天曰玄，地曰黄。言桑之色象乾坤也。繫上曰：天尊地卑，乾坤定矣。荀彼注云：謂否卦也。乾坤各得，其位定矣。是相苞以正，故不可亡也。否終至後喜。高誘注淮南曰：傾猶下也。上反初，故曰傾否。否終必傾，虞據傳釋經也。卦體下爲先，上爲後，應在三，否成于三，故先否。益自否來，故云下反於初，成益體震，民説无疆。説有喜意，故後喜。此虞義也。

䷌離宮歸魂卦，消息七月。

同人于野，亨。**注**：坤五之乾，與師旁通。天在上，火炎上，是其性同也。巽爲同，乾爲人、爲野。坤五之乾，柔得位得中，而應乎乾，故同人于野。同性則同德，同德則同心，同心則同志，故亨。傳曰：同人，親也。利涉大川。**注**：四上失位，變而體坎，故利涉大川。利君子貞。**注**：君子謂二五。**疏**：坤五至親也。蜀才謂自夬來。案，无一陰五陽之例。當是坤六五降居乾二成同人，如坤二變之乾成師也。與師旁通，虞義也。乾陽上升，火性炎上，故其性同。此鄭氏、服虔義也。巽爲同，乾爲人、爲野，皆虞義。巽風同聲相應，故爲同。乾西北之卦，故爲野。坤五之乾，得位得中，而應乎乾，故云同人于野。同性則同德，同德則同心，同心則同志，晉語文。彼文同性作同姓，古文通。天在上，火炎上，是性同也。文明以健，是德同也。中正而應，二人同心，是心同也。通天下之志，是志同也。經凡言亨，皆謂乾與坤交，同人之家以同德合義爲亨，故引晉語以明之，義詳見下也。傳曰已下，雜卦傳文，引之以證同姓之爲親也。四上至大川。此虞義也。坎爲大川，四上變五體坎，二往應之，故利涉大川。君子謂二五。知君子謂二五者，乾爲君子。繫辭釋九五爻義曰：君子之道，或出或處。二五得正，故稱君子。彖傳曰：君子正也。

初九，同人于門，无咎。 **注：**乾爲門，謂同於四。四變應初，故无咎。**六二，同人于宗，吝。** **注：**乾爲宗，二五同性，故爲宗。合義不合姓，合姓吝也。故曰：同人于宗，吝。**九三，伏戎于莽，升其高陵，三歲不興。** **注：**巽爲草莽，离爲戎，謂四變時三在坎中，隱伏自藏，故伏戎于莽也。巽爲高，震爲陵，以巽股升其高陵。乾爲歲。興，起也。師震爲興，三至上歷三爻，故三歲不興也。**九四，乘其庸，弗克攻，吉。** **注：**巽爲庸，四在巽上，故乘其庸。與初敵應，變而承五應初，故弗克，攻吉。**九五，同人先號咷而後笑，大師克，相遇。** **注：**應在二，巽爲號咷，乾爲先，故先號咷。師震在下，故後笑。乾爲大，同人反師，故大師。二至五體遘遇，故相遇。**上九，同人于郊，无悔。** **注：**乾爲郊，失位无應，當有悔。同心之家，故无悔。**疏：**乾爲至无咎。此虞義也。繫下曰：乾坤其易之門邪。參同契曰：乾坤者，易之門户，衆卦之父母。故云乾爲門。四體乾，初應四，故同於四。四初敵剛，困而反則，故變應初，无咎也。　乾爲至宗吝。　乾爲宗，虞義也。二五同姓已下，許慎義也。慎字叔重，東漢汝南召陵人，太尉南閣祭酒。其所撰五經異義曰：易曰：同人于宗，吝。言同姓相取，吝道也。王逸楚辭注曰：同姓爲宗。性與姓通。五陽二陰，二五相應，有昏冓之道，以在同人家，有同姓之義。故繫上釋九五曰：同心之言，其臭如蘭。襄八年春秋傳曰：季武子謂晉君曰：今辟於草木，寡君在君君之臭味也。又二十二年鄭公孫僑曰：敝邑邇在晉國，辟諸草木，吾臭味也。皆謂同姓爲臭味。是以晉語胥臣曰：異姓則異德，異德則異類，異類雖近，男女相及以生民也。同姓則同德，同德則同心，同心則同志，同志雖遠，男女不相及，畏黷敬也。黷則生怨，怨亂毓災，災毓滅姓。是故取妻辟其同姓，畏亂災也。故異德合姓，同德合義，必知同人爲同姓者。雜卦曰：同人，親也。同姓爲親。此卦象傳云：君子以類族辨物。族，族姓。物，姓之同異。辨，别也。郊特牲曰：取於異姓，所以附遠厚别。男女有别然後父子親，父子親然後義生。故異德合姓，同德合義。同姓故同德，同德故同心，故繫上以二五爲同心，比之臭味，猶同姓也。宗者，廟門内西墻也，主祭宗子取義焉。殷法在五世以後始通昏，二五同姓，在五宗之内，當合義而成事，不當合姓而成昏。若同德合姓，則有災毓滅姓之事，故吝也。　巽爲至興也。　此虞義也。巽爲草莽，亦虞義。虞此注謂震爲草莽，義並通也。离爲甲胄，爲戈兵，故爲戎。四上失位，當變之正，故四變三體坎，坎爲隱伏，是伏戎于莽。應在上，上剛敵應，故有是象也。巽爲高，説卦文。又説卦云：震爲反生。虞作阪，云陵阪也。故震爲陵。巽爲股，故以巽股升其高陵。歲三百六十，合乾坤之筴，陽統陰，故乾爲歲。興，起也。釋詁文。雜卦曰：震，起也。興起同義，故震爲興。三至上歷三乾，師震在下，故三歲不興，言上不應三，三亦不能興也。　巽爲至攻吉。　此虞義也。虞氏注易，廣逸象二百二十八，皆説卦所無，如巽爲庸之類。今仍其説，不敢强通。廟中之墻亦謂之庸。尚書大傳曰：天子賁庸。鄭彼注云：賁，大也。墻謂之庸。大墻，正直之墻。庸今作墉。尚書梓材曰：既勤垣墉。馬融注云：卑曰垣，高曰墉。釋宫曰：墻謂之墉。義並同也。巽爲庸，四在巽上，故乘其庸，欲攻初也。四與初皆陽，故敵應。初得位，四無攻初之義，變而承五應初，故弗克攻，吉也。應在至相遇。此虞義也。五正應二，故應在二。巽申命行事，號告之象，故爲號咷。乾陽先唱，故爲先。震爲後、爲笑，故後笑。師震在下，謂旁通也。同人與師旁通，而稱反師者，猶否泰反其類，故云反也。晉語胥臣曰：昔少典取於有蟜氏，生黄帝、炎帝，黄帝以姬水成，炎帝以姜水成，成而異德，故黄帝爲姬，炎帝爲姜，二帝用師以相濟也。異德之故也。三與上敵，四欲攻初，是在同人家而異德，所謂同生而異性也。故五用師克之。五與二同性，故相遇也。遘彖傳及雜卦曰：遘，遇也。故云二至五體遘遇。據互體。乾爲至无悔。此虞義也。乾位西北之郊，故爲郊。九居上爲失位，與三敵剛，故无應。虞氏謂：與乾上九同義，當有悔也。變而體坎，三得應上，利涉大川，在同心之家，故无悔也。

䷍乾宫歸魂卦，消息内卦四月，外卦五月。

大有。元亨。**注**：乾五變之坤成大有，與比旁通。柔得尊位，大中應天而時行，故元亨。**疏**：此虞義也。虞例无一陰五陽之例，故云乾五變之坤成大有。文王書經，系庖犧于乾五，五動之离，有天地日月之象，乾坤坎离反復不衰。天道助順，人道助信，故自天右之，吉无不利。其義備于上九爻也。

初九，无交害匪咎，艱則无咎。**注**：害謂四，初四敵應，故无交害。害在四，故匪咎。四變應初，故艱則无咎。

九二，大轝以載，有攸往，无咎。**注**：比坤爲大轝，乾來積上，故大轝以載。往謂之五，二失位，得正應五，故有攸往，无咎。

九三，公用亨于天子，小人弗克。**注**：三，公位也。天子謂五，小人謂四。二變體鼎象，故公用亨于天子。四折鼎足，覆公餗，故小人弗克。九四，匪其尪，无咎。**注**：尪，體行不正。四失位，折震足，故尪變而得正，故无咎。尪或作彭，旁聲，字之誤。六五，厥孚交如威如，吉。**注**：孚，信也。發而孚二，故交如。乾稱威，發得位，故威如，吉。上九，自天右之，吉无不利。**注**：謂乾也。右，助也。大有通比，坤爲自，乾爲天，兑爲右，故自天右之。比坤爲順，乾爲信。天之所助者順，人之所助者信，履信思順，又以尚賢，故自天右之，吉无不利。**疏**：害謂至无咎。此虞義也。虞云：四离火爲惡人，謂离九四爲惡人。故害謂四。虞氏又謂：比坤爲害。蓋取義于四，取象于坤也。陰陽相應爲交，初四敵應不相與，故无交害。虞據從旁通變，以比初動震爲交，坤爲害也。匪，非也。害始于四，非初之咎，故曰匪咎。艱，難也。虞以比初動成屯難，四變得位應初，故艱則无咎也。比坤至无咎。此虞義也。虞象傳注云：比初動成震，至二成兑，至三成乾，故云乾來積上。乾積坤上，爲坤所載也。自内稱往，故往謂之五。二失位，故有咎。變之正應五，故有攸往，无咎矣。三公至弗克。此虞義也。爻例三爲三公，故云：三，公位也。五爲天子，故天子謂五。四不正，故曰小人。鼎彖傳曰：大亨以養聖賢。三賢人，二變體鼎，養賢之象，故云公用亨于天子。僖二十四年春秋傳卜偃説此卦云：天子降心以逆公。五履信思順，又以尚賢，故有降心逆公之事。三應上，上爲宗廟，天子亨諸侯必于祖廟也。虞注鼎九四云：四變震爲足，二折入兑，故鼎折足，覆公餗，是小人不克當天子之亨也。尪體至之誤。此虞義也。説文曰：尪，跛曲脛也。從大，象偏曲之形。足尪，故體行不正。四失位體兑，折震足，故足尪也。變而得正，故云：匪其尪，无咎。本今作彭，子夏作旁。干寶云：彭，亨，驕滿貌。姚信云：彭，旁。是皆讀彭爲旁。彭、尪音相近，故云字之誤。孚信至如吉。此虞義也。四變坎爲孚。孚，信也。釋詁文。二五失位，二變應五，五發而孚二，故交如也。乾陽剛武，故稱威。五變體乾，發得位，故威如，吉。荀子彊國篇曰：威有三：有道德之威者，有暴察之威者，有狂妄之威者。此三威者，不可不熟察也。呂刑曰「德威維畏」，及此經「威如之吉」，皆道德之威也。　謂乾至不利。　此虞義也。乾五之坤，故謂乾也。天之所助以下，上繫文。賢謂三。天道助順，人道助信，五履信思順，三亨于天子，故人以尚賢宜爲天之所右，故吉且和也。

周易述卷三

周易上經

䷎兑宫五世卦，消息十二月。

嗛。亨。**注**：乾上九來之坤。嗛，謙也。上九亢龍，盈不可久，虧之坤三，故爲嗛。天道下濟，故亨。虞氏曰：彭城蔡景君説剥上來之三。君子有終。**注**：君子謂三，艮終萬物，故君子有終。**疏**：乾上至之三。乾上九來之坤，虞義也。用九之義，乾上九當之坤三。嗛，謙也。子夏義也。卦名嗛者，正以上九一爻亢極失位，天道盈而不溢，虧之坤三，致恭以存其位，故以嗛名卦。盈者嗛之，反上之三，盈爲嗛，在人爲謙，故曰：嗛，謙也。天道下濟，故亨。虞義也。乾爲天道來之坤，故下濟。以乾通坤，故亨。蔡景君傳易先師。景君言剥上來之三，剥之上九，即乾也。以消息言之，故云剥上來之三。案，虞論之卦无剥、復、夬、遘之例。景君之説，虞所不用也。君子至有終。三于三才爲人道，故君子謂三。説卦曰：終萬物、始萬物者莫盛乎艮。三體艮，故艮終萬物。三秉勞謙，終當升五，故君子有終也。

初六，嗛嗛，君子用涉大川，吉。**注**：變之正，在下，故嗛嗛。君子謂陽。三體坎爲大川，歷三應四，故用涉大川，吉。六二，鳴嗛，貞吉。**注**：三體震爲善鳴，故鳴嗛。三居五，二正應之，故貞吉。九三，勞嗛，君子有終，吉。**注**：體坎爲勞，故曰勞嗛。嗛尊而光，卑而不可踰，君子之終，故吉也。六四，无不利，撝嗛。**注**：撝，舉也。四得位處正，家性爲嗛，故无不利。陰欲撝三，使上居五，故曰撝嗛。六五，不富以其鄰，利用侵伐，无不利。**注**：鄰謂四上。自四以上，乘陽失實，故皆不富。五虛无君，利三來侵伐，无敢不利之者。上六，鳴嗛，利用行師征邑國。**注**：應在震，故鳴嗛。體師象，震爲行，坤爲邑國，五之正，已得從征，故利用行師征邑國。**疏**：變之至川吉。初失位，故變之正。荀云：初最在下爲嗛，上之三，嗛也。初之正而在下，又嗛焉，故曰嗛嗛。初正陽位，故曰君子。坎爲大川，歷三應四，故利涉大川，吉也。三體至貞吉。說卦曰：震爲善鳴。夏小正曰：雉震呴。傳曰：震也者，鳴也。呴也者，鼓其翼也。是震爲鳴也。卦凡言嗛者，皆謂陽居下位。二以陰承陽，蒙三之義，故曰鳴嗛。此姚信義也。三上居五，二正應之，中心相得，故貞吉也。體坎至吉也。說卦曰：勞乎坎。三體坎，故曰勞嗛。此荀義也。成卦之義在於九三。象辭「君子有終」，正指三也。傳言「嗛尊而光，卑而不可踰」，正謂三上升五。君子之終，故吉也。撝舉至撝嗛。此荀義也。撝以手舉，亦從手，故云：撝，舉也。太玄八十一家各有剛柔之性，故稱家性。六十四卦亦然。以六居四，故得位處正，而在嗛家，家性爲嗛，故无不利也。衆陰皆欲三居五，而撝之者四，故曰撝嗛。鄰謂至之者。此荀義也。四上爲五之鄰，故鄰謂四上。自四以上皆乘三陽，故曰乘陽。泰六四曰：偏偏不富，皆失實也。故知不富爲失實。五离爻，离爲甲胄，爲戈兵，故云侵伐。五虛无君，三來侵伐坤之邑國，衆陰同志承陽，故云无敢不利之者，坤爲用也。應在至邑國。此虞義也。上應三，三體震，故曰鳴嗛。二至上有師象，師二居五，與嗛三同義。三來之五，上得從征，故利用行師征邑國也。

䷏震宮一世卦，消息内卦二月，外卦三月。

豫。利建侯行師。**注**：復初之四，與小畜旁通。豫，樂也。震爲諸侯，初至五體比象，四利復初，故利建侯；三至上體師象，故行師。**疏**：此虞、鄭義也。一陰五陽、一陽五陰之卦，皆自乾坤來，師、嗛、大有、同人是也。此卦復四之初，乃從繫辭兩象易之例，非乾坤往來也。晉語司空季子解此經云：豫，樂也。故太玄準之以樂。鄭氏謂喜豫悦樂是也。卦之取義于豫者，有三焉：漢書五行志云：雷以二月出，其卦曰豫，言萬物隨雷出地，皆逸豫，一也。取象制樂，樂者，樂也。薦之神祇祖考，與天地同和，二也。震上坤下，母老子彊，居樂出威，三也。故曰：豫，樂也。震爲諸侯，初至五體比象，比建萬國親諸侯，二欲四復初，初爲建，故利建侯。卦體本坤四之初，坤象半見，故體師象，利行師也。虞注晉上九曰：動體師象。例與此同。半象之説，易例詳矣。

初六，鳴豫，凶。**注**：應震善鳴，失位，故鳴豫，凶。六二，介于石，不終日，貞吉。**注**：介，纖也。與四爲艮，艮爲石，故介于石。應在五，終變成离，离爲日。二得位，欲四急復初，已得休之，故不終日，貞吉。六三，盱豫，悔，遲有悔。**注**：盱，睢盱。視上而不正，故有悔。變之正，遲則有悔也。九四，由豫，大有得。勿疑朋盍戠。**注**：由，自也。大有得，得羣陰也。坎爲疑，據有五陰，坤以衆順，故勿疑。小畜兑爲朋，坤爲盍。盍，藂合也。坎爲藂，坤爲衆，衆陰並應，故朋盍戠。戠舊讀作撍、作宗也。六五，貞疾，恒不死。**注**：恒，常也。坎爲疾，應在坤，坤爲死。震爲反生，位在震中，與坤體絶，故貞疾，恒不死也。上六，冥豫，成有渝。无咎。**注**：冥讀爲瞑。應在三，坤爲冥。冥豫，瀆也。渝，變也。三失位，无應多凶，變乃得正，體艮成，故成有渝，无咎。**疏**：應震至豫凶。此虞義也。夏小正曰：震也者，鳴也。四體震，震爲善鳴，初獨應四，意得而鳴，失位不當，故凶也。介纖至貞吉。此虞義也。繫上曰：憂悔吝者存乎介。謂纖介也。介謂初，石謂四，二在艮體，艮爲石，故介于石。二應小畜五，伏陽，故應在五。豫體震，震特變，故終變成离，离爲日。二以陰居陰，故得位。四復初體復，復六二曰：休復，吉。欲四復初，故已得休之也。二得位得中，上交不諂，下交不瀆。欲四復初，是不諂也；已得休之，是不瀆也。二五无應，四爲卦主，故發其義于此爻也。盱睢至悔也。向秀注云：盱，睢盱，小人喜悦佞媚之貌。説文曰：盱，張目也。睢，仰目也。應在上三，張目仰視，視上之顏色爲佞媚，所謂上交諂也。三位不正，故有是象。變之正則無悔，下經所云「成有渝，无咎」是也。爻之失位，猶人之有過，過以速改爲善，故四不終日，貞吉。三遲有悔，遲速之間，吉凶判焉。孔子曰：不善不能改，是吾憂也。由自至宗也。此虞義也。由，自也。釋詁文。卦唯一陽，五陰皆爲陽所得，故云：大有得，得羣陰也。坎爲心、爲加憂，故爲疑也。乾九四文言曰：或之者，疑之也。豫四失位，與乾四同，故云疑。然一陽據五陰，坤以衆而順從，其志得行，故勿疑也。小畜兑爲朋者，據旁通。兑兩口相對，有似朋友講習之象，故曰朋。盍與闔同。闔户謂之坤，故坤爲盍。釋詁云：盍，合也。九家説卦曰：坎爲藂棘，故爲藂。坤爲合，故曰戠。藂，合也。戠猶埴也。鄭氏禹貢曰：厥土赤戠墳。今本作埴。考工記：用土爲瓦謂之摶埴之工。弓人云：凡昵之類不能方。先鄭云：故書昵作樴。杜子春云：樴讀爲不義不昵之昵。或爲䵒，䵒，黏也。鄭氏謂：樴，脂膏敗䐈之䐈。䐈亦黏也。説文引春秋傳曰不義不䵒，䵒猶昵也。故先鄭讀樴爲昵。若然，樴讀爲戠，䐈讀爲埴，易作戠，書作埴，考工作樴，訓爲䐈，字異而音義皆同。易爲王弼所亂，都無戠字。説文戠字下缺，鄭氏古文尚書又亡，考工故書偏傍有異，故戠字之義，學者莫能詳焉。以土合水爲培，謂之摶埴。坤爲土，坎爲水，一陽倡而衆陰應，若水土之相黏著，故云朋盍戠。京房作撍，荀氏作宗，故云舊讀作撍、作宗。王弼從京氏之本，又訛爲簪，後人不識，字訓爲固冠之簪。爻辭作于殷末，已有秦漢之制，異乎吾所聞也！　恒常至死也。　此虞義也。恒，常也。釋詁文。坎爲多眚，爲心病，故爲疾。下體坤，故應在坤。月滅藏于癸，爲既死魄，故爲死。震爲反生，說卦文。一陽在下，故曰反生。五體震，故位在震中。坤體在下，故與坤體絶。震三日生魄，又于四正爲春，春生于左，故貞疾，恒不死也。　冥讀至无咎。　瞑，古眠字。說文冥從冖，故讀爲瞑。說文曰：翕目曰瞑。知瞑即今之眠〔一〕也。應在三，坤爲冥，虞義也。釋言曰：晦，冥也。坤三十日，故爲晦也。說文：冥從日從六，冖聲。日數十，十六日而月始虧幽也。納甲之義，退辛消艮入坤，故坤爲冥。上應在三，冥豫極樂，是下交瀆也。渝變也以下，皆虞義也。渝，變。釋言文。三失位，兩陰無應，又多凶，故云：失位無應，多凶。三變之正，下體成艮，艮萬物之所成終而所成始，故云：變乃得正，體艮成也。　三之正，上交不諂，下交不瀆，故得无咎也。

䷐震宮歸魂卦，消息二月。

隨。元亨利貞。无咎。 **注：** 否上之初，二係初，三係四，上係五，陰隨陽，故名隨。三四易位，成既濟，故元亨利貞，无咎。**疏：** 卦自否來，從三陽三陰之例，否上爻之坤初。卦名隨者，爻辭六二係小子，小子謂初，是二係初也。六三係丈夫，丈夫謂四，是三係四也。上六拘係之，乃從維之；乾鑿度謂：上六欲待九五拘繫之、維持之，是上係五也。三陰係于三陽。虞氏謂：隨家陰隨陽，故名隨。太玄準爲從，其辭曰日嬪月隨，亦陰隨陽也。陰係陽，猶婦係

〔一〕「眠」，原作「瞑」，據皇清經解本改。

夫。曲禮曰大夫、曰孺人，鄭彼注云：孺之言屬，言其繫屬人也。又曰：女子許嫁纓，亦謂婦人質弱，不能自固，必有繫屬，故許嫁時繫纓也。故鄭注内則云：婦人有纓，示繫屬也。杜預釋例曰：婦人無外於禮，當繫夫之謚，以明所屬。皆是婦繫夫之事。故初九、九四、九五比之小子、丈夫也。隨家陰隨陽，夫婦之道。故九五孚于嘉，吉。傳曰：君子以嚮晦入宴息。夫婦之道而以既濟言者，夫婦者，君臣父子之本，正家而天下定。故中庸曰：君子之道造端乎夫婦，及其至也，察乎天地。是言既濟之事也。

初九，官有渝，貞吉。出門交有功。**注**：水以土爲官。渝，變也。陽來居初，以震變坤，故官有渝。上之初得正，故貞吉。震爲出、爲交、爲開門，交謂乾坤交也。上係于五，五多功，陰往之上，亦不失正，故出門交有功。六二，係小子，失丈夫。**注**：小子謂初，丈夫謂五，五體大過老夫，故稱丈夫。六三，係丈夫，失小子，隨有求得，利居貞。**注**：三之上无應，上係於四，失初小子，故係丈夫，失小子。艮爲居爲求，三隨四，爲四所求而得，故隨有求得。三四失位，故利居貞。九四，隨有獲，貞凶。有孚在道，以明何咎。**注**：獲，獲三也。失位相據，在大過死象，故貞凶。孚謂五，初震爲道，三已之正，四變應初，得位在离，故有孚在道，以明何咎也。九五，孚于嘉，吉。**注**：坎爲孚，乾爲嘉。嘉禮所以親成，男女隨之時義也。故云：孚于嘉，吉。上六，拘係之，乃從維之。**注**：易説謂：二月之時，隨德施行，藩決難解，萬物隨陽而出，故上六欲待九五拘繫之、維持之，明被陽化而陰欲隨之。是其義也。王用亨于西山。**注**：否乾爲王，謂五也。有觀象，故亨。兑爲西，艮爲山，故王用亨于西山。禮器曰：「因名山升中于天。」既濟告成之事也。**疏**：水以至有功。此九家、虞義也。官，官鬼也。參同契曰：水以土爲鬼，土鎮水不起。京房謂：世應、官鬼、福德之説，皆始于文王。火珠林亦云：故九家易曰：震爲子，得土之位，故曰官。是也。卦自否來，震初庚子水，得否坤乙未土之位，水以土爲官，以震易坤，故官有渝也。上來居初得正，故貞吉。九家之義亦然也。帝出乎震，故震爲出。初爻交坤，故爲交。震方伯之卦，當春分，春分在卯。説文曰：丣象開門之形。二月爲天門，故震爲開門。否天地不交，初上易位，是乾坤交。鄭氏謂：震當春分，陰陽之所交。義亦通也。上六拘係之，是陰往之上，而係于五也。凡言功者皆指五，五多功，陰往居上，係于五而得位，故交有功也。　小子至丈夫。　陽大陰小，易之例也。今謂初陽爲小者，繫下云：復小而辯于物。虞彼注云：陽始見故小。是小子謂初也。二至上體大過，大過九二云：老夫得其女妻。虞彼注云：乾老，故稱老夫。丈夫猶老夫也。四五本乾，故稱丈夫。二係于初，初陽尚小，故係小子。不兼與五，故失丈夫也。　三之至居貞。　三上皆陰，故云無應。四在三上，故上係于四。而不與初，故失初小子。艮爲宮室，故爲居。艮兑同氣相求，故爲求。已上皆虞義也。三係于四，是三隨四也。下經云隨有獲，獲猶得也，故知爲四所求而得也。三雖係四而皆失位，非陰陽之正，利變之正，故利居貞，内體爲貞也。　獲謂至咎也。　此虞義也。陰爲陽得稱獲、稱禽。儀禮鄉射禮曰：獲者，坐而獲。鄭彼注云：射者中則大言獲，獲，得也。射講武田之類，是以中爲獲。詩：舍拔則獲，射中禽獸。亦曰獲。比五田有禽，此經隨有獲，皆陰爲陽得，故云：獲，獲三也。鄭氏謂：大過之象，上六在巳，巳當巽位，巽又爲木，二木在外，以夾四陽，四陽互體爲二乾，乾爲君、爲父，二木夾君父，棺椁之象，三四在大過中，故云死象，貞凶之義也。　五孚于嘉，故孚謂五。震爲大塗，故爲道。三利居貞，是已之正，四變則與初應，得位體离，离爲明，故有孚在道，以明何咎。五爲卦主，三四易位，成既濟，故歸其功于五也。　坎爲至嘉吉。　坎爲孚，虞義也。乾爲嘉，虞義也。嘉屬五禮，周禮大宗伯以嘉禮親萬民，以昏冠之禮親成男女，隨之時義，陰係于陽，合于嘉禮，故云：孚于嘉，吉。五爲卦主，故總論一卦之義也。　文二年公羊傳曰：娶者，大吉也，非常吉也。娶必告廟，故云吉。　孚于嘉吉，兼二禮也。唐虞三禮，至周始有五禮。周公作周禮，其法于易乎？易説至義也。易説者，乾鑿度文也。隨于消息爲二月卦，故云二月之時。云隨德施行，藩決難解者，案，鄭彼注云：大壯九三爻主正月，陰氣猶在，故羝羊觸藩而羸其角也。至于九四主二月，故藩決不羸也。言二月之時，陽氣已壯，施生萬物，而陰氣漸微，不能爲難以障閉陽氣，故曰藩決難解也。萬物當二月之時，隨陽而出，故上六欲待九五拘繫之、維持之。言係而又言維者，虞氏云：兩係稱維，三四易位，則五維二，初維四。六爻皆正，中和之化行，既濟之功成矣。虞氏又謂：隨家陰隨陽，是被陽化而陰欲隨之。彖傳所云「大亨，貞无咎，而天下隨之」是也。否乾至事也。王謂夏商之王，乾鑿度謂文王，非也，詳見升卦。卦自否來，否之九五本乾也。乾爲君，故爲王。二至五體觀，觀卦辭云：觀盥而不觀薦。虞彼注云：盥，沃盥。薦，羞牲。沃盥羞牲，皆亨帝亨親之事，故云亨也。體兑互艮，兑爲西，艮爲山，故云西山。乾鑿度曰：崇至德顯中和之美，當此之時，仁恩所加，靡不隨從，咸説其德，得用道之王。故言王用亨于西山也。已上皆虞義也。禮器因名山升中于天，是言太平封禪之事。三四易位，成既濟定，亦是太平功成，故云既濟告成之事也。盧植注禮器云：封太山告太平，升中和之氣于天。王者致中和，天地位，萬物育。故升其氣于天，亦是既濟之事也。盧氏言封太山，太山在東，而經云西山者，禮器言名山，不言太山；周頌之般，班固亦以爲封禪之詩。其詩云：於皇時周，陟其高山。毛傳云：高山，四〔一〕嶽也。是四嶽名山皆可封禪，不必專指太山，且古大、太字无別，則大山猶名山也。封禪非常之典，其説自古莫能詳。其言太山者，唯見管子、莊子諸書，經傳無文，非義據也。

〔一〕「四」，原作「曰」，據皇清經解本改。

䷑巽宫歸魂卦，消息三月。

蠱。元亨。**注**：泰初之上，與隨旁通。蠱者，事也。尚書傳曰：乃命五史以書五帝之蠱事。剛上柔下，乾坤交，故元亨。利涉大川。**注**：二失位，動而之坎，故利涉大川。先甲三日，後甲三日。**注**：先甲三日，巽也。在乾之先，故曰先甲。後甲三日，兑也。在乾之後，故曰後甲。虞氏謂：初變成乾，乾爲甲；至三成离，离爲日。謂乾三爻在前，故先甲三日，賁時也。變三至四體离，至五成乾，乾三爻在後，故後甲三日，无妄時也。**疏**：泰初至元亨。卦自泰來，亦從三陽三陰之例。初九之上，上六之初，與隨旁通。此虞義也。蠱者，事也。序卦文。尚書傳者，伏生書大傳文。上古結繩而治，五帝以後時既漸澆，物情惑亂，事業因之而起。故昭元年春秋傳曰：于文皿蟲爲蠱。坤器爲皿，之初成巽，巽爲風，風動蟲生，故爲蠱卦。二五不正，初上失位，以巽女而惑艮男，以巽風而落艮果。故昭元年春秋傳曰：女惑男，風落山，謂之蠱。皆同物也。剛上柔下以下，虞義也。二失至大川。此虞義也。二失位當之五，動成坎，故云動而之坎，謂涉坎也。坎爲大川，故利涉大川，言利之五而得正位也。先甲至後甲。甲謂乾也。乾納甲，泰内卦本乾，乾三爻，故三日。先甲三日，辛也。巽納辛，故云巽也。坤上之初成巽，在乾之先，故先甲也。後甲三日，丁也。兑納丁，故云兑也。四體兑，在乾之後，故後甲也。虞以卦體巽，而互震，震雷巽風，雷風無形，故卦特變，初變體乾，乾納甲，變至三體离，离爲日，成山火賁，内卦爲先，乾三爻在前，故先甲三日，賁時也。變三至四，有离象，至五體乾成天雷无妄，外卦爲後，故後甲三日，无妄時也。

初六，幹父之蠱，有子考，无咎，厲終吉。**注**：幹，正。蠱，事也。泰乾爲父，坤爲事，故幹父之蠱。初上易位，艮爲子，父死，大過稱考，故有子考。變而得正，故无咎，厲終吉也。九二，幹母之蠱，不可貞。**注**：應在五，泰坤爲母，故幹母之蠱。失位，故不可貞。九三，幹父之蠱，小有悔，无大咎。**注**：兑爲小，无應，故有悔；得位，故无大咎。六四，裕父之蠱，往見吝。**注**：裕，不能争也。四陰體大過，本末弱，故裕父之蠱。兑爲見，應在初，初變應四則吝，故往見吝。六五，幹父之蠱，用譽。**注**：坤爲用，譽謂二也。二五失位，變而得正，故用譽。上九，不事王侯，高尚其事。**注**：泰乾爲王，坤爲事，應在三，震爲侯，親老歸養，故不事王侯。不得事君，君猶高尚其所爲之事。**疏**：幹正至吉也。此虞義也。師彖傳曰：貞，正也。文言傳曰：貞者，事之幹也。知幹即正也。蠱自泰來，故泰乾爲父。初之上體艮，艮爲少男，故爲子。曲禮曰：生曰父母，死曰考妣。初至四體大過，是父死，大過稱考也。初本乾也，變而得正，故无咎，厲終吉也。應在至可貞。此虞義也。五本坤也，故曰泰坤爲母，應在五，故幹母之蠱。二五失位，故不可貞，言當變之正也。兑爲至大咎。虞氏逸象曰：兑爲小。兑爲小女，故爲小。三上皆陽，故无應而小有悔也。三得位，故雖在大過中，而无大咎也。裕不至見吝。此虞義也。虞注晉初六曰：坤弱爲裕。孝經孔子曰：父有争子，則身不陷于不義。四陰柔弱不能争父之過，故云：裕，不能争也。大過初上皆陰，故本末弱。雜卦曰兑見，故兑爲見。初本乾也，四裕父蠱，陰弱不振，故初變應四則吝也。坤爲至用譽。此虞義也。繫下云二多譽，故譽謂二。二五皆失位，二升居五，五降居二，是變而得正，故用譽也。泰乾至之事。此虞、鄭義也。泰乾爲王，坤爲事，應在三，三體震，震爲侯，故有王侯之象。此上皆虞義。虞氏謂：坤象不見，故不事王侯也。鄭氏云：上九艮爻，辰在戌，得乾氣，父老之象。虞謂泰坤爲父，與鄭異也。詩四牡云：王事靡盬，不遑將父。又云：王事靡盬，不遑將母。蓼莪序云：刺幽王也。民人勞苦，孝子不得終養云云。若然，人臣事君，不以家事辭王事，故四牡有「不遑將父」、「不遑將母」之詩。至蓼莪之詩，不能終養，作詩刺王，是人臣親老，人君有聽其歸養之義。故王制載三王養老之事云：八十者一子不從政，九十者其家不從政。是不事王侯之事也。小雅笙詩序云：南陔，孝子相戒以養也；白華，孝子之潔白也。是親老歸養，乃事之最高尚者。故臣不得事君，君猶高尚其所爲之事也。此上皆鄭義也。

䷒坤宮二世卦，消息十二月。

臨。元亨利貞。至于八月有凶。**注**：陽息至二，與遯旁通。臨者，大也。陽稱大，二陽升五，臨長群陰，故曰臨。三動成既濟，故元亨利貞。臨消于遯，六月卦也，于周爲八月。遯弑君父，故至于八月有凶。**疏**：陽息至利貞。臨陽息之卦，息初爲復，至二成臨，故云：陽息至二，與遯旁通。此上虞義也。臨者，大也。序卦文。陽息稱大，坤虛无君，二當升五，以臨群陰，卦之所以名臨也。二升五，三動成既濟，故云元亨利貞也。臨消至有凶。此虞義也。臨與遯旁通，遯者，陰消之卦，于消息爲六月，于殷爲七月，于周爲八月。故鄭氏注云：臨卦斗建丑而用事，殷之正月也。當文王之時，紂爲无道，故于是卦爲殷家著興衰之戒，以見周改殷正之數。云臨自周二月用事，訖其七月，至八月而遯卦受之，是其義也。若然，周後受命而建子，其法于此乎！陰消至遯，艮子弑父，至三成否，坤臣弑君，故云遯弑君父。遯于周爲八月，故至于八月有凶也。臨言八月，復言七日者，復陽息之卦，故言日；臨之八月，遯也，陰消之卦，故言月。詩豳風：一之日周正月也，二之日殷正月也，三之日夏正月也，四之日周四月也。皆稱日。陰始于巳，故自夏四月建巳以下則稱月，與易同也。

初九，咸臨，貞吉。**注**：咸，感也。得正應四，故貞吉。九二，咸臨，吉，无不利。**注**：陽感至二，當升居五，群陰相承，故无不利。六三，甘臨，无攸利。既憂之，无咎。**注**：甘謂二也。二升五臨三，故曰甘臨。三失位无應，故无攸利。坎爲憂，動成泰，故既憂之，无咎。六四，至臨，无咎。**注**：至，下也，謂下至初應。當位有實，故无咎。六五，知臨，大君之宜，吉。**注**：坤爲知，五者帝位，大君謂二也。宜升上居五位，吉。以乾通坤，故曰：知臨，大君之宜，吉也。上六，敦臨，吉，无咎。應在三，上欲因三升二，過應于陽，敦厚之意。故曰：敦臨，吉，无咎。**疏**：咸感至貞吉。此虞義也。咸，感也。咸彖傳文。感猶應也。卦惟初與四、二與五，二氣感應，故謂之咸。初應四，故咸。臨得位，故貞吉也。陽感至不利。此荀義也。二正應五，五虛无君，故云：陽感至二，當升居五也。二升五位，群陰承之，故无不利也。甘謂至无咎。董子曰：甘者，中央之味也。二居中行和，故甘謂二。二升五而臨三，故曰甘臨。三位不當，无應于上，故无攸利。五體坎，坎爲加憂，故爲憂。董子曰：凡人有憂而不知憂者凶，有憂而深憂之者吉。三知不正，息泰得正，憂釋咎除，故无咎也。至下至无咎。此虞義也。至從一，一，地也。初爲地在下，故云：至，下也。四正應初，故謂下至初應。初陽爲實而又當位，故云：當位有實，而无咎也。坤爲至吉也。坤爲知，虞義也。知讀爲智。中庸曰：唯天下至聖爲能聰明睿知，足以有臨。故曰知臨也。五者帝位以下，荀義也。五爲天子，故云帝位。乾鑿度曰：臨者，大也。陽氣在内，中和之盛，應于盛位，浸大之化，行于萬民，故言宜處王位，施大化，爲大君矣。臣民欲被化之辭也。又曰：大君者，與上行異也。鄭彼注云：臨之九二，有中和美異之行，應于五位，故曰：百姓欲其與上爲大君。皆言二升五之義，故云大君謂二也。以乾通坤，故曰知臨。二居五位而施大化，成既濟之功，是大君之宜，故曰吉也。應在至无咎。此荀義也。上本應三，兩陰无應，二本陽也，上欲因三升二，故云過應于陽。升二而成既濟之功，是土敦厚之意。鄭注樂記云：

敦，厚也。坤爲厚，故曰：敦臨，吉，无咎也。

䷓乾宮四世卦，消息八月。

觀盥而不觀薦。 **注：** 觀，反〔一〕臨也。以五陽觀示坤民，故稱觀。盥，沃盥。薦，羞牲也。坎爲水，坤爲器。艮手臨坤，坎水沃之，盥之象也。故觀盥而不觀薦。馬氏謂：盥者，進爵灌地以降神也。祭祀之盛，莫過于初盥，及神降薦牲，其禮簡略，不足觀也。故孔子曰：禘自既灌，而往者吾不欲觀之矣。**有孚顒若。** **注：** 孚，信，謂五。顒顒，君德有威，容貌若順也。**疏：** 觀反至之矣。此虞、馬義也。雜卦曰：否泰反其類也。卦有反類，故復彖傳曰：剛反動。虞彼注云：剛從艮入坤，從反震。是艮爲反震也。觀六二：闚觀，利女貞。虞注云：臨兑爲女，兑女反成巽。是兑爲反巽也。又虞注明夷曰：反晉也。注益曰：反損也。注漸曰：反歸妹也。一說：復亨剛反，復爲反剥，與此經觀反臨，皆卦之反也。若荀氏之義，其注繫上「鼓之舞之以盡神」云：鼓者，動也；舞者，行也。謂三百八十四爻動行相反，其卦所以盡易之藴。此謂六十四卦動行相反，乃乾坤、屯蒙之類，非僅反類之謂。又否泰之反類，則兼旁通。唯觀反臨，明夷反晉，益反損，漸反歸妹，復反剥，艮反震，兑反巽，乃反卦，非旁通也。又虞注上繫同人九五爻辭云：同人反師。又以旁通爲反卦，所未詳也。象傳曰：中正以觀天下。中正爲五，坤爲民，故以五陽觀示坤民，名爲觀也。鄭氏謂：艮爲鬼門，又爲宫闕。地上有木而爲鬼門宫闕者，天子宗廟之象。此取觀象而言。釋

〔一〕「反」，原作「五」，據皇清經解本改。

宫曰：觀謂之闕。虞義或當然也。祭統曰：獻之屬莫重于祼。字亦作灌，義取于坤地之觀。周禮：鬱人掌祼器，凡祼事沃盥。故云：盥，沃盥。郊特牲曰：既灌然後迎牲，迎牲而後獻薦。是薦在灌後，故云：薦，羞牲也。上之三，五體坎，故坎爲水。形而下謂之器，故坤爲器，謂沃盥器也。以艮手臨坤器，而以坎水沃之，故云盥之象也。鬱人祼事沃盥，故盥與灌通。觀灌而不觀薦，乃禘禮配天之祭，故馬氏謂：盥者，進爵灌地以降神也。配天之禘，灌禮最盛。古文作祼。周監二代而制禮。大宗伯：以肆獻祼享先王。典瑞：祼圭有瓚，以肆先王，以祼賓客。則祼一事有三節：肆者實而陳之，祼者將而行之，獻者奉而進之。實以彝祼之陳，將以瓚祼之行，獻以爵祼之成，故曰肆祼獻。祭天無灌，而禘有灌者，宣三年公羊傳説配天之義云：王者曷爲，必以其祖配，自内出者無匹不行，自外至者無主不止。自内出者無匹不行，南郊配天也；自外至者無主不止，明堂配天也。明堂之配，天帝異饌，亦異其禮，故天無灌而祖有灌。以灌禮降神，推人道以接天，所謂自外至者無主不止。故云：祭祀之盛，莫過于初盥也。禘行于春夏，物未成孰，薦禮獨略。故云：神降薦牲，其禮簡略，不足觀也。引孔子語者，論語文。穀梁傳曰：常視曰視，非常曰觀。灌禮非常，薦爲常禮，故曰觀盥而不觀薦。吾不欲觀，非不欲觀也，所以明灌禮之特盛，與此經「觀盥而不觀薦」同義，故虞氏、王弼亦皆引以爲證。孔安國謂魯禘亂昭穆，聖人不欲觀，失其義矣。孚信至順也。此虞義也。坎爲孚，故孚信謂五。虞彖注引詩云：顒顒卬卬，如珪如璋。珪璋祼玉，君祼以圭瓚，亞祼以璋瓚。顒顒，温貌；卬卬，盛貌。祼之儀也，鬱人詔之，故謂：君德有威，容貌若順也。釋詁文謂：觀君子之德，容而順其化也。馬氏云：孚，信也。顒，敬也。以下觀上，見其至盛之禮，萬民信敬，故有孚顒若。馬以孚信、顒敬爲萬民信敬，即下觀而化之事。虞以孚與顒顒屬君，若屬民，與馬異也。

初六，童觀，小人无咎，君子吝。**注**：艮爲童，以小觀上，故童觀。初位賤，人陰爻，故小人无咎，君子則吝矣。

馬氏以爲：童，獨也。六二，闚觀，利女貞。注：窺觀稱闚。二离爻，离爲目、爲中女。互體艮，艮爲宫室，坤爲闔户。女目近户，闚觀之象。二陰得正應五，故利女貞，利不淫視也。六三，觀我生，進退。注：我謂五。臨震爲生，巽爲進退。觀于五，故進；下于四，故退。象曰：「未失道也。」六四，觀國之光，利用賓于王。注：坤爲國，上之三體离，离爲光，故觀國之光。王謂五，四陽稱賓，變坤承五，坤爲用、爲臣，故利用賓于王。九五，觀我生，君子无咎。注：大觀在上，爲群陰所觀，故觀我生。五正位處中，故君子无咎。上九，觀其生，君子无咎。注：應在三，三體臨震，故觀其生。君子謂三，之三得正，故无咎。疏：艮爲至獨也。艮少男，故爲童。童觀，觀五也。吕氏春秋曰：上尊下卑，則不得以小觀上。以小觀上，故曰童觀。初爲元士，故位賤。又陰爻爲小人，故无咎。陽稱君子，故吝。此兼虞義。初稱獨，故馬氏以爲：童，獨也。義亦通耳。窺觀至視也。窺觀稱闚，虞義也。窺觀非正視，故曰闚。方言曰：闚，視也；凡相窺視，南楚謂之闚。故知窺觀稱闚。説文云：闚，閃也。閃亦不正之義。六二离爻，离爲目、爲中女，皆説卦文。艮爲宫室，坤爲闔户，亦虞義也。二以离目窺坤户，闚觀之象。二陰爲女，居中得正，上應九五，故利女貞。曲禮曰：毋[一]淫視。邪視曰淫視。利女貞謂不淫視也。此兼虞義。我謂至道也。此荀、虞義也。五爲卦主，爻辭與五同，故我謂五。虞氏謂坤爲我，非也。震爲反生，故爲生。生猶性，故京氏謂「性，行」是也。巽爲進退，説卦文。三陽位，陽主進；六陰爻，陰主退，故有進退之義。進觀于五，進也；退居四下，退也，故曰觀我生進退。進退皆合于道，故象曰：未失道也。坤爲至于王。聘禮記歸

〔一〕「毋」，原作「母」，據皇清經解本改。

大禮之日，有請觀之禮。吴季札聘魯，請觀于周樂；晉韓起聘魯，觀書于太史氏，皆其事。鄭氏謂：聘于是國，欲見宗廟之好，百官之富，故曰觀國之光。謂之觀光者，禮、樂、詩、書光于千古，威儀辭氣光在一身。蓋以大觀在上，故急欲觀其盛焉。此觀光謂朝也。上之三體离，离爲日，故爲光。五本乾也，乾爲王，故王謂五。四陽，爲否四也。陰在下，故四陽稱賓，姤初六「不利賓」是也。陰消乾體坤，上承九五，故云消乾承五。坤爲用、爲臣，虞義也。觀之言灌，大饗有祼賓之禮，故典瑞云：祼圭有瓚，以肆先王，以祼賓客。四爲三公，上公王禮再祼，洛誥：祼于太室。太室者，明堂之中央室也。而稱王賓，則賓于王者，惟祼禮爲盛。故利用賓于王也。大觀至无咎。五以陽居上，陽稱大，故大觀在上。四陰仰五陽，是爲群陰所觀，故云觀我生也。觀陰消之卦。乾鑿度：剥五爲小人，消觀成剥，則有咎矣。今五正位處中，故君子无咎也。應在至无咎。此虞義也。其謂三也，上應在三。三體臨震，謂反臨，三體震也。震爲生，故觀其生。君子謂三者，三失位，上之三得正，故稱君子无咎也。

䷔巽宫五世卦，消息十月。

噬嗑。亨。利用獄。**注**：否五之初，頤中有物曰噬嗑。五之初，剛柔交，故亨。坎爲獄，艮爲手，离爲明。四以不正而係于獄，上當之三，蔽四成豐，折獄致刑，故利用獄。坤爲用也。**疏**：卦自否來。九五之坤初，二陽四陰，外實中虚，頤象也。九四以不正間之，象頤中有物。彖傳曰：頤中有物曰噬嗑。物謂四也。噬，齧也。齧而合之，故曰噬嗑。乾剛坤柔，乾五之坤初，坤初之乾五，剛柔交，故亨也。九家說卦曰：坎爲律，爲叢棘。叢棘，獄也。故坎爲獄。折獄從手，故艮爲手。离爲日，故爲明。四體坎，以陽居陰，而在坎中，故係于獄。蔽，斷也。虞注豐象曰：豐三從噬嗑上來，之三折四于坎獄中而成豐，故君子以折獄致刑。噬嗑所謂利用獄者，此卦之謂。是虞合兩卦以發明折獄之義。坤爲器，故爲用。此兼虞義也。

初九，屨校滅止，无咎。注：屨，貫；校，械；止，足也。坎爲械，初爲止，坤初消陽，五來滅初，故屨校滅止。震懼致福，故无咎。六二，噬膚滅鼻，无咎。注：膚，脅革肉。艮爲膚、爲鼻，二无應于上，滅坎水中而乘初剛，故噬膚滅鼻。得正多譽，故无咎。六三，噬腊肉遇毒，小吝，无咎。注：三在膚裏，故稱肉。离日熯之爲腊，坎爲毒，應在上，故噬腊肉遇毒。失位承四，故小吝。與上易位，利用獄成豐，故无咎。荀氏以腊肉謂四也。九四，噬乾胏得金矢，利艱貞，吉。注：肉有骨謂之胏。乾爲金，离爲矢，四惡人在坎獄中，上之三折四，故噬乾胏得金矢。艱，險。貞，正也。坎爲險，四失位，變之正，故利艱貞，吉。六五，噬乾肉得黄金，貞厲，无咎。注：陰稱肉，位當离日中烈，故乾肉也。黄，中。厲，危也。變而得正，故无咎。上九，何校滅耳，凶。注：爲五所何，故曰何校。五體坎爲耳，上據坎，故何校滅耳。上以不正，陰終消陽，故凶。疏：屨貫至无咎。干寶注云：屨校，貫械也。以械爲屨，故曰屨校。漢謂之貫械，後漢書李固傳云「渤海王調貫械上書」是也。止與趾同，故云足。以械爲屨，足没械下，故云滅止。九家説卦曰：坎爲桎梏。故爲校，校即械也。伏羲始作八卦，近取諸身，故此卦之義，初爲止，五爲耳。卦本否也，故坤初消陽，乾五之初，是滅初。五來滅初體震，震彖傳曰：震來虩虩，恐致福也。震爲徵，小徵大誡，故无咎。　膚脅至无咎。　爻辭曰膚、曰腊肉、曰乾胏、曰乾肉，故知膚爲脅革肉。案，少牢饋食禮曰：雍人倫膚九，實于一鼎。又云：膚九而俎亦横，載革順是也。艮爲膚、爲鼻，九家説卦文。二五皆陰，故云无應。體艮而在坎下，故云滅坎水中。又乘初剛，噬膚滅鼻之象也。以陰居二，二多譽，故云：得正多譽，而无咎也。　三在至四也。　此虞義也。三體艮，艮爲膚。三在膚裏，謂肉在膚理，故稱肉也。説文曰：腊，乾肉也。從殘肉，日以晞之。馬氏曰：晞于陽而煬于火曰腊肉。故云离日熯之爲腊。坎爲多眚，故爲毒。周語單子曰：厚味實腊毒。腊，籀文腊。肉久稱腊，味厚者爲毒久，故噬腊肉遇毒。乾鑿度曰：陰陽失位，皆爲不正，其應實而有之，皆失義。鄭注云：陰有陽應，陽有陰應，實者也。既非其應，設使得而有之，皆爲非義而得也。三陰上陽，此失義之應。上辠大惡極而三遇之，是遇毒也。四亦不正，而三承之，故小吝。上來之三，是易位也。折四成豐，明罰飭法，故无咎也。荀氏以腊肉謂四者，謂三噬四，法當遇罪，故遇毒，義亦通也。　肉有至貞吉。　肉有骨謂之胏，馬義也。离又爲乾卦，故云乾胏。乾爲金，說卦文。离爲矢，馬、王、虞義也。周禮大司寇：禁民訟入束矢，禁民獄入鈞〔一〕金。矢取其直，不直者入束矢。金能見情，無情者入鈞金。四离火，惡人，而體坎，故在坎獄中，而不服罪，若噬有骨之乾胏。上來之三，折四成豐，故得金矢。四以陽居陰，故失位无應，于下而弇于五，故利艱貞，吉也。　陰稱至无咎。　五，陰也。故陰稱肉。五正离位，故云：位當离日中烈，爲乾肉也。五陰居中，故爲黄。位不當，故厲。變而得正，故无咎。象曰：得當也。此兼虞義。　爲五至故凶。　何讀爲荷。上據五，故爲五所何曰何校。此荀義也。上爲首，故五爲耳。又體坎，坎亦爲耳。荀氏謂：據五滅坎，故何校滅耳也。卦本否也。五上不正，無德以休之，滅坎體剥，陰終消陽，惡積而不可弇，罪大而不可解，故凶。魏河南尹李勝以屨校滅趾爲去足刖刑。若然，何校滅耳爲大辟之刑，義或然也。

䷕艮宫一世卦，消息八月。

〔一〕「鈞」，原作「鈎」，據皇清經解本改。下文「鈞」字同。

賁。亨。小利有攸往。**注**：泰上之二。賁，黃白色，文章雜也。柔來文剛，陰陽交，故亨。小謂五四，分乾剛而上飾坤柔，兼據二陰，故小利有攸往。**疏**：卦自泰來，上六之乾二，九二之坤上。賁，黃白色。王肅義也。太玄曰：黃不純。范望注云：火色黃白，故不純。引此經云：山下有火，黃白色也。傅氏曰：賁，故班字，文章貌。呂氏春秋曰：孔子卜得賁，曰不吉。子貢曰：夫賁亦好矣，何謂不吉乎？孔子曰：夫白而白，黑而黑，夫賁又何好乎？高誘注云：賁，色不純也。物相雜謂之文。京房易傳曰：五色不成謂之賁，文采雜也。其後孔子經論六經以垂後代萬世，觀人文之化成，其賁之徵乎？柔來文剛已下，虞義也。自內曰來。上之二，柔來文剛，乾陽坤陰，陰陽交，故亨也。五四皆陰，陽大陰小，故小謂五四。賁者，飾也。彖傳曰：分剛上而文柔。故云分乾剛而上飾坤柔也。兼據二陰，荀義也。五四二陰，利二上來文柔，故小利有攸往。

初九，賁其止，舍車而徒。**注**：初爲止，坤爲車。應在坤，上之二，坤體壞，故舍車而徒。六二，賁其須。**注**：須謂五。五變應二，二上賁之，故賁其須。九三，賁如濡如，永貞吉。**注**：离文自飾，故賁如。坎水自潤，故濡如。體剛履正，故永貞吉。六四，賁如皤如，白馬翰如，匪寇，昏冓。**注**：馬作足橫行曰皤，四乘剛，故賁如皤如。震爲馬，巽爲白，故白馬翰如。坎爲寇，得位應初，故匪寇昏冓。六五，賁于丘園，束帛戔戔，吝，終吉。**注**：五已正，應在二。坎爲隱，坤土爲丘，木果曰園。艮山震林，賁飾丘陵，以爲園圃隱士之象。坤爲帛，其數十，故束帛戔戔，委積貌。艮爲多，故戔戔。失位，故吝。之正應二，尊道勤賢，故終吉。上九，白賁，无咎。**注**：巽爲白。上者，賁之成。功成于素，故曰白賁。變而得位，故无咎。**疏**：初爲至而徒。王肅曰：在下故稱止，義見噬嗑。坤爲車，謂泰坤也。四體坤，故應在坤。上之二，坤體壞，故舍車。徒，徒步也。王肅曰：既舍其車，又飾其止，是徒步也。　須謂至其須。　說文曰：須，面毛也。爻位近取諸身，初爲止，五當爲須，故知須謂五。五失位，故變應二。二上賁五，是賁其須也。　离文至貞吉。　此虞義也。象傳曰文明以止，故离爲文。离文自飾，是賁如也。互體坎，坎水自潤，是濡如也。三以陽居陽，是體剛履正，故永貞吉也。　馬作至昏冓。　馬作足横行曰皤，董遇義也。董讀皤爲槃。震爲馬、爲作足，應在初，而乘三剛，作足横行不前，故賁如皤如。鄭氏謂：四欲飾以適初，進退未定，故皤如。義亦同也。檀弓曰：殷人尚白，戎事乘翰。鄭彼注云：翰，白色馬也。巽爲白，故白馬翰如。鄭氏謂：六四，巽爻也。三體坎爲寇，四既得位，初又正應，雖乘坎剛，終當應初，故云匪寇昏冓也。五已至終吉。　此荀、虞、王義也。五失位无應，今已之正，故應在二。二在坎下，坎爲隱伏，故爲隱。爾雅釋地曰：非人爲之邱。郭璞云：地自然生。說文曰：邱，土之高也。故云坤土爲邱。虞氏謂：艮爲山，五半山，故稱邱。揚子曰：邱陵學山而不至于山。半山爲邱，義亦通也。艮爲木果，園圃毓草木，故云木果爲園。艮爲山，震爲林，隱士在山林，故云：賁飾邱陵，以爲園圃隱士之象也。坤爲帛，九家說卦文。莊二十二年春秋傳曰：庭實旅百，奉之以玉帛。杜注云「坤爲布帛」是也。鄭注聘禮曰：凡物十曰束。坤數十，故云束帛。吴、薛綜解此經云：古招士必以束帛，加璧于上。戔戔，委積貌。薛、虞謂禮之多也。艮爲多節，故爲多。五失位，故吝。變而得正應二，荀氏謂「五爲勤賢之主，尊道之君，故終吉而有喜」是也。　巽爲至无咎。　五變體巽，故巽爲白。卦成于上，故云：上者，賁之成。考工記曰：畫繪之事後素功。論語曰：繪事後素。鄭彼注云：素，白采也。後布之，爲其易漬汙。是功成于素之事也。失位不正，變而得位，故无咎也。

周易述卷四

周易上經

䷖乾宮五世卦，消息九月。

剥。不利有攸往。注：陰消乾也。與夬旁通。以柔變剛，小人道長，上往成坤。迷復，故不利有攸往。**疏：**剥本乾也。陰消至五成剥，故云陰消乾也。夬陽決陰，剥陰剥陽，故與夬旁通。柔變剛，彖傳文。小人道長，否彖傳文。此傳亦云：小人長也。陰消之卦，大往小來。不利有攸往，謂上也。剥上反初爲復，復剛長，故利有攸往。坤爲迷，上往成坤，爲迷復，小人道長，故不利有攸往也。此兼虞義。

初六，剥牀以足，蔑貞凶。注：動成巽，巽木爲牀，初爲足，坤消初，故剥牀以足。蔑，无。貞，正也。失位无應，故蔑貞凶。**六二，剥牀以辨，蔑貞凶。注：**指間稱辨。剥二成艮，艮爲指，二在指間，故剥牀以辨。无應在剥，故蔑貞凶也。**六三，剥，无咎。注：**衆皆剥陽，三獨應上，无剥害意，故无咎。**六四，剥牀以膚，凶。注：**辨上稱膚。艮爲膚，以陰變陽，至四乾毁，故剥牀以膚，凶。**六五，貫魚以宮人寵，无不利。**

注：剥消觀五，巽爲魚、爲繩，艮手持繩貫巽，故貫魚也。艮爲宮室，人謂乾五，以陰代陽，五貫乾爲寵人，陰得麗之，

故以宮人寵。動得正成觀，故无不利。上九，碩果不食。注：艮爲碩果，陽道不絶，故不食。君子德車，小人剥廬。注：夬乾爲君子、爲德，坤爲車。乾在坤上，故以德爲車。小人謂坤，艮爲廬，上變滅艮，坤陰迷亂，故小人剥廬也。疏：動成至貞凶。說文曰：牀，安身之坐者也。卦本乾也，初動成巽，巽爲木。坤西南卦，設木于西南之奥，乾人藉之，牀之象也。初在下，故爲足。坤消乾，自初始，故剥牀以足。剥亦取象人身，初足、二辨、四膚，故參同契曰「剥爛肢體，消滅其形」是也。詩大雅板曰：喪亂蔑資。毛傳云：蔑，無也。初陽在下爲貞，爲坤所滅，无應于上，故蔑貞凶也。此兼虞義。指間至凶也。此虞義也。辨本作釆，說文曰：象獸指爪分別也。讀若辨。古文作平。古文尚書：辨章辨秩。字皆作平。魏晉以後亂之，讀爲平也。釆在指間，分別之象，故讀爲辨。辨亦別也。剥二成艮。艮爲指，說卦文。二體艮在指間，故剥牀以辨。鄭氏謂足上稱辨。近取諸身，初爲足，二在足上，義亦通也。陰消至五，故无應。在剥五陽爲正，消五，故蔑貞凶也。衆皆至无咎。此荀義也。周語曰：人三爲衆。自三以上，皆曰衆也。卦有五陰，故衆皆剥陽。三雖不正，獨與上應，故云三獨應上。陰陽相應則和，故无剥害意，而言剥无咎也。辨上至膚凶。此虞義也。辨在指間，不可言膚，四在上體，故云辨上稱膚。陰消之卦，自遯至觀體巽，故巽爲牀。至剥皆體艮，故艮爲膚。消至四而乾之上體壞，故云：以陰變陽，至四乾毁也。乾爲人，王肅曰：剥牀盡以及人身，爲敗滋深。故曰：剥牀以膚，凶也。剥消至不利。此虞義也。消觀五爲剥，故云剥消觀五。巽謂觀巽也。郭璞洞林曰：魚者，震之廢氣也。巽王則震廢，故巽爲魚。又巽多白眼，故爲魚也。巽爲繩，說卦文。艮爲手，消巽成艮，故云：艮手持繩貫巽，爲貫魚也。艮爲門闕，門闕宮象，故爲宮室。乾爲人，故人謂乾五。觀巽爲牀，牀笫不踰閾，宮人之象，故取義于宮人。陰消之卦，故以陰代陽，陰至于五，通于天位，故云五貫乾爲寵人。承君之寵，陰得麗之，故以宮人寵。乾鑿度所謂「陰貫魚而欲承君子」是也。五失位，動得正成觀，故无不利也。艮爲至不食。碩與石同。艮爲石、爲果蓏，故爲碩果。此虞義也。白虎通曰：陽道不絶，陰道有絶。十月純坤謂之陽月。文言釋坤上六曰：爲其兼于陽。此陽道不絶之義也。卦本乾也。虞氏謂：三已復位，有頤象。頤中无物，故不食。此解食義也。乾爲木果，謂上九也。艮之碩果，亦指上也。剥之上即復之初，窮上反下，故在上爲木果，在下爲萌牙。乾鑿度曰：剥當九月之時，陽氣衰消，而陰終不能盡陽，小人不能决君子。此碩果所以不食也。夬乾至廬也。此虞義也。夬乾謂旁通也。應在三，君子謂乾三。乾爲德，故夬乾爲君子、爲德。坤爲大轝，故爲車。本或作轝也。禮運曰：天子以德爲車。乾在坤上，乾德坤車，故以德爲車。坤消乾，小人長，故小人謂坤。艮爲舍，乾爲野，舍在野外，廬之象；上變則艮滅，爲純坤，坤爲迷、爲亂，小人剥廬之象也。

䷗坤宫一世卦，消息十一月。

復。亨。**注**：陽息坤，與姤旁通。剛反交初，故亨。出入无疾。**注**：謂出震成乾，入巽成坤。坎爲疾，十二消息不見坎象，故出入无疾。崩來无咎。反復其道。**注**：自上下者爲崩，剥艮反初得正，故无咎。反復其道，有崩道也。虞氏作朋來，云：兑爲朋，在内稱來，五陰從初，初陽正，息而成兑，故朋來无咎。乾成坤，反于震，陽爲道，故復其道。七日來復。**注**：陽稱日，消乾六爻爲六日，至初爲七日，故七日來復。鄭氏謂：建亥之月純陰用事，至建子之月陽氣始生，隔此純陰一卦，卦主六日七分，舉其成數言之，而云七日也。利有攸往。**注**：陽息臨成乾，君子道長，故利有攸往。荀氏謂：利往居五也。**疏**：陽息至故亨。此虞義也。復，陽息之卦而自坤來，故云：陽息坤，與姤爲旁通。一陽自上而反，而交于坤初，乾坤氣通，故亨。謂出至无疾。此虞義也。陽出于震，至巳而乾體就，故出震成乾，至午入巽，至亥成坤出震。震也息，至二體兑，至三成乾入巽。巽也消，至二體艮，至三成坤。十二消息謂乾坤十二畫，有震、有兑、有乾、有巽、有艮、有坤，獨无坎离，故納甲之法，坎戊离己，居中央王四方。參同契曰：坎离者，乾坤之二用，二用无爻位，周流行六虚。又云：故推消息，坎离滅亡。是其義也。坎爲疾，十二消息不見坎象，故出入无疾也。　自上至其道。　自上下者爲崩，京房義也。京剥傳曰：小人剥廬，厥妖山崩。復傳曰：崩來无咎，自上下者爲崩，厥應大山之石顛而下。陽極于艮，艮爲石、爲山，剥之上九，消艮入坤，山崩之象。春秋僖十四年：沙鹿崩。穀梁傳曰：高曰崩。故知崩自上而下也。自上而下者，非爻自上反初，乃消艮入坤出震耳。故虞于象傳注云：陽不從上來反初，故不言剛自外來。知非爻自上反初也。若然，序卦言剥窮上反下，亦云消艮入坤出震也。正陽在下爲聖人，故云剥艮反初得正。穀梁傳曰：沙鹿崩，無崩道而崩，故志之。復卦，乾息坤，乾爲道，故云：反復其道，有崩道也。虞氏作朋來。兑二陽同類，故爲朋。在外曰往，在内曰來。初爲卦主，故五陰從初。初得正，陽息在二成兑，故云：初陽息正而成兑，朋來无咎也。乾成于上，坤消自初，故云乾成坤。滅藏于坤，從下反出體震，故反出于震。乾爲道，陽即乾也。出震成乾，故復于道。虞以朋來爲陽息兑，今知不然者。下云七日來復，則方及初陽，何得先言息二成兑？至利有攸往，乃可云息臨成乾。虞氏非是，當從京氏作崩來也。　陽稱至日也。　七日，七月也。陽稱日，陰稱月。詩七月云：一之日觱發，二之日栗烈。又云：三之日于耜，四之日舉趾。毛傳曰：一之日周正月也，二之日殷正月，三之日夏正月也，四之日周四月也。此皆陽息之月，故謂之日。又曰：四月秀葽，五月鳴蜩。五月已下陰消之月，故稱月。四月亦稱月者，以夏四月建巳，陰生于巳故也。消乾自午，至亥爲六月，故云消乾六爻爲六日。至初建子，首尾七月，故云七日來復也。鄭氏據六日七分，謂建亥之月純陰用事，乃坤卦也。至建子之月陽氣始生，謂復卦也。隔此純陰一卦，謂中孚也。是以易稽覽圖曰：甲子卦氣起中孚，六日八十分日之七。鄭彼注云：六以候也。八十分爲一日，日之七者，一卦六日七分也。又易是類謀曰：冬至日在坎，春分日在震，夏至日在离，秋分日在兑，四正之卦，卦有六爻，爻主一氣。餘六十卦，卦主六日七分，八十分日之七。歲有十二月三百六十五日四分日之一，六十而一周。尋易緯之義，坎、離、震、兑各主一方，爻主一氣，二十四爻主二十四氣。其餘六十卦，卦有六爻，爻主一日，凡主三百六十日。餘有五日四分日之一者，以八十分爲日法，五日分爲四百分，四分日之一又分爲二十分，是四百二十分。六十卦分之，六七四十二，卦別各得七分，是每卦六日七分也。中孚至復六日七分，已在七日之限，故云：舉其成數言之，而云七日也。易之剥，太玄準之以割，其辭曰：陰氣割物，陽形縣殺，七日幾絶。七日謂中孚一卦。是子雲亦用卦氣六日七分之説。陽息至攸往。此虞義也。陽息二成臨，至泰成乾，泰小往大來，故君子道長，謂往成乾，故利有攸往也。荀氏至五也。利往居五，亦謂陽息至五得位得中，則君子道長，小人道消，非謂初居五也。陽息至五成夬，雜卦曰：夬，决也，剛决柔也。君子道長，小人道消也。知義與虞同也。

初九，不遠復，无祇悔，元吉。**注**：有不善未嘗不知，知之未嘗復行，故不遠復。祇，辭也。震无咎者存乎悔，故无祇悔。得位應四，故元吉。六二，休復，吉。**注**：休，美也。乾爲美，比初爲休復，得中下仁，故吉。六三，頻復，厲，无咎。**注**：頻，顣也。三失位，故頻復，厲。動而之正，故无咎。一曰：頻，比也。六四，中行獨復。**注**：中謂初。震爲行，初一陽爻，故稱獨。四得位應初，故曰中行獨復，以從道也。俗説以四位在五陰之中，而獨應復，非也。四在外體，又非内象，不在二五，何得稱中行？六五，敦復，无悔。**注**：過應于初，故曰敦復。五失位，變之正，故无悔。上六，迷復，凶，有災眚。**注**：坤爲迷，高而无應，故凶。五變正，時坎爲災，故有災眚。用行師，終有大敗，以其國君凶。注：三復位體師，故用行師。上行師而距于初，陽息上升，必消群陰，故終有大敗。國君謂初也。受命復道，當從下升，今上六行師，王誅必加，故以其國君凶也。至于十年不克征。注：坤爲至、爲十年。坤反君道，故不克征。疏：有不至元吉。有不善未嘗不知，知之未嘗復行，下繫文。震无咎者存乎悔，上繫文。虞彼注云：震，動也。初動得正，故无祇悔。正應在四，中行獨復，故元吉。休美至故吉。休，美。釋詁文。乾以美利利天下，故乾爲美。初陽在下爲聖人，二无應于上，而比于初，故爲休復。以柔居中，故曰得中。象曰：休復之吉，以下仁也。得中下仁，故吉也。頻顣至无咎。此虞義也。頻古作瀕，説文曰：瀕，水厓，人所賓附，瀕顣不前而止。从頁从涉。三以陰居陽，故失位。无應于上，瀕顣而復，故厲。動正成乾，故无咎。鄭作顰，義亦同也。一曰：頻，比也。頻字古有兩義，一見上。廣雅曰：頻，比也。三與初二相比而復，失位故厲，之正故无咎，義亦得通。故曰：頻，比也。載一説者，所以廣字義，明二義之外，皆俗訓也。中謂至中行。此虞義也。二五，一卦之中也；姤復，天地之中也。故彖傳曰：復，其見天地之心。董子以二至爲天地之中，云：中者，天地之太極。三統歷曰：太極元氣，函三爲一。一，元也。極，中也。即復之初也。元爲仁，故二云以下仁也。極爲中，故四云中行獨復。皆指初也。聖人以復之初九喻顔子，顔子擇乎中庸，得一善則拳拳服膺，一善即復初也。初不遠復，擇乎中庸之謂也，故謂中爲初。初體震，故震爲行。初微謂之獨，初即一也，一猶獨也。故云：初一陽爻稱獨。四得位應初，故曰中行獨復。象曰以從道也，謂從初。俗説已下，鄭氏義也。鄭氏謂：爻處五陰之中，度中而行，四獨應初，故云：四位在五陰之中，而獨應復。復當作初也。虞氏以其説非是，而駁之曰：四在外體，外體中者五，又非内象，内象中者二。卦唯二五稱中行，既不在二五，何得稱中行？明易无是例也。尋鄭氏注釋五經，爲東漢諸儒之冠，而于易獨疏者。案，鄭自序曰：黨錮事解，注古文尚書、毛詩、論語。爲袁譚所逼，來至元城，乃注周易。在軍旅之中，匆匆結撰。故其注易獨疎于諸經，時使之也。　過應至无悔。　初爲卦主，五在復家而非其應，故曰過應。敦厚于〔一〕陽，故曰敦復。與臨艮上九同義也。五以陰居陽，故曰失位，變之正，故无悔也。坤爲至災眚。　此虞義也。坤爲迷，九家説卦文。虞氏謂：坤冥爲迷也。剥消艮入坤，爲先迷，故爲迷，五爻皆復，上往不反。襄二十八年春秋傳曰「復歸無所，是爲迷復」是也。居上故曰高。三上皆陰，故无應。五之正，上體坎，坎爲災，故有災眚也。　三復至凶也。　三復位互體師，坤爲用，震爲行，故用行師。此虞義也。上行師已下，荀義也。荀以坤爲衆，故用行師。行師自上，而爲初所距，故距于初。初乾息坤，故陽息上升。陽長則陰消，故必消群陰。上爲終，故終有大敗也。震爲諸侯，國君之象，故國君謂初。虞氏本作邦君。君謂姤乾，與荀異也。震受乾命，而復自道，易氣從下生，自下升上，故云：受命復道，當從下升。今上六專君命，而擅用師，王誅之所必加。春秋五十凡，曰「凡師，能左右之曰以」，臣擅君命，是以其國君凶也。　坤爲至克征。　説文曰：至，從高下至地，從一，一猶地也。坤象傳曰至哉坤元，故坤爲至也。繫上曰天九地十，故爲十年。此上虞義也。行師當奉君命，上反君道，故十年不克征。不克者，義弗克也。

䷘巽宮四世卦，消息九月。

无妄。元亨利貞。其匪正有眚，不利有攸往。注：遂上之初。妄讀爲望，言无所望也。四已之正成益，利用大作。三上易位成既濟，雲行雨施，品物流形，故曰元亨利貞。其謂三。三失位，故匪正。上動成坎，故有眚。

〔一〕「于」，皇清經解本作「干」。

體屯難，故不利有攸往。災及邑人，天命不右，卦之所以爲无望也。雜卦曰：无妄，災也。**疏**：卦自遯來，遯上九一爻來反于初，與後世卦變之例不同。此虞義也。妄讀爲望，馬、鄭義也。九四可貞，故云四已之正。四之正成益，益初九利用爲大作。虞彼注云：大作謂耕播耒耨之利，蓋取諸此。三上易位成既濟，乾升爲雲行，坤降爲雨施，品物流形，群生暢遂，此神農既濟之時也，故曰元亨利貞。卦有既濟之道而名无妄者，以三上二爻耳。其謂三。三以陰居陽，失位不正，故云其匪正。四之正，上動成坎，坎爲多眚，故有眚。體屯，說文曰：屯，難也。象屮木之生，屯然而難。易曰：屯，剛柔始交而難生。故曰體屯難。不利有攸往，屯卦辭。屯指初，此指上也。災成于三，窮于上，三曰邑人之災，上曰行有眚，象傳云：天命不右，行矣哉？故云：災及邑人，天命不右。卦之取義于无妄者，此也。引雜卦者，證无妄爲災之義也。王充論衡曰：易无妄之應，水旱之至，自有期節。充云易无妄者，謂易之无妄傳也。劉逵吳都賦注引易无妄曰：災氣有九，陽阨五，陰阨四，合爲九。一元之中四千六百一十七歲，各以數至。漢書律曆志云：易九戹曰：初入元，百六陽九。孟康注云：易傳也。所謂陽九之戹，百六之會。尋九戹當作无妄，即易无妄。故孟康以爲易傳。篆无妄與九戹相似，故誤從之。易无妄傳疑七十子之門人所撰，如魏文侯之孝經傳也。律曆志又云：經歲四千五百六十，災歲五十七。故一元之中四千六百一十七歲，所謂易无妄之應也。

初九，无妄往，吉。**注**：謂應四也。四變得位，承五應初，故往吉。在外稱往。六二，不耕穫，不菑畬，凶。則利有攸往。**注**：有益耕象，遭无妄之世，故不耕穫，不菑畬，凶。應五則利，故則利有攸往。六三，无妄之災，或繫之牛，行人之得，邑人之災。**注**：應在上，上動體坎，故稱災。坤爲牛，乾爲行人，坤爲邑人。牛所以資耕菑也，繫而弗用，爲行人所得，故災。天子所居曰邑，邑人災，天下皆災矣。九四，可貞，无咎。**注**：動則正，故可貞。承五應初，故无咎。九五，无妄之疾，勿藥有喜。**注**：坎爲疾，君以民爲體，邑人災，君之疾也，故曰无妄之疾。巽爲木，艮爲石，故稱藥。得位得正，故勿藥有喜。陽稱喜也。上九，无妄行，有眚，无攸利。**注**：動成坎，故行有眚。乘剛逆命，故无攸利。天命不右，行矣哉？**疏**：謂應至稱往。此虞義也。初正應四，兩陽敵應，四變之正，故得位。上承五，下應初，初往則吉，故往吉。四在外，故云在外稱往。在外曰往，在内曰來，易之例也。有益至攸往。有益耕象，虞義也。謂四之正體益，故云有益耕象。義見上也。釋地曰：一歲曰菑，二歲曰新田，三歲曰畬。孫炎注云：菑，始災，殺其草木也。新田，新成柔田也。畬，和也，田舒緩也。凶，凶年也。遭无妄之世，天下雷行，物與无妄，不能耕而穫，不能菑而畬，故凶也。舊脱凶字，故卦義不明。禮記坊記有之，蓋七十子所傳，當得其實也。二正應五，故應五則利。在外曰往，故則利有攸往，謂往五也。應在至災矣。三與上應，故應在上。上動體坎，坎爲災，故稱災。坤爲牛，説卦文。乾爲人，故爲行人。坤爲邑，故爲邑人。已上皆虞義也。海内經曰：后稷是播百穀，稷之孫叔均是始作牛耕。郭璞注云：始用牛犁。故云：牛所以資耕菑也。孔子弟子冉伯牛名耕。新書鄒穆公曰：百姓飽牛而耕。則牛耕始于三代矣。无妄之世，故繫而弗用，爲行人所得，不耕不菑，故災也。夏商天子之居名邑。詩殷武曰：商邑翼翼，四方之極。毛傳曰：商邑，京師也。是以白虎通曰：夏曰夏邑，殷曰商邑，周曰京師。尚書曰率割夏邑，謂桀也；在商邑，謂殷也。文王演易，據夏商之禮，故以天子所居爲邑。舉邑以槩天下，故云：邑人災，天下皆災矣。動則至无咎。此虞義也。坎爲至喜也。坎折坤體，故爲疾。漢書武帝紀曰：君者，心也。民猶支體，支體傷則心憯怛，故云君以民爲體。邑人災則支體傷，故云君之疾也。巽爲木，艮爲石，故稱藥，虞義也。説卦曰：巽爲木，艮爲小石。草木所以治病，春秋襄二十三年傳曰：美疢不如惡石。服虔注云：砭石也。故知木石爲藥。九居五，故得位得正；五乾爲先王以茂對時育萬物，故勿藥有喜。陽稱喜，亦虞義也。動成至矣哉。此虞義也。四已正，故上動成坎。坎爲多眚，故行有眚。上柔乘剛，逆巽之命，故无攸利。象傳天命不右行矣哉，正謂上也。故引以釋行有眚，而无妄之義亦可見矣。

䷙艮宫二世卦，消息八月。

大畜。利貞。**注：**大壯初之上，與萃旁通。陽稱大，謂艮上也。以艮畜乾，故曰大畜。二五失位，故利貞。不家食吉。**注：**二稱家，體頤養居外，是不家食吉而養賢。利涉大川。**注：**二變體坎，故利涉大川。**疏：**大壯至利貞。卦自大壯來，初九之上，傳謂其德剛上也。與萃爲旁通。此上虞義也。卦有小畜、大畜，陰稱小，陽稱大。小畜謂四，四陰故小。大畜謂上，上陽故大。上體艮，艮爲止。畜者，斂聚，有止義。以艮畜乾，謂之大畜也。又有畜養之義，故取義于畜德養賢。二五失位，故利貞。亦虞義也。二稱至養賢。二稱家，虞義也。義見蒙卦。體頤養已下，鄭義也。三至上體頤，頤者養也，而在外卦，是不家食吉而養賢。言人君有大畜積，不唯與家人食之而已，當與賢者共之，故得吉也。二變至大川。此京義也。二變有坎象，坎爲大川。涉坎居五，故利涉大川。

初九，有厲，利已。**注：**厲，危。已，止也。二變四體坎，故有厲。應在艮，艮爲止，故利已。九二，轝説腹。**注：**萃坤爲轝、爲腹，坤消乾成，故轝説腹。腹或作輹也。九三，良馬逐，利艱貞，曰閑輿衛，利有攸往。**注：**乾爲良馬。逐，進也。二已變，三在坎中，故利艱貞。曰讀爲日。离爲日，坎爲閑習，坎爲車輿，乾人在上，震爲驚衛，講武閑兵，故日閑輿衛也。往，往應上。六四，童牛之告，元吉。**注：**艮爲童，萃坤爲牛，告謂以木楅其角。大畜，畜物之家，惡其觸害。巽爲木，施木于牛角，故曰童牛之告。得位承五，故元吉。六五，豶豕之牙，吉。注：豕子曰豶。二變坎爲豕。牙，杙也。以杙繫豕，故豶豕之牙。動而得位，故吉。上九，何天之衢，亨。注：乾爲首，首肩之間，荷物處。乾爲天，艮爲徑路，天衢象，故何天之衢。亨，上變坎爲亨也。

疏：厲危至利已。厲，危。義見乾卦。趙岐注孟子曰：已，止也。應在四，二變，故四體坎。坎爲疾、爲災，故厲。四體艮，故應在艮。説卦曰：艮，止也。故艮爲止。以艮畜乾而又在初，故利已，乾爲利也。萃坤至輹也。此虞義也。旁通萃，故萃坤爲轝、爲腹。變從旁通，故坤消乾成。爲轝説腹，與小畜同義也。腹讀爲輹，腹古文，輹今文，故云腹或爲輹也。乾爲至應上。乾爲良馬，説卦文。乾善故良，又爲馬，故爲良馬。此虞義也。逐，進。京義也。應在上，上尚賢，故三進，良馬逐之象也。二已變以下，虞義也。二變三體坎，坎爲艱，三得正，故利艱貞。曰讀爲日，虞、鄭讀也。离爲日，説卦文。馬、鄭皆云：閑，習也。坎稱習坎，故爲閑習。尚書大傳曰「戰鬭不可不習，故于搜狩以閑之」是也。坤爲大轝，故爲車輿。二居五，故乾人在上。震驚百里，故爲驚衛。晉語曰：車有震武。震爲講論，故講武閑兵。鄭氏謂「日習車徒」是也。三正應上，故云：往，往應上。艮爲至元吉。此虞義也。蒙六五體艮爲童蒙，故知艮爲童。旁通萃，故萃坤爲牛。説文曰：告，从口从牛。牛觸人，角著横木，所以告。故云：告謂以木楅其角也。周禮封人曰：凡祭祀飾其牛牲，設其楅衡。鄭彼注云：楅設于角。詩閟宫曰：夏而楅衡。毛傳云：楅衡，設牛角以楅之。所謂木楅其角也。告俗作牿，今從古。大畜之家，取象牛豕，義取畜養。豕交獸畜，亦有畜義，故云畜物之家。牛觸觝人，故惡其觸害。巽爲木，鄭義也。五之正，四體巽，故施木于牛角，防其觸害也。四得位，上承九五，故元吉。初利已，故不言應初也。豕子至故吉。釋獸曰：豕子，豬，豴，豶。幺，幼。郭璞云：俗呼小豶豬爲豴子。最後生者爲幺豚。故云豕子爲豶。豶豕猶童牛也。坎爲豕，虞義也。牙者，畜豕之杙，故云：牙，杙也。東齊海岱之間以杙繫豕，防其唐突，與童牛之告同義也。動而得位故吉，虞義也。五失正，動得位，故吉。乾爲至亨也。　此鄭、虞義也。乾爲首，説卦文。何讀爲荷。首之下，肩之上，荷物之處。六爻初爲足，上爲首，故取象于何也。乾爲天，艮爲徑路，皆説卦文。衢者，九交之道。天有九道，天衢之象，故云何天之衢也。坎爲通，唯心亨，上變體坎，故坎爲亨。象曰：道大行也。

䷚巽宫游魂卦，消息十一月。

頤。貞吉。**注**：晉四之初，與大過旁通。卦互兩坤，萬物致養，故名頤。三之正，五上易位，故頤貞吉，養正則吉也。反復不衰，與乾、坤、坎、离、大過、小過、中孚同義。故不從臨、觀四陰二陽之例。或以臨二之上。觀頤，自求口實。**注**：离爲目，故觀頤，觀其所養。或以卦自觀來，故觀頤。大過兑爲口，或以臨兑爲口。口實，頤中物，謂其自養。**疏**：晉四至之上。　知晉四之初者，初九舍爾靈龜，虞彼注云：晉離爲龜，四之初，故舍爾靈龜。是知卦自晉來，與大過旁通也。此上虞義也。卦自二至五，有二坤，京氏謂「地之氣萃在其中」是也。説卦曰：坤也者，地也。萬物皆致養焉，頤者養也，故名頤。此鄭義也。六爻三五上失正，三之正，五上易位，則六爻皆正，故曰頤貞吉。傳曰：養正則吉也。須養乃正，故不言元亨利貞，而六爻之象亦不皆以正言也。卦有反復，如泰反爲否，否反爲泰，故雜卦曰：否泰反其類也。反復不衰，謂反復皆此卦也。故繫上曰：古之聰明睿知神武而不殺者夫。殺讀爲衰。虞彼注云：在坎則聰，在離則明。神武謂乾，睿知謂坤。乾、坤、坎、离反復不衰，故而不殺者夫。四卦之外，又有頤、大過、小過、中孚，故云：反復不衰，與乾、坤、坎、离、大過、小過、中孚同義。頤與七卦同義，故不從臨觀四陰二陽之例。臨觀二卦，皆四陰二陽也。又載或説曰：若從是例，則自臨二之上成頤也。此上皆虞義也。　离爲至自養。

离爲目，晉离也。觀頤，觀其所養，彖傳文。此上虞義也。頤而言觀，故或以卦自觀來，亦從四陰二陽之例也。大過兑爲口已下，亦虞義也。頤與大過旁通，大過體兑，故兑爲口。臨兑亦爲口，故并著或説也。口中之實如頤中有物，故云：口實，頤中物。傳曰：自求口實，觀其自養也。義詳彖傳。

初九，舍爾靈龜，觀我朵頤，凶。**注：**晉离爲龜，四之初，故舍爾靈龜。我謂上。頤下垂爲朵。上由頤，故觀我朵頤。求養于上，失所養也，故凶。或説頤本末皆剛，象物外骨，故云龜。六二，顛頤，拂經于丘。頤，征凶。**注：**顛謂上。拂，違也。坎爲經，邱謂五。二宜應五，過五而養于上，故曰顛頤。違常于五，故拂經于邱。往上則凶，故頤征凶。六三，拂頤，貞凶。十年勿用，无攸利。**注：**三失位體剥，故拂頤。不正相應，弑父弑君，故貞凶。坤爲十年，動无所應，故十年勿用，无攸利也。六四，顛頤，吉。虎眂眈眈，其欲浟浟，无咎。**注：**四得位而養于上，故顛頤，吉。坤爲虎，离目爲視，坎爲欲。虎眂，眂上也。眈眈，視之專也。浟浟，求而遂也。上施而得其欲，故无咎。六五，拂經，居貞吉，不可涉大川。**注：**失位无應，故拂經。艮爲居，與上易位，故居貞吉。坎爲大川，養道成于上，故不可涉大川。上九，由頤，厲，吉。利涉大川。**注：**由，自也。上爲卦主，衆陰順承，故由頤。失位，故厲。變之正，故吉。之應歷五，故利涉大川。**疏：**晉离至云龜。卦自晉來，故曰晉离。离爲龜，説卦文。四體离，离爲龜，四之初，故舍爾靈龜。龜稱靈者，蓍神爲陽，龜靈爲陰，故褚先生據傳曰：上有擣蓍，下有神龜。管子曰：伏闇能存能亡者，蓍龜與龍是也。龜生于水，發之于火，于是爲萬物先，爲禍福正，故謂之靈龜也。此上虞義也。上爲卦主，故我謂上。朵，下垂貌。震爲動，觀我朵頤，動于欲也。龜養于内者，初舍之而求養于上，失自養之義，故凶。或説以下，廣異義也。説卦离爲龜，取外剛内柔，頤初上兩陽而包四陰，故云本末皆剛。考工記：外骨龜屬。故取象于龜。損二至上，益初至五，皆有頤象，故損之六五、益之六二皆言龜，義或然也。然漢學無有及此者。　顛謂至征凶。　釋言曰：顛，頂也。郭璞注云：頭上。廣雅曰：顛，末也。上爲頂、爲末，故顛謂上。拂，違。王肅義也。字本作咈，與拂通。坎爲經，虞義也。虞注賁六五曰：五體艮，艮爲山，五半山故稱邱。王肅亦以邱爲六五也。二正應五，今過五而求養于上，故曰顛頤。經，常也。過應于上，則違常于五，故云拂經于邱矣。征，行也。震爲行，求養而往則凶，故頤征凶也。　三失至利也。　此虞義也。三陰不正，故失位。二至上體剥，違于養道，故拂頤。三既失正，上亦不正，故不正相應。陰消至二，艮子弒父，至三成否，坤臣弒君，故貞凶。易凡言貞吉者，皆得位，或變之正，故吉。其言貞凶者，皆謂不正而凶。故荀注巽上九貞凶云：正如其故則凶。亦謂上失正，不變而凶也。俗説雖正亦凶，失其義矣。坤數十，故爲十年。動而與上敵應，故動无所應。坤爲用，故十年勿用，无攸利也。　四得至无咎。　四得位而養于上，故顛頤，吉。不言違常于初者，五爲天位，以陰居之，故拂經。與上易位，則養道之成成于上，實成于五，二正應五，而養于上，故亦曰拂經。初亦求養于上，故四不以不應初爲違常也。至養道既成，六爻皆正，各得其應矣。故彖傳云：養正則吉。象傳云：大有慶也。坤爲虎，离目爲眂，坎爲欲，皆虞義也。京房易傳曰：坤爲虎刑。高誘注淮南曰：虎，土物也。坤爲土，故爲虎。虎眂眂上者，初遠于上，故曰觀；四近于上，故曰眂。浟浟，虞喜曰：浟當爲逐。是浟爲古文逐也。虎養于外者。眈眈，眂之專，言求養之專。浟浟，求而遂，言得所欲也。四養于上，上施之而得其欲，故无咎。象曰：上施光也。　失位至大川。　五失位，與二无應，故拂經。艮爲宫室，故爲居。此上虞義也。五上易位，謂養正也，故居貞吉。五之正體坎，坎爲大川。上由頤，故養道成于上。四陰皆養于上，五雖之正，養道未成，故不可涉大川。　由自至大川。　此虞義也。由，自也。釋詁文。與豫九四同義。衆陰，四陰也。四陰互兩坤，有致養之義，而主之者上也，故爲卦主。坤爲順，衆陰承上，故由頤也。上失位，故厲。與五易位，變之正，故吉。三五已正，五正應二，上正應三，故利涉大川。蓋養道至是而始成也。

䷛震宮游魂卦，消息十月。

大過。棟橈。**注**：大壯五之初，或兑三之初，與頤旁通。大謂陽。大過，陽爻過也。棟橈謂三。巽爲長木，稱棟。初上陰柔，本末弱，巽橈萬物，故棟橈。利有攸往，亨。**注**：謂二也。剛過而中，失位无應，利變應五，之外稱往，故利有攸往，乃亨。**疏**：大壯至棟橈。卦自大壯來，六五之初，又與乾、坤、坎、离同義，反復不衰，不從四陽二陰之例，故云：或兑三之初，旁通頤也。此上虞義也。陽大陰小，故大謂陽。大過，陽爻過，鄭義也。謂二取初，五取上，三棟橈，四有它吝，四陽爻皆失之過，故名大過。虞氏謂大謂二，二失位，故大者過，與鄭異也。棟橈謂三已下，虞義也。九三棟橈，故知棟橈謂三。巽爲長爲木，故爲長木。棟屋穩以長木爲之，故巽爲長木稱棟。初上陰柔，初爲本，上爲末，故本末弱。説卦曰：橈萬物者莫疾乎風。是巽橈萬物者，故云棟橈。橈，曲折也。　謂二至乃亨。此虞義也。二失位，故利有攸往謂二。剛過而中，彖傳文。二失位而與五敵應，故失位无應。變與五應則利，故利變應五。之外曰往，在内曰來，二之五是之外，故利有攸往，乃亨。

初六，藉用白茅，无咎。**注**：位在下稱藉，巽柔白爲茅，故藉用白茅。失位，咎也。與四易位，故无咎。九二，枯楊生梯，老夫得其女妻，无不利。**注**：梯，謂初發孚也。巽爲楊，乾爲老，老楊故枯。二體乾老，稱老夫。巽長女，生梯爲女妻。老夫得其女妻，得初也。過以相與，故无不利。虞氏以兑上爲女，謂二過五應上。九三，棟橈，凶。**注**：應在上，末弱；過應初，本弱。故棟橈，凶。九四棟隆，吉。有它吝。**注**：巽高爲隆，故棟隆。初四易位，故吉。應上非正，故有它吝。九五，枯楊生華，老婦得其士夫，无咎无譽。注：兑反巽爲枯楊，柔在上，故生華。巽爲婦，乾爲老，故稱老婦。士夫謂五。大壯震爲夫，兑爲少，故爲士夫。老婦得其士夫，謂上得五也。五得位，故无咎。陰在二多譽，今在上，故无譽。虞氏以巽初爲老婦，謂五過二應初。上六，過涉滅頂，凶，无咎。注：一爲過，再爲涉，三而弗改，故滅頂，凶。上爲頂也。乘剛，咎也。得位，故无咎。疏：位在至无咎。周禮鄉師云：大祭祀共茅蒩。鄭興注云：祭前蒩，蒩在下。故云位在下稱蒩，以象初也。巽之柔爻爲草，又爲白，故云巽柔白爲茅。此上虞義也。初失位，當有咎也。與四易位得正，故无咎也。梯謂至應上。梯，鄭氏作荑，云木更生。梯、荑古文通。而在下，故梯謂初。夏小正曰：梯，發孚也。巽爲楊，九家説卦文。兑爲澤，巽之剛爻爲木。澤木，楊也。四月乾已老，故乾爲老。方言曰：乾，老也。義出易。郭璞音干，失之。虞氏謂：陽在二，臨十二月，時周之二月，兑爲雨澤，枯楊得澤復生梯也。二體乾，故老夫謂二。巽爲長女而生梯，故爲女妻。二與初比而得初，故云：老夫得其女妻，謂得初也。大過之家，過以相與，女妻有子，繼世承祀，故无不利。虞氏謂：大過之爻得過其應，以兑上爲少女，故曰女妻。二過五應上，而取上之女妻。義亦通也。應在至橈凶。三應在上，上柔爻，故末弱；過上應初，初亦柔爻，故本弱。傳曰本末弱，正指三所應之爻。所應皆弱，故凶也。隆，高也。巽爲高，故云巽高爲隆，棟隆之象。初四二爻皆失位，易位則吉，故棟隆，吉。過應上則橈，故至它吝。非應稱它也。兑反至應初。虞注觀六二曰：臨兑爲女，兑女反成巽，是兑爲反巽也。故荀注中孚云：兩巽對合。大過者，中孚兩象易，亦得有兩巽也。二五體巽乾，故皆取象于枯楊。柔在初爲本，故稱梯；柔在上爲末，故稱華。巽爲婦已下，皆虞義。虞唯初爲老婦爲異也。二五兩爻之義，馬氏、荀氏與虞不同。馬取一卦之義，以初爲女妻，上爲老婦；荀以初陰失正當變數六爲女妻，二陽失正數九爲老夫，以五陽得正位不變數七爲士夫，上陰得正數八爲老婦。尋六爲老陰而稱女妻，八爲少陰而稱老婦，荀氏之説于理有乖。故虞氏同之俗説。虞以上爲梯，初爲華，于卦義亦不足。今兼取三家之説，而折中焉。　一爲至无咎。　風俗通曰：涉始于足，足率長十寸，十寸則尺，一躍三尺，法天地人，再躍則涉。所謂一爲過，再爲涉，三而弗改，謂至上也。案，涉從水從步，步長六尺，以長爲深則涉深六尺，過涉則水益深，故滅頂，凶。兑澤稱滅者，周語太子晉曰：澤，水之鍾也。象傳曰：澤滅木。木尚可滅，則有滅頂之義也。此上漢趙温義也。頂，首也。釋言曰：顛，頂也。故知上爲頂。上乘四剛，故有咎。以陰居陰得位，故无咎。此上虞義也。虞注過涉滅頂云：大壯震爲足，兑爲水澤，震足没水，故過涉也。乾爲頂，頂没兑水中，故滅頂，凶。虞以五乾爲頂，而没上兑水中，故滅頂。不以上爲頂，于卦義稍闕也。

䷜八純卦象水，消息冬至。

習坎。有孚。**注**：乾二五之坤，與离旁通，于爻觀上之二。習，重也。孚，信，謂二五。維心，亨。**注**：坎爲心，乾二五旁行流坤，陰陽會合，故亨。行有尚。**注**：行謂二，尚謂五。二體震爲行，動得正，故行有尚，往有功也。

疏：乾二至二五。　此虞義也。坎离自乾坤來。乾二五之坤成坎，與离旁通。若從四陰二陽之例，則觀之上爻之二，故云于爻觀上之二。習坎，重險，故云：習，重也。虞謂習爲常，于象義不協，故易之也。孚，信。釋詁文。二五剛中，故孚，信，謂二五。虞氏謂水行往來，朝宗于海，不失其時，如月行天，故習坎有孚也。　坎爲至故亨。　此虞義也。説卦：坎爲極心。故爲心。乾二五之坤成坎，坎水流坤，故旁行流坤。乾交于坤，陰陽會合，故亨也。

行謂至功也。　此虞義也。行謂二，尚與上通，二上與五，故尚謂五。二體震爲行，謂互震也。二失位，動得正應五。行有尚，往有功也，彖傳文。

初六，習坎，入于坎窞，凶。**注**：在重坎之家，故曰習坎。坎爲入，坎中小穴稱窞。初以陰居下，故入于坎窞，凶。九二，坎有險，求小得。**注**：陽陷陰中，故有險。陰稱小，二據初陰，故求小得。六三，來之坎坎，險且枕，入于坎窞，勿用。**注**：在内曰來，往來皆坎，故來之坎坎。枕，止也。艮爲止，三失位，乘二則險，承五隔四，故險且枕。居上坎之下，故入于坎窞。勿用者，誡上也。六四，尊酒簋貳用缶，内約自牖，終无咎。**注**：震主祭器，故有尊簋。坎爲酒。貳，副也。禮有副尊，坤爲缶，故貳用缶。内，入也。坎信爲約，艮爲牖，薦信于鬼神，奠于牖下，故内約自牖。得位承五，故无咎。九五，坎不盈，禔既平，无咎。**注**：盈，溢也。艮爲止，謂水流而不盈。坎爲平，艮止坤安，故禔既平。得位正中，故无咎。上六，繫用徽纆，寘于叢棘，三歲不得，凶。**注**：繫，拘也。巽爲繩，坤爲黑，故爲徽纆。寘，示也。坎爲叢棘，艮爲門闕。門闕之内有叢木，是天子外朝，左右九棘之象也。應在三，三體比匪人，故縛以徽纆，示于叢棘，而使公卿以下議之。害人者加明刑，任之以事，上罪三年而舍，中罪二年而舍，下罪一年而舍。不得者，謂不能改而不得出獄。艮止坎獄，乾爲歲，歷三爻，故三歲不得，凶。

疏：在重至窞凶。　卦名習坎，故云在重坎之家。坎爲入，坎中小穴稱窞，皆虞義也。字林曰：窞，坎中小坎也。初本陰爻，而又在下，陰稱小，入于坎窞之象。失位无應，故凶也。　陽陷至小得。　此虞義也。説卦曰：坎，陷也。乾二之坤，二是陽陷陰中，故有險。陽大陰小，故陰稱小。初，陰也。二據初陰，故求小得，謂得初。　在内至上也。　在外曰往，在内曰來，易例也。言内則有外之辭。往來皆坎，故來之坎坎。人臥以枕薦首則止，故云：枕，止也。互艮，艮爲止，三以陰居陽，故失位。二坎有險，故乘二則險。陸績云：枕有閡礙之貌。三上承五，隔于六四，故險且枕。此上虞義也。以坎接坎，三居上坎之下，故入于坎窞。乾鑿度：坤三不正爲小人。小人勿用，應在上，故誡上勿用也。震主至无咎。此虞義也。序卦曰：主器者莫若長子。謂主祭器。故震主祭器，尊、簋、缶皆祭器也。祭尚玄水，坎水爲酒。貳，副也。注酒于尊中曰副。周禮酒正云：大祭三貳，中祭再貳，小祭壹貳。鄭彼注云：貳，副益之也。弟子職曰：周旋而貳。故云禮有副尊。坤器爲缶，義見比卦。坎爲入，入内同物，故云：内，入也。坎爲信，約者，約信也。故坎信爲約。虞以四陰小，故約非其義，故易之也。隱三年春秋傳曰：苟有明信，澗谿沼沚之毛，蘋蘩薀藻之菜，可薦于鬼神。是薦信于鬼神之事。坤爲鬼，乾爲神也。詩采蘋曰：于以奠之宗室牖下。毛傳云「奠于牖下」，是内約自牖之義也。四得位，上承九五，故有是象而无咎也。盈溢至无咎。此虞義也。水泛溢爲盈，故云：盈，溢也。體坎互艮，坎流艮止，故流而不盈。水性平，故坎爲平。京房、許慎皆云：禔，安也。坤卦辭云安貞吉，故艮止坤安。既安且平，水之德也。五得位得中，故其象雖不盈而有安平之德，爲无咎也。繫拘至得凶。此鄭、虞、九家義也。隨上六曰：拘繫之。故云：繫，拘也。巽爲繩，觀巽也。坤爲黑，説卦文。虞云：徽纆，黑索也。巽繩坤黑，故云徽纆。示，寘也者，詩鹿鳴曰：示我周行。鄭箋云：示當爲寘。禮記中庸曰：治國，其如示諸掌乎？鄭注云：示讀如「寘之河之干」之寘。是示、寘、置三字同物。故劉表、張璠或作示，或作置也。坎爲叢棘，九家説卦文。艮爲門闕，説卦文。周禮秋官朝士：掌建邦外朝之法，左九棘孤卿大夫位焉，右九棘公侯伯子男位焉。外朝在臯門之内，故云：門闕之内有叢木，是天子外朝，左右九棘之象也。朝士又云：左嘉石平罷民焉，右肺石達窮民焉。鄭氏謂：罷民，邪惡之民也。上應在三，二動三體比匪人，有邪惡之罪，故縛以徽纆，示于叢棘。鄭氏謂：外朝者，所以詢事之處。故使公卿以下議之。劉表亦云：衆議于九棘之下也。害人者加明刑已下，至下罪一年而舍，皆秋官司圜文也。鄭彼注云：明刑書其罪惡于大方版，著其背，任之以事，若今時罰作。舍，釋之也。司圜又云：其不能改而出圜土者殺。故不得者，謂不能改而不得出獄。艮止坎獄，言止于獄也。乾爲天，天數十二，歲有十二月，故乾爲歲。二〔一〕之上，歷三爻爲三歲，三歲不改，則不得出獄，出獄則殺，故凶也。

䷝八純卦象火，消息夏至。

离。利貞，亨。畜牝牛，吉。 **注**：坤二五之乾，與坎旁通，于爻遯初之五。四五上失正，利出离爲坎，故利貞，亨。畜，養也。坤爲牝牛，乾二五之坤成坎，體頤養，故畜牝牛，吉。**疏**：此虞、荀義也。离自坤來，坤二五之乾成离，與坎旁通。若從四陽二陰之例，則遯初爻之五，故云于爻遯初之五。离外三爻失位，利變之正。與坎旁通，出离爲坎，則成既濟，故利貞，亨。坤爲牝，九家說卦文。又說卦：坤爲子母牛。故爲牝牛。與坎旁通，乾二五之坤成坎，二至上體頤養象，故畜牝牛。出离爲坎，重明以麗乎正，乃化成天下，故吉也。

初九，履錯然，敬之无咎。 **注**：初爲履，履，禮也。錯，置也。初得正，故履錯然。乾爲敬，與四敵應，四㐬如，故敬之无咎。**六二，黃离，元吉。** **注**：二在下中，故曰黃离。五動應二，故元吉。與坤五同義。**九三，日昃之离，不擊缶而歌，則大耋之差。** **注**：三不中，故曰日昃。艮手爲擊，坤爲缶，震爲音聲，兑爲口，故不擊缶而歌。乾老爲耋，體大過，故大耋之差。**九四，㐬如，其來如。焚如，死如，棄如。** **注**：㐬，不順忽

〔一〕「二」，皇清經解本作「三」。

出也。四震爻失正，故㷋如。與初敵應，故來如。离𩡠宣揚，故焚如。體大過死象，故死如。火息灰損，故棄如。不孝之罪，五刑莫大，燒殺棄之，不入于兆也。**六五，出涕沱𧰼，戚差𧰼，吉。注：**五失位，出离爲坎，震爲出，离爲目，坎涕出目，故出涕沱𧰼。坎憂爲戚，震爲聲，兑爲口，故戚差𧰼。動得正，尊麗陽，故吉也。**上九，王用出征，有嘉折首，獲匪其醜，无咎。注：**五已正，乾爲王，坤衆爲師，震爲出，故王用出征。乾上爲首，兑爲折，上變體兑折乾，應在三，故有嘉折首。醜，類也。獲，獲四也。以上獲四，故匪其醜。爻皆得正，故无咎。**疏：**

初爲至无咎。鄭禮記序曰：禮者，體也，履也。統之于心曰體，踐而行之曰履。初爲足，故爲履。此經錯字，馬氏音七路反。序卦曰：履者，禮也。又曰：有上下然後禮義有所錯。故云：錯，置也。离爲火，火行禮，初得正，履有所錯，故履錯然。乾爲敬，義見乾卦。坤二五之乾，初本乾也，故乾爲敬。初四皆陽，故敵應。四㷋如，其來如，與初相犯，故敬之无咎。禮以敬爲主也。二在至同義。九家說卦曰：坤爲黄。黄者中之色，而在二爲下中，故曰黄离。應在五，五失位，動應二，故元吉。坤黄裳元吉，亦是降乾二而上承五，與离二同義也。三不至之差。荀云：初爲日出，二爲日中，三爲日昃。三不中故云昃，謂過中也。艮，坎艮也。艮爲手，故艮手爲擊。坤器爲缶。震，坎震也。震善鳴，故爲音聲。兑上開似口，故不擊缶而歌。乾爲老，釋言曰：耋，老也。僖九年春秋傳曰：以伯舅耋老。故知乾老爲耋。二至五體大過，大過死象，故云大耋之差。差，古文嗟，釋詁云：䰈也。三爲下體之終，又艮爻，艮終萬物，故有是象。俗本差下有凶字者，衍文也。㷋不至兆也。此鄭、荀、許慎、如淳義也。說文曰：㷋[一]不

[一]「㷋」，皇清經解本作「㐬」，說文作「𠫓」。

順忽出也。從倒子。或從㐬，即古文易突字。突猶衝也。太玄曰：衝衝兒遇，不肖子也。四震爻，鄭氏謂震爲長子，
爻失正譬之倒子，故云㐬。又云四爲巽，巽爲進退，不知其如，故㐬如也。自内曰來，與初敵應，故來如。离爲火，离
錟宣揚，故焚如。體大過死象，故死如。火息則灰損，當棄之，故棄如。孝經曰：五刑之屬三千，而罪莫大于不孝。
故云：不孝之罪，五刑莫大焉。如淳曰：焚如、死如、棄如者，謂不孝子也。不畜于父母，不容于朋友，故燒殺棄之。
周禮秋官掌戮曰：凡殺其親者焚之。故鄭氏謂：焚如，殺其親之刑。刑人之喪，不居兆域，不序昭穆，故燒殺棄之，
不入于兆也。説文曰：棄，捐也。從㐬。㐬，逆子也。此倉頡制字之義也。四所以取義于子者，火有養母之法。白
虎通曰：子養父母何法，法夏養長木。是以荀爽對策曰：离在地爲火，在天爲日；在天者用其精，在地者用其形。
夏則火王，其精在天，温暖之氣，養生百木，是其孝也。冬時則廢，其形在地，酷烈之氣，焚燒山林，是其不孝也。蓋其
義矣。　五失至吉也。　此荀、虞義也。象傳曰：柔麗乎中正，故亨。虞彼注云：柔謂五陰，中正爲五，伏陽出在坤
中，故出离爲坎，謂离化爲坎也。帝出乎震，故震爲出。鄭氏云：自目曰涕。坎水爲涕，坎從离出，故坎涕出目。𡸁，
古文若。若，詞也。鄭注尚書金縢云：戚，憂也。坎爲加憂，故爲戚。震聲兑口，戚差之象。五失位，動得正，柔麗乎
中正，尊麗陽，故吉也。　五已至无咎。　五已出离，坎五本乾，故云五已正。乾爲王，坤爲衆，説卦文。師，衆也，故
坤衆爲師。震爲出，故王用出征。爻例上爲首，五正上體乾，故云乾上爲首。兑爲毀折，故爲折。上變體兑，正應在
三，爲嘉。以兑折乾，故有嘉折首。學記曰：比物醜類。周語曰：況爾小醜。韋昭云：醜，類也。四不順，故云：
獲，獲四也。爻相應者曰類，上非四應，故獲非其醜。出离爲坎，爻皆得正，故无咎也。

周易述卷五

周易下經

䷞兑宮三世卦，消息五月。咸至遘六日七分。

咸。亨，利貞，取女吉。注：咸，感也。坤三之上成女，乾上之三成男，乾坤氣交以相與，止而說，男下女，故通，利貞，取女吉。**疏：**此虞義也。咸，感也。彖傳文。卦自否來，否三之上。三本坤也，故云坤三之上成女，成兑女也；上本乾也，故云乾上之三成男，成艮男也。否三之上，乾坤氣交以相與，止艮説兑，艮男下兑女，故通，利貞，取女吉。謂五取上，三取二，初四易位，初取四也。

初六，咸其母。注：母讀爲拇，足大指也。初足爲母，坤亦爲母，四感初，故咸其母。**六二，咸其腓，凶，居吉。注：**腓，膞腸也。二爲腓，三感二，故咸其腓。失五正應，故凶。艮爲居，得位居中，故居吉。**九三，咸其股，執其隨，往吝。注：**三爲股，巽亦爲股，二感三，故咸其股。巽爲隨，艮手稱執，故執其隨。初四變，三歷險，故往吝。**九四，貞吉，悔亡。憧憧往來，朋從爾思。注：**失位，悔也。應初，動得正，故貞吉而悔亡矣。憧憧，往來貌。四之初爲來，初之四爲往，故憧憧往來矣。兑爲朋，四于位爲心，故云思。初之四體坎，亦爲思，故朋從爾思也。**九五，咸其脢，无悔。注**：脢，心之上，口之下也。五爲脢，上感五，故咸其脢。五弇于上，宜有悔矣。得正，故无悔。**上六，咸其輔頰舌。注**：輔頰舌，謂上也。兑爲輔頰、爲口舌，五與上比，上不之三，故咸其輔頰舌。象曰：「滕口説也。」**疏**：母讀至其母。母，古文拇，子夏作䟊，與拇同，馬、鄭、虞皆云：足大指也。伏羲作易，近取諸身。下經人事首咸，故一卦立爻，皆取象于人身。初爲足，二爲腓，三爲股，四爲心，五爲脢，上爲輔頰舌是也。虞云：坤爲拇。説卦：坤爲母。母、拇同物，故云坤亦爲母。初與四應，四感初，初爲足，故咸其母也。腓腨至居吉。腓，腨腸。鄭義也。脚腨次于母上，二之象，故二爲腓。三據二，故咸其腓。二正應五，而比於三，失五正應，故凶。以陰居二，得位居中，故居吉也。三爲至往吝。股胜而次於腓上，三之象，故三爲股。巽爲股，説卦文。三體巽，故巽亦爲股。二感三，故感其股。二感三而三亦感二，彖傳所云：二氣感應以相與也。足行而股隨，故巽爲隨。女隨男，亦爲隨也。艮爲手，以手執物，故爲執。初四易位，四體坎，三歷險應上，故往吝。又三已據二，不兼與上也。此兼虞義。失位至思也。四失位，宜有悔，與初易位，故應初，動得正，貞吉而悔亡矣。廣雅曰：憧憧，往來也。之内曰來，之外曰往，故四之初爲來，初之四爲往。憧憧，往來之象也。咸至姤六日七分，陰消之卦，與時消息，故取義于往來耳。兑二口相對爲朋，四于爻位爲心，故云思。初之四體坎，坎亦爲思，故朋從爾思也。此兼虞義。脢心至无悔。脢，心之上，口之下。王弼義也。四爲心，上爲口，五在其中，故云：心之上，口之下。五與上比，上感五，故咸其脢。五陽上陰，故五弇于上，宜有悔矣。得正得中，故无悔也。輔頰至説也。虞云：耳目之間稱輔頰。又説文曰：輔，頰也。尋輔近口在頰前，故淮南子曰「靨輔在頰前則好」是也。耳目之間爲權，權在輔上，故曹植洛神賦云：靨輔承權。夬九三壯于頄，頄即權也。頰所以含物，輔所以持口。輔頰舌三者並言，明各爲一物，是輔近頰而非頰。虞以權爲輔，説文以輔爲頰，皆非也。上爲首，故輔頰舌謂上也。兑爲輔頰，九家説卦文。五與上比，上不之三，故咸其輔頰舌，徒以言語相感而已。傳曰：滕口説也。言徒送口説。

䷟震宮三世卦，消息内卦六月，外卦七月。

恒。亨。无咎。利貞。利有攸往。**注**：泰初之四，與益旁通。恒，震世也。巽來承之，長男在上，長女在下，陰陽會合，故通，无咎。初四二五失位，利變之正，故利貞。之外曰往。**疏**：泰初之四，與益旁通，虞義也。恒，震宮三世卦，故云震世。一世豫，二世解，三世而下體巽，故云巽來承之。内巽外震，震長男，巽長女，故云：長男在上，長女在下，男女會合。天地交而萬物通，故通无咎。此上荀義也。初四二五四爻失位，利變之正，故利貞。初利往之四，二利往之五，四五皆在外卦，故云之外曰往。彖傳曰：恒，久也。尋恒體震巽，八卦諸爻，唯震巽變，故虞註六五及彖傳曰「終變成益」是也。六爻皆變，不可爲恒而名恒者，其義有三焉：夫婦之道，不可以不久。恒震夫巽婦，陰陽會合，雜而不厭。一也。卦唯三上得正，上震恒凶，則守正者唯九三一爻耳。故象傳曰：君子以立不易方。二也。終變成益，則初四二五皆得位。繫下曰：易窮則變，變則通，通則久。恒者，久也。故都其義于五曰：恒其德。三也。有此三義，故名恒也。

初六，浚恒，貞凶，无攸利。**注**：陰在初稱浚。浚，深也。四之初，故浚恒，貞凶，无攸利。九二，悔亡。**注**：失位，悔也。動而得正，處中多譽。故悔亡。九三，不恒其德，或承之羞，貞吝。**注**：三體乾爲德，變失位，故不恒其德。坤恥爲羞，變至四體坤，故或承之羞。三多凶，變失位，與上敵應，故貞吝。九四，田无禽。

注：田，獵也。五坤爲田，四欲獵五，五已之正，故田无禽。六五，恒其德，貞，婦人吉，夫子凶。**注**：動正成乾，故恒其德。婦人謂巽初，終變成益，震四復初，婦得歸陽，從一而終，故貞，婦人吉也。震乾之子而爲巽夫，故曰夫子。震四從巽，死於坤中，故夫子凶也。上六，震恒，凶。**注**：在震上，故震恒。五動乘陽，故凶。

疏：陰在至攸利。陽在初爲潛、爲淵，皆深也，故虞注上繫曰：深，陽也。濬與浚通。莊九年公羊傳曰：浚之者何？深之也。故云陰在初稱濬。濬，深也。釋言文。深爲陽，本體四陰之初，濬而後深，故濬恒，貞凶，无攸利也。失位至悔亡。此虞義也。二多譽，故處中多譽。三體至貞吝。三本乾也，又互乾，乾爲德、爲久，變失位，故不恒其德。爻例無有得位而變者，以巽于諸爻特變，故云變失位耳。羞者恥辱，坤爲恥，故云坤恥爲羞。終變成益，變之四則三體坤，故或承之羞。三多凶，下繫文。變至三，與上敵應，立心勿恒，爲上所擊，故貞吝也。田獵至无禽。田者田獵，故曰：田，獵也。坤土爲田，五本坤也，故五坤爲田。陰陽相比相應，陰爲陽得，稱獲、稱得、稱禽。四與五比而欲獵五，二五易位，五已之正，故田无禽，言无所得也。動正至凶也。此虞義也。益自否來，五本否乾，故云動正成乾。又凡五之正，皆爲乾也。乾爲德、爲久，故恒其德。初體巽，巽爲婦，故婦人謂巽初。終變成益，初四得正，震四復初。初爲一，巽四從陽，故從一而終。穀梁傳曰：婦人以貞爲行者。故貞，婦人吉也。震爲長子，又爲夫，故云：震乾之子爲巽夫，曰夫子也。終變成益，則震爲巽，互乾爲坤，坤爲死，震四從巽婦而死於坤中，故夫子凶也。

在震至故凶。此虞義也。虞註說卦曰：震內體爲專，外體爲躁，震動也。在震上處動極，故震恒。五之正，則上乘陽，故五動乘陽，乘陽不敬，故凶也。震亦作振。古文震、振、祇三字同物同音。祇有耆音，故說文引易作「榰，恒也」。

䷠乾宫二世卦，消息六月。

遯。亨。**注**：陰消遘二也。艮爲山，巽爲入，乾爲遠，遠山入藏，故遯，五陽當位，正應在二，故亨。小利貞。**注**：陰稱小，利正居二，與五相應。**疏**：陰消至故亨。遯，陰消之卦，消遘及二，故云陰消遘二也。艮爲山，巽爲入，乾爲遠，遠山入藏，故遯。皆虞義也。陽長爲進，陰消爲退。遯有退義，故序卦曰：遯者，退也。以陽居五，故五陽當位，與二正應。乾坤交通，故亨。消至三則天地否隔，不能通矣。故二利居正，與五相應。此荀義也。

初六，遯尾，厲，勿用有攸往。**注**：初爲尾，尾，微也，故遯尾。初失位，故危。之應成坎爲災，故勿用有攸往。

六二，執之用黄牛之革，莫之勝説。**注**：艮手稱執，坤爲黄牛，艮爲皮，故執之用黄牛之革。莫，无；勝，能；説，解也。二得中應五，固志守正，故莫之勝説。九三，係遯，有疾厲，畜臣妾吉。**注**：二係三，故係遯。三多凶，四變三體坎爲疾，故有疾厲。遯陰剥陽，三消成坤，與上易位。坤爲臣，兑爲妾，上來之三，據坤應兑，故畜臣妾吉。九四，好遯，君子吉，小人否。**注**：乾爲好，陰得位爲君子，失位爲小人，動之初，故君子吉；消遯成否，故小人否。九五，嘉遯，貞吉。**注**：陰陽相應爲嘉，剛當位應二，故嘉遯，貞吉。上九，飛遯，无不利。**注**：應在三，四變三體离爲飛，上失位，變之正，故飛遯。九師道訓曰：遯而能飛，吉孰大焉。故无不利。

乾爲利也。**疏**：初爲至攸往。爻例初爲尾，上爲角。説文曰：尾，微也。古文通。尚書「鳥獸孳尾」，史記作「字微」。論語有微生高，莊子作尾生。微猶隱也。陽伏遯初，故云遯尾。六居初爲失位，故危。應在四，初之四體坎，坎爲災，故勿用有攸往也。艮手至勝説。二體艮，艮爲手，故艮手稱執。坤爲黄，九家説卦文。又爲子母牛，故爲黃牛。艮爲皮，虞義也。九家説卦曰：艮爲膚。皮、膚同義，故執之用黃牛之革。考工記：攻皮之工五，函鮑韗韋裘。始拆謂之皮，已乾謂之革，既熟謂之韋，其實一物也。莫，无；勝，能；説，解。皆虞義也。二得位得中，正應在五，固志守正，无能解説，故莫之勝説。象辭小利貞，正此義也。　二係至妾吉。　遯成于二，二陰三陽，二係于三，故係遯。　遘初繫二，亦是陰係于陽也。三多凶，故危。四變三體坎以下，虞義也。坎多眚爲疾，故有疾厲。遯，陰消之卦，故遯陰剥陽。三消成坤，與上易位者，三互巽，特變，故從家人、漸之例。三動上反三，故三消成坤，與上易位也。三消成坤，坤爲臣，與上易位，上體兑，兑爲妾，上來之三，據下之坤，應上之兑，故畜臣妾吉。　荀氏謂：潛遯之世，但可居家畜養臣妾也。　乾爲至人否。　乾爲好，虞義也。賈逵左傳註曰：好生於陽。故乾爲好。乾鑿度：觀四爲君子，否三爲小人。故知陰得位爲君子，失位爲小人。四失正，動之，四得位承五，故君子吉；消遯及否，三失位爲小人，故小人否。　鄭氏讀否爲否卦之否也。　陰陽至貞吉。　文言曰：亨者，嘉之會也。昏禮爲嘉，陰陽相應，義同昏冓，故爲嘉。五剛當位，正應在二，故嘉遯，貞吉也。　應在至利也。　三已變，上之三，故應在三。四之初，故四變三體离，离有飛鳥之象，故爲飛。六居上爲失位，變之正，故飛遯，謂去而遷也。九師道訓，淮南王聘明易者九人所作。遯微則厲，係則疾，飛則吉。荀註乾九五曰：飛者，喻无所拘也。上體乾，故乾爲利也。

䷡坤宮四世卦，消息二月。

大壯。利貞。 **注：**陽息泰也。壯，傷也。大謂四，失位爲陰所乘，兑爲毁折，故傷。與五易位，乃得正，故利貞也。

疏：此虞義也。陽息泰成大壯。馬氏亦云：壯，傷也。方言曰：凡草木刺人，北燕朝鮮之間謂之策，或謂之壯。郭璞註云「今淮南亦呼壯爲傷」是也。陽大陰小，故大謂四。以九居四爲失位，五陰乘之，陰氣賊害，又體兑，兑爲毁折，故名大壯。太玄準之以夷，夷亦傷也。四當升五，與五易位，則各得其正，故利貞也。

初九，壯于止，征凶，有孚。**注**：初爲止，應在四，震足亦爲止、爲征。初四敵應，故壯于止，征凶。四上之五成坎，已得應四，故有孚。九二，貞吉。**注**：變得位，故貞吉。九三，小人用壯，君子用罔，貞厲。**注**：應在上也。三陽君子，小人謂上。二變三體离，离爲罔，上乘五，故用壯。三據二，故用罔。體乾夕愓，故貞厲。羝羊觸藩，羸其角。**注**：兑爲羊，陽息之卦，故云羝。藩謂四也。羸讀爲纍。三欲觸四，而應上，故羸其角。角謂上也。九四，貞吉，悔亡。藩決不羸，壯于大轝之腹。**注**：失位，悔也。之五得中，故貞吉而悔亡矣。體夬象，故藩決。震四上處五，則藩毁壞，故藩決不羸。腹讀爲輹。坤爲大轝、爲腹，四之五折坤，故壯于大轝之腹。六五，喪羊于易，无悔。**注**：四動成泰，坤爲喪也。乾爲易，四上之五，兑還屬乾，故喪羊于易。動各得正，而處中和，故无悔。上六，羝羊觸藩，不能退，不能遂，无攸利，艱則吉。**注**：應在三，故羝羊觸藩。遂，進也。變之巽，巽爲進退，故不能退，不能遂。五動上乘剛，故无攸利。坎爲艱，藩決難解，得位應三，故艱則吉。

疏：初爲至有孚。爻例初爲止。應在四，四體震，震爲足、爲行，故震足爲止、爲征。初四皆陽，敵應无與，故壯于止，征凶。四之五成坎，坎爲孚，初正應四，故有孚也。此兼虞義。 變得至貞吉。此虞義也。 三陽至貞厲。此虞義也。三正應上，三陽君子，謂乾三也。小人謂上者，上得位，不得爲小人，以大壯陽息之卦，息至五體夬，夬上爲小人，故雜卦曰：夬，決也，剛決柔也。君子道長，小人道消也。是上爲小人也。二變三體离，包犧作結繩以爲罔罟，蓋取諸离，故离爲罔。五已正，上逆乘陽，故用壯。三得位據二，故用罔。三多凶，體乾三夕愓，有危象，故貞厲也。 兑爲至上也。三體兑，息至五上，亦體兑，兑爲羊，故三五上皆有羊象。説文曰：羝，牡羊也。陽息之卦，故曰羝。馬氏云：藩，籬落也。四體震，震爲萑葦，爲竹木，故爲藩也。羸讀爲纍，讀從鄭、虞，故馬氏云：大索也。四之五，上變體巽，巽爲繩，故爲羸。四爲藩，三欲觸四而應上，故羸其角。爻例上爲角也。此兼荀義。荀唯以角謂五爲巽也。　失位至之腹。　此虞義也。四失位，宜有悔，之五得正得中，故貞吉而悔亡矣。初至五體夬，夬者決也，故藩決。四體震，之五則震體壞，故藩決不羸。古腹、輹、復字止作复，而此經輹字或又作腹，故云腹讀爲輹。五本坤也，坤爲大轝、爲輹，四之五體坎，坎折坤體，故壯于大轝之腹也。　四動至无悔。　此虞義也。四失位，動成泰，外體坤，坤喪于乙，故爲喪也。乾以易知，故乾爲易。鄭氏謂：易，佼易也。四上之五體坎，坎五乾也，故兑還屬乾，喪羊于易也。四五易位，動各得正，五處中應和，故无悔矣。　應在至則吉。　此虞義也。上應在三，而隔于四，四爲藩，故羝羊觸藩。遂有進往之義，故云進也。五已正，上變體巽，震、巽特變，故云變也。巽爲進退，説卦文。應三隔四，故不能退。進窮于上，故不能遂。羸其角之象也。乾爲利，五動正位，上乘五剛，故无攸利。五正上體，坎爲艱，藩決難解，乾鑿度文。四之五，故藩決難解。不變之巽，得位應三，故艱則吉也。

☷☲乾宫遊魂卦，消息二月。

晉。康侯用錫馬蕃庶，晝日三接。 **注：**觀四之五。晉，進也。康讀如「康周公」之康，廣也。坤爲廣，四爲諸侯，觀四賓王。四五失位，五之正，以四錫初，初動體屯，震爲諸侯，故康侯。坎爲馬，坤爲用，故用錫馬。艮爲多，坤爲衆，故蕃庶。离日在上，故晝日。三陰在下，故三接矣。　**疏：**　卦自觀來，從四陰二陽之例。觀六四進居五，故曰：晉，進也。康讀如祭統「康周公」之康，鄭氏註禮引此爲證，故讀從之。又鄭註康侯云：康，廣也，謂褒廣其車服之賜也。坤廣生，故曰廣。爻例四爲諸侯。觀之六四，利用賓于王，故觀四賓王。四之五而皆失位，五之正，以四錫初，謂初四易位也。初動體屯，謂初至五體屯也。屯下體震，震爲侯，卦辭曰：利建侯。四爲諸侯，以四錫初，初震亦爲侯，康侯之象也。坎爲馬美脊，坤爲用，故用錫馬。錫讀納錫、錫貢之錫。侯享王之禮，覲禮「匹馬卓上，九馬隨之」，是其事也。蕃，多也；庶，衆也。艮爲多，坤爲衆，故蕃庶。雜卦曰：晉，晝也。離日在地上，故晝日。坤三陰在下，故三接。周禮大行人曰：上公之禮，廟中將幣三享，出入三問三勞；諸侯三享，再問再勞；諸子三享，壹問壹勞。是天子三接諸侯之禮也。此兼虞、鄭義。一說：三接，王接諸侯之禮，覲禮：「延升，一也；覲畢致享，升致命，二也；享畢王勞之，升成拜，三也。」

初六，晉如摧如，貞吉。罔孚，裕无咎。**注**：晉，進。摧，退也。初進居四，故晉如。四退居初，故摧如。動得位，故貞吉。罔，无也。四坎稱孚，坤弱爲裕，五之正成巽，初受其命，故无咎也。六二，晉如愁如，貞吉。**注**：坎憂爲愁，應在坎上，故愁如。五變應之，故貞吉。受茲介福于其王母。**注**：乾爲介福，艮爲手，坤爲虚，故稱受，謂五已正中。乾爲王，坤爲母，故受茲介福于其王母。六三，衆允，悔亡。**注**：坤爲衆，土性信，故衆允。三失正，與上易位，故悔亡。九四，晉如碩鼠，貞厲。**注**：四體坎艮，艮爲碩鼠，在坎穴中，故晉如碩鼠。失位，故貞厲。六五，悔亡，矢得，勿恤，往吉，无不利。**注**：失位，悔也。動之正，故悔亡。矢古誓字，信也。勿，无。恤，憂也。五變得正，坎象不見，故誓得勿恤。五正二，受介福，故往吉，无不利。上九，晉其角，維用伐邑，厲吉，无咎，貞吝。**注**：上爲角，坤爲邑，動體豫，利行師，故維用伐邑。失位，故危。變之正，故厲吉，无咎。動入冥豫，故貞吝。**疏**：晉進至咎也。 晉，進。彖傳文。何妥曰：摧，退也。初四失位，初之四爲進，故晉如。四之初爲退，故摧如。二爻得位，故貞吉。罔，无。馬義也。四體坎爲孚，四之初，故罔孚。中互兩坤，坤弱爲裕，五之正成巽，巽爲命，初受其命，故无咎。此兼虞義。　坎憂至貞吉。　二正應五，故晉如。坎爲加憂。說文曰：愁，憂也。五在坎上，二五敵應，故愁如。五失位，變之正，與二相應，故貞吉。此兼虞義。　乾爲至王母。　此虞、九家義也。馬氏云：介，大也。乾爲大、爲福，故爲介福。艮爲手，坤陰爲虛，手虛能受，故稱受。五已正體，乾爲王，坤爲母，二受五福，故受茲介福于其王母矣。　坤爲至悔亡。　此虞義也。釋詁曰：允，信也。坤爲衆，爲土，土性信，故衆允。以六居三爲失正，與上易位，各得其正，故悔亡也。　四體至貞厲。　四體坎互艮，艮爲碩，爲鼠，故爲碩鼠。詩碩鼠序曰：貪而畏人若大鼠。四本三公之位，以陽居陰，而據坤田，有似碩鼠。坎窞爲坎，四體坎。虞註說卦曰：鼠似狗而小，在坎穴中，晉九四是也。四失位不正而危，故貞厲也。　失位至不利。　六居五爲失位，宜有悔也。五之正，故悔亡。論語：夫子矢之。孔安國註云：矢，誓也。矢、誓同物同音，故知矢爲古誓字。誓以著信，故云信。五體坎爲憂，變得正，坎象不見，故誓得勿恤。五已之正，二往應五，受介福，故往吉，无不利。乾爲利也。此兼虞義。　上爲至貞吝。　爻例上爲角。虞氏謂：五已變，之乾爲首，位在首上，故稱角。義亦通也。坤土爲邑，上動體豫，豫象曰：利建侯行師。行師侵伐，故維用伐邑也。動入冥豫，荀義也。豫上六曰冥豫，故云動入冥豫。兩陰无應，故貞吝也。

䷣坎宮遊魂卦，消息九月。

明夷。**注**：臨二之三而反晉也。夷，傷也。明入地中，故傷。**利艱貞**。**注**：謂三也。三得正體坎爲艱，故利艱貞。**疏**：臨二至故傷。此虞義也。卦自臨來，亦從四陰二陽之例。臨九二之三而反晉者，易例有卦之反、爻之反。卦之反，反卦也，艮反震、兑反巽、明夷反晉之類是也；爻之反，旁通也，比大有之類是也。否泰則旁通，而兼反卦者也。此不用旁通而用反卦者，以上六初登于天爲晉時，後入于地爲明夷時，故用反卦，與否泰反其類爲一例也。夷，傷也。序卦文。离滅坤下，六五失則九三升五，不可疾正，故明傷也。謂三至艱貞。彖傳謂文王、箕子以正人蒙難，故利艱貞謂三。三陽得正爲君子，而在坎獄中，坎爲艱，文王蒙難而得身全，箕子内難而正其志，利艱貞之義也。此兼虞義。虞唯指五爲異也。

初九，明夷于飛，垂其翼。君子于行，三日不食。**注**：离爲飛鳥，故曰于飛。爲坤所抑，故垂其翼。陽爲君子，三者陽德成也。震爲行，离爲日，晉初動體噬嗑食，明夷反晉，故曰：君子于行，三日不食。有攸往，主人有言。**注**：應在四，故有攸往。四體震爲主人，爲言，故主人有言。六二，明夷睇于左股，用拼馬壯，吉。**注**：旁視爲睇，离爲目。陽稱左，謂九三也。三在辰得巽氣爲股，二承三，故睇于左股。震爲馬，二正應五，三與五同功，二以中和應天合衆，欲升三以壯于五，故曰：用拼馬壯，吉。九三，明夷于南守，得其大首，不可疾貞。**注**：守，獵也。离南方卦，故曰南守。三上獵五，乾爲大首，故得其大首。自暗復明，當以漸次，不可卒正，故曰不可疾貞。六四，入于左腹，獲明夷之心，于出門庭。**注**：左謂三。坤爲腹，四欲上三居五，故入于左腹。三獲五體坎爲心，故獲明夷之心。震爲出，晉艮爲門庭，故于出門庭，言三當出門庭，升五君位。六五，其子之明夷，利貞。**注**：其讀爲亥。坤終于亥，乾出于子，故其子之明夷。三升五得正，故利貞。馬君：俗儒讀爲箕子，涉彖傳而訛耳。上六，不明，晦，初登于天，後入于地。**注**：應在三，離滅坤下，故不明，晦。晉時在上麗乾，故登于天；今反在下，故後入于地。**疏**：离爲至不食。此荀、虞義也。説卦曰：离爲雉。郭璞洞林曰：离爲朱雀。故爲飛鳥。明入地中，爲坤所抑，故垂其翼。昭五年春秋傳曰：日之謙，當鳥飛不翔，垂不峻，翼不廣。初體离而在坤下，故有是象也。泰彖傳曰：君子道長。君子謂三陽。春秋傳曰：象日之動，故曰君子于行。是知陽爲君子。陽成于三，故云三者陽德成也。晉初動體噬嗑。雜卦曰：噬嗑，食也。明夷反晉，故不食。荀氏謂：不食者，不得食君禄也。陽未居五，陰暗在上，初有明德，恥食其禄，故曰：君子于行，三日不食。是其義也。應在至有言。初正應四，自内曰往，故有攸往。震主器，故爲主人。四互震而在坤體，躁人之辭多，故主人有言也。旁視至壯吉。此鄭、九家義也。夏小正曰：來降燕乃睇。傳曰：睇者，眄也。説文曰：眄，衺視也。秦語。故鄭注内則亦曰：睇，傾視也。离爲目，故爲睇。管子宙合曰：君立於左，臣立於右。此君臣之分，是左陽右陰，故陽稱左。周書武順曰：天道尚左。九三陽爻，故爲左也。爻辰三在辰，孝經援神契曰：清明後十五日斗指辰爲穀雨，後十五日斗指巽爲立夏。是辰近巽，巽爲股，故云得巽氣爲股。三爲左股，二承三，故睇于左股。三體震爲馬，三升五，二正應之，故云二正應五。三與五同功，下繫文。三五同功，故得升五。若然，臨泰諸卦二升五，以其應也。大壯四升五，以陽息之卦也。義各有取，皆以五虛无君而得升也。二執中含和，上應九五，以合衆爻，故云二以中和應天合衆。拯之言升，三升五則二得其應，故欲升三，以壯于五，而曰用拼馬壯。五變之正，故吉也。坎折坤體，故曰壯。守獵至疾貞。九家曰：歲終田獵名曰守。故曰：守，獵也。离南方卦，説卦文。三體离，离南方之卦，故曰南守。三陽五陰，五虛无君，陰爲陽得，故三上獵五。九五爲乾，乾陽爲大、爲首，三上獵五，故得其大首。明夷之世用晦，而明當以漸決，不可卒正。言不可卒正五位，故曰不可疾貞。此兼九家義也。左謂至君位。二爻辭

「左股」謂三，故知此左亦謂三。坤爲腹，説卦文。荀氏謂：四得位比三，處於順首，欲上三居五，五體坤爲腹，故入于左腹。三南守獲五體坎，坎爲心，故獲明夷之心。説卦曰帝出乎震，故震爲出。又曰艮爲門闕，莊二十五年春秋傳曰庭實旅百，杜預注云「艮爲門庭」是也。三居五，出在應門之内，立於門内之中庭南面，故云：于出門庭，升五君位也。此兼荀氏及九家義。　其讀至訛耳。　蜀才從古文作其子，今從之。其，古音亥，故讀爲亥。亦作萁。劉向曰：今易其子作荄茲。荀爽據以爲説，蓋讀其子爲荄茲。古文作其子，其與亥、子與茲，字異而音義同。淮南子曰：爨萁燧火。高誘注云：其音「該備」之該。該、荄同物，故三統歷曰「該閡於亥，孳萌于子」是也。五本坤也。坤終于亥，乾出於子，用晦而明，明不可息，故曰其子之明夷。明夷反晉。晉，晝也。明夷，晦也。以十二辰言之，七日來復則當子；以十日言之，自暗復明則當旦。故昭五年春秋傳卜楚邱論此卦，以爲明夷當旦，亦此義也。五失位，三之五得正，故利貞。馬融俗儒不識七十子傳易之大義，以彖傳有箕子之文，遂以箕子當五。尋五爲天位，箕子臣也，而當君位，乖于易例，逆孰大焉。謬説流傳，兆於西漢。西漢博士施讎讀其爲箕，時有孟喜之高弟蜀人趙賓述孟氏之學，斥言其謬，以爲箕子明夷，陰陽氣无箕子；其子者，萬物方荄茲也。賓據古義以難諸儒，諸儒皆屈于是，施讎、梁丘賀咸共嫉之。讎、賀與喜同事田王孫，而賀先貴。又傳子臨從讎問，薦讎爲博士。喜未貴而學獨高，施、梁丘皆不及。喜所傳卦氣及易家侯陰陽災異書，皆傳自王孫，以授梁人焦延壽者。而梁丘惡之，謂無此事，引讎爲證，且以此語聞於上，於是宣帝以喜爲改師法，不用爲博士，中梁丘之譖也。讎、賀嫉喜而并及賓。班固不通易，其作喜傳亦用讎、賀之單詞，皆非實録。劉向別録猶循孟學，故馬融俗説，荀爽獨知其非，復賓古義，讀其子爲荄茲。而晉人鄒湛以爲漫衍无經，致譏荀氏。但魏晉已後，經師道喪，王肅詆鄭氏而禘郊之義乖，袁準毀蔡服而明堂之制亡，鄒湛譏荀諝而周易之學晦。郢書燕説，一倡百和，何尤乎後世之紛紜矣。

應在至于地。　此虞義也。三體离，上正應三，故云應在三。坤滅藏于癸，坤上离下，故离滅坤下。坤冥爲晦，故不明而晦也。日月麗乎天，晉時在上麗乾，故登于天。明夷反晉，故反在下，後入于地也。

☲☴巽宫二世卦，消息五月。

家人。利女貞。**注**：遯四之初。女謂离巽，二四得正，故利女貞。**疏**：此虞義也。卦自遯來，九四之初。二稱家，离二正内，應在乾，乾爲人，故名家人。馬氏謂木生火，火以木爲家，故曰家人，義亦通也。离中女，巽長女，故女謂离巽。二體离，四體巽，二四得正，故利女貞。馬氏云：家人以女爲奥主，長女中女各得其正，故特曰：利女貞矣。

初九，閑有家，悔亡。**注**：閑，闌也，防也。陰消至二，艮子弑父，四來閑初，故閑有家，悔亡。六二，无攸遂，在中饋，貞吉。**注**：遂讀如「大夫無遂事」之遂。婦道无成，故无攸遂。饋，饋祭也。二在下中，故在中饋。正應五，故貞吉。九三，家人熇熇，悔厲吉。婦子喜喜，終吝。**注**：熇熇，盛烈也。乾盛故熇熇。三多凶，故悔厲。得位故吉。喜喜，喜笑也。巽爲婦，動體艮子，家人毁壞，故婦子喜喜，終吝。六四，富家，大吉。**注**：三動坤爲富，四得位，應初順五乘三，比據三陽，故富家大吉。九五，王假有家，勿恤，吉。**注**：乾爲王。假，大也。三變受上，五體坎，坎爲恤，五得尊位，據四應二，以天下爲家，故王假有家。天下正之，故勿恤，吉。上九，有孚威如，終吉。**注**：坎爲孚，故有孚。乾爲威，自上之坤，故威如。易而得位，故終吉。**疏**：閑闌至悔亡。閑，闌也，防也。此馬義也。卦自遯來，遯陰消二體艮，故艮子弑父。四來閑初，弑逆不行，故閑有家，悔亡也。案，虞注訟彖曰：遯三之二，遯將成否，則子弑父，臣弑君。三來之二得中，弑不得行，故中吉。義與此同也。

遂讀至貞吉。　大夫無遂事，讀從桓八年公羊傳文。彼文云：遂者何？生事也。何休注云：生猶造也，專事之辭。夫子制義，婦道无成，故无攸遂。古文論語曰：詠而饋。舊注云：詠，歌。饋，祭也。周禮籩人有饋食，儀禮有特牲、少牢饋食之禮，皆謂薦孰。故云：饋，饋祭也。二居下中，而有婦道。昏禮云：昏者，將合二姓之好，上以事宗廟。是饋祭爲婦職。二居下體之中，故在中饋。執中含和，正應九五，故貞吉也。　熇熇至終吝。　犍爲舍人注爾雅曰：熇熇，盛烈也。乾道威嚴，故熇熇。三處多凶之地，而過于嚴，故悔厲。以其得位，故吉。喜喜，喜笑，鄭義也。喜讀爲嬉。巽爲婦，動體艮爲子，故婦子喜喜。此虞義也。動失位，家人毀壞，故終吝。上之三，則終吉也。易例爻得位者不言變。今三動受上者，彖傳曰正家而天下定，謂既濟也。此卦五爻得位，所較上爻耳，三動受上成既濟，則六爻皆正，所謂正家而天下定也。故虞注漸上九曰：三變受成既濟，與家人彖同義。又云：三已得位，又變受上，權也。桓十一年公羊傳曰：權者，反於經然後有善者也。三得位而動，反於經也。動受上而成既濟，所謂反於經然後有善者也。是易之變例矣。　三動至大吉。　三動體坤，坤爲富者，禮運曰：天生時而地生財。詰志曰：地作富。坤爲地，故富也。六以陰居四，故得位。應在初，上承五而在三上，故云應初順五乘三。初、三、五皆陽，故比據三陽。陽稱大、稱吉，故大吉也。此兼虞義。　乾爲至恤吉。　此虞、陸義也。乾爲五，謂遯乾也。假，大也。釋詁文。詩商頌那曰：湯孫奏假。毛傳云「假，大」是也。三變受上則五體坎，坎爲加憂。馬氏云：恤，憂也。故坎憂爲恤。五爲天子，故得尊位。據四應二，羣陰順從，王者以天下爲家，故王大有家。正家而天下定，故无所憂而吉也。　坎爲至終吉。　此虞義也。虞氏謂：三已變，與上易位成坎，坎信爲孚，故有孚。乾爲君，君德威嚴，故威如。自上之坤，三上易位，而皆得正，故終吉也。

䷥艮宫四世卦，消息十二月。

睽。小事吉。**注**：大壯上之三，在繫「蓋取」，无妄二之五也。小謂五，陰稱小，得中應剛，故小事吉。**疏**：此虞義也。卦自大壯來，上六之三，此從四陽二陰之例也。云在繫「蓋取」者，繫，繫詞也；蓋取，謂十三「蓋取」也。繫下曰：弦木爲弧，剡木爲矢，弧矢之利，以威天下。蓋取諸睽。虞彼注云：无妄五之二也。彖傳謂：柔進上行。故據繫辭「蓋取」以明之。六五陰爻，故小謂五。陽大陰小，故陰稱小。五得中而應乾五之伏陽，得中應剛，故小事吉。

初九，悔亡。喪馬勿逐自復，見惡人无咎。**注**：无應，悔也。四動得位，故悔亡。應在坎，坎爲馬，四失位，之正入坤，坤爲喪，坎象不見，故喪馬。震爲逐，艮爲止，故勿逐。坤爲自，二至五體復，象二動震馬來，故勿逐自復也。离爲見，惡人謂四，動入坤初，四復正，故見惡人无咎也。九二，遇主于巷，无咎。**注**：二動體震，震爲主，艮爲宫，爲徑路，宫中有徑路，故稱巷。二動五變應之，故遇主于巷。變得正，故无咎。六三，見輿曳，其牛掣。**注**：离爲見，坎爲輿，爲曳，故見輿曳。四動坤爲牛，牛角一俯一仰曰掣，离上而坎下，故其牛掣也。其人天且劓，无初有終。**注**：其人謂四，惡人也。黔額爲天，割鼻爲劓。无妄乾爲天，震二之乾五，以陰墨其天，乾五之震二毁艮，割其鼻也。兑爲刑人，故其人天且劓。失位動得正，故无初有終。九四，睽孤遇元夫。交孚，厲，无咎。**注**：孤，顧也。在兩陰間，睽五顧三，故曰睽孤。震爲元夫，謂二已變，動而應震，故遇元夫也。震爲交，坎爲孚，動得正，故交孚，厲，无咎。六五，悔亡。厥宗噬膚，往何咎。**注**：失位，悔也。變之正，故悔亡。乾爲宗，二動體噬嗑，故曰噬。四變時艮爲膚，故厥宗噬膚，言與二合也。二往應之，故往何咎。上九，睽孤見豕負塗，載鬼一車。注：睽三顧五，故曰睽孤。离爲見，坎爲豕、爲雨，四變時坤爲土，土得雨爲泥塗，四動艮爲背，豕背有泥，故見豕負塗矣。坤爲鬼，坎爲輿，變在坎上，故載鬼一車也。先張之弧，後説之壺。注：謂五已變，乾爲先，應在三。坎爲弓，离爲矢，張弧之象也，故先張之弧。四動震爲後，説猶置也。兑爲口，离爲大腹，坤爲器。大腹有口，坎酒在中壺之象也，故後説之壺。匪寇，昏冓。往遇雨則吉。注：坎爲寇，之三歷險，故匪寇。陰陽相應，故昏冓。三在坎下，故遇雨。與上易位，坎象不見，各得其正，故則吉也。疏：无應至咎也。此虞義也。初四皆陽，故曰无應。四失正，動得位，故悔亡。四體坎，故應在坎。説卦曰：坎於馬也爲美脊。故爲馬。四變入坤，坤爲喪，坎化爲坤，故喪馬。震爲奔走，故爲逐。艮爲止，故勿逐。坤爲自，四已變，故二至五體復。二動初體震，故震馬來，勿逐自復之象也。喪馬勿逐自復，此商法也。周監二代而因之，故周禮朝士職曰：凡獲得貨賄人民六畜者，委于朝，告於士。鄭彼注云：委於朝，待來識之。尚書費誓曰：馬牛其風，臣妾逋逃，勿敢越逐，祇復之。是其事也。説卦曰相見乎离，故离爲見。四离火不正，㐬如來如，故惡人謂四。四當居坤初，故動入坤初，此易例也。坤初來居四復正，故見惡人无咎也。二動至无咎。此虞義也。震主器，二動體震，震爲主，故遇主。謂五遇二也。釋宫曰：宫中巷謂之壼。艮爲宫、爲徑路，宫中有徑路，故稱巷。巷亦作衖。巷、衖同物，故又作衖。離騷經曰：五子用失夫家巷。巷讀爲衖也。隱四年穀梁傳曰：遇者，志相得也。二五相應，而皆失位，二動五變應之，故遇主于巷。而皆得正，故无咎。虞唯以震爲大塗，爲巽耳。俗説以五爲主，此謬也。大夫稱主君，故昭廿九年春秋傳曰：齊侯使高張來唁公，稱主君。子家子曰：齊卑君矣，君祇辱焉。知五非主也。离爲至觢也。　此虞義也。説文曰：曳，臾曳也。束縛捽抴爲臾。坎爲輿多眚，故見輿曳。卦互离坎，牛角有俯有仰，离上爲仰，坎下爲俯，故其牛掣。三不正，故有曳掣之形象，曰位不當也。　其人至有終。　此虞義也。惡人當蒙罪，故其人指四，惡人。馬氏云：剠鑿其額曰天。剠與黥同，故曰黥額爲天。鄭氏注周禮司刑曰：劓，截其鼻也。故曰割鼻爲劓。夏之黥即周之墨。乾五爲天，二陰之五，故以陰墨其天。无妄二體艮，艮爲鼻，五之二，故毁艮，割其鼻也。兑爲刑人，五刑有黥劓之法，加于四之惡人，故其人天且劓也。三四失位，動得正，故无初有終。易例爻初失位爲无初，變得位爲有終也。　孤顧至无咎矣。　此虞義也。孤，顧。劉熙釋名文，謂顧望也。兩陰謂三五，五乘四故睽五，四據三故顧三。説文云：顧，還視也。震初爲元爲夫，二變初體震，四動而應之，故遇元夫。遇者，志相得。初四正應，故亦云遇也。震初陽始交於坤，故爲交。坎信爲孚，四交於初，故云交孚。二爻得正，故雖危无咎也。　失位至何咎。　此虞義也。五動體乾。宗，尊也。乾爲天，天尊，故爲宗。厥宗者，二之宗也。二動體噬嗑，噬嗑者，合也。四變二體艮，艮爲膚，五來合二，故厥宗噬膚。二艮爲巷，五乾爲宗：巷者宫中之道，宗者廟内之墻。二五易位，五君二臣，君爲元首，臣爲股肱，本一體之親，有肌膚之愛，故曰噬膚也。二往合五，故往何咎。自外曰往也。　睽三至車也。　此虞義也。三失位，故睽三。上據五，故顧五。坎爲豕、爲雨，坤爲土，土得雨爲泥塗。詩角弓曰如塗塗附，毛傳云「塗，泥」是也。艮象曰艮其背，故爲背。豕背有泥，故負塗。坤爲鬼，坎爲車，四變在坎上，坤爲載，故載鬼一車。於禮爲魂車，既夕薦車。鄭彼注云：今之魂車，載而往迎，而歸如慕如。疑乖違之家，有是象也。　謂五至之壺。此虞義也。釋詁曰：説，舍也。郭注云：舍，放。置、説、舍同義，故云説猶置也。壺俗作弧，今從古。阮諶三禮圖曰：方壺受一斛，腹圜足口方；圜壺受一斛，腹方足口圜。若然，壺有口有腹，故云：兑爲口，离爲大腹。昏禮：設尊是爲壺尊。揚子太玄曰：家无壺，婦承之姑。測曰：家无壺，无以相承也。若然，説壺者，婦承姑之禮與。壺器大腹有口，盛坎酒于中，故後説之壺也。坎爲至吉也。此虞義也。坎爲寇。初失位，之三歷險，故云寇。由後言之，故云匪寇也。變之正，陰陽相應，故昏冓。始則拒之如外寇，終則禮之如内賓，始睽終合之象也。三在坎下而應上，故遇雨。三上易位，坎象不見，陰陽和會而得其正，故則吉也。

周易述卷六

周易下經

☶☵兑宫四世卦，消息十一月。

蹇。利西南，不利東北。**注**：升二之五，或説觀上反三，與睽旁通。西南謂坤，東北艮也。二往居坤，故利西南。卦有兩坎，坎爲險，下坎在前，直艮東北之地，故不利東北。虞氏謂：五在坤中，坎爲月，月生西南，故利西南。往得中，謂西南得朋也。東北謂三也。月消于艮，喪乙滅癸，故不利東北，其道窮也。則東北喪朋矣。利見大人。貞吉。**注**：大人謂五，二得位應五，故利見大人。五當位正邦，故貞吉。**疏**：升二至朋矣。卦自升來，升六五，貞吉，升階。虞氏謂：二之五，故云升。此卦二之五，與師二上之五成比同義也。或説觀上反三，虞義也。此從四陰二陽之例矣。坤西南卦，故西南謂坤。艮東北之卦，故東北艮也。二往居坤，得位得中，故利西南。卦有兩坎，兼互體也。坎陷爲險，下坎在前，艮東北卦，正直其地，故不利東北。象曰：其道窮也。此荀義也。虞氏據納甲謂五在坤中，故曰西南。體坎爲月，出庚見丁，故月生西南。五往得中，故利西南。往得中，睽、兑爲朋，故西南得朋也。

三體艮，故東北謂三。退辛消丙，故月消于艮。乙東癸北，喪乙滅癸，當月之晦，天道之終，故不利東北，其道窮也。東北喪朋，謂五六三十也。大人至貞吉。此虞義也。大人，天子，故謂五。五居尊位，二正應之，故利見大人。五當位居正，羣陰順從，故貞吉也。

初六，往蹇來譽。**注**：譽謂二。初失位應陰，往歷坎險，故往蹇。變得位比二，故來譽。六二，王臣蹇蹇，匪躬之故。**注**：五爲王，坤爲臣，爲躬，坎爲蹇，之應涉坤，二五俱坎，故王臣蹇蹇。二上折坤，得正相應，故匪躬之故。九三，往蹇來反。**注**：應正歷險，故往蹇。反身據二，故來反。六四，往蹇來連。**注**：連，輦；蹇，難也。在兩坎間，進則无應，故往蹇。退初介三，故來連也。九五，大蹇朋來。**注**：當位正邦，故大蹇。睽兑爲朋，故朋來。上六，往蹇來碩，吉。利見大人。**注**：陰在險上，變失位，故往蹇。碩謂三，艮爲碩，退來之三，故來碩。得位有應，故吉也。离爲見，大人謂五，故利見大人矣。**疏**：譽謂至來譽。此虞義也。二多譽，故譽謂二。三體坎，坎爲蹇，初失位而應六四之陰，往歷坎險，故往蹇。變之正而與二比，故來譽也。五爲至之故。此虞義也。九五，乾也，故爲王。坤，臣道也，故爲臣。又爲身，故爲躬。坎，難也，蹇亦難也，故坎爲蹇。五本坤也，故之應涉坤。三五體坎，故王臣蹇蹇。二升五折坤之躬，得正相應，公耳忘私，故匪躬之故。虞唯上反三折坤體爲異耳。應正至來反。此虞義也。三正應上而歷五險，故往蹇。反身據二，舍應從比，故來反。即象傳所云「反身修德」也。虞唯以觀上反三爲反身，異耳。連輦至連也。此虞義也。馬云：連，難也。連古音輦，輦亦難也。故云：連，輦；蹇，難也。四在兩坎之閒，應在初，故進則无應。介，閒也。退應初而閒於三，故退初介三。往來皆難，故云往蹇來連。終得初應，故象曰：當位實也。當位至朋來。此虞義也。五在蹇家，處中得正，當位正邦，故大蹇。旁通睽，故睽兑爲朋。干氏謂：比上據四應二，衆陰並至，故朋來也。陰在至大人。此虞義也。五坎爲險，故陰在險上。自外曰往，故上變稱往。變失正，故往蹇。諸爻以遇坎爲蹇，此爻以失位爲蹇也。三體艮，艮爲碩，故碩謂三。退應三，故來碩。蹇終則解，得位有應，故吉也。大人謂五，之三歷五，故利見大人，言應三則吉，比五則利也。

䷧震宫二世卦，消息二月。

解。利西南。**注：**臨初之四，坤西南卦，初之四得坤衆，故利西南，往得衆也。无所往，其來復吉。**注：**謂四本從初之四，失位於外而无所應，故无所往。宜來反初，復得正位，故其來復吉。二往之五，四來之初，成屯體復象，故云復也。有攸往，夙吉。**注：**謂二也。夙，早也。离爲日、爲甲，日出甲上，故早也。二失位，早往之五則吉，故有攸往，夙吉，往有功也。**疏：**臨初至衆也。此虞義也。卦自臨來，初九之四。乾鑿度曰坤位在西南，故坤西南卦。四體坤，坤爲衆，初之四得坤衆，彖傳曰「利西南，往得衆」是也。謂四至復吉。此虞義也。四以陽居陰而在外卦，故失位於外。進則无應，故无所應。失位无應，故无所往。宜來反初而復正陽之位，故其來復吉也。二已往之五，故四來之初而成屯，屯初至四體復象，故云復。謂二至功也。此虞義也。之外曰往，故往謂二。夙，早。釋詁文。离爲日、爲甲。古文早作𣅀，説文曰「𣅀，晨也。从日在甲上」是也。二既失正，早往之五則吉。解者，緩也，故言夙。五多功，二據五解難，故有功也。

初六，无咎。**注：**二已之五，四來復初，故无咎。九二，田獲三狐，得黄矢，貞吉。**注：**臨坤爲田，田，獵也。變之正，艮爲狐，坎爲弓，离爲黄矢，矢貫狐體，二之五歷三爻，故田獲三狐，得黄矢。之正得中，故貞吉。或説坎爲狐。六三，負且乘。**注**：負，倍也。二變時艮爲背，謂三以四艮倍五也。五來寇三，時坤爲車，三在坤上，故負且乘。致寇至，貞吝。**注**：五之二成坎，坎爲寇盗，上嫚五，下暴二，嫚藏誨盗，故致寇至。失位，故貞吝。九四，解而母，朋至斯孚。**注**：初爲四母，與初易位，故解而母。臨兑爲朋，謂二也。二已之五成坎，坎爲孚，故朋至斯孚。六五，君子維有解，吉，有孚于小人。**注**：陰得位爲君子，失位爲小人。兩係稱維，謂五與初也。五之二，初之四，故君子維有解。變之正，故吉。小人謂三，二四正，三出爲坎，胡有孚于小人。上六，公用射隼于高庸之上，獲之，无不利。**注**：上應在三，公謂三伏陽也。离爲隼，三失位，動出成乾，貫隼入大過死象，巽爲高庸，故公用射隼于高庸之上，獲之，无不利也。**疏**：二已至无咎。二夙吉，故云二已之正。四來之初成復，復「崩來无咎」，義並同也。臨坤至爲孤。臨五本坤，二上獵五，故稱田。田者田獵，故云：田，獵也。二之五，四體艮，艮爲狐，九家説卦文。坎爲弓輪，故爲弓。离二黄离，故爲黄。馬、王注易皆云：离爲矢。三體离，四體艮，故矢貫狐體。二之五，歷艮三爻爲三狐，故田獲三狐。二獵五，离體壞，故得黄矢。五得正得中，故貞吉。此兼虞義。九家説卦坎亦爲狐。卦有兩坎，二四正，三出又爲坎，故田獲三狐，義亦通也。負倍至且乘。此虞義也。負讀爲倍，與倍同物同音。漢書載禹貢倍尾山，史記作負尾。俗作倍，字隨讀變。禮記明堂位負斧依，負又作倍。故云：負，倍也。二變體艮，艮爲背，背讀爲倍，又通于負，故鄭注明堂位曰：負之言背。古人訓詁，音義相兼也。三四不正，四爲艮背，五在其後，故三以四背五。五來寇三者，案，繫上子曰：爲易者其知盗乎？虞彼注云：否上之二成困，三暴嫚，以陰乘陽，二變入宫爲萃，五之二而奪三成解，故云五來寇三。時坤爲車，謂萃坤也。若然，此注不言自萃來者，注從四陰二陽之例，故不言自萃來也。三不正而乘坤車，故負且乘，謂小人而乘君子之器也。五之至貞吝。　此虞義也。萃五之二成坎，坎爲寇、爲盗。繫上曰：上嫚下暴。又曰：嫚藏悔盗。坎爲暴，三上嫚五，下暴于二，坎心爲悔，坤爲藏，嫚藏悔盗，故致寇至。失位不變，故貞吝也。　初爲至斯孚。　母，古文拇而女也。初上應四，四之母也，故云初爲四母。初係于二，四解初係，與初易位，故解而母也。知初係于二者，五爻辭言：君子維有解。兩係稱維，故知初係二，五亦係四也。二陽同類，故朋謂二。二之五，兩係皆解。坎信爲孚，故朋至斯孚也。

陰得至小人。　鄭注乾鑿度曰：三十二君之率，陽得正爲聖人，失正爲庸人；陰失正爲小人，得正爲君子。故知此君子謂五與初也。　虞注隨上六曰：兩係稱維。五係四，初係二，五之二，初之四，兩係皆解，故君子維有解。陰係陽而得言解者，以在解家故也。　虞本維作惟，讀爲思惟之惟，今不用也。六三負且乘，繫上釋此爻云：負也者，小人之事也。故知小人謂三。二四已正，三出爲坎，坎爲孚，故有孚于小人。　上應至利也。　此虞義也。三失位，當變之正，上應在三，故發其義于上爻。三爲三公，六三陽位，下有伏陽，故謂三伏陽也。　釋鳥曰：鷹，隼醜，其飛也翬。离爲飛鳥，故爲隼。五之二成坎弓离矢，三動成乾，貫离隼體大過，故入大過死。庸，墻也。三動下體成巽，巽爲高、爲庸，故公用射隼于高庸之上。　虞氏謂：三陰小人乘君子器，故上觀三出，射去隼，兩坎象壞，故无不利也。

䷨艮宮三世卦，消息七月。

損。有孚。元吉，无咎。可貞。利有攸往。 **注：**泰初之上，損下益上，其道上行，而失位，故名損。二坎爻，坎爲孚，故有孚。與五易位，故元吉，无咎。上之正，故可貞。三往之上，故利有攸往。**曷之用二簋，可用**

亨。**注**：坤爲用，二體震，震爲木，乾爲圜。木器而圜，簋象也。震主祭器，故爲簋。二簋者，黍與稷也。五离爻，离爲火，火數二，故二簋。上爲宗廟，謂二升五爲益，耒耨之利既成，用二簋盛稻粱以享于上，上右五益三而成既濟，故云：二簋，可用享也。**疏**：泰初至攸往。卦自泰來，泰初九之上，乾道上行而失位。序卦曰：緩必有所失，損者，失也。故名損。二坎爻，坎信爲孚，二失位，咎也。與五易位，各得其正，故元吉，无咎也。上當益三之正，故可貞。三往居上，故利有攸往。上爻辭利有攸往，正指三也。坤爲至亨也。坤爲用，虞義也。二〔一〕體震，震春爲木。説卦曰：乾爲圜。木器而圜，簋象，鄭義也。三禮圖曰：簋受斗二升，足高一寸，中圓外圜，挫其四角，漆赤中，其飾如簠。蓋簋以木爲之，内外皆圜，故知木器而圜，簋象也。荀氏曰：簋者，宗廟之器。震長子主祭器，故爲簋。明堂位曰：周之八簋。祭義曰：八簋之實。鄭注云：天子之祭八簋。簋有八而稱二者，三禮圖：簠盛稻粱，簋盛黍稷。故知二簋者，舉黍與稷也。五离爻，故又取象火數，以釋二簋。上爲宗廟，二升五成益。益者，神農蓋取以興耒耨之利，而成既濟者也。故云：耒耨之利既成，用二簋盛稻與粱以享于上。五，象傳曰：六五元吉，自上右也。五爲一卦之主，上之三成既濟，則五之功成，故知上右五益三而成既濟也。

初九，巳事遄往，无咎。酌損之。**注**：巳讀爲祀，祀謂祭祀。坤爲事，謂二也。遄，速。酌，取也。二失正，初利二速往合志於五，已得之應，故遄往，无咎。二居五，酌上之剛以益三，故酌損之。九二，利貞。征凶，弗損，益之。**注**：失位當之正，故利貞。征，行也。震爲征，失正毀折，故不征，之五則凶。二之五成益，小損大益，

〔一〕「二」，原作「三」，據皇清經解本改。

故弗損，益之。六三，三人行，則損一人。注：泰乾三爻爲三人，震爲行，故三人行。損初之上，故則損一人。一人行，則得其友。注：一人，爻不旅行也。兑爲友，損二之五，益上之三，各得其應，故一人行，則得其友。天地壹壺，萬物化醇，言致一也。六四，損其疾，使遄有喜，无咎。注：四，謂二也。四得位，遠應初，二速上五，已得承之，謂二之五，三上復坎爲疾也。陽在五稱喜，故損其疾，使遄有喜。得正承五，故无咎。六五，或益之十朋之龜，弗克違，元吉。注：二五已變成益，故或益之。坤爲十，兑爲朋，三上失位，三動离爲龜，十謂神、靈、攝、寶、文、筮、山、澤、水、火之龜，故云十朋。弗克違，不違龜筮也。三上易位成既濟，故弗克違，元吉矣。或説：二至五有頤象，故云龜。上九，弗損，益之，无咎，貞吉。注：損極則益，故弗損。益之，謂損上益三也。上失正，之三得位，故无咎，貞吉。利有攸往，得臣无家。注：謂三往之上，故利有攸往。二五已動成益，坤爲臣，三變據坤成家人，故得臣。上動應三成既濟，則家人壞，故曰无家。疏：已讀至損之。已讀爲祀者，古文省。故鄭詩譜云：孟仲子，子思弟子。子思論詩，於穆不已。孟仲子曰：於穆不祀。知已與祀通，故讀爲祀。祀，祭祀。已下虞義也。釋詁曰：祀，祭也。上爲宗廟，經曰二簋可用享，謂二居五體觀，以二簋享於宗廟。故祀謂祭祀。遄，速。釋詁文。酌與勺同。説文曰：挹，取也。坊記曰：上酌民言。鄭注云：酌猶取也。春秋僖八年鄭伯乞盟，公羊傳曰：蓋酌之也。訓與説文、鄭氏同。故云：酌，取也。初與四應，初利二速往合五，已得應四，初曰遄往，四曰遄喜，皆謂二速往五而喜也。陰陽得正，故无咎。二居五，取上益三，故二與上皆云弗損益之，謂益三〔一〕

〔一〕「三」，皇清經解本作「二」。

也。酌損上以益三，故曰酌損之也。　失位至益之。　此虞義也。二失位，當之五得正，故利貞。征，行。釋言文。震爲行，故爲征。二失正體兑，兑爲毀折，故云失正毀折。二當之五，故云：不征，之五則凶。不征言征，猶不如言如，郭璞所謂詁訓義有反覆旁通者也。二之五體益，五辭「或益之」是也。初之上爲小損，上之三爲大益，故弗損益之，謂成既濟也。　泰乾至一人。　此虞義也。乾爲人，故泰乾三爻爲三人。震爲行，泰陽息之卦，三陽並進，故三人行。損初九而之坤上，故損一人。　一人至一也。　一爻爲一人，三則疑謂旅行也。爻不旅行，故稱一人，非謂止一爻也。兑朋友講習，故爲友。損二之五，益上之三，則六爻各得其應。故云：一人行，則得其友也。天地壹壺已下，繫下文。天地謂泰乾、坤也。乾坤交而成既濟，故萬物化醇。一者，天地合也，故云言致一也。　四謂至无咎。　此虞義也。二五爲卦主，故四謂二。四以陰居陰，得位應初，二祀事遄往，故云二速上五。四近于五，故已得承之，二之五，三上復體坎，坎爲疾，陽在五稱喜，六爻皆正則坎不爲害，故損其疾，使遄有喜也。四得正承五，故无咎。二五至云龜。　此虞義也。在損家而稱益者，以二之五成益，故云或益之也。　坤數十，兑爲朋，故云十朋。　三動體离，离爲龜。馬、鄭釋十朋之龜據爾雅釋魚曰：一曰神龜，二曰靈龜，三曰攝龜，四曰寶龜，五曰文龜，六曰筮龜，七曰山龜，八曰澤龜，九曰水龜，十曰火龜。故云：十謂神、靈、攝、寶、文、筮、山、澤、水、火之龜。爾雅之文，蓋以釋易，故引之。一説：兩貝曰朋，朋直二百一十六。漢書食貨志曰：元龜岠冉長尺二寸，直二千一百六十，爲大貝十朋。易十朋者，元龜之直。　義亦通也。　弗克違，不違龜筮者，此增虞義。　不違龜筮，表記文。二五之正，三上易位成既濟，人謀既協，龜墨又順，故弗克違，元吉也。　或説已下，義詳頤卦。　益初至五亦有頤象，卦辭皆云龜，漢儒无説，疑不能明也。　損極至貞吉。　損極則益，王肅義也。　上者，損之極，損極則益，故弗損益之。序卦所云「損而不已則益」是也。損上益三已下，虞義也。上失正爲損，咎也。之三得位，故无咎，貞吉。　謂三至无家。　此虞義也。　自内曰往，三之上，故利有攸往。二五已動成益，中互坤，故坤爲臣。三變則據坤而體家人，是得臣也。上動應三，六爻皆正，故成既濟。家人體壞，故曰无家。谷永釋此經云：言王者臣天下，无私家也。王肅謂：得臣則萬方一軌，故无家也。

䷩巽宮三世卦，消息正月。

益。利有攸往。**注**：否上之初，與恒旁通。損上益下，其道大光。二利往應五，故利有攸往，中正有慶也。利涉大川，**注**：謂三失正，動成坎體渙，坎爲大川，故利涉大川。渙舟楫象，木道乃行也。**疏**：否上至慶也。此虞義也。否上爻之初成益，虞注否上九曰「否終必傾，下反於初成益」是也。與恒旁通，又兩象易也。上之初，故損上益下。乾爲大明，以乾照坤，故其道大光。五乾中正，二利往應之，故利有攸往。乾爲慶，故中正有慶也。謂三至行也。此虞義也。三陰失位，動而成坎有渙象，坎水爲大川，乾爲利，故利涉大川。舟楫之利，以濟不通，蓋取諸渙，故渙舟楫象。巽木得水，故木道乃行也。

初九，利用爲大作，元吉，无咎。**注**：大作謂耕播。耒耨之利，蓋取諸此也。坤爲用，乾爲大，震爲作，故利用爲大作。體復初得正，故元吉，无咎。震三月卦，日中星鳥，敬授民時，故以耕播也。六二，或益之十朋之龜，弗克違。永貞吉。**注**：謂上從外來益初也，故或益之。二得正遠應，利三之正，已得承之。坤數十，損兑爲朋，謂三變离爲龜，故十朋之龜。坤爲永，上之三得正，故永貞吉。王用亨于帝，吉。**注**：震稱帝，王謂五，否乾爲王，體觀象祭祀。益正月卦，王用以郊天，故亨于帝。得位，故吉。六三，益之用凶事，无咎。**注**：坤爲事，三多凶，上來益三得正，故益用凶事，无咎。有孚。中行告公用圭。**注**：公謂三，三動體坎，故有孚。震爲行，初至四體復，故曰中行。震爲告，坤爲用，乾爲圭，上之三，故告公用圭。禮含者執璧將命，賵者執圭將命，皆西面坐，委之宰，舉璧與圭。此凶事用圭之禮。六四，中行告公，從。**注**：體復四，故亦云中行。三爲公，震爲從，三上失位，四利三之正，已得從初，故告公，從。利用爲依遷邦。**注**：坤爲邦。遷，徙也。三動坤徙，故利用爲依遷邦。春秋傳曰：我周之東遷，晉鄭焉依。九五，有孚惠心，勿問，元吉。**注**：謂三上也。震爲問，三上易位，三五體坎，已成既濟，坎爲心，故有孚惠心，勿問，元吉。象曰：「勿問之矣。」有孚，惠我德。**注**：坤爲我，乾爲德，三之上體坎爲孚，故惠我德。象曰：「大德志也。」上九，莫益之。**注**：莫，无也。自非上无益初者，故莫益之。或擊之。**注**：上不益初，則以剥滅乾，艮爲手，故或擊之。立心勿恒，凶。**注**：旁通恒。益初體復心，上不益初，故立心勿恒。傷之者至，故凶。**疏**：大作至播也。此虞義也。尚書堯典曰：平豑東作。周語虢文公曰：民之大事在農。故云：大作謂耕播。繫下曰：斲木爲相，揉木爲耒，耒耨之利，以教天下，蓋取諸益。故云：耒耨之利，取諸此也。九家易曰：陰者起遘終坤，萬物成孰。成孰則給用，故坤爲用。震作足，故爲作。乾爲利，故利用爲大作。乾鑿度曰：坤變初六復，曰正陽在下爲聖人。故體復初得正。復崩來无咎，初九无祇悔元吉，故元吉，无咎。震四正方伯卦。鄭注易通卦驗云：春分於震直初九，清明於震直六二，穀雨於震直六三。故震三月卦。日中星鳥，敬授民時，皆尚書堯典文，所以證大作耕播之時也。謂上至貞吉。此虞義也。象曰：或益之，自外來也。故云：謂上從外來益初也。二遠於五，而得位正應，故得正遠應。三失位，故利三之正。陰利承陽，故已得承之。繫上云：天九地十。故坤數十。益不通損而云損兑者，案，損六五爻辭與益二略同，虞氏彼注云：謂二五已變成益。故或益之。損而不已必益，故兼損象言也。兑二陽息坤，故爲朋。三變體离，离爲龜，故十朋之龜。十朋，義見損卦也。坤用六，利永貞，故爲永。上之三，六爻皆正，故永貞。損六五，乾也。故云元吉。益六二，坤也。陰承陽則永，故云永貞吉也。

震稱至故吉。 帝出乎震，故震稱帝。否乾爲王，故王謂五。乾以君之，故爲王也。觀禘祭天神之卦，二至上有觀象，故體觀象祭祀。此上虞義也。孟喜卦圖：益正月之卦。易乾鑿度曰：孔子曰：益者，正月之卦也。天氣下施，萬物皆盛，言王者法天地、施政教，而天下被陽德、蒙王化，如美寶莫能違害，永貞其道，咸受吉化，德施四海，能繼天道也。王用亨于帝者，言祭天也。三王之郊一用夏正，天氣三微而成一著，三著而成一體，方此之時，天地交，萬物通，故泰益之卦，皆夏之正也。此四時之正，不易之道也。若然，王用亨于帝，乃郊天之祭，故蔡邕明堂月令論曰：易正月之卦曰泰，其經曰：王用亨于帝，吉。孟春令曰：乃擇元日，祈穀于上帝。是郊天享帝之事也。爻辭文王所作，所云王者，乃夏、商之王。三王郊用夏正故也。後儒據此，謂文王郊天事。此誤以周公作爻辭而附會其説也。案，虞溥江表傳曰：嘉禾元年冬，羣臣奏議，宜修郊祀。權曰：郊祀當於土中，今非其所，於何施此。重奏曰：王者以天下爲家，昔周文王郊於酆鎬，非必土中。權曰：武王伐紂，即阼于鎬京而郊其所也。文王未爲天子，立郊於酆，見何經典？復奏曰：伏見漢書郊祀志，匡衡奏從甘泉、河東，郊於酆。權曰：文王性謙讓，處諸侯之位，明未郊也。經傳無明文，匡衡俗儒意説，非典籍正義，不可用也。是言無文王郊天之事，而此經王用亨于帝，爲夏、商之王明矣。得位故吉，亦虞義也。

享帝而稱吉者，不敢以其私褻事上帝之義也。

坤爲至无咎。 此虞義也。坤致役，故爲事。三多凶，下繫文。彼文又云：其柔危，其剛勝邪。上來益三得正，是以剛稱其位，故益用凶事，无咎。凶事謂喪事，喪事有進無退，而云益者，以喪禮哀死亡，是益之之義也。

公謂至之禮。 乾鑿度曰三爲三公，故知公爲三。坎爲孚，三動體坎，故有孚。震爲作足，故爲行。復「中行獨復」，中行謂初，初至四體復，故曰中行。震善鳴，故爲告。乾爲玉，故爲圭。三爲公，上之三，故告公用圭。此上虞義也。禮含者執璧將命，賵者執圭將命，皆西面坐，委之宰，舉璧與圭者，皆雜記文。此諸侯相含且賵，經云凶事。此凶事用圭之禮，故引以爲證也。體復至公從。此虞義也。復六四中行獨復，四體復，故云中行。閔二年春秋傳曰：太子奉冢祀，故曰冢子。君行則守，有守則從。震長子主器，故爲從。三上失位，四利三之正，復四象曰：中行獨復，以從道也。故云已得從四。三爲公，故告公從也。坤爲至是依。坤爲土，爲民，民以土服，故爲邦。遷，徙。釋詁文。謂遷國也。三體坤，三動坤徙，故利用爲依遷邦也。此上虞義也。春秋傳曰「我周之東遷，晉鄭焉依」者，隱六年傳文。外傳曰：晉鄭是依。引之以證依遷邦之義也。四爲諸侯，猶周之晉鄭。若然，告公從猶周之七姓從王也。此遷邦當指商書序云：般庚五遷。是有遷邦之事也。謂三至之矣。此虞義也。五爲卦主，爻象動內，吉凶見外，三上易位，成既濟之功，故九五爻辭謂三上也。問言而以言，震爲言，故爲問。周書謚法曰：愛民好與曰惠。損上益下，故曰惠。三上易位體坎成既濟，坎爲孚，在益之家，故有孚惠心。卜不習吉，故勿問，元吉。象曰勿問之矣，所以著元吉之義也。坤爲至志也。此虞義也。坤爲身，釋詁曰：身，我也。故爲我。乾陽爲德，民說无疆，故有孚惠我德。象曰大德志也。此著既濟之功成也。莫无至益之。此虞義也。爻義不言上益三，而云益初者，據繫辭專論益自否來也。詩殷其靁云：莫敢或皇。鄭箋云：無敢或閒暇時。故知莫，无也。損益盛衰之始，益自否來，否終則傾，故上必益初。所謂安其身而後動，易其心而後語，定其交而後求。自上下下，民說无疆。君子修此三者，故全也。傾否之道，自非上无益初者，故莫益之。否之上九，先否後喜，所以基益之盛。益之上九，立心勿恒，所以極否之衰。損益盈虛，與時偕行之義也。上不至擊之。此虞義也。上不益初，則消四及五成剥，故以剥滅乾，剥艮爲手，故或擊之。旁通至故凶。益初至四體復，復其見天地之心，故體復心。恒體震巽，震巽特變，終變成益，九三立不易方，變而失位，或承之羞，故立心勿恒。勿，网也。上不益初，民莫之與，傷之者至，故凶也。

䷪坤宫五世卦，消息三月。

夬。揚于王庭。**注**：陽決陰，息卦也。剛決柔，與剥旁通。揚，越也。乾爲王，剥艮爲庭，陰爻越其上，故揚于王庭矣。孚號，有厲。**注**：陽在二五稱孚，孚謂五也。二失位，動體巽，巽爲號。決上者，五也。危去上六，故孚號，有厲。告自邑，不利即戎。**注**：陽息動復，剛長成夬，夬從復升，坤逆在上，民衆消滅。震爲告，坤爲自邑，故告自邑。二變离爲戎，故不利即戎，所尚乃窮也。利有攸往。**注**：陽息陰消，君子道長，故利有攸往，剛長乃終也。**疏**：陽決至庭矣。此虞、鄭義也。五陽決一陰，兑爲附決，故陽決陰。復、臨、泰、大壯、夬、乾皆陽息之卦，故云息卦也。陽息坤，坤爲柔，乾爲剛，故剛決柔。釋言曰：越，揚也。詩公劉曰：干戈戚揚。毛傳云：揚，戉也。古越、鉞皆作戉。故云：揚，越也。乾君爲王，夬旁通剥，故云剥艮爲庭。上六一陰爻踰于五陽之上，故揚于王庭矣。陽在至有厲。此虞、荀義也。陽在二五稱孚，易例也。坎爲信，故稱孚，此孚指五也。二以陽居陰，故失位。動體巽，巽申命爲號，陰爻越其上，五陽皆決上，而五爲主，五息成乾，故云：決上者，五也。危去上六，不爲所弇，故孚號有厲。象曰：其危乃光也。陽息至窮也。此虞義也。陽息初，「復亨，剛反」，故陽息動復。復「利有攸往，剛長也」，故剛長成夬。震善鳴爲告，坤爲自，爲邑，故爲自邑。陽息自復，故夬從復升。陰逆不順而乘陽，故坤逆在上。復時坤有民衆，乾來消坤，故民衆消滅。二變體离，离甲冑戈兵，故爲戎。復上六用行師，終有大敗，故不利即戎。卦窮于上，故所尚乃窮也。陽息至終也。此虞義也。夬陽息陰消之卦，陽爲君子，君子道長，故利有攸往。剛長成乾，上爲終，故剛長乃終也。

初九，壯于前止，往不勝，爲咎。**注**：初爲止，夬變大壯，位在前，故壯于前止。初欲四變，己往應之，四聞言不信，故往不勝，爲咎。九二，惕號，莫夜有戎，勿恤。**注**：惕，懼。莫，晚也。二失位，故惕。變成巽，故號。剥坤爲莫夜，二動成离，离爲戎，變而得正，故有戎。无坎象，故勿恤。九三，壯于頄，有凶。**注**：頄，面也。謂上。三往壯上，故有凶。君子夬夬，獨行遇雨，若濡有愠，无咎。**注**：乾爲君子，三五同功，俱欲决上，故君子夬夬。陽息自復，震爲獨行，息至三與上應，爲陰所施，故遇雨。雖爲陰所濡，能愠不説，得无咎也。九四，臀无膚，其行次且。**注**：上體之下，故曰臀。剥艮爲膚，毁滅不見，故臀无膚。大壯震爲行，失位不正，不變應初，兑爲毁折，故其行次且。牽羊悔亡，聞言不信。**注**：四體兑爲羊，初欲牽之，故牽羊。變應初，故悔亡。四變坎爲聞，震爲言，今四不變，故聞言不信。坎孚爲信也。九五，莧陸夬夬，中行无咎。**注**：莧，説也，讀如「夫子莧爾而笑」之莧。陸讀爲睦，和睦也。震爲笑言，兑爲説，故莧陸。三夬决上，故夬夬。大壯震爲行，五在上中，故中行。動而得正，故中行无咎。上六，无號，終有凶。**注**：遘時巽爲號，復亨剛反，巽象伏藏，故无號。至夬而乾成，剛長乃終，故終有凶。或説：二動三體巽爲號，三不應上，内外體絶，故无號。位極乘陽，故終有凶。

疏：初爲至爲咎。爻例初爲足。足，止也。故初爲止。夬變大壯，位在前，故壯于前止者，虞義也。大壯陽息陰而成夬，故夬變大壯。易氣從下生，以下爲前，上爲後，初位在前，故壯于前止。初四敵剛，初欲四變，己往應之，四不知變，聞言不信，初往不勝，故有咎也。

惕懼至勿恤。此虞義也。惕，懼。廣雅釋詁文。詩蟋蟀曰：歲聿其莫。薛君章句：莫，晚也。二以陽居陰，失位，故愓。二變成巽，巽爲申令，故號。坤喪于乙，滅藏于癸，故爲暮夜。二動體离，离爲甲冑，爲戈兵，故爲戎。二變得正，故有戎。恤，憂也。坎爲加憂，九四不變，卦无坎象，故勿恤也。

頄面至有凶。　此翟玄義也。翟云：面顴頰閒骨。故云面也。爻例上爲首，故頄謂上。衆陽決陰，三獨壯上，故有凶也。

乾爲至咎也。　此荀義也。乾陽爲君子，三佐五，故同功。三應上，故有壯頄之象。其實三與五俱欲決上者，故君子夬夬也。陽息自復，復初體震，震爲行，初一稱獨，故爲獨行。息至三與上應，上體兑，兑爲雨澤，爲兑所施，故遇雨。廣雅霑、濡同訓。爲陰所施，故濡。韓詩車舝曰：以愠我心。薛君章句云：愠，恚也。雖爲陰所施，能愠不説，不與上應，得无咎也。

上體至次且。　爻例初在下體之下，故象止；四在上體之下，故象臀。艮爲膚，九家説卦文。艮滅兑下，故臀无膚。大壯四體震，震爲行，四以陽居陰，故失位不正，不變應初。四體兑，兑爲毁折，故其行次且。王肅以爲行止之礙也。

四體至信也。　四在兑體，兑爲羊，四應初，故初欲牽之。虞氏謂：二變巽爲繩，剥艮爲手，故牽羊。四變應初得位，故悔亡。四變體坎，坎耳爲聞，震爲言，故聞言。四失位不變，更无坎象，故聞言不信。坎孚爲信，无坎象，故不信也。

莧説至无咎。　此虞義也。傳曰健而説，故云：莧，説也。論語夫子莧爾而笑，亦是説子游之以禮樂治民。故讀從之。今本論語莧作莞，字之誤也。易亦有作莞陸者，陸讀爲睦，古文通。漢唐扶頌嚴舉碑皆以陸爲睦。傳云決而和，故云：陸，和睦也。震爲笑言，兑爲説，莧睦之象，故云莧睦。三五同心決上，故夬夬。

大壯震爲行，五在上中，故曰中行。

大壯五動得正，故无咎也。

二動至有凶。　夬，倒遘也。遘下體巽，巽爲號，至復而一陽生，故復亨剛反。巽陰在下伏藏，故无號也。陽息夬而乾體大成，坤陰消盡，上爲終，剛長乃終，故終有凶也。所以取義于夬者，若陰陽消息之道，倒夬爲遘，遘九三夬時爲九四，其詞皆曰：臀无膚，其行次且。四變體坎爲豕，故遘之初六云：羸豕孚蹢躅。是二卦相因之義也。或説者，以此卦二五相應，二動巽爲號，故一愓號，五孚號。二動三亦體巽，三愠不説，故不應上。內乾外兑，别體體異，家氣不相通，故无號也。位乘乘陽，故終有凶。虞義位極於上而乘五剛，故終有凶也。

䷫乾宮一世卦，消息五月。

遘。女壯。注：消卦也，與復旁通。巽長女，女壯，傷也。陰傷陽，柔消剛，故女壯也。勿用取女。注：一陰承五陽，一女當五男，苟相遇耳，故勿用取女。婦人以婉娩爲其德也。疏：消卦至壯也。此虞義也。遘始消乾，故云消卦也。下體巽，巽爲長女。壯，傷也。故云：女壯，傷也。陰傷陽，柔消剛，是傷之義，故女壯也。一陰至德也。此鄭義也。卦唯一陰在下，故一陰承五陽。初六巽爲女，九二、九五坎爻，坎爲中男；九三、上九艮爻，艮爲少男；九四震爻，震爲長男，故一女當五男。桓八年穀梁傳曰：不期而會曰遇。傳曰：遘，遇也。故苟相遇耳。不以義交，乃淫女也，故勿用取女。內則曰：女子十年不出，姆教，婉娩聽從。鄭彼注云：婉謂言語也，娩之言媚也，媚謂容貌。又鄭注周禮九嬪四德婦容云：婦容謂婉娩。故婦人以婉娩爲其德也。

初六，係于金鑈，貞吉。注：鑈謂二。乾爲金，巽木入金，鑈之象。陰係陽，故稱係，言初宜係二也。初四失位，易位乃吉，故貞吉。有攸往，見凶。注：以陰消陽，往謂成坤，遯子弑父，否臣弑君，夬時三動，离爲見，故有攸往，見凶。羸豕孚蹢躅。注：三夬之四，在夬動而體坎，坎爲豕、爲孚，巽繩操之，故稱羸。巽爲舞、爲進退，操而舞，故羸豕孚蹢躅。以喻遘女望於五陽，如豕蹢躅也。九二，苞有魚，无咎，不利賓。注：巽爲魚，二下苞之，故苞有魚。二雖失位，陰陽相承，故无咎。一陰在下，五陽爲賓，遘陰消陽，故不利賓。九三，臀无膚，其行次且，厲，无大咎。注：夬時三在四爲臀，艮爲膚，二折艮體，故臀无膚。復震爲行，其象不正，故其行次且。三得正位，雖則危厲，无大咎也。九四，苞无魚，起凶。注：魚謂初，四欲應初，爲二所苞，故无魚。復震爲起，四失位，故起凶。九五，以杞苞瓜，含章，有隕自天。注：巽爲杞，在中稱苞，乾圜爲瓜，四變體巽，故以杞苞瓜。含章謂五，五欲使初四易位，以陰含陽，已得據之，故曰含章。初之四體兑口，故稱含。隕，落也。乾爲天，謂四隕之初，初上承五，故有隕自天。上九，遘其角，吝，无咎。注：上稱角，失位无應，故吝。動得正，故无咎。疏：鑈謂至貞吉。此虞、九家義也。鑈，説文作檷，古文通絡、絲，趺也。趺與跗同。趺當謂初，而云鑈謂二者，經云金鑈，乾爲金，二體乾，故鑈謂二。其趺其上爲木，巽木入金，故曰金檷。九家易曰：絲係于檷，猶女係于男。隨卦三陰三陽，陰皆係陽，故稱係。係于金鑈，言初係二也。此卦初四失位，二爻相易，各得其正，故貞吉也。以陰至見凶。此虞義也。陰消陽之卦，故云以陰消陽。陰消至遯成艮，至三成否，下體爲坤，故往謂成坤。遯艮爲乾子，乾爲父，遯陰消乾，故艮子弑父。坤臣道，乾爲君，否坤消乾，故坤臣弑君。遘九四即夬九三，故夬時三動成离，相見乎离，故离爲見。往成坤遯，故有攸往，見凶矣。上云貞吉，此云見凶者，言易位則吉，消乾則凶也。三夬至蹢也。此虞義也。夬，倒遘也。遘三夬時爲四，故云三夬之四。夬四聞言不信，則不知變，而云動而體坎者，初欲四變，牽羊悔亡，是四有當變之義。故云：動體坎，坎爲豕，坎信爲孚，遘巽爲繩，巽繩操之，故爲羸。羸，索也。陰消巽爲舞，文爲進退，舞有進退之容，故羸豕孚蹢躅。蹢躅，不静也。陰陽相求，故遘女望於五陽，如豕蹢躅也。巽爲至利賓。巽爲魚，虞義也。魚謂初，二下苞之，故苞有魚。初二失位，以陽苞陰，以陰承陽，陰陽相承，故无咎。此亦虞義也。一陰在下爲主，故五陽爲賓。樂本于易，五月之律名蕤賓。高氏注月令云：仲夏陰氣萎蕤，在下象主人，陽氣在上象賓客。故參同契曰：遘始紀序，履霜最先，井底寒泉，午爲蕤賓，賓服於陰，陰爲主人。是其義也。遘陰消陽成坤遯，故不利賓。此初所以宜係于二也。夬時三在四而爲臀也。初消二成艮，艮爲膚，二折艮體，故臀无膚。復震爲行，三在夬時失位，故其象不正，其行次且也。遘三得正，三多凶，雖危厲，以其得正，故无大咎也。魚謂至起凶。初體巽，巽爲魚，四與初雖不當位，剛柔相應，四欲應初，初爲二所苞，故四无魚也。雜卦曰：震，起也。故震爲起。四失位无魚，故起凶也。巽爲至自天。此虞義也。杞，杞柳，木名。巽木爲杞，二五在中，故皆稱苞。乾爲圜，故乾圜稱瓜。四變五體巽，故以杞苞瓜。以陰苞陽爲含章。含章謂五者，以五欲使初四易位，四陰含五，故以陰含陽。四陰承五，故五得據之。初之四體兑，兑爲口，有含象也。隕，落。釋詁文。莊七年穀梁傳曰：著於下不見於上，謂之隕。四在乾體，乾爲天，四隕之初，嫌不見於上，故云自天也。上稱至无咎。爻例上爲角，上失位，无應于下，故吝。動而得正，故无咎。此兼虞義也。

☷☱兑宫二世卦，消息八月。

萃。王假有廟。注：觀上之四也。觀乾爲王。假，至也。艮爲廟，體觀享祀，上之四，故假有廟，致孝享也。利見大人。亨利貞。注：大人謂五。三四失位，利之正，變成离，离爲見，故利見大人。亨利貞，聚以正也。初未變，故不言元。用大牲吉。利有攸往。注：坤爲牛，故曰大牲。四之三，折坤得正，故用大牲吉。三往之四，故利有攸往，順天命也。疏：觀上至享也。此下皆虞義也。觀上九來之四，觀者乾世，故觀乾爲王。假，至。釋詁文。鄭氏謂艮爲鬼門，又爲宫闕。鬼門宫闕，天子宗廟之象，故爲廟。五至初體觀象，觀盥而不薦，乃明堂配天之禘，故體觀享祀。上之四，四體艮，故假有廟。傳曰：致孝享也。陸氏謂王五廟上，乾鑿度曰上爲宗廟，義亦通也。大人至言元。乾五爲大人，故大人謂五。六三、九四失位，利變之正，三四易位體离，相見乎离，故离爲見。三五同功，四上承五，故利見大人。三四之五，故利貞也。傳曰聚以正也，正以釋利貞之義。此上虞義也。初爲元，三四已正，初變成既濟，當言元亨利貞，今初未變，故不言元，而言亨利貞也。坤爲至命也。下體坤爲牛。説文曰：牛，大牲也。四之三，坤體壞，离爲折，故折坤得正。坤爲用，故用大牲吉。三往之四，自外曰往，故利有攸往。傳曰：順天命也。

初六，有孚不終，乃亂乃萃。**注**：孚謂五也。初四易位，五坎中，故有孚。失正當變，坤爲終，故不終。萃，聚也。坤爲聚，爲亂，故乃亂乃萃。失位不變，則相聚爲亂，故象曰：「其志亂也。」若號，一握爲笑，勿恤，往无咎。**注**：握當讀爲「夫三爲屋」之屋。巽爲號，初稱一，初動成震，震爲笑，坤三爻稱一屋，二引坤衆順説應五，故一屋爲笑。四動成坎，坎爲恤，初之四得正，故勿恤，往无咎。六二，引吉，无咎。**注**：巽爲繩，艮爲手，二引坤衆應五，故引吉。初三失位，二中未變，故无咎。孚乃利用禴。**注**：孚謂五。禴，夏祭也。體觀象，离爲夏，故利用禴。二孚于五，得用薄祭，以祀其先，不用大牲降于天子也。六三，萃如差如，无攸利。往无咎，小吝。**注**：坤爲聚，故萃。巽爲號，无應，故差如。失正，故无攸利。動得位，故往无咎。小吝，謂往之四。九四，大吉无咎。**注**：以陽居陰，宜有咎矣。動而得正，承五應初，故大吉而无咎矣。九五，萃有位，无咎。匪孚，元永貞，悔亡。**注**：五得位居中，上下皆聚而歸之，故萃有位，无咎。匪孚，謂初也。四五易位，初變之正，則六體皆正，初爲元，坤永貞，故元永貞，悔亡。與比象同義。上六，齎咨涕洟，无咎。注：自目曰涕，自鼻曰洟，兩陰无應，故齎咨。三之四體离坎，离爲目，艮爲鼻，乘陽不敬，坎水流鼻目，故涕洟。三變應上，故无咎。

疏：孚謂至亂也。此虞義也。陽在二五稱孚，故孚謂五。初失正，應在四，與四易位體坎，故五在坎中。坎爲孚，故有孚。初以陰居陽，故失正當變。坤代終，故爲終。代終者，初當之四。今失位不變，故不終。初在五應外，故有是象也。坤衆爲聚，又爲亂，不變則乃亂乃萃。坎爲志，故象曰：其志亂也。握當至无咎。握當讀爲「夫三爲屋」之屋，此鄭讀也。案，周禮小司徒曰：考夫屋。鄭彼注云：夫三爲屋，屋三爲井。又鄭注攷工匠人云：三夫爲屋，屋具一井之地，三屋九夫，三三相具，以出賦稅。戰國策曰：堯無三夫之分。三夫爲一屋也，一屋謂坤三爻。若然，益六三云：三人行。虞彼注云：泰乾三爻爲三人。此不稱三人而稱一屋者，乾爲人，故三爻爲三人；坤陰无稱人之例，故云一屋也。巽申命爲號，故若號。初爻稱一，初失位，動成震，震春喜樂爲笑。六二引吉，故二引坤衆順說應五。坤利永貞，初三變之正，故一屋爲笑。四動體坎，坎加憂爲恤，初四得正，故勿恤，往无咎矣。此皆虞義。虞唯讀一握如字，與鄭異也。巽爲至无咎。巽爲繩，艮爲手，虞義釋引字也。二在坤體，坤爲衆，二引坤衆應五，故引吉也。初三失位，二居中未變，一屋爲笑，故无咎也。孚謂至子也。五坎中，故孚謂五。爾雅祭名曰：夏祭曰礿。故云：禴，夏祭也。上至初體觀象，觀祭祀之卦，四之三體离，离於四正爲夏，故利用禴。二正應五，故孚于五。既濟九五曰：東鄰殺牛，不如西鄰之禴祭。故知禴爲薄祭。二爲大夫，故不用大牲降于天子也。坤爲至之四。此虞義也。三體坤，坤爲衆，故萃如。巽爲號，兩陰无應，故嗟如。以陰居陽，故无攸利。動得位應上，故往无咎。悔吝者，言乎其小疵也。三不正而之正，故小吝，謂往之四，陰稱小也。以陽至咎矣。此虞義也。无咎者，善補過也。以陽居陰，宜有咎，動而得正，上承五，下應初，是補過之義，故大吉而无咎。四承五陽，下應初陽，故稱大吉也。

五得至同義。　乾上九文言曰：貴而无位。易例以陰居陰、以陽居陽爲有位，五得位居中，上下五爻聚而歸之，故萃有位。五弇于上，宜有咎矣，以其得中，故无咎也。　初失位，五爲孚，初在應外，故匪孚謂初。　初九爲元，卦辭云亨利貞，不言元，則初猶未變也。　坤利永貞，四五易位，初變之正，則六體皆正，故元永貞。　震无咎者存乎悔，故悔亡也。　比卦辭：原筮，元永貞。　亦謂初在應外，失位之正，五孚及之，故原筮，元永貞。　與萃五同義也。　自目至无咎。　自目曰涕，自鼻曰洟，虞、鄭義也。　鄭云：齎咨，嗟歎之辭。　兩陰无應，故三嗟如，上齎咨。　案，履六三：眇而視。虞彼注云：視，上應也。　上九：視履考詳。　虞彼注云：三先視上，故上亦視三。　亦謂三上有相應之義，故其辭同也。　三之四有离、坎象，离目艮鼻，上六乘五陽爲不敬，坎水流鼻目，离目爲涕，艮鼻爲洟也。　三變應上，故无咎。　三爻辭亦云往无咎也。

䷭震宮四世卦，消息十二月。

升。元亨。**注**：臨初之三，又有臨象，剛中而應，故元亨。　用見大人，勿恤。**注**：二當之五，爲大人，离爲見，坎爲恤，二之五得正，故用見大人，勿恤，有慶也。　南征吉。**注**：离南方，二之五成离，故南征吉，志行也。

疏：臨初至元亨。　此以下皆虞義也。　升從四陰二陽之例，故云臨初之三。　二至上體臨，故又有臨象。　臨卦辭曰：元亨。　彖傳云：剛中而應，是以大亨。　與升象略同，故亦云元亨也。　二當至慶也。　坤虛无君，故二當之五爲大人，二之五體离坎，故离爲見，坎爲恤。　二之五得正，坤爲用，故用見大人，勿恤。　有慶，陽稱慶也。　离南至行也。　离方伯，南方之卦，二之五體离，自二升五，故南征吉。　坎爲志，震爲行，故志行也。　荀氏之義，以爲此本升卦，巽當升坤上，故六四與衆陰退避。當升者，荀于需、泰二卦言：乾體上升坎，坤下降。尋升、需、泰三卦，唯需有乾升坎上之象，餘所不用也。

初六，⿰夲允升，大吉。**注**：⿰夲允，進也。初變之正，進應四，故⿰夲允升。二之五，初與四合志承五，故大吉。九二，孚乃利用禴，无咎。**注**：禴，夏祭也。孚，謂二之五成坎爲孚。离爲夏，故乃利用禴。二升五得位，故无咎也。九三，升虛邑。**注**：坤稱邑，五虛无君，利二上居之，故升虛邑，无所疑也。六四，王用亨于岐山，吉，无咎。**注**：王謂二升五也。巽爲岐，艮爲山，故王用亨于岐山。陽稱吉，四順承五，故吉无咎也。以人事明之，此王謂夏后氏也。岐山，冀州之望。亨者，二升五，受命告祭也。六五，貞吉，升階。**注**：二升五，故貞吉。坤爲階，陰爲陽作階，使升居五，故升階也。上六，冥升，利于不息之貞。**注**：坤性暗昧，今升在上，故曰冥升也。二升五，積小以成高大，故曰不息。陽道不息，陰之所利，故曰利于不息之貞。**疏**：⿰夲允進至大吉。說文曰：⿰夲允，進也。从夲。夲，進趣也。初失位，變之正，進與四應，故⿰夲允升。陽稱大、稱吉，二之五，初與四合志承五，故大吉。象曰：上合志也。禴夏至咎也。此虞義也。陽在二五稱孚，故孚謂二之五成坎爲孚，坎陽在二五也。离直夏，夏祭曰禴，故孚乃利用禴。二失位，宜有咎，升五得位，故无咎也。坤稱至疑也。此荀義也。坤土稱邑，陽實陰虛，故五虛无君，三利二陽，上居五位，故升虛邑，謂升坤邑也。升五得正，故象曰：无所疑也。王謂至无咎。乾爲王，二升五即乾五也，故云王謂二升五也。巽爲股，股下岐，故爲岐。二升五，下體成艮，故艮爲山。二受命告祭，四順承之，故吉无咎。象曰：順事也。荀氏之義以巽升坤上體觀亨祀，上巽爲岐，下艮爲山，故王用亨于岐山也。以人至祭也。孟喜易章句曰：易本乎氣而後以人事明之。文王爻辭皆據夏商之制，故云此王謂夏后氏也。必知爲夏后氏者，哀六年春秋傳：仲尼曰：夏書曰：惟彼陶唐，帥彼天常，有此冀方。服虔解誼云：堯居冀州，虞夏因之。皇甫謐帝王世紀曰：夏與堯舜同在河北冀州之城，不在河南也。故五子歌曰：惟彼陶唐，有此冀方。今失厥道，亂其紀綱，乃底滅亡。言禹至太康與唐虞，不易都城也。謐據僞尚書，以爲太康若杜預之義，滅亡謂夏桀。知夏后氏咸都冀州，與唐虞同也。禹貢曰：冀州既載。又云：壺口治梁及岐。爾雅釋山曰：梁山，晉望也。諸侯三望天子，四望梁山爲晉望。明梁山、岐山皆冀州之望。故僖三十一年公羊傳曰：天子有方望之事，無所不通。知冀州之望得有梁、岐，故云：岐山，冀州之望也。詩時邁序曰：巡守告祭，柴望也。鄭箋云：巡守告祭者，天子巡行邦國，至于方嶽之下，而封禪也。彼言封禪，此云受命者，王者受命亦有告祭山川之事，今二升五，故云受命告祭也。　二升至階也。　此虞、荀義也。二失正，升五得正，故貞吉。虞注上繫節初九曰：坤爲階。尋坤爲土，古者土階，故坤爲階也。階所以升者，五陰爲二陽作階，使升居五，故有升階之象也。　坤性至之貞。　上體坤，坤喪乙滅癸，故性暗昧。居上體而在升家，故冥升。此上荀義。案，中庸言「至誠無息」，而先言「積如天之昭昭，地之撮土，山之卷石，水之一勺，所謂積也」；繼之云「維天之命，於穆不已」。又云「於乎不顯，文王之德之純」，純亦不已。不已即不息。二升五，積小以成高大，有不息之義，升五得正，故云不息之貞。上比于五，五陽不息，陰之所利，故利于不息之貞也。

周易述卷七

周易下經

䷮坎宮四世卦，消息九月。

困。亨。**注**：否上之二，剛爲陰弇，故困。上之二，乾坤交，故亨。傳曰：困窮而通也。貞大人吉，无咎。**注**：大人謂五。在困无應，宜静則无咎，故貞大人吉，无咎。有言不信。**注**：乾爲信，震爲言，折入兑，故有言不信，尚口乃窮也。荀氏謂：陰從二升上，成兑爲有言，失中爲不信。**疏**：否上至通也。卦自否來，上九之二，二五之剛爲陰所弇，故困。否天地不變不能通氣，上之二，乾坤交，故亨。傳曰困窮而通者，繫下文。謂陽窮否上變之二成坎，坎爲通，故窮而通也。此兼虞義。若鄭氏之義，謂坎爲月，互體离，离爲日，兑爲暗昧，日所入。今上弇日月之明，猶君子處亂世，爲小人所不容，故謂之困。云兑爲暗昧，日所入者，案，古文尚書堯典曰：分命和叔，宅西，曰昧谷。鄭彼注云：西者，隴西之西。今人謂之兑山，兑西方卦，故云日所入。尋彖傳云：困，剛弇也。今鄭謂上體之兑弇下體之坎、离，以釋困字，違彖傳剛弇之義，故不用也。大人至无咎。此虞義也。乾五爲大人，故大人謂五。

五在困家，與二敵應，故无應。正居其所則吉，故云宜靜則无咎也。案，京房易積算曰：靜爲悔，發爲貞。故凡卦爻辭言貞者，皆謂變之正。今以貞大人爲宜靜則无咎者，師彖傳曰：貞，正也。九五處困之家，近无所據，遠无所應，以其體剛得中，宜正居五位則吉无咎。若師之貞丈人者，謂當升坤五爲貞，是已正而守正，與未正而當正皆謂之貞。荀氏之義亦與虞同。乾爲至窮也。此虞義也。震息成兑，故折入兑，兑爲毁折也。乾爲信，上之二，乾體壞，故有言不信。象曰：尚口乃窮也。荀氏至不信。荀氏據卦自否來，坤陰從二升上體兑。説卦曰：説言乎兑。故成兑爲有言。二五爲中，二之上失中爲不信，故有言不信。虞氏以震爲言，與荀異也。

初六，臀困于株木。**注**：臀謂四。乾爲老，巽爲木，故爲株木。初失位，應在四，四困于三，故臀困于株木。九家謂：三體爲木，澤中无水，兑金傷木，故枯爲株也。入于幽谷，三歲不覿。**注**：初動體兑，坎水半見，出于口，故爲谷。坎爲入，爲三歲，坎陽入陰，爲陰所弇，故入于幽谷，三歲不覿。九二，困于酒食，朱紱方來。**注**：坎爲酒食，二爲大夫，坤爲采地，上之二，坤爲坎，故爲酒食。初變坎體壞，故困于酒食。以喻采地薄，不足已用也。乾爲朱，坤爲紱，朱紱謂五，二變應五，故朱紱方來。利用享祀。征凶。无咎。**注**：二變體觀享祀，故利用享祀。二失位无應，故征凶。變之正，與五應，故无咎。象曰：中有慶也。荀氏謂：二升在廟，五親奉之，故利用享祀。六三，困于石，據于蒺藜。**注**：三承四，二變體艮爲石，故困于石。春秋傳曰：往不濟也。下乘二剛，二體坎爲蒺藜，非所據而據，故據于蒺藜。春秋傳曰：所恃傷也。入于其宫，不見其妻，凶。**注**：巽爲入，二動艮爲宫，兑爲妻，三上无應，离象毁壞，隱在坤中，死其將至，故不見其妻，凶也。九四，來徐徐，困于金車，吝有終。**注**：來，欲之初。徐徐，舒遲也。見險，故來徐徐。否坤爲車，之應歷險，故困于金車。各易得位，故吝有終矣。九五，劓刖，困于赤紱。**注**：劓刖當爲倪仉，不安也。赤紱謂二。否乾爲赤，二未變應五，故倪仉，困于赤紱。乃徐有説，利用祭祀。**注**：兑爲説，坤爲徐，二動應己，故乃徐有説。陸氏謂：二言享祀，此言祭祀，經互言耳。上六，困于葛藟，于倪仉。**注**：巽爲草莽，稱葛藟，謂三也。三不應上，故困于葛藟，于倪仉。曰動悔有悔，征吉。**注**：乘陽，故動悔；變而失正，故有悔。三已變正，己得應之，故征吉。

疏：臀謂至株也。臀謂四，九家據易例也。否乾爲老，巽爲木，木老故爲株也。初以陰居陽，故失位。初應在四，四困于三，故臀困于株木。亦九家義也。九家亦以三體巽爲木，上體兑爲金，兑金傷木，故枯爲株。義亦通也。初動至不覿。初動體兑，坎水半見，謂坎半象也。説文谷字下云：泉水出，通川爲谷，從水半見出於口。與坎半象同義。故亦取象于谷也。坎爲入、爲三歲，皆虞義也。上之二成坎，坎陽入陰，而弇于三，故入于幽谷，三歲不覿也。坎爲至方來。需九五需于酒食，謂坎也。故坎爲酒食。二爲大夫，爻例也。坤田爲采地，二之上，坤變爲坎，故爲酒食。古者分田制禄，采地禄所入，故乾鑿度曰：困于酒食者，困于禄也。鄭彼注云：因其禄薄，故无以爲酒食。云初變坎體壞，故困于酒食。以喻采地薄，不足己用也者。此兼用鄭義。鄭説本乾鑿度，唯釋酒食以初辰在未，未上值天厨酒食象。此據爻辰二十八宿所值而言，今不用也。乾爲大赤，故爲朱，坤爲紱，皆虞義也。九家説卦曰：坤爲帛，故爲紱。乾鑿度曰：天子、三公、九卿朱紱。故朱紱謂五。二五敵應，二變則與五相應，故朱紱方來，自外曰來也。二變至享祀。二變有觀象，觀享祀之卦，故利用享祀。二失位无應，故征行則凶。變之正，與五應，則五有慶，二受福，故无咎也。荀氏據卦自否來，六二升上，上爲宗廟，故二升在廟。五以上爲宗廟，故親奉之。若然，利用享祀謂五也。三承至傷也。陰當承陽，故三承四。石謂四，二變四體艮，艮爲石，三爲四所困，故困于石。云春秋傳曰往不濟也者，襄廿五年傳文。自内曰往，謂三往承四，爲四所困，故往不濟也。若然，臀困于株木，四爲三所困。今三又困于石者，陸氏所謂「六爻迭困」是也。蒺藜謂二。三下乘九二之剛，易例陰乘陽，陽據陰，今三乘剛而云據，失其義。故繫下云：非所據而據焉。陰當承陽，而反據之，必爲陽所傷，故春秋傳曰：所恃傷也。巽爲至凶也。此虞義也。坎巽皆有入象，初體坎，故爻辭入于幽谷，坎也。三體巽，故此象入于其宫，巽也。九家云：艮爲門闕，宫之象也。故二動艮爲宫，應在上，上體兑，兑少女爲艮妻，故兑爲妻。三上皆陰，故无應。二動，故离象毁壞。三又體坤，故隱在坤中。坤喪于乙爲既死霸，故死其將至也。來欲至終矣。此虞義也。應在初，故來欲之初，歷徐，舒同物同音，故云：徐徐，舒遲也。初體坎，坎爲險，見險故來徐徐也。兑爲金，否坤爲轝，故爲金轝。四之初，歷坎險，故困于金轝。昏禮諸侯親迎，乘金車。四與初有昏因之道，故以金轝爲喻。二爻失位，故吝。各易得正，故有終矣。劓刖至赤紱。劓刖當爲倪仉，從鄭讀也。荀、陸、王肅本皆作臲卼，云不安貌。倪與臲、仉與卼古今字。故云：倪仉，不安也。九五人君，不當有劓刖之象，故從鄭讀爲倪仉也。四爲諸侯，諸侯赤紱，而云赤紱謂二者，乾鑿度曰：其位在二，故以大夫言之。乾爲大赤，故爲赤。二未變應五，五无據无應，故倪仉不安。爲二所困，故困于赤紱也。兑爲至有説。此虞義也。五體兑，兑爲説，坤安舒泰，故爲徐。二動與五應，故乃徐有説，所謂貞大人也。陸氏至言耳。九五利用享祀，荀氏謂：二升在廟，五親奉之，則二之享祀，即五之祭祀。故陸績云：互言耳。巽爲至倪仉。此虞義也。巽剛爻爲木，柔爻爲草，故巽爲草莽。葛藟，延蔓之草，故巽爲草莽，稱葛藟。三體巽，故謂三也。三上皆陰，故三不應上。上爲三困，故困于葛藟于倪仉也。乘陽至征吉。此虞義也。二之上，乘五陽，故動悔。上變應三，則失正，故有悔。三變應上，則各得其正，故云三已變正，己得應之，謂往應三則吉，故征吉也。

䷯震宮五世卦，消息五月。

井。注：泰初之五，與噬嗑旁通。坎爲水，巽木爲桔槔，离爲瓶，兑爲泉口。桔槔引瓶下入泉口，汲水而出，井之象。改邑不改井。注：坤爲邑，乾初之五折坤，故改邑。初爲舊井，四應甃之，故不改井。无喪无得，往來井井。注：初之五，坤象毀壞，故无喪。五之初，失位无應，故无得。坎爲通，故往來井井。往謂之五，來謂之初。汔至，亦未繘井。注：汔，幾，謂二也。巽繩爲繘，幾至初而未及泉，故未繘井。累其瓶，凶。注：瓶謂初。初欲應五，爲二拘累，故凶。虞氏謂：累，鉤羅也。艮爲手，巽爲繘，离爲瓶，手繘折其中，故累其瓶。體兑毀缺，故凶矣。疏：泰初至之象。此虞、鄭義也。卦自泰來，初九升五，六五降初。所以取象於井者，以坎爲水，巽木爲桔槔。桔槔者，莊子所謂「鑿木爲機，後重前輕，挈水若抽數如泆湯，其名爲槔」是也。互體离兑，离外堅中虛，瓶也；兑爲暗澤，泉口也。云桔槔引瓶下入泉口，汲水而出者，是言取象於井之義，故云井之象也。坤爲至改井。此虞義也。泰坤爲邑，乾初之五折坤體，故改邑。初本乾也，乾爲舊，故初爲舊井。四井甃，故四應甃之。四來脩初，故不改井也。初之至之初。此虞義也。坤爲喪，故云初之五。坤象毀壞，故无喪。五以陰居，初與四敵應，故失位无應。无應，故无得也。初之五成坎，坎爲通，往來不窮謂之通，故往來井井。自内曰往，故往謂之五。自内曰來，故來謂之初也。汔幾至繘井。此虞義也。詩民勞曰：汔可小康。鄭箋云：汔，幾也。釋詁云：譏，汔也。孫炎注云：汔，近也。幾音期，訓爲近。鄭云：繘，綆也。方言曰：關西謂綆爲繘。郭璞注云：汲水索也。巽爲繩，故巽繩爲繘。五坎爲泉，初六井泥，本不及泉，二幾至初，亦未及泉，故未繘井。瓶謂至故凶。此荀義也。初二易位，初體离爲瓶，故瓶謂初。初二易位，故初欲應五。五井冽寒泉食，有引瓶汲水之象。今二不變，初爲二拘累，上不能應五，故累其瓶，凶也。虞氏至凶矣。虞氏本累作羸，云：羸，鉤羅也。噬嗑艮爲手，巽爲繘，艮折巽體，故手繘折其中，則鉤羅其瓶也。互體离兑，兑爲毁折，瓶缺漏，故凶，九二「雍潎漏」是也。

初六，井泥不食，舊井无禽。**注**：食，用也。四坎爲泥，巽爲木果，乾爲舊，在下无應，故井泥不食，舊井无禽。

九二，井谷射鮒，雍潎漏。**注**：兑爲谷，巽爲鮒。鮒，蝦蟇也。离爲雍，雍瓶毁缺，羸其瓶，凶，故雍潎漏也。

九三，井渫不食，爲我心惻。**注**：乾爲清，三得正，故井渫。二累其瓶，故不食。坤爲我，坎心爲惻，故爲我心惻。可用汲，王明並受其福。**注**：乾爲王，爲福，离爲明，初二易位，成既濟定，五來汲三，故王明並受其福。六四，井甃，无咎。**注**：以瓦甓壘井稱甃。坤爲土，初之五成离，离火燒土爲瓦，故井甃。初已正，四爲脩之，故无咎。九五，井冽寒泉，食。**注**：冽，水清也。五坎爲泉，五月陰氣在下，乾爲寒，故曰寒泉。通噬嗑食，故冽寒泉，食矣。上六，井收勿幕。有孚元吉。**注**：幕，蓋也。收，謂以鹿盧收繘也。坎爲車，應巽繩爲繘，故井收勿幕，有孚謂五。坎初、二已變，五正應二，故有孚元吉。**疏**：食用至无禽。井爲人用，故云：食，用也。坎折坤體，虞氏坤土得水爲泥，故需九三需于泥，震九四震遂泥，皆謂坎初，應在四，故四坎爲泥。古者井樹木果，故孟子：井上有李，禽來食之。故云巽爲木果。初不應四，故不食。初本乾也，故乾爲舊。在下无應，四不汲初，故舊井无禽。井壞不治，故无木果樹于側，亦无禽鳥來也。若四來脩初，旁植樹果，禽鳥來食矣。此兼虞義。尋井與噬嗑旁通，噬嗑，食也，故初、三、五皆言食。初、二不變，故初、三皆云不食。初、二易位，王明受福，故五冽寒泉，食矣。兑爲至漏也。此子夏、虞氏義也。兑有坎半象，故爲谷。巽蟲爲鮒。鮒，蝦蟇。子夏義。井五月卦，故有蝦蟇。鄭云：雍，停水器也。說文曰：汲瓶也。二不變應五，故雍瓶毁缺，卦辭所謂累其瓶是也。水下注不汲，故雍潎漏也。鄭氏之義，以鮒爲小鮮，云：九三艮爻也，艮爲山，山下有井，必因谷水，水所生无大魚，但多鮒魚耳。夫感動天地，此魚之至大；射鮒井谷，此魚之至小。故以相況。鄭據六日七分，謂中孚十一月卦，卦辭豚魚吉。巽爲魚，巽以風動天，故云感動天地，此魚之至大。井五月卦，九二失位，不與五應，故射鮒井谷，言微陰尚未應卦，不能動天地，故云此魚之至小也。　乾爲至心惻。　乾爲天，天清明无形，故爲清。三五得正，故三稱井渫，五稱井洌。三井雖渫，二不變應五，而累其瓶，故不食。惻，傷悼也。張璠謂：惻然傷道未行也。　乾爲至其福。　此虞、荀義也。五乾爲王，爲福德，离嚮明，故爲明。可用汲，謂五可用汲三也。初二失位，各易得正，成既濟定，則五來汲三，故王明並受其福，謂諸爻受五福也。　以瓦至无咎。　此虞義也。馬融云：甃爲瓦裏下達上，是以瓦甓壘井也。甃以瓦甓，故云离火燒土爲瓦。　初舊井无禽，變之正，與四應，四來修初，故无咎也。　洌水至食矣。　説文曰：洌，水清也。五體坎，故坎爲泉。初井泥，二井谷，三渫井，四修井，至五而後水清可食。井五月卦，故五月陰氣在下。參同契曰：遘始紀序，履霜最先，井底寒泉，五乾爲寒。故曰寒泉。井與噬嗑旁通，噬嗑，食也，故洌寒泉食矣。此兼虞義。虞唯以初二變，體噬嗑食，故洌寒泉。此取震半象，不取旁通，今不用也。　幕蓋至元吉。　此虞義也。幕以覆井，故云蓋也。馬融云：收，汲也。鹿盧，圓轉木，所以汲水。以鹿盧收繘而汲水，故云收也。取象坎車，故坎爲車。五應在二，故應巽繩爲繘。鹿盧收繘，泉自下出，故井收勿幕。陽在二五稱孚，故有孚謂五。坎初二已變成既濟，二五相孚，故有孚元吉。　象曰：大成也。

䷰ 坎宫四世卦，消息三月。

革。**注：**遯上之初，與蒙旁通。革，改也。水火相息，而更用事，故謂之革。巳日乃孚，元亨利貞。悔亡。

注：二體离，离象就巳爲巳日。孚謂五，三以言就五。乃者，難也。故巳日乃孚。悔亡，謂四也。四失正，動得位，故悔亡。已成既濟，乾道變化，各正性命，保合大和，乃利貞，故元亨利貞，悔亡矣。與乾彖同義。**疏**：遯上至之革。此虞、鄭義也。卦自遯來，遯上九來之初，旁通蒙也。九四有孚改命吉。此卦以四變改命爲吉，故云：革，改也。息，長也。謂水火相長，而更用事也。此卦之取義有四焉：水火相息，四時更代，彖辭天地革而四時成，象辭治歷明時，一也。王者受命，改正朔，易服色，亦謂之革，彖辭湯武革命，二也。鴻範曰：從革作辛。馬融彼注云：金之性從火而更，可銷鑠也。兑金离火，兑從离而革，三也。鳥獸之毛，四時更易，故說文解革字義云：獸皮治去其毛。初鞏用黄牛之革，五上虎變、豹變，四也。卦象兼此四義，故云革也。二體至同義。此虞義也。二體离爲日，晦夕朔旦，坎象就戊；日中則离，离象就巳，故爲巳日。陽在二五稱孚，故孚謂五。三革言三就有孚，故以言就五，二正應五，三孚于五，故巳日乃孚。六爻唯四當革。初鞏用黄牛之革，象曰：不可以有爲也。二巳日乃革之。乃者，難也。宣八年公羊傳文。難者，重難，言尚未可以革也。三以言就五，人事應而天命未必，必至四而後改命吉，成既濟定也。乾道變化，乾坤，元也；變化，亨也。各正性命，貞也；保合大和，利也。四革之正，故元亨利貞，悔亡矣。乾文言曰：乾道乃革。謂四體革，乾元用九，故云同義也。

初九，鞏用黄牛之革。**注**：鞏，固也。蒙坤爲黄牛，艮皮爲革，得位无應，未可以動，故鞏用黄牛之革。六二，巳日乃革之，征吉。无咎。**注**：二體离爲巳，故巳日乃革之。四動二應五，故征吉，无咎。九三，征凶。貞厲。**注**：應在上而隔於四，故征凶。動而失正，故貞厲。革言三就。有孚。**注**：蒙震爲言，歷三爻，故革言三就。五坎爲孚，故有孚。九四，悔亡。有孚改命吉。**注**：革而當，其悔乃亡。巽爲命，四動五坎改巽，故改命吉。九五，大人虎變，未占有孚。注：乾爲大人，謂五也。蒙坤爲虎變，四已之正，故未占有孚。陸氏謂：兑爲虎。上六，君子豹變。注：陰得位爲君子，蒙艮爲豹，從乾而更，故君子豹變。陸氏謂：兑之陽爻稱虎，陰爻稱豹。小人革面，征凶，居貞吉。注：面謂上。遯初爲小人，之上得正，順以從五，故革面。應在三，四未變，故征凶。上得位，故居貞吉。蒙艮爲居也。疏：鞏固至之革。鞏，固。釋詁文。坤爲黄，又爲子母牛，故爲黄牛。艮爲膚，故艮皮爲革。九居初得位，與四敵應，故无應。六爻唯四當革，所謂革而當，其悔乃亡。四不變，故初未可以動，守之宜固，故鞏用黄牛之革也。此兼虞、干義。二體至无咎。二體离，离象就巳，故离爲巳。乃者，難也。故巳日乃革之。四革之正，二正應五，故征吉，无咎。象曰：巳日革之，行有嘉也。明四已正，二得往應五也。應在至貞厲。三正應上，爲四所隔，四在离爲惡人，故征凶。三逼于四，動而失正，故貞厲也。蒙震至有孚。革道成于四，自初至三歷三爻，故革言三就，謂就五也。陽在二五稱孚，五坎爲孚，故有孚。尋六二巳日乃革之，二正應五，五爲天，順乎天也。九三革言三就，三于三才爲人道，應乎人也。二天應至而人事未盡，三人事至而天命未改，故象曰：革言三就，又何之矣。言尚未可以革也。革而至命吉。此虞義也。彖傳革而當，其悔乃亡，謂四也。有孚謂五。四體巽，四動成坎，巽體壞，故五坎改巽。巽爲命，故改命吉。乾爲至爲虎。乾二五稱大人，五爲大人，二升坤五，亦爲大人，故乾爲大人謂五也。坤爲虎刑，故蒙坤爲虎變。變謂毛希，革而易新。四動改命，其命維新。故五虎變也。五本坎也，四動坎爲孚，故未占有孚。此兼虞義。陸績以兑西方爲白虎，五體兑，故虎變，與虞異也。陰得至稱豹。乾鑿度曰：一聖，二庸，三君子，四庸，五聖，六庸，七小人，八君子，九小人，十君子，十一小人，十二君子。鄭彼注云：陽得正爲聖人，失正爲庸人；陰失正爲小人，得正爲君子。若然，一聖，復也。得正，故曰聖人。乾鑿度云「正陽在下爲聖人」是也。二庸，臨也。失正，故曰庸人。三君子，泰也。當云聖人而稱君子者，三正而不中，故稱君子。泰君子道長，謂三也。四庸，大壯也。失正，故曰庸人。五聖，夬也。得正，故曰聖人。六庸，乾也。失正，故曰庸人也。七小人，遯也。失正，曰小人。八君子，遂也。得正，故曰君子。九小人，否也。失正，故曰小人。否小人道長，謂三也。十君子，觀也。得正，故曰君子。十一小人，剥也。失正，故曰小人。十二君子，坤也。得正，故曰君子。革上六陰得正，故爲君子。蒙艮爲豹，從乾而更，故君子豹變。此虞義也。艮爲黔喙之屬，故爲豹。蒙體艮，革互乾，故從乾而更，豹變之象。陸績以虎豹皆爲兑，陽大稱虎，陰小稱豹，云豹虎類而小者也。五陽爻故爲虎，上陰爻故爲豹。君子小於大人，故五稱虎，上稱豹也。面謂至居也。面爲上，易例也。卦自遯來，遯初失正，故爲小人。初之上得正，陰順於陽，故順以從五。遯上變，故革面也。上應在三，三爻辭征凶，謂四未變也。六以陰居上，故居貞吉。若然，三得正而貞厲者，近於四而不相得也。上得正而吉者，四已之正，革道至上而成，故稱吉也。

☲☴ 离宫二世卦，消息内卦五月，外卦六月。

缺。

周易述卷八

全卷闕。

周易述卷九

彖上傳

大哉乾「元」，萬物資始，乃統天。**注：**陽稱大。資，取。統，始也。大衍之數五十，其用四十有九，其一，元也。故六十四卦萬一千五百二十筴，皆取始于乾元。乾爲天，天地之始，故乃統天。一說：統，本也。筴受始于乾，猶萬物之生本乎天。雲行雨施，品物流形。**注：**乾二五之坤成坎，上坎爲雲，下坎爲雨，故雲行雨施。乾以雲雨流坤之形，萬物化成，故品物流形。大明終始，**注：**乾爲大明，坤二五之乾成离，离爲日，坎爲月，日月之道，陰陽之經，所以終始萬物，故曰大明終始。六位時成，**注：**九六之變，登降於六體，乾息坤消，以時而成。時乘六龍以御天。**注：**乾六爻稱六龍。時乘者，六龍乘時也。御，進也。言六龍皆當進居天位，升降以時，不失其正。乾道變化，各正性命。保合大和，乃「利貞」。注：乾爲性，巽爲命，乾變坤化，成既濟定，剛柔位當，故各正性命。陰陽合德，故保合大和，是利貞大義矣，故曰乃利貞。首出庶物，萬國咸寧。注：乾爲首，震爲出，坤爲萬國。帝出乎震，萬物亦出乎震，故首出庶物。震，元也。謂乾元用九，而天下治，故萬國咸寧。疏：陽稱至乎天。陽大陰小，故泰否二卦稱大小往來。資，取。鄭義也。小爾雅曰：資，取也。孝經曰：資於事父以事君。孟子曰：居之安則資之深。資皆訓爲取。隱元年公羊傳曰：何言乎王正月？大一統也。何休注云：統者，始也。元亦始也。王者所以通三統，故云：統，始也。大衍之數五十，謂日十、辰十二、星二十八，三辰之數凡五十也。三辰合于三統，三統會于一元，故三統歷曰：太極元氣，函三爲一。一即天地人之始，所謂元也。乾鑿度曰：易始于一，謂太極也。分于二，謂兩儀也。通于三，謂三才也。故三才之道，兼之爲六畫，衍之爲大衍，合之爲太極。太極函三爲一，故一不用，其用四十有九也。六十四卦萬一千五百二十筴，皆取始于乾元，荀義也。二篇六十四卦萬一千五百二十筴，當萬物之數。彖傳所稱萬物，即二篇之筴也。說文曰：道立于一，化生萬物。故萬一千五百二十筴，皆取始于乾元。吕氏春秋曰：凡彼萬形，得一後成。董子以元爲萬物之本，又以天地人爲萬物之本，亦此義也。何休注公羊曰：元者，天地之始，故乾坤皆言元。春秋正月、二月、三月，三代稱元，是統天之義。一説已下，鄭、荀義也。荀子君道篇曰：四統者俱，而天下歸之；四統者亡，而天下去之。又議兵篇曰：未有本統。統皆訓爲本。郊特牲曰：萬物本乎天。故筴受始于乾，猶萬物之生本乎天也。乾二至流形。此虞義也。乾二五之坤成兩坎，坎在上爲雲，雲雷屯是也；在下爲雨，雷雨解是也。説文曰：品，衆庶也。坤爲形，乾流坤形，萬物成形，皆出于坤，故品物流形也。乾爲至終始。乾爲大明，虞義也。离麗乾，离爲明，陽稱大，故爲大明。上云乾二五之坤成坎，此云坤二五之乾成离，則有日月象。离爲日已下，乾鑿度文。彼謂上經，始乾、坤，終坎、离。乾始坎而終于离，坤始离而終于坎。故曰：日月之道，陰陽之經，所以終始萬物。日月謂坎、离，坎、离爲經，故曰陰陽之經也。九六至而成。九六之變，登降于六體，三統歷文。六位，六爻之位，又謂之六體。九六，爻也。乾坤十二爻登降于六體。乾息于子成于巳，坤消于午成于亥，故云以時而成也。乾六至其正。經曰：見羣龍。鄭氏注云：六爻皆體乾，羣龍之象。故知六龍爲乾六爻。尚書大傳：龍屬王極。王，君也。乾亦君也。說卦曰：乾以君之。又曰：乾爲君。故九家曰：乾者，君卦也。六爻皆當爲君，是乾六爻有君象，皆當進居天位，故曰時乘六龍以御天。六龍是君，非君所乘，故以時乘爲六龍乘時，合于見羣龍之義也。許慎五經異義曰：易孟京說天子駕六，易時乘六龍以馭天。謹案，王度記云：天子駕六。與易同。鄭氏駮云：玄之聞也，易經時乘六龍者，謂陰陽六爻上下耳，豈故爲禮制。王度記云今天子駕六者，自是漢制，與古異。漢世天子駕六，非常法。是鄭以時乘六龍爲六爻乘時上下，非乘六龍也。班固幽通賦曰：登孔顥而上下兮，緯羣龍之所經。孔爲匹夫，隱在乾初，故下；顥爲天子，系乾九五，故上。是羣龍上下之事也。蔡邕獨斷曰：御，進也。升降，謂乾升坤降也。乾升曰御天，坤降曰承天。升降以時，不失其正，所以釋乘時之義。乾爲至利貞。性命于天，故乾爲性。重巽以申命，故巽爲命。巽者坤初，乾伏于下，命稟于生初，故巽爲命也。一陰一陽之謂道，言乾道者兼坤也。虞注上繫云：在天爲變，在地爲化，故乾言變，坤言化。乾變坤化，成既濟定，六爻皆正，故剛柔位當，是各正性命。六爻皆合，故陰陽合德，是保合大和，和即利也，乾不言利，故謂之大和。皆釋利貞之義，故曰乃利貞者也。乾爲至咸寧。虞注比象曰：坤爲萬國。坤爲地，地有九州，故曰萬國。乾初九，震也。震爲帝，故帝出乎震。初九乾元，萬物資始，故萬物亦出乎震。晉語曰：震，雷長也。故曰元。是震爲元，帝出乎震，即乾元也。乾元用九而天下治，是萬國咸寧之象也。

至哉坤「元」，萬物資生，乃順承天。 **注**：坤爲地，至從一，一亦地也，故曰至哉。乾坤相並俱生，合于一元，故萬一千五百二十筴皆受始于乾，由坤而生也。天地既分，陽升陰降，坤爲順，故順承天。坤厚載物，德合无疆。注：坤爲大轝，故爲載。疆，竟也。乾爲德，坤爲无疆，坤順承天，乾德合坤，故德合无疆。含弘光大，品物咸亨。注：弘，含容之大也。光大，謂乾坤含光大。凝乾之元，終於坤亥，出乾初子，天地交萬物通，故品物咸亨。「牝馬」地類，行地无疆。注：地用莫如馬，故曰地類。順而健，故曰行地无疆。柔順「利貞」，君子攸行。注：謂坤爻本在柔順陰位，利正之乾，則陽爻來據之，故曰君子攸行。「先迷」失道，「後」順「得」常。「西南得朋」，乃與類行。「東北喪朋」，乃終有慶，注：乾爲道，坤爲常，未西南，陰類，故乃與類行。喪朋從陽，故乃終有慶，陽稱慶也。虞氏謂：陽得其類，月朔至望從震至乾，與時偕行，故乃與類行。陽喪滅坤，坤終復生，謂月三日震象出庚，故乃終有慶。安貞之吉，應地无疆。注：坤道至静，安于承天之正。陽出初震，震爲應，故應地无疆。疏：坤爲至承天。地稱一者，亦謂天地皆始于一。說文曰：至，從高下至地，從一，一猶地也。故乾稱大，坤稱至。乾坤相並俱生，乾鑿度文。易有太極，極即一也。是生兩儀，兩儀，天地也。故云相並俱生。何休公羊注云：元者，氣也，天地之始也。故云合于一元。素問曰：天氣始于甲，地氣始于子。甲子初九爲乾之元，即坤之元也。三統曆曰：陰陽合德，氣鍾于子，化生萬物，故萬一千五百二十筴皆受始于乾，由坤而生也。天地既分而下，亦約乾鑿度而爲言。彼文云：太極分而爲二，故生天地。輕清者上爲天，濁重者下爲地。是天地既分之初，即具升降之理，坤之所以順承天也。坤爲至无疆。坤爲大轝，說卦文。轝所以載物，坤主載，故取義于此。疆，竟。小爾雅文。昭元年公羊傳曰：疆運田者何？與莒爲竟也。何休注亦云：疆，竟也。坤爲无疆，虞義也。上云乃順承天，坤承乾而乾與之合德，故德合无疆也。弘含至咸亨。此虞、荀義也。釋詁曰：弘，大也。

弘有容儀，又有廣義，故曰含容之大也。凝乾之元，終于坤亥，皆謂坤含乾也。出乾初子，始交于坤，化生萬物，萬物棣通，故品物咸亨。　地用至无疆。　地用莫如馬，漢書食貨志文。馬，行于地者，故曰地類。坤爲牝，乾爲馬，牝馬順而健，乾坤合德之象，故行地無疆。　謂坤至攸行。　此九家義也。虞注下繫云：乾六爻二、四、上非正，坤六爻初、三、五非正，故言坤爻本當在柔順陰位，利居乾之二、四、上則得正，故曰利正之乾。乾來居坤初、三、五之位，則六爻皆正矣。君子謂陽爻，乾來據坤，故君子有攸往也。　乾爲至有慶。　乾爲道，虞義也。坤爲常，荀義也。坤消乾毁，故先迷失道。後順于主，合于常道，故後順得常。未本坤之正位，故曰陰類。郊特牲曰：天地合而後萬物興焉。衝丑承乾，以合于子，則十二爻皆和會，歷家以之合辰，樂家以之合聲，中和之道行，化育之功茂，故乃終有慶。陽稱慶，亦虞義。喪朋從陽，故稱慶也。虞氏以下據納甲爲言。陽得其類，謂一陽以至三陽成也。月朔至望，乾體已就，終日乾乾，與時偕行，故乃與類行。陽喪滅坤，謂乙癸也。坤終復生，五六三十，終竟復始，三日而震象出庚，乾之餘慶，故乃終有慶也。　坤道至无疆。　坤靜，故安。又坤道以承天爲正，故安于承天之正。陽出初震，震同聲相應，故爲應。坤爲地，初爻交坤，故應地无疆也。

屯，剛柔始交而難生。動乎險中，大「亨貞」。雷雨之動滿形。注：乾剛坤柔，乾二五之坤，是剛柔始交也。成坎險，故難生。九二降初，動乎險中，三之正，故大亨貞。屯者，盈也，故稱滿。坤爲形，雷動雨施，品物流形，故滿形。俗訛爲盈。**天造草昧。宜「建侯」而不寧。**注：造，造生也。草，草創物也。乾始交坤，坤冥爲昧，故天造草昧。震位承乾，建侯扶屯，三反正，成既濟定，故曰不寧，言寧也。疏：乾剛至爲盈。　乾剛坤柔，雜卦文。乾二五之坤，是乾始交坤，故云剛柔始交也。成兩坎，天險地險，故云坎險。坎者，陷也。陽陷陰中，故云難生。春秋説題辭曰：易者，氣之節，上經象天，下經計歷，文言立符象出期節，彖言變化，繫設類跡。彖言變化，故彖傳皆言之卦。下放此。卦自坎九二降初，坎險震動，故動乎險中。中謂二也。三變之正，成既濟，故大亨貞。屯者，盈也。序卦文。盈天地之間者唯萬物，故云盈也。坤爲形已下，虞義也。俗訛爲盈。盈、滿同義，滿下不合疊盈字，今從虞氏本改爲形也。　造造至寧也。　此荀、虞義也。屯者，物之始生，故云：造，造生也。陽造陰化，王砅玄珠密語曰「陽爲造生，陰爲化源」是也。序卦曰：屯，物之始生。乾始交坤，故云草創物。坤納乙癸，月三十日晦。釋言曰：晦，冥也。晦、冥同義，故云坤冥爲昧。昧亦冥也。震長子繼世，故承乾。得正得民，是建侯扶屯之事。三已正，六爻得位，萬國咸寧，故曰不寧。不寧爲寧，猶言不顯爲顯，此古訓也。

蒙，山下有險，險而止，蒙。蒙「亨」，以亨行時中也。**注**：險坎止艮，卦自艮來，三之二爲剛中，變之正爲柔中，故以亨行時中。中庸曰：「君子而時中。」「匪我求童蒙，童蒙求我」，志應也。五變上動體坎，坎爲志，故曰志應。應，謂五應二。「初筮告」，以剛中也。「再三瀆，瀆則不告」，瀆蒙也。**注**：二以剛居中，故告。變之正，除師禮，故不告。蒙以養正，聖功也。**注**：體頤，故養。二志應五，五之正，反蒙爲聖，故曰聖功。五多功也。**疏**：險坎至時中。說卦曰：坎，險也。艮，止也。注云險坎止艮，先言險而後言止者，易氣從下生也。彖傳例皆然。下放此。時者，變動不居之義。二有師道，剛中謂九居二也。又有婦道，變之正，故曰柔中也。二剛則五柔，二柔則五剛，二五應，剛柔接，故以亨行時中也。引中庸者，言執中有權也。　五變至應二。　坎爲志，虞義也。二體坎，五變上動亦體坎，坎爲志，故云志應。嫌二求五，故云五應二。　二以至不告。　二剛中有師道，故告。變之正，與陰同類，當除師學之禮，故不告也。尚書大傳曰：散宜生、閎夭、南宮适三子者，相與學訟于太公。太公見三子，知三子之爲賢人，遂酌酒切脯，除師學之禮，約爲朋友。是除師禮之事也。　體頤至功也。

此釋利貞也。二至上有頤象，頤者，養也。序卦曰：頤，養正也。虞彼注云：謂養三五。五之正爲功，三出坎爲聖，故由頤養正。虞謂：與蒙養正聖功同義也。洪範：休徵曰聖，時風若。咎徵曰蒙，恒風若。是蒙與聖反也。乾鑿度：九五爲聖人，陰反爲陽，猶蒙反爲聖，故曰聖功。吕氏春秋曰「學者師達而有材，吾未知其不爲聖人」是也。五多功，下繫文。不言二之正者，二養正也。

需，須也。險在前也。剛健而不陷，其義不困窮矣。**注**：險在前，故不進。剛健，乾也。坎爲陷，乾知險，需時而升，故不陷。陽陷爲困。「需，有孚光，亨貞吉」，位乎天位，以正中也。「利涉大川」，往有功也。**注**：五多功，故往有功。**疏**：險在至不進。雜卦曰：需，不進也。虞注云：險在前也，故不進。剛健至爲困。大哉乾元〔一〕，剛健中正，内體乾，故知剛健爲乾。說卦：坎，陷也。故知坎爲陷。繫下云：乾，天下之至健也，德行恒易以知險。險在前，需時而升，故不困窮也。太玄耎準需也，其詞曰「陽氣能剛能柔，能作能休，見難而縮」是也。五多至有功。五多功，下繫文。二往居五，故往有功。

訟，上剛下險，險而健，訟。**注**：險而健，謂二四。「訟，有孚，窒惕，中吉」，剛來而得中也。**注**：三之二。「終凶」，訟不可成也。**注**：失位不變，故訟成。「利見大人」，尚中正也。**注**：中正謂五。「不利涉大川」，入于淵也。**注**：坎在下爲淵。**疏**：險而至二四。所以致訟，二四也。二體坎，故險。四體乾，故健。三之二。卦自遯三之二，在内曰來。失位至訟成。訟成，謂獄訟成也。九家曰：

〔一〕「元」，皇清經解本作「乎」。

初、二、三、四皆不正，以不正，故訟。初變不永所事，二變无眚，三變食舊德，四變安貞吉，以訟不可成，利變之正，不變則終凶也。　中正謂五。　五象傳曰：訟元吉，以中正也。故知中正謂五。　坎在下爲淵。　此荀義也。

師，衆也。「貞」，正也。能以衆正，可以王矣。**注**：坤，衆也。坎亦爲衆。故云：師，衆也。二失位，變之五爲比，故能以衆正，可以王矣。剛中而應，行險而順。以此毒天下，而民從之，「吉」又何「咎」矣。**注**：謂二也。坎爲毒。毒，治也。用師以毒天下，羣陰順從，吉又何咎也。**疏**：坤衆至王矣。　坤，衆也。説卦文。晉語曰：坎，水也，衆也。故知坎亦爲衆也。二失位已下，虞義也。彖曰：貞丈人。二中而不正，故失位。上之五體比，得正得中，征之爲言正也。以師正天下，故云：能以衆正，可以王矣。　據卦變。　蜀才注曰：此本剥卦，上九降二，六二升上，是剛中而應，行險而順也。　謂二至咎也。　長子帥師，故毒天下，謂二。坎爲毒，虞義也。毒，治。馬義也。凡藥之攻疾者，謂之毒藥，周禮「醫師聚毒藥」是也。用師旅以除暴，猶用藥石以除疾，故吕氏春秋論兵曰：若用藥者，得良藥則活人，得惡藥則殺人。義兵之爲天下，良藥也，亦大矣。是毒天下爲治疾之義也。上云：能以衆正，可以王矣。王者，天下所歸往。二以長子帥師，五陰順從，故毒天下而民從之，吉又何咎矣。

比，「吉」也。比，輔也，下順從也。**注**：下謂五陰。「原筮元永貞无咎」，以剛中也。**注**：剛中謂師二。「不寧方來」，上下應也。**注**：上謂三、四、五，下謂初。「後夫凶」，其道窮也。**注**：上爲窮。**疏**：下謂五陰。　卦有五陰，一在上，四在下，而皆謂之下者，師上體坤，繫上曰：天尊地卑，乾坤定矣。是則天尊爲上，地卑爲下。故翼奉封事曰：上方之情樂也，下方之情哀也。孟康注「謂陽爲上，陰爲下」是也。此總卦義，故謂五陰爲下。下傳分言之，則有上下後夫之殊也。剛中謂師二。蜀才注云：此本師卦，六五降二，九二升五。案，九二剛中而不正，故原筮元永貞，乃得无咎也。上謂至謂初。據二升五，時三、四、五在上，初在下，二正五位，故上下應也。上爲窮。虞氏云：迷失道，故其道窮。

小畜，柔得位而上下應之，曰小畜。**注**：柔謂四。四爲卦主，少者爲多之所宗，故上下應之。健而巽，剛中而志行，乃「亨」。**注**：剛中謂五。坎爲志。乃者，難也。「密雲不雨」，尚往也。「自我西郊」，施未行也。**注**：尚往謂初二。不雨，故施未行。**疏**：柔謂至應之。卦惟一陰，故爲卦主。京氏謂「成卦之主」是也。少者爲多之所宗，京房易傳文。宗，主也。一陰五陽，陰少陽多，故陰爲陽主。王氏謂「體無二陰，以分其應，故上下應之」是也。尋初二尚往而言上下應之者，畜道至上而成，五陽終爲陰畜，卦所以名小畜也。剛中至難也。一陰劣，不能固陽，九五剛中，四與合志，同力畜乾，至上而成，其志得行，乃始亨也。坎爲志，虞義也。上變體坎，故坎爲志。乃者難也者，宣八年公羊傳曰：乃者何？難也。難猶重難，言非剛中而志行，不能亨也。尚往至未行。卦自需來。需者，乾升坎降，今上變爲巽，則一陰爲主，而衆陽同應之，故能以小畜大。然初二體乾，初復自道，二牽復，故有尚往之象。雲行雨施，今不雨，故施未行也。

履，柔履剛也。**注**：柔謂三，剛謂二。兑彖傳曰：剛中而柔外。説而應乎乾，是以「履虎尾，不咥人，亨」。**注**：乾履兑，兑説應之，故不咥人。剛中正，履帝位而不疚，光明也。**注**：剛中正謂五。五帝位，离爲光明，以乾履兑，五剛中正，故履帝位而不疚，光明也。**疏**：柔謂至柔外。虞氏據旁通，坤柔乾剛，嫌坤籍乾，故柔履剛。且云：兑爲剛鹵非柔，以柔爲兑三者非是。尋兑之二陽爲剛，非指三也。兑彖傳明言剛中柔外，則柔履剛，爲兑三之柔、履二之剛，明矣。虞氏非也。乾履至咥人。義具履卦。剛中至明也。此一節釋利貞之義。二五皆剛中而稱剛中正，故知謂五。以陽居五，故履帝位。以上虞義也。三體离，离爲日，故云光明。以乾履兑，兑爲虎，五在乾體，履危之象，故云疚。以其剛中得正，故履帝位而不疚，光明也。

「泰，小往大來，吉，亨。」則是天地交而萬物通也。**注**：乾二之坤五，坤五降乾二，是天地交；雲行雨施，品物咸亨，故萬物通。上下交而其志同也。**注**：二上交，五下交，坎爲志，否巽爲同，故上下交而其志同。

内陽而外陰，内健而外順，**注**：乾陽息内，坤陰消外，故内陽而外陰。乾健居正，坤順承天，故内健而外順。

内君子而外小人。**注**：君子謂三，小人謂五。君子道長，小人道消也。**注**：陽息至三，故君子道長。至五成夬，故小人道消。**疏**：乾二至物通。卦乾下坤上，乾天坤地，乾二之坤五，坤五降乾二，成坎、离，天地以离、坎交陰陽，故天地交。乾升曰雲行，坤降曰雨施，雲雨澤物，品物咸亨，故萬物通，謂已成既濟也。月令孟春曰：天氣下降，地氣上騰。亦説天地交事。彼據二五易位之後而言，義並通也。俗儒謂三陽在下爲下降，三陰在上爲上騰，非也。二上至志同。上下交有二義：二升五爲上交，五降二爲下交，此一義；二升五，五降二，二五相應，亦是上下交，此又一義。二義並通，以後義爲正解也。坎爲志，否巽爲同，皆虞義。二五易位體坎，故其志同。

乾陽至外順。九家易曰：陽稱息者，長也。起復成巽，萬物盛長也。陰言消者，起姤終乾，萬物成熟。成熟則給用，給用則分散，故陰用特言消也。乾陽息内，故内陽；坤陰消外，故外陰。九二升五，是乾健居正；六五降二，是坤順承天。二在内，故内健；五在外，故外順。君子至謂五。乾鑿度以泰三爲君子，謂陽得位也；剥五爲小人，以陰失位也。泰五失位，與剥五同，故亦爲小人。陽息至道消。陽息至三，故君子道長；至五成夬，故小人道消。

雜卦曰：夬，决也，剛决柔也。君子道長，小人道消。義並同也。

「否之匪人，不利君子貞，大往小來。」則是天地不交，而萬物不通也；**注**：乾上升，坤下降，故天地不交。獨陰不生，獨陽不生，故萬物不通也。上下不交，而天下无邦也。**注**：三苞羞，五休否，故上下不交。坤爲邦，坤反君道，故无邦。內陰而外陽，內柔而外剛，**注**：立地之道曰柔與剛，坤成乾毁，故變健順言柔剛矣。內小人而外君子。小人道長，君子道消也。**注**：小人謂三，君子謂五。**疏**：乾上至通也。宋衷象傳注曰：天氣上升不下降，地氣沈下不上升，二氣特隔，故云否。是天地不交之義也。月令曰：天氣上騰，地氣下降，天地不通。亦此義耳。月令舉于孟冬者，終言之耳。獨陽不生，獨陰不生，莊二年穀梁傳文。乾鑿度曰：天地不變，不能通氣。鄭彼注云：否卦是也。天地之氣合則能生物，不變則不能生物，故萬物不通也。三苞至无邦。否成於三，故三苞羞，爲下不上交；五休否，爲上不下交，是上下不交也。坤爲邦，虞義也。坤反君道，以其國君凶，故无邦也。立地至剛矣。立地之道曰柔與剛，説卦文。泰彖傳曰：內健而外順。順者，順乎乾。今坤消乾，坤成則乾毁，柔剛屬坤，故變健順言柔剛矣。小人至謂五。乾鑿度以否三爲小人，夬五爲聖人，故小人謂三，君子謂五。對小人且承泰傳而言，故不言大人也。陰消至三，故小人道長；至五成剥，故君子道消也。否、泰反其類，故君子小人互爲消長。荀子曰「君子小人之反」是也。

同人，柔得位得中，而應乎乾，曰同人。**注**：五之二，得位得中，而與乾應，故曰同人。同人曰：「同人于野，亨，利涉大川。」乾行也。**注**：四上變乾爲坎，故曰乾行。文明以健，中正而應，「君子」正也。**注**：謂二五。唯君子爲能通天下之志。**注**：唯，獨也。四變成坎，坎爲通、爲志，故能通天下之志。**疏**：五之至同人。坤六五失位，降居乾二，是柔得位得中而應乎乾，故曰同人。乾爲人，二與五應，五體乾，故應乎乾。二同于五，同性同德，故曰同人也。四上至乾行。同人于野，乾爲野，四上變體坎，坎從乾來，故曰乾行。謂二五。二體离，离爲文明；五體乾，乾爲健，故曰文明以健。二下中，五上中，故曰中正而應。陰陽得位爲君子，故曰君子正也。唯獨至之志。此虞義也。大學曰：此謂唯仁人能愛人。鄭注云：獨仁人能之。是唯爲獨也。坎爲通，説卦文。坎爲心，故爲志。四上變，成既濟定，六爻位正，故能通天下之志。

大有，柔得尊位大中，而上下應之，曰大有。**注**：柔謂五。五爲尊位，陽稱大，五爲上中，故曰大中。比初成震，震爲應，乾五變之坤成大有。天道助順，人道助信，故上下應之，曰大有。其德剛健而文明，應乎天而時行，是以「元亨」。**注**：謂五以日應乾，而行于天也。時謂四時也。比初動，成震爲春，至二成兑爲秋，至三离爲夏，坎爲冬，故曰時行。以乾亨坤，是以元亨。**疏**：柔謂大有。庖犧位乾五，五動見离，离麗乾，故柔得尊位。天道助順，是上應也；人道助信，是下應也。謂五至元亨。此虞義也。五動見离，故五以日應乾，而行于天也。大有與比旁通，比變歷四時，故曰時行。乾五之坤，故以乾亨坤也。

嗛，「亨」。天道下濟而光明，地道卑而上行。**注**：乾上之三，故下濟而光明。坤三之上，故卑而上行。天道虧盈而益嗛，地道變盈而流嗛，鬼神害盈而福嗛，人道惡盈而好嗛。**注**：盈者，嗛之反。嗛，尊而光，卑而不可踰，「君子」之「終」也。**注**：德成而上。**疏**：乾上至上行。乾上九之坤三，以乾照坤，故下濟而光明。坤六三之乾上，天尊地卑，故卑而上行也。盈者，嗛之反。嗛，虚也。盈嗛猶盈虚。盈，滿也。荀子仲尼篇曰：滿則慮嗛，平則慮險，安則慮危。滿與嗛、平與險、安與危，皆義之相反者，故云：盈者，嗛之反。古文謙皆作嗛。昭元年春秋傳曰：謙不足。則嗛與謙同物也。虞注云：乾盈于上，虧之坤三，故虧盈。貴處賤位，故云益嗛。嗛三以坤變乾盈坎，動而潤下，水流溼，故流嗛。鬼謂四，神爲三，坤爲鬼害，乾爲神福，故鬼神害盈而福嗛。乾爲好、爲人，坤爲惡，故人道惡盈而好嗛。是其義也。德成而上。樂記文。韓嬰易傳曰：五帝官天下。又曰：官以傳賢。三有嗛德以升五，故尊而光，卑而不可踰。是德成而上之事，故云君子之終也。

豫，剛應而志行，順以動，豫。**注**：剛謂四，四爲卦主，五陰應之，其志大行，故剛應而志行。坎爲志也。豫順以動，故天地如之，而況「建侯行師」乎。**注**：小畜乾爲天，坤爲地，如之者，謂天地亦動以成四時，而況建侯行師。言其皆應而豫也。天地以順動，故日月不過，而四時不貣。**注**：豫變通小畜，坤爲地，動初至三成乾，故天地以順動。過，失度。貣，差也。謂變初至需，离爲日，坎爲月，皆得其正，故日月不過。動初時震爲春，至四兑爲秋，至五坎爲冬，离爲夏，四時爲正，故四時不貣。通變之爲事，蓋此之類。聖人以順動，則刑罰清而民服。**注**：復初爲聖人。清猶明也。動初至四，兑爲刑，至坎爲罰，坎兑體正，故刑罰清。坤爲民，乾爲清，以乾據坤，故民服。豫之時，義大矣哉。**注**：順動天地，使日月四時皆不過差，刑罰清而民服，故義大。**疏**：剛謂至志也。卦唯一陽，故知剛謂四。又爲卦主，統制五陰，同心應之，象傳所云：由豫大有得，志大行也。故云剛應而志行。坤順震動，母老子强，居樂出威，故爲豫也。小畜至豫也。此虞義也。説文曰：如，從隨也。豫與小畜旁通。小畜乾爲天，豫坤爲地，卦有中和之德，故豫順以動。中和者，天地也。故天地如之，謂天地亦動以成四時，如下文所云是也。建侯行師，羣陰皆應而説樂，故云皆應而豫也。豫變至之類。此虞義也。豫旁通小畜體巽，豫體震，震巽特變，終變成小畜也。坤爲地，謂豫坤也。動初至三，下體成乾，乾爲天，故天地以順動。

續漢書律歷志曰：兩儀既定，日月始離，初行生分，積分成度。又曰：察日月俱發度端，日行十九周，月行二百五十四周，復會于端，無失度之事。故云：過，失度也。月令孟春曰：宿離不貸。鄭注云：離讀如儷偶之儷。宿儷謂相與宿偶，當審候伺，不待過差。故云：貣，差也。貣與貸通。變初至需，謂至五也。需離爲日，豫坎爲月，日月皆得其正，故不過也。初動體震，震爲春；至四體兑，兑爲秋；至五體坎，坎爲冬；离爲夏。此覆述上文也。貣者，參同契所謂：「纖介不正，悔吝爲賊。二至改度，乖錯委曲。隆冬大暑，盛夏霜雪。二分縱横，不應漏刻。」今四時皆正，故不貣也。通變之謂事，上繫文。虞彼注云：事謂變通趨時以盡利也。不過、不貣，皆以時言，故云蓋此之類。復初至民服。乾鑿度曰：孔子曰：坤變初六曰復，正陽在下爲聖人。四利之初，復初龍德而隱，故爲聖人。清猶明也以下，皆虞義也。説文云：清，朗也。釋言云：明，朗也。清、明同訓，故云清猶明也。兑正秋，秋殺于右，故爲刑。晉語以蓐收爲天之刑人，亦此義也。坎爲法，罰者，施法之罪名，故爲罰。五體坎，四體兑，而皆得正，故刑罰清。楚語曰：命火正黎司地以屬民。故坤爲民。乾爲天，乾鑿度曰輕清者上爲天，故乾爲清。豫下體坤，動初至三成乾，是乾據坤之象，坤爲民，故民服也。　順動至義大。　法象莫大乎天地，今天地順動矣。縣象著明莫大乎日月，今日月不過矣。變通莫大乎四時，今四時不貣矣。備物致用莫大乎聖人，今聖人以順動，刑罰清而民服矣。皆義之大者，故云義大。　此上皆虞義也。

隨，剛來而下柔，動而説，隨。**注**：否乾上來之坤初，故剛來而下柔。動，震；説，兑也。大「亨貞无咎」，而天下隨之。**注**：陽降陰升，嫌於有咎，三四易位，成既濟，故天下隨之。隨之時，義大矣哉。**注**：用九、用六之法，陽唱而陰和，男行而女隨，故義大。**疏**：否乾至兑也。　此虞義也。乾剛坤柔，卦自否來，否乾上九來之坤初，是剛來下柔。動震説兑，故名隨也。　陽降至隨之。　乾鑿度曰：形變之始，清輕者上爲天，濁重者下爲地，是陽升陰降，易之理也。今陽來降初，陰往升上，陽降陰升，非理之常，故嫌於有咎。而云大亨貞无咎者，以三、四易位，六爻皆正，成既濟定，雲行雨施而天下平，是天下隨之也。此兼荀義。用九至義大。用九者，用乾之六爻，而居五、三、初之位。用六者，用坤之六爻，而居二、四、上之位。故虞氏注文言曰「乾坤六爻成兩既濟」是也。陽唱而陰和，男行而女隨，乾鑿度文。乾爲陽，坤爲陰，乾成男，坤成女。既濟六爻，陰皆承陽，女皆隨男。隨家有此義，故云：隨之時，義大矣哉。

蠱，剛上而柔下，巽而止，蠱。注：泰初之上，故剛上。坤上之初，故柔下。上艮下巽，故巽而止，蠱也。蠱「元亨」，而天下治也。注：以乾交坤，故元亨。爻多失正，故不言利貞。而諸爻皆有幹正之事，故天下治也。「利涉大川」，往有事也。注：二往幹五，故有事。「先甲三日，後甲三日」，終則有始，天行也。注：乾爲始，坤爲終，故終則有始。乾爲天，震爲行，故天行也。疏：泰初至蠱也。此虞義也。以乾至治也。剛上柔下，是以乾交坤，故元亨也。爻之二、五、初、上皆失正，故彖不言利貞。而初、二、三、五皆有幹正父母之事，亦是利貞之義。孝經：子曰：先王有至德要道，以順天下，民用和睦，上下無怨。至德要道出於孝，故殷仲文注云：窮理之至，以一管衆爲要。然則，至德要道即乾元也。乾元用九，故天下治也。乾爲至行也。此虞義也。乾納甲，故爲始；坤納癸，故爲終。先甲者，在甲前，故云終；後甲者，在甲後，故云始。甲者，乾也。乾爲天，互震爲行，故天行也。因是而知聖人事天之道，本乎易也。白虎通曰：春秋傳曰：以正月上辛。尚書曰：丁巳用牲于郊。先甲三日，辛也；後甲三日，丁也。皆接事昊天之日，故傳曰：天行也。

臨，剛浸而長。注：剛謂二。浸，漸也。陽息陰，故浸而長。說而順，剛中而應。注：說，兑；順，坤也。

剛中謂二。四陰皆應之，故曰而應。**大「亨」以正，天之道也。**注：二升五，三動成既濟，乾元用九，乃見天則，故曰天之道。**「至于八月有凶」，消不久也。**注：陽息則消，故消不久。疏：剛謂至而長。陽長陰消，皆以積漸而成。文言曰：其所由來者漸矣。故云：浸，漸也。陰符經曰：天地之道浸，故陰陽勝。遯彖傳曰：小利貞，浸而長也。此謂陰浸而長也。説兑至而應。説卦曰：坤，順也。兑，説也。故云：説，兑；順，坤也。二以剛居中，故知剛中謂二。二當升五，羣陰應之，故剛中而應也。二升至之道。此釋元亨利貞之義。凡卦具四德者，皆以既濟言之，二升五，三動成既濟，則六爻皆正。乾元用九，謂用九而居五、三、初之位，天以中和育萬物，易以中和贊化育，天之道猶天之則，故引文言以明之。陽息至不久。陽息不久則消，故云消不久。天地盈虚，與時消息。故臨言凶，遯言亨也。

大觀在上，順而巽，中正以觀天下。注：陽稱大，九居五，故大觀在上。順，坤也。中正謂五。五以天之神道觀示天下，咸服其化，賓于王庭。**「觀盥而不觀薦，有孚顒若」，下觀而化也。**注：巽爲進退，容止可觀，進退可度，則下觀其德，而順其化。**觀天之神道，而四時不貣。**注：貣，差也。神道謂五。臨震、兑爲春秋，三上易位，坎冬離夏，日月象正，故四時不貣。**聖人以神道設教，而天下服矣。**注：聖人謂乾。退藏於密，而齊於巽，以神明其德教，故聖人設教，坤民順從，而天下服矣。疏：陽稱至王庭。陽大陰小，故陽稱大。大謂九，上謂五，以九居五，故大觀在上。順，坤也。中正謂五，虞義也。不賞而民勸，不怒而民威於鈇鉞，是天下咸服其化。六四賓王，是賓于王庭也。巽爲至其化。此虞義也。巽爲進退，説卦文。容止可觀，進退可度，襄三十一年春秋傳文。説文引易曰：地可觀者莫可觀于木。漢書五行志曰：説曰：木，東方也。於易地上之木爲觀；其於王事，威儀容貌亦可觀者也。九五有人君之德，實貌相應，其下畏而愛之，則而象之，故下觀其德，而順其化也。貣差至不貣。　此虞義也。貣，差也。釋見豫彖傳。五本乾也，乾爲神、爲道，故神道謂五。臨體震兑，震爲春，兑爲秋，故云臨震、兑爲春秋。三上易位，體坎、离，坎爲冬，离爲夏，約象爲既濟，日月象正，故四時不貣也。　聖人至服矣。　乾鑿度：乾九五爲聖人。故聖人謂乾。退藏于密，繫上文。齊于巽，説卦文。陽動入巽，巽爲退伏，坤爲閉户，故退藏于密。齊者，齊戒之義。聖人以此齊戒，以神明其德。形德于己，而設教于民。下體坤，坤民順從，故天下服矣。尋神道設教，謂祭祀也。祭義曰：宰我曰：吾聞鬼神之名，不知其所謂。子曰：氣也者，神之盛也；魄也者，鬼之盛也。合鬼與神，教之至也。因物之精，制爲之極；明命鬼神，以爲黔首，則百衆以畏，萬民以服。鄭注云：合鬼神而祭之，聖人之教致也。是其義也。

頤中有物曰噬嗑。**注**：物謂四。噬嗑而「亨」，剛柔分。**注**：據自否來。動而明，雷電合而章。**注**：動，震；明，离；章，明也。雷動而威，電照而明，故雷電合而章。柔得中而上行。**注**：柔謂初，中謂五。雖不當位，「利用獄」也。**注**：初之五，故不當位。上之三，故利用獄也。**疏**：物謂四。　此虞義也。虞謂：所噬乾胏也。　據自否來。　乾剛坤柔，否乾五降初，坤初升五，故剛柔分也。　動震至而章。　下震上离，故動，震；明，离。古文尚書堯典曰：辨章百姓。鄭注云：章，明也。説卦曰：震爲雷，离爲電。晉語司空季子曰：車有震武也。韋昭云：震，威也。又云：居樂出威。故知震爲威也。震動而威，電動而明，宋衷義也。電有光明，故云電照。宋氏又謂：用刑之道，威明相兼，故須雷電並合，而噬嗑備。尚書吕刑曰：德威維畏，德明維明。是用刑在乎威明也。　柔謂至謂五。　初本坤柔，故柔謂初。初之五，故中謂五。自下而上，故上行也。　初之至獄也。　初之五，以陰居陽，故不當位。上之三成豐折獄，故刑用獄也。

賁「亨」，柔來而文剛，故「亨」。分剛上而文柔，故「小利有攸往」。**注**：自外曰來。坤柔從上來，居乾之中，文飾剛道，交于中和，故亨也。分乾之二，居坤之上，上飾柔道，故小利有攸往。天文也〔一〕。**注**：謂五。利變之正，成巽體离。艮爲星，离日坎月，巽爲高，五天位，离爲文明。日月星辰高麗于上，故稱天之文也。文明以止，人文也。**注**：人謂三，泰乾爲人。文明，离。止，艮也。震動离明，五變據四，二五分則止文三，故以三爲人文也。觀乎天文，以察時變。**注**：日月星辰爲天文也。泰震春、兑秋，賁坎冬、离夏，巽爲進退。日月星辰進退盈縮謂朓側朒也。歷象在天成變，故以察時變矣。觀乎人文，以化成天下。**注**：乾爲人。五上動體既濟，賁离象重明麗正，故以化成天下。**疏**：自外至攸往。自外曰來，虞義也。坤柔已下，荀義也。賁者，飾也。泰坤上下居乾二，文飾乾剛之道，居二得中，故云交于中和。乾坤交，故亨也。分者，剛柔分也。分乾之九二居坤之上，上飾坤柔之道。小者，五、四、二陰，利上來飾坤，故小利有攸往。謂五至文也。此虞義也。五失位，故利變之正。兼有巽离，故成巽體离。艮主斗，斗建十二辰，艮爲人，斗合于人統，星主斗，故艮爲星。互坎體离，离日坎月。巽爲高，説卦文。五虛无君，故爲天位。下云文明以止，文明謂离。日月星辰皆麗于天，故爲天之文也。人謂至文也。三于三才爲人道，故人謂三。卦自泰來，故云泰乾。人象乾德而生，故乾爲人。互有震，故云震動离明。五變爲陽，故據四。二五分體，五據四，二文三，故云則止文三，以三爲人文之象也。日月至變矣。此虞義也。體离艮，互坎，离日坎月艮星，故云日月星辰爲天文也。時，四時也。泰互震、兑，故震春兑秋。賁有坎、离，故坎

〔一〕通行本周易「天文」上有「剛柔交錯」句。

冬离夏。巽陽已進，而陰初退，故爲進退。日月星辰有進退盈縮，漢書天文志曰：陽用事則進，陰用事則退；早出爲盈，晚出爲縮也。朓側朒，朒當作匿，字之誤也。尚書大傳曰：晦而月見西方謂之朓，朔而月見東方謂之側匿。鄭彼注云：朓，條也，條達行疾貌。側匿猶縮縮，行遲貌。所謂時變也，歷數也，象法也，攷工記曰：天時變，故云歷象；在天成變，所以察時變也。乾爲至天下。此虞義也。五上體乾，故云乾爲人。二爻皆不正，動謂變之正也。動成既濟定，則賁互兩离，离彖傳云：重明以麗乎正，乃化成天下。虞彼注云：兩象故重明，正謂五陽。陽變之坤，來化乾，以成萬物，謂离日化成天下。彼以正爲五陽變坤來化乾，此以既濟互离，則正謂五陽无變坤來化乾之事也。

剥，剥也，柔變剛也。 **注**：陰外變五，五者至尊，爲陰所變，故曰剥。**「不利有攸往」，小人長也。** **注**：小人謂羣陰。**順而止之，觀象也。** **注**：坤順艮止，謂五。消觀成剥，故觀象也。**君子尚消息盈虛，天行也。** **注**：乾爲君子，乾息爲盈，坤消爲虛，故君子尚消息盈虛，天行也。**疏**：陰外至曰剥。此荀義也。陰消乾，至外卦而及五，故曰陰外變五。喪服傳曰：君至尊也。五爲天子，故曰至尊。五爲陰所變，乾鑿度云：剥之六五言盛殺，萬物皆剥墮落，故云剥也。小人謂羣陰。羣陰在內，一陽在外，陽往則陰來，故不利有攸往，謂小人長也。乾爲至行也。此虞義也。消息者，乾坤也。先儒據易曰：伏羲作十言之教，曰乾、坤、震、巽、坎、离、艮、兑、消、息。若然，自有八卦，便有消息。史記歷書謂黄帝起消息，義或然也。卦有十二，實乾坤十二畫也。復、臨、泰、大壯、夬、乾皆息卦也，而皆乾，故乾爲息；姤、遯、否、觀、剥、坤皆消卦也，而皆坤，故坤爲消。乾盈于甲，故乾爲盈；陽實陰虛，故坤爲虛。觀消爲剥，剥消爲坤，觀不得不變爲剥，剥不得不變爲坤。天之道即消息盈虛之道，故曰天行也。

復「亨」，剛反動，而以順行。 **注**：剛從艮入坤，從反震，故曰反動。坤順震行，故而以順行。陽不從上來反初，故不言剛自外來，是以明不遠之復，入坤出震義也。

是以「出入无疾，朋來无咎」。「反復其道，七日來復」，天行也。**注**：天行，謂自午至子。「利有攸往」，剛長也。**注**：剛道浸長。復，其見天地之心乎。**注**：冬至復加坎，坎爲極心，乾坤合于一元，故見天地之心。心猶中也。董子以二至爲天地之中是也。

疏：剛從至義也。此虞義也。剛謂剥上九，上九體艮，消艮入坤，故云剛從艮入坤。滅出復震，故從反震。艮者，震之反也。坤爲順，震爲行，故而以順行。彖傳多言適變，而此言消息，故云陽不從上來反初。若上來反初，則當云剛自外來；今不云來，明不從適變之例也。若然，泰之小往大來，亦據消息而云來者。否、泰反其類，彼對否大往小來亦是消息，非適變也。從上反初則遠，今入坤出震，七日來復，正明復之不遠，故云：是以明不遠之復，入坤出震義也。　天行至至子。　天行謂消息。坤消自午，陽息于子，故云自午至子，謂七日也。　冬至至是也。　易緯是類謀曰：冬至日在坎，春分日在震，夏至日在离，秋分日在兑。魏書律歷志推四正卦術曰：因冬至大小餘即坎卦用事日，求次卦加坎，大餘六，小餘五。千五百二十九小分，十四微分，滿五從小分，小分滿氣法從小餘，小餘滿蔀法從大餘。命以紀算外，即復卦用事日。大壯加震，姤加离，觀加兑，如復加坎，是其義也。荀氏説卦曰：坎爲極心。注云：極，中也。繫上曰：易有太極，是生兩儀。虞氏注云：兩儀謂乾坤也。太極生兩儀，故乾鑿度曰乾坤相並俱生，彖傳曰大哉乾元，又曰至哉坤元，故云乾坤合于一元。乾爲天，坤爲地，冬至天地之中，故云天地之心，心即中也。知天地之心即天地之中者，以成十三年春秋傳曰：民受天地之中以生，所謂命也。天地之中即乾坤之元。萬物資始乾元，資生坤元，所謂民受之以生。故知天地之心即天地之中。不曰中而曰心者，陽尚潛藏，故曰心也。董子謂二至爲天地之中者，見春秋繁露。其文曰：陽之行始於北方之中，而止於南方之中；陰之行始於南方之中，而止於北方之中。陰陽之道不同，至於盛而皆止於中，其所始皆必於中。中者，天地之太極，是以二至爲天地之中也。荀氏注此云：復者，冬至之卦，陽起初九爲天地心，萬物所始，吉凶之先，故曰見天地之心。義亦同也。

无妄，剛自外來而爲主於内，動而健，剛中而應。**注**：上之初，故自外來。震爲主，故爲主於内。剛中謂五。應，應二。大「亨」以正，天之命也。**注**：乾爲天，巽爲命，三上易位，乾坤交而成既濟，故大亨以正。合於天地之中，故曰天之命也。「其匪正有眚，不利有攸往」，无妄之往何之矣？天命不右，行矣哉？**注**：體屯難，故无所之。右，助也。災成于三，窮于上，故天命不右。馬氏謂天命不右行，非也。**疏**：上之至應二。上在外卦，故自外來。震主器，上之初，二在内，故爲主於内。動，震；健，乾。五以剛居中，故知剛中謂五。二利有攸往，五之正應也，故應謂應二。乾爲至命也。此言既濟之事。四已正，三上易位，乾坤交，故大亨。六爻皆正，故以正也。五爲天中，二爲地中。天地之中，民所受以生者，所謂命也，故曰天之命也。體屯至非也。四已正，上動成坎，故體屯難。屯卦辭曰不利有攸往，故无所之。右，助。鄭義也。三匪正，故災成於三。上，傳曰窮之災也，故云窮于上。乾爲天，巽爲命，虞氏謂上動逆巽命，故天命不右，行矣哉？言不可行也。馬氏已下，虞駁馬義也。右讀爲佑，馬如字，屬下讀，云：天左旋，不右行。非傳義，故虞駁之。尋馬氏之義，謂天左旋，不右行，右行爲反天命，故災，義亦得通也。

大畜，剛健篤實，煇光日新。**注**：剛健謂乾，篤實謂艮。二之五體离，离爲日，故煇光日新。其德剛上而尚賢。**注**：乾爲德，初之上，故其德剛上。賢謂三，上變合三，故尚賢。能健止，大正也。**注**：健，乾；止，艮也。二五易位，故大正。舊讀言能止健，誤也。「不家食吉」，養賢也。**注**：賢謂二，三至上有頤象，二升五，故養賢。「利涉大川」，應乎天也。**注**：五天位，故應乎天。**疏**：剛健至日新。此虞義也。剛健篤實，謂兩象也。故剛健謂乾，篤實謂艮。煇光日新，謂二五易也。离爲日、爲光，故煇光日新。管輅曰：朝旦爲煇，日中爲光也。日新俗讀屬下，失之。乾爲至尚賢。乾爲龍德，故爲德。初之上，故其德剛上，虞義也。初剛居上，故其德剛上也。乾爲賢人，上應三，故賢謂三。三上敵應，故上變合三而尚賢。傳曰：上合志也。健乾至誤也。此虞義也。易氣從下生，故彖傳之例先下而上。傳曰能健止，故知健謂乾，止謂艮。二五失正，上下易位，故大正。舊讀言能止健，不合彖例，故云誤也。賢謂至養賢。乾爲賢人，二稱家，故知賢謂二。二不正而稱賢者，中和爲聖賢，二不正，升五爲聖賢。又三至上體頤，頤者，養也。二升五，故養賢。孟子所謂「王公之尊賢」是也。五天至乎天。此京義也。二升五，五降二而應之，五爲天位，故云應乎天。俗謂六五應九二，非也。

頤「貞吉」，養正則吉也。 **注**：爻不正，故養正則吉。**「觀頤」，觀其所養也。** **注**：所養謂三、五、上。**「自求口實」，觀其自養也。** **注**：自養，謂三之正，五、上易位。**天地養萬物。** **注**：天地位，萬物育，故天地養萬物。**聖人養賢以及萬民。** **注**：乾爲聖人，坤陰爲民。養成賢能，使長治萬民，是養賢以及萬民也。**頤之時，大矣哉。** **注**：養正則吉，成既濟定，故頤之時，大矣哉。**疏**：爻不至則吉。爻不正以歸于正，謂之養正。蒙二、五「蒙以養正」及頤「養正則吉」是也。所養至五上。三、五、上不正，所當養者，故云所養謂三、五、上。虞注雜卦：頤，養正也。下云：謂養三、五而不及上，以上「由頤」故也。但五、上易位，言三、五則上可知已。自養至易位。頤者，養也。自養則吉，求養則凶。三、五、上不正，故以自養爲義，所謂養正則吉也。養正則爲聖賢，故蒙言聖功，頤言養賢。周禮鄉大夫：三年大比，考其德行道藝。是觀其自養之事。天地至萬物。天地位，謂爻得正也。萬物育，謂既濟定也。乾爲至民也。乾爲聖人，謂大過乾也。坤陰爲民。此上虞義。周禮鄉大夫：使民興賢，出使長之；使民興能，入使治之。是養成賢能，使長治萬民，所謂養賢以及萬民也。養正至矣哉。

三、五、上養正，則六爻皆正，成既濟定，是養之大者，故云大矣哉。

大過，大者過也。**注**：謂四陽爻皆失之過。「棟橈」，本末弱也。**注**：本末謂初、上。剛過而中，巽而說，行。「利有攸往」，乃「亨」。**注**：二失位，過也。處二，中也。說，兑也。震爲行。大壯五之初，故巽而說行。大過之時，大矣哉。**注**：喪事取諸大過，送死當大事，故大矣哉。**疏**：謂四至之過。四陽爻皆失之過，故名大過。若然，初六過慎，上六過涉，亦有過義而不言者，陰以陽爲主也。本末至初、上。繫下曰：其初難知，其上易知，本末也。初、上皆柔，故知本末謂初、上。所以取義于本末者，説文曰：木下曰本，从木，一在其下；木上曰末，从木，一在其上。故取義于本末也。二失至說行。二剛失位，故云過。而在下中，故云中。巽，巽也。說，兑也。卦自大壯來，大壯體震，震爲行，故云：巽而說，行也。喪事至矣哉。繫下曰：古之葬者，厚衣之以薪，藏之中野，不封不樹，喪期无數。後世聖人易之以棺椁，蓋取諸大過。蓋後世聖人易古葬喪之禮，有衣衾，有棺椁，有封有樹，有喪期，是喪事取諸大過也。孟子曰：養生者不足以當大事，唯送死可以當大事。趙岐注云：送終如禮，則爲能奉大事。喪事取諸大過，故大矣哉。虞氏謂：國之大事在祀與戎，藉用白茅，女妻有子，繼世承祀，故大矣哉。義亦通也。

習坎，重險也。**注**：兩象也。天險地險，故曰重險。水流而不盈。**注**：謂五也。行險而不失其信。**注**：謂二也。震爲行，謂陽來爲陰，而不失中，中稱信也。「維心亨」，乃以剛中也。**注**：剛中謂二、五。「行有尚」，往有功也。**注**：功謂五。二動應五，故往有功。天險，不可升也。**注**：五爲天位，五從乾來，體屯難，故天險，不可升也。地險，山川丘陵也。**注**：坤爲地，乾二之坤，故曰地險。艮爲山，坎爲川，半山稱邱，邱下稱陵，故曰：地險，山川邱陵。王公設險，以守其邦。**注**：王公謂二、五。坤爲邦，乾二五之坤成坎險，震爲守，有屯難象，故王公設險，以守其邦。險之時用，大矣哉。**注**：用險以時，故曰時用。**疏**：兩象至重險。此虞義也。習，重也。重險，謂内外兩象。乾鑿度曰：三畫以下爲地，四畫以上爲天，天險地險，故曰重險也。謂五也。乾五之坤五，故水流，謂流坤也。陽陷陰中，故不盈，九五坎不盈。虞氏謂：水流而不盈，故知謂五也。謂二至信也。此虞、荀義也。九二坎有險，故知行謂二。二體震爲行，乾二之坤，陽來爲險，而在二，故而不失中。卦有中孚，孚信在中，故云中稱信也。剛中謂二五。義見本卦。功謂至有功。此虞義也。五多功，故功謂五。五爲至升也。此虞義也。需象傳曰：位乎天位。大壯四之五，位乎天位，故知五爲天位。乾鑿度曰：五爲天子也。乾五之坤五，故五從乾來。乾又爲天。二至上體屯，說文曰：屯，難也。故體屯難。震爲足，艮爲止，震足止于下，故不可升也。坤爲至陵也。此虞義也。坤爲地，說卦文。乾二之坤成坎險，故曰地險。互艮體坎，故爲山川。邱高半于山，故曰半山稱邱。大阜曰陵。爾雅：湨梁河墳備八陵之數。知陵又下于邱，故曰邱下稱陵。皆地之險，故曰：地險，山川邱陵也。王公至其邦。此虞義也。五乾爲王，二大夫而稱公者，二體屯，初建侯扶屯。古者王室多故，諸侯入爲三公，共和王室，故二得稱公也。爻例三爲三公。公不謂三者，三失正，繫於徽纆故也。坤爲土、爲民，民以土服，故坤爲邦。乾二五之坤成坎險，故王公設險。震守宗廟社稷，故爲守。守其邦，邦舊作國。尋邦與升、陵韻，漢避諱改爲國。虞氏本正作邦也。用險至時用。艮爲時，坤爲用，王弼謂：非用之常，用有時也。言險有時，而用不可爲常。故吳起曰：在德不在險。坎當合离爲既濟也。

离，麗也。**注**：陰麗于陽，故曰麗也。日月麗乎天。**注**：乾五之坤成坎爲月，离爲日，日月麗天也。百穀草木麗乎地。**注**：震爲百穀，巽爲草木，坤爲地。乾二五之坤成坎震體屯。屯者，盈也。盈天地之間唯萬物。

萬物出震，故百穀草木麗乎地。**重明以麗乎正，乃化成天下。注：**兩象故重明。麗乎正謂旁通坎也。坎上离下，嚮明而治，故乃化成天下，坤爲化也。**柔麗乎中正，故「亨」。是以「畜牝牛吉」也。注：**柔謂五陰，中正謂五伏陽。出在坤中，故亨。**疏：**陰麗至麗也。此荀義也。麗者，附麗。坤二五之乾，故陰麗乎陽也。震爲至乎地。此虞義也。震爲百、爲稼，故爲百穀。巽剛爻爲木，柔爻爲草。卦自坤來，故坤爲地。與坎旁通，乾二五之坤成坎震，坎互震也。雲雷屯，故體屯。屯者，盈也；盈天地之間唯萬物，皆序卦文。雷雨之動滿形，故屯者盈也。萬，盈數也，故盈天地之間唯萬物。萬物出震，説卦文。舉天地者，坎离爲乾坤二用，所以明既濟之功，下乃言化成天下也。兩象至化也。兩象故重明，虞義也。説卦曰：离也者，明也。兩象皆离，故曰重明。离外三爻不正，故麗乎正，謂旁通坎也。出离爲坎，坎上离下，成既濟定。説卦曰：聖人南面而聽天下，嚮明而治。聖人謂坎五。离南方之卦，故南面而聽天下。嚮明而治，謂行明堂月令之法，而天下治，故乃化成天下。坤化成物，故坤爲化也。柔謂至故亨。此虞義也。六五陰不正，故柔謂五陰。坎伏离下，故中正謂五伏陽，坎外三爻皆正也。六五爲坤中，出离爲坎，故出在坤中。乾坤交，故亨。虞氏謂：出在坤中，畜牝牛，是以畜牝牛吉也。

周易述卷十

彖下傳

咸，感也。注：陰始感陽。柔上而剛下，二氣感應以相與。注：三之上，故柔上。上之三，故剛下。二氣謂乾坤，乾坤交而成咸，故感應以相與，與猶親也。止而説，男下女，是以「亨利貞，取女吉」也。注：止，艮；説，兑。艮男兑女，男先於女，故男下女。天地感，而萬物化生。注：有天地然後有萬物，故天地感而萬物化生。聖人感人心，而天下和平。注：乾爲聖人，初四易位，成既濟，坎爲心、爲平，故聖人感人心而天下和平。此保合太和，品物流形也。觀其所感，而天地萬物之情可見矣。注：謂四之初，以离日見天，坎月見地，縣象著明，萬物見离，故天地萬物之情可見矣。疏：陰始感陽。咸至姤六日七分當夏至，陰始生，故云陰始感陽。卦之名咸以此，故云：咸，感也。咸、感古今字耳。三之至親也。據自否來，乾剛坤柔，坤三之上，故柔上；乾上之三，故剛下。太極分而爲二，故二氣謂乾坤。乾坤交而成咸，故感應以相與，以起下取女吉也。與猶親，鄭義也。止艮至下女。艮少男，兑少女，故云艮男兑女。案，士昬禮：壻御婦車，授綏，御輪三周，先候於門外。皆男下女之事。郊特牲曰：男子親迎，男先於女，剛柔之義也。天先乎地，君先乎臣。卦例下爲先，上爲後。比九五失前禽，前禽謂初，是下爲先也；卦辭云後夫凶，後夫謂上，是上爲後也。易氣從下生，故以下爲先，上爲後。今艮男在下，兑女在上，男先於女，故曰男下女也。有天至化生。有天地然後有萬物，序卦文。虞彼注云：謂天地否也。謂否反成泰，天地壹壷，萬物化醇，故有萬物，是其義也。乾爲至形也。此虞義也。乾爲聖人，謂否五也。初四易位，六爻皆正，故成既濟。既濟有兩坎象，坎爲心、爲平，聖人以禮樂化民，移風易俗，天下皆寧。故感人心而天下和平。保合太和，品物流形，皆既濟之事，故引以證天下和平之義也。謂四至見也。此虞義也。四之初體离坎，故云离日坎月。乾天也，坤地也。坤之乾成离，故以离日見天。乾之坤成坎，故坎月見地。此天地之情可見也。縣象著明莫大於日月。离者，明也。萬物皆相見，故萬物見离。此萬物之情可見也。

恒，久也。剛上而柔下，雷風相與，巽而動，剛柔皆應，恒。**注**：初九升四，故剛上。六四降初，故柔下。震雷巽風，同聲相應，故相與。動，震也。剛柔皆應，雜而不厭，故可久。恒「亨无咎利貞」，久於其道也。**注**：變之正，故久于其道。乾爲道、爲久也。天地之道恒久而不已也。**注**：泰乾、坤爲天地。「利有攸往」，終則有始也。**注**：終變成益，益上爲終。初變成乾，乾爲始，故終則有始。日月得天而能久照。**注**：動初成乾爲天，至二离爲日，至三坎爲月，故日月得天而能久照。四時變化而能久成。**注**：春夏爲變，秋冬爲化。變至二离夏，至三兑秋，至四震春，至五坎冬至，故四時變化而能久成。謂乾坤成物也。聖人久於其道，而天下化成。**注**：聖人謂乾，乾爲道。初二已正，四五復位，成既濟定，乾道變化，各正性命，有兩离象，重明麗正，化成天下也。觀其所恒，而天地萬物之情可見矣。**注**：與咸同義。**疏**：初九至可久。乾剛坤柔，乾初九升四，是剛上也；坤六四降初，是柔下也。此蜀才義。説卦曰：震爲雷，巽爲風。故云震雷巽風。文言曰：同聲相應。虞彼注云：謂震、巽也。相應猶相與，與猶親也。巽而動，動，震也。九家謂：初四、二五雖不正，而剛柔皆應。繫下曰：恒，雜而不厭。雜，錯雜也。荀氏謂：夫婦雖錯居不厭之道，卦之所以名恒也。　變之至久也。　久于其道，正以釋利貞之義。　四爻失正，變之正，故久于其道，亦恒義也。　泰坤至天地。　此虞義也。即天地以明卦義。　終變至有始。　震、巽卦特變，故終變成益，在益上，上爲終；初變成乾，乾爲始，變至四體復，復初亦爲始。故終則有始也。　動初至久照。　此虞義也。諸卦旁通，則從旁通卦變。故虞注小畜初九復自道云：從豫四之初成復卦。九三云：至三成乾。注大有彖傳云：比初動成震爲春，至二兑爲秋，至三离爲夏，坎爲冬，故曰時行是也。恒與益旁通，則從恒變，以震、巽卦特變故也。動初成乾，乾爲天，大壯時也。至二體离，离爲日，豐時也。至三成坎，坎爲月，震時也。以乾照坤，故日月得天而能久照也。　春夏至物也。　此虞義也。陽變陰化，春夏陽也，故爲變；秋冬陰也，故爲化。四時謂四正。易是類謀曰：夏至日在离，故變至二离夏至。秋分日在兑，故至三兑秋。春分日在震，故至四震春。冬至日在坎，故至五坎冬至。兩儀生四象，四時乃乾坤所生，乾知大始，坤化成物，故乾坤成物也。　聖人至下也。　此虞義也。聖人謂乾，指乾五也。乾道變化，故乾爲道。初二已正，四五復位，則六爻皆正，故成既濟定。乾道變化，各正性命，所謂久於其道也。既濟互兩离，重明麗正，化成天下，亦是既濟之事，明天下化成爲既濟也。　與咸同義。　此虞義也。虞謂：以离日照乾，坎月照坤，萬物出震，故天地萬物之情可見矣。是與咸同義也。

遯「亨」，遯而亨也。剛當位而應，與時行也。 **注**：剛謂五，而應二，艮爲時，故與時行矣。**「小利貞」，浸而長也。** **注**：浸而長則將消陽，故利貞。**遯之時義，大矣哉。** **注**：唯聖者能之，故時義大。**疏**：剛謂至行矣。　此虞義也。以九居五爲當，故剛謂五。五正應二，故而應二。艮動静不失其時，故爲時。　浸而至利貞。此荀義也。浸而長則將消陽，謂消遯及否也。二固志守正，遯不爲否，利貞之義也。唯聖至義大。中庸曰：君子依乎中庸，遯世不見，知而不悔，唯聖者能之。過則素隱行怪，不及則半塗而廢，故曰唯聖者能之。古唯伊尹、太公之流乃足當之。艮爲時，坤爲義，故時義大。

大壯，大者壯也。剛以動，故壯。**注**：剛乾動震。大壯「利貞」，大者正也。**注**：謂四進之五，乃得正，故大者正也。正大，而天地之情可見矣。**注**：正大，謂四之五成需。以离日見天，坎月見地，故天地之情可見也矣。**疏**：剛乾動震。以乾之剛加震之動，而爲陰所弇，又體兑毀折，宜其傷也。故壯，釋所以傷之故。謂四至正也。此虞義也。正大至也矣。此虞義也。正謂五，大謂陽，四之五，以陽居正成需，需自大壯來也。需體离、坎，故离日見天，坎月見地。利貞者情性，故正大，而天地之情可見也矣。

晉，進也。明出地上，順而麗乎大明。**注**：离爲明。順，坤；麗，离也。乾爲大明，离麗乾，故麗乎大明。柔進而上行，是以「康侯用錫馬蕃庶，晝日三接」也。**注**：柔謂四。觀四之五，故進而上行。**疏**：离爲至大明。説卦曰：离也者，明也。虞彼注云：离爲日，爲火，故明。坤麗乾爲麗〔一〕，乾藏坤爲坎，离日坎月，日月得天而能久照，日月之明，皆天之明也。陽稱大，故乾爲大明。縣象著明莫大乎日月，故日月亦爲大明。觀五本乾，觀四之五，离麗乾，故麗乎大明。柔謂至上行。四陰爲柔，四之五，故柔進而上行。四之五，以陰居陽，故不言進得位。利變之正，以四錫初，故有康侯用錫馬蕃庶，晝日三接之象也。

〔一〕「麗」，皇清經解本作「离」。

明入地中，明夷。内文明而外柔順，以蒙大難，文王以之。**注**：文明，离也。柔順，坤也。三喻文王，大難謂坤。三幽坎中，故蒙大難，似文王之拘羑里。「利艱貞」，晦其明也，内難而能正其志，箕子以之。**注**：坤爲晦，离爲明，應在坤，而在内卦，故云内難。坎爲志，三得正體坎，故能正其志，似箕子爲奴。

疏：文明至羑里。坤爲文，坤二五之乾成离爲日，故文明謂离。雜卦曰：乾剛坤柔。序卦曰：坤，順也。故柔順謂坤。三喻文王已下，虞義也。三爲三公，故喻文王。坤爲死，故大難謂坤。鄭氏云：蒙猶遭也。三體坎，坎爲獄，三幽坎獄中，故遭大難。以從鄭、荀讀爲似。三在獄中，似文王爲紂所囚拘于羑里，故曰文王以之也。坤爲至爲奴。坤爲晦，虞義也。坤既死魄，故爲晦。离爲明，而滅坤下，故晦其明。三應坤而在内卦，坤爲大難，故云内難。三體坎，坎爲志，以陽居三得正，故能正其志。似箕子仁人，而爲紂所奴，故云箕子以之。虞氏從俗説，謂箕子爲五，臣居天位，失其義矣。

家人，女正位乎内，男正位乎外。**注**：内謂二，外謂五。男女正，天地之大義也。**注**：遯乾爲天，三動坤爲地，男得天正於五，女得地正於二，故天地之大義也。家人有嚴君焉，父母之謂也。**注**：嚴猶尊也。父母謂乾坤，乾爲嚴，爲君，坤爲后，后亦君也，故曰父母之謂。孝經曰：「親生之膝下，以養父母日嚴。」父父子子，兄兄弟弟，夫夫婦婦，而家道正。正家，而天下定矣。**注**：遯乾爲父，艮爲子，三五位正，故父父子子。三動時，震爲兄，艮爲弟，初位正，故兄兄弟弟。震又爲夫，巽四爲婦，初四位正，故夫夫婦婦。傳曰：有天地然後有萬物，有萬物然後有男女。天地，父母也。女正位乎内，男正位乎外，男女也。有男女然後有夫婦，夫夫婦婦也。有夫婦然後有父子，父父子子也。有父子然後有君臣，嚴君之謂也。三動而兄弟具，上之三成既濟定，故家道正。九五王假有家，交相愛也，謂父子、兄弟、夫婦各得其正，故正家而天下定矣。**疏**：内謂至謂五。此王弼義也。王氏謂：家人之義，以内爲本，故先説女。此望文爲義耳。易氣從下生，是以彖傳之例皆先内而後外，亦以卦名家人，故先女而後男，如王氏之旨也。二五皆得正，故云正位。此男女亦是乾坤所成，故下云：男女正，天地之大義也。遯乾至義也。此虞義也。卦自遯來，故據遯乾。三動體坤，故坤爲地。五于三才爲天道，故男得天正於五。二于三才爲地道，故女得地正於二。乾天坤地，故天地之大義也。嚴猶至日嚴。鄭注大傳曰：嚴猶尊也。説卦曰：乾，天也，故稱乎父；坤，地也，故稱乎母。故父母謂乾坤。君道威嚴，故乾爲嚴。説卦曰乾以君之，故乾爲君。泰彖傳曰：后以裁成天地之道。復彖傳曰：后不省方。后皆指坤。釋詁曰：后，君也。乾父坤母，乾坤皆嚴君之義，故曰父母之謂。孟喜卦圖有十二辟卦，即乾坤十二畫。辟，君也。知乾坤皆爲君也。孝經者，「聖治」章文。引之者，證母有嚴義，不特父也。遯乾至定矣。覆述遯乾者，見一卦備有六戚也。五乾爲父，三艮爲子，亦謂遯艮也。父子得正，故父父子子。三動體震，震一索故爲兄，艮三索故爲弟。震初得正，故兄兄弟弟。震一夫之行，故爲夫，四體巽爲婦。夫婦位正，故夫夫婦婦。若然，上文男女指二五，此夫婦指初四者，上言天地，此言家道，義各有取也。以上皆虞義。傳曰者，序卦文。漢儒以乾至离爲上經天道，咸至未濟爲下經人道也。故序卦自咸恒而下皆叙人事。有天地然後有萬物，虞彼注云：謂天地否也。謂否反成泰，天地壹壺，萬物化醇，故有萬物。有萬物然後有男女，注云：謂泰已有否，否三之上，反正成咸，艮爲男，兑爲女，故有男女。家人有嚴君焉，父母之謂，故曰：天地，父母也。女正位乎内，男正位乎外，故曰男女也。有男女然後有夫婦，注云：咸反爲恒，震爲夫，巽爲婦，故有夫婦也。有夫婦然後有父子，注云：謂咸上復乾成遯，乾爲父，艮爲子，故有父子。家人之父父子子是也。有父子然後有君臣，家人之嚴君是也。三動體震爲兄，艮爲弟，故兄弟具，所謂兄兄弟弟也。是以繫下云：天地之大德曰生。注云：

天地爻也。聖人之大保曰位。注云：福德爻也。所謂父父子子也。何以守位曰人，注云：專爻也。助福德者，故曰守位，所謂兄兄弟弟也。何以聚人曰財，注云：財爻也。與人同制之爻，故曰聚人，所謂夫夫婦婦也。理財正辭，禁民爲非曰義，注云：繫爻也。財所生者，謂之鬼吏，制于福德，與福德爲君臣，所謂嚴君也。一卦六爻備有六戚，家人卦具，故詳言之。三動受上，上之三，六爻位正，故成既濟定。所謂父父子子，兄兄弟弟，夫夫婦婦，而家道正也。而其義在九五一爻，九五王假有家，王者以天下爲家，而父子、兄弟、夫婦各得其正，正家而天下定，是言既濟之事也。

睽，火動而上，澤動而下；**注**：二動之五體离，故火動而上；五動之二體兑，故澤動而下。二女同居，其志不同行。**注**：二女，离、兑也。坎爲志，无妄震爲行，巽爲同，艮爲居。二五易位，震巽象壞，故二女同居，其志不同行也。說而麗乎明，柔進而上行，得中而應乎剛，是以「小事吉」。**注**：說，兑；麗，离也。明謂乾。柔謂五，无妄巽爲進，從二之五，故上行。剛謂應乾五伏陽，非應二也。與鼎五同義。天地睽而其事同也。**注**：五動乾爲天，四動坤爲地，故天地睽。坤爲事，五動體同人，故其事同也。男女睽而其志通也。**注**：四動，艮爲男，兑爲女，故男女睽。坎爲志、爲通，故其志通也。萬物睽而其事類也。**注**：四動，萬物出乎震，故萬物睽。坤爲事、爲類，故其事類也。睽之時用，大矣哉。**注**：非義之常，故曰時用。**疏**：二動至而下。卦自无妄來，二上之五體离，离爲火，故火動而上也；五下之二體兑，兑爲澤，故澤動而下也。二女至行也。此虞義也。二五易位，无妄爲睽，震爲行，巽爲同，震巽體壞，故二女同居，其志不同行也。說兑至同義。此虞義也。乾爲大明，故明謂乾。晉彖傳曰：順而麗乎大明。此不言大明者，虞氏謂：麗於晉，故不言大明也。柔謂五，五本二也。卦從无妄來，二之五，故上行。乾伏五下，六五得中，而應乾五之伏陽，故云得中而應乎剛。必知應乾五伏陽者，卦之二五皆失位，例變之正，若五柔應二剛，非法也。故云應乾五伏陽。五動之乾，二變應之，陰利承陽，故小事吉也。　五動至類也。　此皆虞義也。五動體乾，故乾爲天，四動互坤，故坤爲地。乾上坤下，象天地否，故曰天地睽。否終則傾，故其事同也。　四動，艮爲男，兑爲女，咸兩象易，故男女睽。　巽德合姓，故其志通也。　五動乾爲天，四動萬物出乎震，象无妄萬物皆死，故萬物睽。　時育萬物，故其事類也。俗説天地睽爲天高地下，男女睽爲男外女内，萬物睽爲殊形各象，乃理之常，非睽之時用也。　非義至時用。　天地、男女、萬物皆有乖違之象，非義之常。惟盡性之聖人能用以盡人性、盡物性，而贊化育，故曰大也。

蹇，難也，險在前也。見險而能止，知矣哉。**注：**前謂三。离爲見，艮爲止，故見險而能止。知謂坤也，坤知阻，故知矣哉。**蹇，「利西南」，往得中也。****注：**二動往居坤五，故得中。**「不利東北」，其道窮也。****注：**天道窮于東北。**「利見大人」，往有功也。****注：**二往應五，五多功，故往有功。**當位「貞吉」，以正邦也。****注：**坤爲邦，五當尊位正吉，羣陰順從，故以正邦。**蹇之時用，大矣哉。****注：**用當其時則濟，故大。虞氏謂：坎月生西南而終東北，終而復始，以生萬物，故用大矣。**疏：**前謂至矣哉。　三在五前，又體坎，坎爲險，故險在前。乾仁坤知，故知謂坤也。卦有坎、艮，地險山川丘陵，艮爲山陵，坎爲水，坤德行恒簡以知阻，故知矣哉。尋六爻皆有蹇象，唯九五當位正邦，餘皆利止，見險而止之義也。　二動至得中。　此荀義也。自内爲往，二往居中，五爲上中，故得中。　天道至東北。　消息艮在亥，又東北之卦，萬物成終，故天道窮于東北。　二往至有功。　此虞義也。　坤爲至正邦。　坤爲邦，虞義也。已下荀義也。　用當至大矣。　初象傳曰：宜待時也。亦以在蹇家，宜待時而動。釋言曰：濟，成也。用當其時則成，如二有功而五正邦，故大。虞氏已下，亦據納甲。

參同契曰：五六三十度，度竟復更始。故云終而復始也。

解，險以動，動而免乎險，解。注：險，坎；動，震。震出險上，故動而免乎險。解「利西南」，往得衆也。注：坤爲衆。无所往。「其來復吉」，乃得中也。注：中謂二五。「有攸往夙吉」，往有功也。注：五多功，據五解難，故往有功。天地解而雷雨作，雷雨作而百果草木皆甲宅。注：解二月，雷以動之，雨以潤之，故雷雨作。木實曰果，皮曰甲，根曰宅。乾爲百果，震爲草木，离爲甲，艮爲宅。萬物出震，故百果草木皆甲宅。荀氏謂：解者，震世，仲春之月，草木萌牙，故甲宅也。俗作甲坼，古文宅壞字。解之時，大矣哉。注：天地解之時，故大。疏：險坎至乎險。此虞義也。震爲出，震動而出坎上，故動而免乎險，解之義也。坤爲衆。謂臨坤也。中謂二五。二已之五得中，故四來成復也。五多至有功。此荀義也。荀氏謂：五位无君，二陽又卑，往據之者則吉。五多功，二據五而解坎難，故有功也。一説，解反蹇也，二據五而解蹇難，義亦通也。解二至壞字。解消息在二月。漢書五行志曰：雷以二月出，雷動而雨隨之，故雷雨作。此虞義也。説文曰：果，木實也。宋衷注説卦曰：木實謂之果，草實謂之蓏。馬融謂桃李之屬是也。皮在外，故云甲。根在下，故云宅。宅，居也。此上鄭義也。乾爲百，爲木果，故乾爲百果。震者，木德，又爲草莽，故爲草木。甲者，孚甲，月令：孟春其日甲乙。鄭注云：時萬物皆孚甲，因以爲日名。三統歷曰：出甲于甲。説文曰：甲，東方之孟，陽氣萌動，从木，戴孚甲之象。是其義也。离剛在外，故爲甲。艮爲居，故爲宅。萬物出乎震，百果草木甲宅之象也。解，震宫二世卦，故荀氏謂：解者，震世。雷以二月出，萬物隨之而出，故仲春之月，草木萌牙也。俗本甲宅作甲坼。案，説文云：宅，古文作𡧚。故云古文宅壞字。猶鄭氏注檀弓云：衣爲齋壞字也。𡧚字壞而爲坼，作坼者訛也。

天地至故大。　解二月卦，天地解緩，萬物甲宅，故云大也。

損，損下益上，其道上行。注：乾道上行。**損而「有孚，元吉，无咎，可貞，利有攸往。曷之用二簋，可用享」，二簋應有時。**注：時謂春秋也。損二之五，震二月，益正月，春也；損七月，兑八月，秋也。謂春秋祭祀以時思之。艮爲時，震爲應，故應有時也。**損剛益柔有時。**注：謂冬夏也。二五已易成益，坤爲柔，損上之剛、益三之柔成既濟，坎冬离夏，故損剛益柔有時。**損益盈虚，與時偕行。**注：乾爲盈，坤爲虚，損剛益柔，故損益盈虚。謂泰初之上，損二之五，益上之三，變通趣時，故與時偕行。疏：乾道上行。乾謂泰乾也。泰初之上，乾爲道，故乾道上行。　時謂至時也。　此虞義也。時謂四時，春禘秋嘗，故謂春秋也。損二之五，以二簋享，上卦體震，兑二之五成益，故震二月，益正月，春也；損七月，兑八月，秋也。震、兑四正也，益、損消息也。春秋祭祀以時思之，孝經文。祭義曰：春禘秋嘗。霜露既降，君子履之，必有悽愴之心；春雨露既濡，君子履之，必有怵惕之心，如將見之。此以時思之之事。艮動静不失其時，故爲時。震同聲相應，故爲應。謂上之三，六爻相應也。　謂冬至有時。　此虞義也。冬夏謂既濟也。二五已易成益，中互坤，故坤爲柔，損上九之剛，以益六三之柔，而成既濟，坎、离四正卦，既濟坎上离下，坎冬時，离夏時，故損剛益柔有時。損先難而後易，故經言耑。傳又言時疾貞者，其義有待者，其時也。　乾爲至偕行。　此虞義也。十五乾盈甲，故乾爲盈。月虚爲晦，坤喪乙滅癸，故坤爲虚。損乾剛以益坤柔，故損益盈虚。泰初之上成損，損二之五成益，益上之三成既濟，變通趣時，故與時偕行也。

益，損上益下，民説无疆。注：上之初，坤爲无疆，震爲喜笑，以貴下賤，大得民，故説无疆矣。**自上下下，其道大光。**注：乾爲大明，以乾照坤，故其道大光。或以上之初，离爲大光矣。**「利有攸往」，中正有慶。**

注：中正謂五，而二應之，乾爲慶也。「利涉大川」，木道乃行。**注**：謂三動成涣，涣舟楫象。巽木得水，故木道乃行也。益動而巽，日進无疆。**注**：震三動成离，离爲日，巽爲進，坤爲无疆，日與巽俱進，故日進无疆。天施地生，其益无方。**注**：乾下之坤，震爲出生，萬物出震，故天施地生。陽在坤初爲无方，日進无疆，故其益无方矣。凡益之道，與時偕行。**注**：上來益三，四時象正，艮爲時，震爲行，與損同義，故與時偕行也。**疏**：上之至疆矣。此以下皆虞義也。坤爲地，故爲无疆。上之初體震，震春喜樂，故爲喜；笑言啞啞，故爲笑。陽貴陰賤，坤爲民，震初九以貴下賤，得坤民，故説无疆矣。乾爲至光矣。陽稱大，离爲明，故乾爲大明。坤陰晦冥，乾象盈甲，日月雙明，以乾照坤，故其道大光。或以上之三體离，乾爲大，离爲光，故爲大光，義亦通也。中正至慶也。五以中居正，故中正謂五。二正應五，故利有攸往。陽稱慶，故乾爲慶也。謂三至行也。三動成涣，舟楫之利，蓋取諸此，故涣舟楫象。巽爲木，坎爲水，巽木得水而行，故木道乃行也。震三至无疆。震三動體离，离爲日，巽爲進退，故爲進。坤地爲无疆，三動有巽离象，日與巽俱進，故日進无疆也。乾下至方矣。否乾爲天，坤爲地，陽主施，乾下之坤，是天施也。帝出乎震，故震爲出；震春生，月三日生明，故爲生。坤元萬物資生，萬物出震，故天施地生也。坤爲方，故陽在坤初爲无方，日進无疆，與其益无方同義也。上來至行也。下云與損同義。益震爲春，損兑爲秋，上來益三成坎离象，坎冬离夏，故四時象具。互艮爲時，震爲行，損二之五，益上之三，變通趣時，故與損同義。損彖傳曰：損益盈虚，與時偕行。是同義也。

夬，決也，剛決柔也。**注**：乾決坤。健而説，決而和。**注**：健，乾；説，兑也。以乾陽獲陰之和，故決而和。「揚于王庭」，柔乘五剛也。**注**：一陰乘五陽。「孚號有厲」，其危乃光也。**注**：二變离爲光，危去上六，陽乃光明。「告自邑不利即戎」，所尚乃窮也。注：窮謂上，陽勝陰負，故所尚乃窮。「利有攸往」，剛長乃終也。注：乾體大成，以決小人，終乾之剛，故乃終也。疏：乾決坤。此虞義也。乾剛坤柔，故乾決坤。健乾至而和。此虞義也。陽爲陰施，故以乾陽獲陰之和。九五莧陸夬夬，是決而和也。一陰乘五陽。一陰越五陽之上，宜決去之，故卦名夬也。二變至光明。此荀、虞義也。九五傳曰：中行无咎，中未光也。陽爲陰弇，必危去上六，陽乃光明也。窮謂至乃窮。卦窮于上，故窮謂上。坤利行師，陽息之卦，陰道日負，故所尚乃窮也。乾體至終也。此虞義也。陽息成乾，内外體備，故乾體大成。陽爲君子，陰爲小人。雜卦曰：夬，決也，剛決柔也。君子道長，小人道消。故以決小人。四月乾成，卦終于上，終乾之剛，故乃終也。

遘，遇也，柔遇剛也。「勿用取女」，不可與長也。注：以柔遇剛，不期而會，苟相遇耳，故不可與長。巽爲長。天地相遇，品物咸章也。注：乾成于巽而舍于离，坤出于离，與乾相遇。南方离位，萬物章明也。剛遇中正，天下大行也。注：剛謂二，中正謂五。乾爲天，復震爲行，建午之月，陽氣盛大，故天下大行。遘之時義大矣哉。注：日長至，陰陽争，死生分，故時義大。疏：以柔至與長。桓八年穀梁傳曰：不期而會曰遇。以柔遇剛，不期而會，匪以禮接，故云苟相遇耳。此兼鄭義。巽爲長，而云不可與長者，但遘消乾成坤，陽出復震，息至夬而陰道消亡。説文：長从厅，厅倒亡也。夬之上六傳云：无號之凶，終不可長也。至此而倒厅爲亡，故云不可與長也。乾成至明也。此荀義也。九家謂：陽起子，運行至四月，六爻成乾，巽位在巳，故言乾成于巽。既成轉舍于离，萬物皆盛大，坤從离出，與乾相遇，故言天地遇也。坤起于离，故從离出，离爲明，萬物皆相見，故章明也。剛謂至大行。陰消之卦，初陰係二，二不以失位爲嫌，故剛謂二。五以中居二，故中正謂五。乾爲天，復震爲行，建午之月，陽氣盛大，用事聖人，南面而聽天下，向明而治，天子當陽，諸侯用命，故天下大行也。日長至義大。　日長至，陰陽争，死生分者，月令仲夏文。　夏至晝漏六十五刻，夜漏三十五刻，故日長至。　鄭彼注云：争者，陽方成，陰欲起也。　蔡氏章句云：感陽氣而長者生，感陰氣而成者死，故死生分。　分猶半也。　言陽氣盛大之時，一陰始生于下，出陽知生，入陰知死，幾微之際，唯明君子而後知之。　故遘之時義大也。

萃，聚也，順以説，剛中而應，故聚也。注： 坤爲聚。順，坤；説，兑。五以剛居中，二帥衆陰，順説而從之，故聚也。**「王假有廟」，致孝享也。注：** 享，享祀也。五至初有觀象，謂享坤牛，故致孝享矣。**「利見大人亨」，聚以正也。注：** 三四之正，故聚以正。**「用大牲吉，利有攸往」，順天命也。注：** 坤爲順，巽爲命，三往之四，故順天命也。**觀其所聚，而天地萬物之情可見矣。注：** 三四易位成离坎，坎月离日，日以見天，月以見地，故天地萬物之情可見矣。與大壯、咸、恒同義。**疏：** 坤爲至聚也。　坤衆，故爲聚。　内順外説，故順，坤；説，兑。　二正應五，九五剛中，六二引吉，帥其衆而應之，既順且説，故聚也。　享享至享矣。　此虞義也。　卦自觀來，五至初又有觀象，觀盥而不薦，明堂禘祀之卦，天子大廟即明堂也。　郊禘用繭栗，故享坤牛。　唯聖人謂能饗帝，唯孝子謂能饗親，故致孝享矣。　三四至以正。　此虞義也。　三四失位，變之正，故聚以正也。　坤爲至命也。　此虞義也。　三往之四承五，坤爲順，乾爲天，巽爲命，故順天命也。　此虞義也。　三四易位，有坎、离象，离日見天，坎月見地，縣象著明，萬物見离，故天地萬物之情可見。　大壯四之五，咸四之初，恒初二已正，四五復位，皆有离、坎象，故云同義也。

柔以時升。注： 柔謂坤五也，升謂二。　坤邑无君，二當升五虚，震、兑爲春秋，二升坎、离爲冬夏，四時象正，故柔以時升也。巽而順，剛中而應，是以大「亨」。**注**：順，坤也。二以剛居中而應五，故能大亨，上居尊位也。「用見大人勿恤」，有慶也。**注**：大人，天子。謂升居五，見爲大人。坎爲恤，陽稱慶，羣陰有主，无所服憂，而有慶也。「南征吉」，志行也。**注**：二之五，坎爲志，震爲行，故志行也。**疏**：柔謂至升也。此虞義也。乾剛坤柔，故柔謂坤五也。卦自臨來，无柔爻上升之義，故升謂二。坤稱邑，又臣道，故坤邑无君。陽實陰虚，故二當升五虚。六五貞吉升階，陰爲陽作階，使二升五位，是柔以時升之義也。卦互震、兑，震春兑秋，故震兑爲春秋。二升五體坎、离，坎冬离夏，故二升坎离爲冬夏。震、兑、坎、离爲四正，故四時象正。升必以時，故柔以時升也。順坤至位也。此荀義也。説卦：坤，順也。内巽外坤，故云巽而順。剛中謂二，二應在五，故二以剛居中而應五。二以天德而居天位，故能大亨，上居尊位也。大人至慶也。此荀義也。王肅曰：大人，聖人在位之目，故大人，天子。坤爲用，离爲見，二升居五爲大人，故用見大人。坎加憂爲恤，凡言喜慶皆陽爻，故陽稱慶。坤虚无君，二升居五，故羣陰有主，无所復憂，而有慶也。二之至行也。此虞義也。二之五體坎，故坎爲志，互體震，故震爲行。

困，剛弇也。**注**：謂二五爲陰所弇也。險以説，困而不失其所，「亨」，其唯君子乎。**注**：險，坎；説，兑。此本否卦，上之二，天地交；二之正，上下交。故困而不失其所，亨。天地有常行，君子有常度，故唯君子乎。「貞大人吉」，以剛中也。**注**：謂五弇于陰，近无所據，遠无所應，體剛得中正，居五位，則吉无咎也。「有言不信」，尚口乃窮也。**注**：兑爲口，上動乘陽，故尚口乃窮。**疏**：謂二至弇也。此荀義也。弇，古文揜。　險坎至子乎。卦自否來，否天地上下不交。乾上之坤二，是天地交也；二變之正與五應，是上下交也。在困家而言亨，故云：不失其所，亨。天地不以遭困運而變其常行，君子不以遭困世而改其常度，君子取法天地，故云其唯君子乎。　謂五至咎也。　此荀義也。五爲上弇，故謂五雖弇于陰。四二皆陽爻，故近无所據，遠无所應。以其體剛得中正，居五位，則吉无咎。洪範所謂用静吉也。　兑爲至乃窮。　此荀義也。乾變爲兑，兑爲口，上九動而乘陽，故尚口乃窮。卦窮于上故也。

巽乎水而上水，井。注：巽乎水，謂陰下爲巽也。而上水，謂陽上爲坎也。木入水出，井之象也。**井養而不窮也。**注：兑口飲水，坎爲通，往來井井，故養不窮也。**「改邑不改井」，乃以剛中也。**注：初之五，以剛居中，故以剛中。**「无喪无得，往來井井〔一〕，汔至，亦未繘井」，未有功也。**注：二未變應五，故未有功。**「累其瓶」，是以凶也。**注：初二不變，則既濟之功不成，故凶。疏：巽乎至象也。　此荀義也。巽爲鹿盧，故木入。坎爲泉，故水出。　兑口至窮也。　此虞義也。互兑在坎下，故兑口飲水。　初之至剛中。　初之五，以剛居中，釋改邑之義。五之初，不改井義舉諸此矣。　二未至有功。　此虞義也。五多功，二未變應五，故未有功。　初二至故凶。　井以養人爲功，初二變，則井洌寒泉食，既濟功至，傳曰大成也。不變則瓮漏行惻，无王明受福之事，故凶也。

革，水火相息。注：息，長也。离爲火，兑爲水。　繫曰：「潤之以風雨。」風，巽；雨，兑也。　四革之正，坎見，故獨於此稱水也。　**二女同居，其志不相得曰革。**注：二女，离、兑，體同人象，蒙艮爲居，故二女同居。　四變體兩坎象，二女有志。离火志上，兑水志下，故其志不相得。　坎爲志也。**「巳日乃孚」，革而信之。**注：巳日

〔一〕「无喪无得，往來井井」句，通行本周易無。

乃革之，坎孚爲信，故革而信之。文明以説，大「亨」以正。革而當，其「悔」乃「亡」。**注：**文明謂离。説，兑也。大亨謂乾。四動，成既濟定，故大亨以正。革而當位，故悔乃亡也。天地革而四時成。**注：**謂五位成乾爲天，蒙坤爲地，震春兑秋，四之正，坎冬离夏，則四時具。坤革而成乾，故天地革而四時成也。湯武革命，順乎天而應乎人。**注：**湯武謂乾，乾爲聖人。天謂五，人謂三。四動順五應三，故順天應人。巽爲命也。革之時，大矣哉。**注：**革天地，成四時，誅二叔，除民害，天下定，武功成，故大矣哉。**疏：**息長至水也。此虞義也。息讀爲消息之息，故云長也。兑爲坎半象，故爲水。坎爲川，川雍爲澤，故爲澤。云繫曰潤之以風雨者，上繫文。昭元年春秋傳曰：六氣：陰、陽、風、雨、晦、明也。賈逵、服虔以爲風東方，雨西方，兑正西，故云：風，巽；雨，兑也。兑言澤而稱水者，卦无坎象，四革之正，坎兩見，故不曰澤而曰水也。二女至志也。此虞義也。离中女，兑少女，故云：二女，离、兑。初至五體同人，蒙艮爲居，故二女同居，謂同在革家也。四變體兩坎象，坎爲志，兩坎爲兩志，故云二女有志。火動而上，故离火志上；澤動而下，故兑水志下。二女各有志，故其志不相得。是水火相息，而更用事之義也。巳日至信之。巳日謂二，孚謂三。二應五，巳日乃革之，順乎天也。三孚五革，言三就有孚，應乎人也。五坎孚爲信，故革而信之。文明至亡也。此虞義也。坤爲文，离之文坤也。离嚮明，故文明謂离。説謂兑也。元，大也。貞，正也。四動，剛柔正而位當，故大亨以正。四不當位，宜有悔也。動得正，故云：革而當，其悔乃亡也。謂五至成也。此虞義也。五體乾，故五位成乾爲天；蒙體坤，故蒙坤爲地。蒙又體震，革體兑，故震春兑秋；四動成坎，故四之正，坎冬离夏，則四時具也。蒙爲革，故坤革而乾成。乾天坤地，故云天地革而四時成也。湯武至命也。此虞義也。乾爲君，故湯武謂乾。聖人謂乾五陽得位爲聖人，故乾爲聖人。二巳日乃革之，二正應五，故天謂五。三革言三就，故人謂三。四動，六爻皆正，故順五應三，謂四順五，上應三也。或謂：皆指上，革道成于上。象傳順以從君，是順五之事，義亦得通。

周易述卷十一

象上傳

天行健，君子以自强不息。**注**：消息之卦，故曰天行。乾，健也，故曰天行健。君子謂三，乾健故强，天一日一夜過周一度，君子莊敬日强，故自强不息。「子路問强。子曰：南方之强與？北方之强與？抑而强與？」而强即自强也。易備三才，至誠無息，所以參天地與。**疏**：剥象傳曰：君子尚消息盈虚，天行也。乾坤消息之卦，故曰天行。乾，健。說卦文。以天之運行爲言，故不曰乾而曰健云〔一〕也。乾鑿度有一聖、二庸、三君子之目。一聖初九也，得正故聖人。二庸九二也，失正故庸人。三君子九三也，得正故君子也。虞注說卦云：精剛自勝，動行不休，故健。乾健故强，太玄準之以强，强亦健也。天一日一夜過周一度，此虞義也。周天三百六十五度四分度之一，在天成度，在歷成日，天一日一夜過周一度，日亦一日一夜起度端，終度端。在天爲不及一度，是天爲健。樂記曰：著不息者，天也。君子法天之行，莊敬日强，故自强不息也。引中庸者，證自强之合於中和也。子路問强，夫子反詰之曰：抑而强與？而，女也。因告之曰：故君子和而不流，强哉矯！中立而不倚，强哉矯！是强有中和之義。君子法天之健，合於中

〔一〕「健云」，皇清經解本作「云健」。

和，即至誠之無息也。故又取三才之説以申之。乾、坤諸卦之祖，而象皆稱君子者，以君子備三才。故荀子王制篇曰：天地者，生之始也。禮義者，治之始也。君子者，禮義之始也。爲之貫之，積重之，致好之，君子之始也。故天地生君子，君子理天地。君子，天地之參也。孟子曰：夫君子所過者化，所存者神，上下與天地同流。皆言君子參天地之事。趙岐注云君子通於聖人是也。

「潛龍勿用」，陽在下也。**注：**陽在下，故勿用。「見龍在田」，德施普也。**注：**二升坤五，臨長羣陰，德施於下，無所不徧。「終日乾乾」，反復道也。**注：**反復天道，原始反終。「或躍在淵」，進无咎也。**注：**陽道樂進，故進无咎。「飛龍在天」，「大人」造也。**注：**造，作也。天者，首事造制。大人造作，見居天位。聖人作而萬物覩，是其義也。「忼龍有悔」，盈不可久也。**注：**乾爲盈，忼極失位，降爲三公。天道虧盈，故不可久。「用九」天德，不可爲首也。**注：**天德，乾元也。萬物之始，莫能先之，故不可爲首。

疏：陽在至勿用。　陽謂龍，下謂潛，以象言之曰潛龍，以消息言之曰陽在下也。陽尚在下，故曰勿用。　二升至不徧。　此荀義也。益彖傳曰天施地生，是陽主施。晉語曰：臨長晉國。韋昭注云：臨，監也。長，帥也。二升坤五爲君，臨長羣陰，體純能施，德博而化，故德施普。普，徧也。　反復至反終。　此干寶義也。卦有反復，如反泰爲否、反否爲泰之類是也。唯乾坤坎离反復不衰，故云反復天道。經曰：終日乾乾，夕惕若夤。文言曰：知至至之，知終終之，是通乎晝夜之道而知者。故云原始反終。　陽道至无咎。　此荀義也。乾鑿度曰陽動而進，故樂進。居五得中，故无咎也。　造作至義也。　此荀義也。釋詁曰：作、造，爲也。是造、作同義。聖人制作皆本於天，故天者，首事造制。大人造法，所以效天也。五爲天位。文言曰：聖人作而萬物覩。作謂造作八卦，故曰大人造也。萬物覿，是利見大人也。乾爲至可久。剥彖傳曰：君子尚消息盈虛。乾息坤消，乾盈坤虛。又納甲十五乾盈甲，故乾爲盈。乾鑿度曰：三爲三公。上失位，當下居坤三，故云降爲三公。董子曰「君不能奉天之命，則廢而爲公，王者之後」是也。後世封先代之後爲公，其取法於此與！天道虧盈，嗛彖傳文。虞彼注云：乾盈上虧之坤三，故虧盈。是其義也。天德至爲首。乾爲首。釋詁曰：元，首也。文言曰：乾元用九。故知天德爲乾元也。萬物之始已下，宋衷義也。乾爲先，乾元萬物資始，故云：萬物之始，莫能先之。陽唱而陰和，男行而女隨，此乾坤二用之大義也。

地勢坤，君子以厚德載物。 **注**：地有高下，故稱勢。君子謂二。坤爲厚，乾爲德，坤轝爲載，故以厚德載物。中庸稱至誠曰：「博厚所以載物也。」虞氏謂：勢，力也。**疏**：地有高下，楚語文。漢書敘贊曰「坤作墜勢，高下九則」是也。高下者，地之勢也。白虎通曰：地有三形，高下平。卦有兩坤，故以勢言之。乾鑿度六二爲君子，坤主二，故君子謂二。坤爲地，地廣厚，故爲厚。與乾旁通，故乾爲德。坤爲大轝，轝所以載，故以厚德載物。引中庸至誠者，所以備三才也。虞氏訓勢爲力。案，鬼谷子論捭闔之義云：以陽求陰，苞以德也；以陰結陽，施以力也。是言地以勢力凝乾，義亦通也。

「履霜堅冰」，陰始凝也。馴致其道，至「堅冰」也。 **注**：馴，順也。乾爲道。履霜者，陰凝陽之始也。順陽之命，至十月而堅冰至矣。**「六二」之動，「直」以「方」也。「不習无不利」，地道光也。** **注**：陽動而陰應之，故直以方也。坤主二，稱地道。二离爻，离麗乾，故曰光。**「含章可貞」，以時發也。「或從王事」，知光大也。** **注**：發得正，故以時發。三終乾事，故知光大也。**「括囊无咎」，慎不害也。** **注**：坤爲害，四慎承五，故不害。**「黄裳元吉」，文在中也。** **注**：坤爲文，降居乾二，處中應五，故曰文在中。**「龍**

戰于野」，其道窮也。**注**：陰道窮于上。「用六永貞」，以大終也。**注**：陽稱大，地道代終，故以大終。**疏**：馴順至至矣。馴，順也。九家義。古文馴、順通。文言曰蓋言順也，義與此同。乾爲道，虞義也。坤凝乾自初始，至上六而與乾接矣。故初曰陰始凝，上曰陰疑於陽必戰也。初順乾命，乾爲道，故曰馴致其道。月令孟冬之月水始冰，地始凍。乾爲寒、爲冰，故十月而堅冰至。亦謂陰順陽之性，而成堅冰也。陽動至曰光。荀氏云：二應五，五下動之，則應陽出直，是六二之動，爲五動而二應，故直以方也。乾坤二卦，惟乾五坤二爲天地之中，故五稱天德，二稱地道。离麗乾，亦虞義也。坤之乾成离，离者麗也，故离麗乾。二离爻，离爲光，故地道光也。發得至大也。京房曰：静爲悔，發爲貞。發者，變動之義。故文言曰：六爻發揮。說卦曰：發揮於剛柔而生爻。發爲動，揮爲變。象辭言發者，皆謂發得正也。變動有時，故以時發。知謂坤，光大謂乾。三之上，終乾事，故知光大也。坤爲至不害。虞注嗛彖傳曰：坤爲害，陰消至四，謹慎承五，繫於苞桑，故不害。說苑曰「慎勝害」是也。坤爲至在中。坤爲文，說卦文。楚語曰：地事文。韋昭云：地質柔順，故文。五降乾二，柔順處中，上應九五，故曰文在中，謂下中也。王肅曰五在中，非也。陰道窮於上。後漢書朱穆奏記曰：易經龍戰之會，其文曰：龍戰於野，其道窮也。謂陽道將勝，而陰道負也。陰窮於上，故云負；陽復於下，故云勝。終亥出子之義也。陽稱至大終。坤承乾，乾爲大，地道無成而代有終，故以大終。

雲雷，屯。君子以經論。**注**：三陽爲君子，謂文王也。經論大經，以立中和之本，而贊化育也。中庸曰：「唯天下至誠，爲能經論天下之大經，立天下之大本，知天地之化育。」三之正，成既濟，是其事矣。**疏**：乾鑿度曰：乾三爲君子。君子謂陽三已正，故云三陽爲君子。繫下曰：易之興也，其當殷之末世，周之盛德邪？當文王與紂之事邪？虞彼注云：謂文王書易六爻之辭也。末世乾上，盛德乾三，故知三謂文王也。經論大經，謂文王演易也。白虎通曰：文王所以演易何也？文王時受王不率仁義之道，失爲人法矣。己之調和陰陽尚微，故演易使我得卒至於大平，日月之光明如易矣。是文王經論大經，爲既濟也。九五屯膏以喻受德，初九建侯以喻文王。三動反正，爲既濟，是其事矣。中和之本者，中和謂二五，本謂乾元也。乾元用九，坎上离下，六爻得正，二五爲中和，聖人致中和，天地位，萬物育，故能贊化育也。中庸唯天下至誠已下，是言孔子論譔六經之事。孔子當春秋之世，有天德而无天位，故删詩述書，定禮理樂，制作春秋，贊明易道。戴宏春秋解疑論所云：聖人不空生，受命而制作，所以生斯民覺後生也。其孫子思知孔子之道在萬世，故作中庸以述祖德，云仲尼祖述堯舜，憲章文武，極而至於天地之覆載，四時之錯行，日月之代明，言其制作可以配天地。繼乃舉至聖、至誠以明之。至聖，堯、舜、文、武也；至誠，仲尼也；大經，六經也；大本，中也；化育，和也。以无天位曰立曰知，而其本已裕也。以經論象雲雷者，揚子法言曰：雷震乎天，風薄乎山，雲徂乎方，雨流乎淵，其事矣乎？李軌注云：言此皆天之事矣，人不得無事也。天事雷風雲雨，人事詩、書、禮、樂也。故以經論象雲雷也。必知經論大經爲既濟者，隱元年公羊傳曰：所見異辭，所聞異辭，所傳聞異辭。何休注云：所見者，謂昭、定、哀時事也；所聞者，謂文、宣、成、襄時事也；所傳聞者，謂隱、桓、莊、閔、僖時事也。於所傳聞之世，見治起於衰亂之中，用心尚麤觕，故内其國而外諸夏，先詳内而後治外，録大略小，内小惡書，外小惡不書，大國有大夫，小國略稱人，内離會書，外離會不書是也。於所聞之世，見治升平，内諸夏而外夷狄，書外離會，小國有大夫。宣十一年秋「晉侯會狄於攢函」、襄二十三年「邾婁鼻我來奔」是也。至所見之世，著治太平，夷狄〔一〕進至於爵，天下遠近小大若一，用心尤深而詳，故崇仁義，譏二名，晉魏曼多、仲孫何忌是也。是言孔子作春秋，亦如伏羲、神農、黄帝、

〔一〕「夷狄」，原作「春秋」，據十三經注疏改。

堯、舜、禹、湯有既濟之功，故以所傳聞之世見治起於衰亂之中，所聞之世見治升平，所見之世著治太平爲既濟也。孟子言一治一亂，以治屬禹、周公、孔子。子思作中庸，謂堯、舜、文、武之既濟，人知之；仲尼之既濟，人不知之。故曰：苟不固聰明聖知達天德者，其孰能知之？言非至聖如堯、舜、文、武，不能知至誠之孔子。故鄭氏據公羊傳，亦以爲堯、舜之知君子也。何氏於定六年注云：春秋定、哀之間，文致太平，即是此傳君子以經論成既濟，中庸經論大經，贊化育之事。何氏傳先師之説，知孔子作春秋文致太平，後儒无師法，不能通其義也。

雖「般桓」，志行正也。以貴下賤，大得民也。**注：**坎爲志，震爲行，退居正，故云：雖般桓，志行正也。陽貴陰賤，故云：以貴下賤，大得民也。坤爲民。「六二」之難，承剛也。「十年乃字」，反常也。**注：**反從正應，故反常。「即鹿无虞」，以從禽也。「君子舍」之，「往吝」窮也。**注：**禽，鳥獸之總名。上爲窮。「求」而「往」，明也。**注：**體离故明。「屯其膏」，施未光也。**注：**爲上弇，故施未光。「泣血漣如」，何可長也。**注：**陰承陽，故不可長。**疏：**坎爲至爲民。般桓，退也。居初，是居正也。陽貴陰賤，荀義也。董子曰：陽貴而陰賤。荀子君子篇曰：爵當賢則貴，不當賢則賤。二以陽居初，建侯當位，而下坤民，故云以貴下賤。宣十二年春秋傳曰：其君能下人，必能信用其民矣。故云大得民也。坤爲民，虞義也。反從至反常。二正應五，反從正應，是反歸常道，故云反常。二體震爲反也。禽鳥至爲窮。白虎通曰：禽，鳥獸之總名，爲人所禽制也。比九五曰：王用三驅，失前禽。周禮大司馬曰：大獸公之，小禽私之。又大宗伯云：以禽作六摯，卿執羔，大夫執鴈。曲禮曰：猩猩能言，不離禽獸。月令：戮禽祭禽。禽皆是獸，是禽、獸通名也。若别而言之，則釋鳥云：二足而羽謂之禽，四足而毛謂之獸也。卦窮於上，故謂窮爲上。三應上，上不應三，故云往吝窮也。體离故明。此虞義也。三變初體离，离爲明。昏禮先納幣而後親迎。納幣，求也。親迎，往也。故云：求而往，明也。言明於禮。爲上至未光。陽爲陰弇，陽主施，屯其膏，故施未光也。陰乘至可長。上不應三，而乘五馬，是乘陽也。用六利用貞，陰承陽則永，乘陽故不可長。

山下出泉，蒙。**注**：泉之始出者曰蒙。君子以果行育德。**注**：君子謂二。艮爲果，震爲行。育，養也。體頤養，故以果行育德也。**疏**：泉之至曰蒙。禮斗威儀曰：君乘土而王，其政太平，則蒙水出於山。宋均注云：蒙，小水也。出可爲灌注，無不植也。小水可以灌注，猶童蒙可以作聖。此實象也。君子至德也。此虞義也。乾鑿度九二爲庸人，今九居二而稱君子者，二以亨行時中，變之正，六居二爲君子，故謂君子爲二也。艮爲果蓏，故爲果。育，養也。釋詁文。二至上體頤，頤者，養也。彖傳曰：蒙以養正，果行育德。養正之義也。

「利用刑人」，以正法也。**注**：坎爲法，初發之正，故正法也。「子克家」，剛柔接也。**注**：剛柔謂二五。「勿用娶女」，行不順也。**注**：震爲行，坤爲順，坤體壞，故行不順。「困蒙」之「吝」，獨遠實也。**注**：陽稱實。「童蒙」之「吉」，順以巽也。**注**：五體坤，動而成巽。故順以巽。「利」用「禦寇」，上下順也。**注**：自上禦下，故順。**疏**：坎爲至法也。此虞義也。九家說卦曰：坎爲律。釋言曰：坎，律銓也。樊光云：坎卦水，水性平，律亦平，銓亦平也。坎爲水，故古刑法灋之字皆從水。法、律同義，故坎爲法也。初失位，發得正，故以正法。剛柔謂二五。焦氏易林曰：剛柔相呼，二姓爲家。變之正，五剛二柔，故云接。接，際也。震爲至不順。說見上。陽稱實。陽實陰虛，故陽稱實。柔之爲道，不利遠者，四獨遠陽，故困也。五體至以巽。五動體巽，故云動而成巽，此虞義也。自上至故順。此虞義也。上禦三，是自上禦下。虞氏謂：

巽爲高，艮爲山，登山備下，順有師象是也。三不順，上禦之則順矣。五以應二爲順，上以禦三爲順，其義一也。

雲上於天，需。**注**：雲上於天，須時而降。君子以飲食宴樂。**注**：君子謂二。坎爲飲食，五需二，衍在中，故以飲食宴樂。陽在内稱宴。**疏**：雲上至而降。此宋衷義也。六四出於穴，是雲上於天也；上六入于穴，是須時而降也。君子至稱宴。九二陽不正，需時升五，故稱君子。序卦曰：需者，飲食之道也。荀氏謂：坎在需家爲酒食，故坎爲飲食。五象曰：需於酒食。是五以酒食需二，二需於沚，衍在上中，故謂宴樂爲二。陽在内稱宴，虞義也。

「需于郊」，不犯難行也。「利用恒」〔一〕，未失常也。**注**：坎爲難。常猶恒也。初變失位，上居四，故未失常。「需于沚」，衍在中也。**注**：衍讀爲延，在後詔侑曰延。五需二，故衍在中。雖「小有言」，以「吉」「終」也。「需于泥」，災在外也。**注**：外謂坎。自我「致戎」，敬慎不敗也。**注**：五离爲戎，坎爲多眚，故敗。三不取四，故敬慎不敗。乾爲敬也。「需于血」，順以聽也。**注**：雲雖升天，終當入穴，順以聽五，五爲天也。「酒食貞吉」，以中正也。**注**：謂乾二當升五，正位者也。「不速之客來，敬之終吉」。雖不當位，未大失也。**注**：上降居三，雖不當位，承陽有實，故无大失。**疏**：坎爲至失常。初應四，四坎爲難，初不取四，故不犯難行。初變失位，上居四爲得位，故未失常。恒本訓常，故下經恒卦，太玄準之以常、永。常猶恒也，反覆相訓。衍讀至在中。周禮大祝九祭，二曰衍祭。鄭注云：衍當爲延，讀從「主人延客祭」之

〔一〕通行本周易「恒」字下有「无咎」二字。

延。古文衍、延同物也。特牲饋食禮曰：祝延尸。鄭彼注云：延，進。在後詔侑曰延。五需二，五在二後，自後詔二，延登居二，故衍在中。雖隔於六四之險，終當升上，故以吉終。　外謂坎。　坎爲災在外卦，故云災在外也。五离至敬也。　离爲戎，虞義也。三至上有坎、离象，坎爲寇，离爲戎，故經言寇，傳言戎。說卦曰：坎其於輿也，爲多眚。虞注云：眚，敗也。三體乾，乾爲敬，不取於四，故敬慎不敗也。　雲雖至天也。　此九家義也。象曰：順以聽也。四陰故順，坎爲耳，耳主聽，故順以聽五。五指乾二升五，乾爲天，嫌謂坎五，故云五爲天也。　謂乾至者也。　此九家義也。　上降至大失。　此荀義也。六居三爲失位，故云不當位。上降承乾，故承陽有實。失謂不當位，未大失，以其承陽也。

天與水違行，訟。**注**：水違天，猶子違父，臣違君，故訟。君子以作事謀始。**注**：君子謂乾。三來變坤爲作事，坎爲謀，初爲始，二據初，剛柔易，故以作事謀始。**疏**：水違至故訟。　坎者，乾再索而得，有子道，坤有臣道，下三爻皆失位，故云猶子違父，臣違君，而成訟也。　君子至謀始。　此虞義也。坤謂遯坤，坤爲事，三來變坤，故爲作事。洪範謀屬水，坎爲水、爲心，故爲謀。卦自下生，故初爲始。三來之二據初，剛柔易謂二與初易位，初不永所事，謀始之義也。

「不永所事」，訟不可長也。雖「小有言」，其辯明也。**注**：初辯之早，故其辯明。「不克訟」，「歸逋」竄也。自下訟上，患至惙也。**注**：上謂乾。惙，憂也。「食舊德」，從上「吉」也。**注**：從，順。「復即命渝」，「安貞」不失也。**注**：變得正，故不失。「訟元吉」，以中正也。以訟受服，亦不足敬也。**注**：服謂鞶帶。乾象毀壞，故不足敬。**疏**：初辯至辯明。　坤消陰自初始，變之正，辯之早矣。

二變應五，三食舊德，體离，离爲明，故其辯明矣。 上謂乾。惙，憂也。 二訟四，四體乾，故上爲乾。惙，憂。鄭義也。詩曰：憂心惙惙。俗作掇，今從古。 從，順。 三失位，變從上，故吉。此上亦謂乾也。從訓順者，昭五年春秋傳曰：使亂大從。服虔解誼云：使亂大和順之道。故知從爲順也。 變得正，故不失。 失謂失位。 服謂至足敬。 此虞義也。槃帶祭服，故服謂槃帶。遯三體乾，乾爲衣，故云服也。三食舊德，四變食乾，故乾體壞。乾爲敬，乾體壞，故不足敬也。

地中有水，師。注：坎在坤內，故曰地中有水。師，衆也。坤中衆者，莫過於水。**君子以容民畜衆。注：**君子謂二。坤爲民，坎爲衆。容，寬也。畜，養也。二升五，寬以居之，故以容民。五降二，萬物致養，故以畜衆。

疏：坎在至於水。 此宋衷義也。坎爲水，坤爲地，坎在坤內，是水行地中之象。楊泉物理論曰：水，浮天載地者也。故地之衆者，莫過於水。以況人之衆者，莫過於師。衆有二訓：周語曰人三爲衆，一也；釋詁曰：黎、庶、烝、多、師、旅，衆也。又曰：洋、觀、裒、衆、那，多也。是庶、多亦曰衆，二也。坤坎所以取象於師，以衆多爲名也。 君子至畜衆。 此虞義也。二爲庸人而稱君子者，以其升五也。坤陰故爲民。容，寬也。洪範五行傳文。詩日月曰：畜我不卒。毛傳云：畜，養也。卦自乾來，文言乾九二寬以居之，亦謂二升五，居上以寬，是容民之義也。萬物致養，說卦文。五體坤，坤陰廣博，含養萬物，五降二，萬物致養，是畜衆之義也。

「師出以律」，失律凶也。注：初失位，故曰失律。**「在師中吉」，承天龍〔一〕也。「王三錫命」，懷**

〔一〕「龍」，通行本周易作「寵」。

萬邦也。**注**：龍，和也。二以盛德行中和，衆陰承之，故承天龍。居王位而行錫命，衆陰歸之，故懷萬邦。坤爲萬邦。「師或輿尸」，大无功也。**注**：三五同功，三多凶，故大无功。「左次无咎」，未失常也。**注**：得位承五，故未失常。「長子帥師」，以中行也。「弟子輿尸」，使不當也。**注**：震爲行居中，故曰中行。三失位，故不當。五已正，使不當，故貞凶。「大君有命」，以正功也。「小人勿用」，必亂邦也。**注**：五多功，五動正位，故以正功。坤爲亂。**疏**：初失至失律。爻例失位曰失，又曰不當，師初、二、三、五皆失位，故初曰失，三曰不當。二五易位，故曰貞丈人，又曰以正功也。龍和至萬邦。詩長發曰：何天之龍。毛傳云：龍，和也。二當升五，五爲天，以盛德行中和，衆陰承之，故承天和。錫命者，開國承家皆當有錫命之事。居王位而行錫命，衆陰歸之，故懷萬邦。禮器曰物無不懷仁，周語曰無所依懷，鄭、韋皆訓懷爲歸。坤爲萬邦，虞義也。

三五至无功。師勝敵稱功。周禮大司馬曰：若師有功，愷樂獻於社；若師不功，則厭而奉主車。鄭注云：功，勝也。三五同功，五多功，三賤多凶，故大无功也。得位至失常。四得位，故云未失。二升五而四承之，陰承陽爲常道，故曰未失常也。震爲至貞凶。二升居五，故曰中行。已正五位，而用失位之三，是使不當，故貞凶也。

五多至爲亂。此虞義也。

地上有水，比。**注**：地得水而柔，水得地而流，故曰比。先王以建萬國，親諸侯。**注**：先王謂五。初陽已復，震爲建、爲諸侯，坤爲萬國。比，四月卦也。比，輔也。輔成五服，故以建萬國。比，比也。有孚盈缶，故以親諸侯。**疏**：地得至曰比。此子夏義也。傳又云：夫凶者生於乖爭。今既親比，故云比吉也。杜林曰：比者，言性不相害。但爻之相比，不相害而相親，故曰比也。先王至諸侯。先王謂夏先王也。五爲天子，故先王謂五。初變之正體震，震爲建侯，初剛難拔，故云建。震爲諸侯，義見屯卦。坤爲地，地有九州，夏時九州有萬國，故坤爲萬國。此上虞義也。比四月卦，據消息。孟喜卦氣圖曰：十一月未濟、蹇、頤、中孚、復，十二月屯、嗛、睽、升、臨，正月小過、蒙、益、漸、泰，二月需、隨、晉、解、大壯，三月豫、訟、蠱、革、夬，四月旅、比、小畜、乾，五月大有、家人、井、咸、姤，六月鼎、豐、渙、履、遯，七月恒、節、同人、損、否，八月巽、萃、大畜、賁、觀，九月歸妹、无妄、明夷、困、剥，十月艮、既濟、噬嗑、大過、坤是也。古文尚書臯陶謨曰：邶成五服，至於五千，州有十二師，外薄四海，咸建五長。鄭彼注云：敷土既畢，廣輔五服而成之，面方各五千里，四面相距爲方萬里。師，長也。九州州立十二人爲諸侯，師以佐其牧。外則五國立長，使各守其職。堯初制五服，服各五百里。要服之内方四千里曰九州，其外荒服曰四海。此禹所受地記書：崑崙山東南，地方五十里名曰神州者。禹邶五服之殘數，亦每服者合五百里。故有萬里之界，萬國之封。春秋傳曰：禹朝羣臣於會稽，執玉帛者萬國。言執玉帛者，則九州之内諸侯也。其制特置牧，以諸侯賢者爲之師，蓋百國一師，州十有二師，則州千二百國也。八州凡九千六百國，其餘四百國在圻内。此禹時建萬國之事也。四月以建萬國者，明堂月令曰：立夏之日，天子親帥三公、九卿、大夫以迎夏於南郊，還反賞封諸侯。蓋夏殷法也。白虎通曰：封諸侯以夏何？陽氣盛養，故封諸侯，盛養賢也。襄廿六年春秋傳曰：賞以春夏，刑以秋冬。是慶賞封建皆以夏也。王肅聖證論亦同此說。禹邶成五服，邶與比同。說文曰：邶，輔信也。輔成五服，此建萬國之象。比，比也。序卦文。九五孚信之德盈滿中國，四海會同，遠人賓服。此親諸侯之象也。

比之「初六」，「有它吉」也。**注**：信及非應然後吉。「比之自内」，不自失也。**注**：得位，故不自失。「比之匪人」，不亦傷乎。**注**：爻失其正，辰體陰賊，故傷。「外比」於賢，以從上也。**注**：上謂五。

「顯比」之「吉」，位正中也。注：謂离象明，正上中也。舍逆取順，「失前禽」也。注：背上六，故舍逆。據三陰，故取順。不及初，故失前禽。「邑人不戒」，上使中也。「比之无首」，无所終也。注：坤道代終，比之无首，故无所終。疏：信及至後吉。此荀義也。案，五爻辭云失前禽，謂初也。三、四、五所據也；二、五所應也。初在應外，故失前禽。前禽雖失，初六終來，盈缶之孚也。王者之德不及殊俗則未至，故信及非應然後吉也。得位至自失。桓十七年穀梁傳曰：蔡季自陳歸於蔡。自陳，陳有奉焉爾。二得位自內，比初而外應五，正而後行事，故不自失也。爻失至故傷。此干寶義也。翼奉封事曰：東方之情怒也，怒行陰賊，亥卯主之。孟康注云：本生於亥，盛於卯，木性受水氣而生，貫地而出，以陰氣賊害土，故爲陰賊。坤爲土，六三乙卯，坤之鬼吏，草木怒生而賊害土，故云傷也。上謂五。繫上曰：可大則賢人之德，可久則賢人之業。姚信注云：上賢人謂乾五，下賢人謂坤二。乾五之坤成坎，坎五猶乾五，故稱賢。二比初，四不比三者，三匪人，故不比也。謂离至中也。此虞義也。初三已變，體重明，故謂离象明。五在上，得位居中，故正上中也。背上至前禽。此虞義也。上六逆乘陽，故稱逆。而在五後，故稱背。四、三、二皆順承陽，而五據之，故云取順。初在應外，五不及初，故失前禽。邑人不戒，上使中[一]也。義見上經。坤道至所終。上爲終，坤承乾而代終，以乾爲首故也。今比之无首，則是无所終也。

風行天上，小畜。注：風者，天之命令也。今行天上，則是令未下行，畜而未下，小畜之象。君子以懿文德。

[一]「中」字原缺，據皇清經解本補。

注：懿，美也。豫坤爲文，乾爲德，卦以柔畜剛，君子法之，故修美文德，積久而施自行。疏：風者至之象。此九家義也。巽爲風。巽彖傳曰：重巽以申命。故云：風者，天之命令也。今風行天上，則是令未行於下，畜道未成，故畜而未下，以小畜大，謂之小畜也。懿美至自行。說文曰：懿，專久而美也。豫坤爲文，據旁通也。乾有四德，故爲德。此上虞義也。四爲柔，故云以柔畜剛。君子欲懷柔天下，不以武功而以文德，故云修美文德。彖傳曰：施未行也。巽柔善入，積之久而德施於物，物无不化，故云施自行。

「復自道」，其義「吉」也。注：陽爲吉。「牽復」在中，亦不自失也。注：失位變應五，故不自失。亦者，亦初也。「夫妻反目」，不能正室也。注：妻當在内，夫當在外，今妻乘夫，而出在外，故不能正室。「有孚惕出」，上合志也。注：上謂五，坎爲志。「有孚攣如」，不獨富也。「既雨既處」，「得」積「載」也。「君子征凶」，有所疑也。注：積猶畜也。坎爲疑。疏：陽爲至初也。陽吉陰凶，初變爲陽，是由凶而趣於吉，故其義吉也。二從旁通變，故失位。今變應五，故不自失。初既得位，二亦不失，故云：亦者，亦初也。妻當至正室。桓十八年春秋傳曰：女有家，男有室。是夫以妻爲室也。白虎通曰：一夫一婦成一室。義亦通也。男正位乎外，女正位乎内，天地之大義。今陽在内，陰在外，反其居室之道，故不能正室。夫謂豫震，妻謂小畜，即巽也。上謂五，坎爲志。彖傳曰：剛中而志行，乃亨。剛中謂五。四五合志，乃能畜乾，故上謂五，坎爲志。虞義也。積猶至爲疑。畜道至上而成「得積載」者，畜道成也。畜有積義，故云積猶畜也。坎爲疑，虞義也。

上天下澤，履。君子以辯上下，定民志。注：君子謂乾，天高地下，萬物散殊而禮制行，故以辯上下，定民志。**疏**：此樂記文。乾爲天，兑爲澤，禮以地制澤，又卑於地，故君子法之以制禮。天高地下，禮者，天地之别也，故以辯上下。萬物散殊而未定，禮節民心，故以定民志。漢書叙傳曰：上天下澤，春雷奮作，先王觀象，爰制禮樂。是説君子法履以制禮之事。

「素履」之「往」，獨行願也。**注**：初微謂之獨。震爲行，使四變而己應之，故獨行願。「幽人貞吉」，中不自亂也。**注**：變之正，居中應五，故不自亂。「眇而視」，不足以有明也。**注**：兩离稱明。「跛而履」，不足以與行也。「咥人」之「凶」，位不當也。「武人爲於大君」，志剛也。**注**：剛謂乾，坎爲志。「愬愬終吉」，志行也。**注**：應在初，故志行。「夬履貞厲」，位正當也。**注**：位正當，故不疚。「元吉」在上，大有慶也。**疏**：初微至行願。　初爲隱，爲微，隱微於人爲獨，故中庸曰：莫見乎隱，莫顯乎微，故君子慎其獨也。初應四，四體乾，乾爲誠。素，質之始也。質，誠也。欲正其心者先誠其意，不誠則不能獨，故素履之往，獨行願也。　變之至自亂。　貞吉者，變之正而獲吉也。坎在坤中，坤爲亂，之正應五，故不自亂。　兩离稱明。　虞注鼎彖傳曰：有兩坎兩离，乃稱聰明。眇而視，不足以有明，一离故也。　剛謂至爲志。　三變應乾，故志剛。　應在至志行。　應在初，初震爲行，坎爲志，故志行。　位正至不疚。　乾履兑，兑爲虎，五在乾體，故厲。以剛中正，故不疚。與彖傳互相明也。

天地交，泰。**注**：交謂二五。后以財成天地之道，輔相天地之宜，以左右民。**注**：坤稱后，坤富稱財。輔，以陰輔陽；相，贊也。震爲左，兑爲右，坤爲民，言后資財用以成教，贊天地之化育以左右其民也。書曰：「予欲左右有民。」**疏**：交謂二五。　天地交而成既濟，故云交謂二五。　坤稱至有民。　釋詁曰：后，君也。坤臣道而稱后者，泰消息爲辟卦，得稱后也。坤富稱財，又化成物，故曰財成。卦有比，比，輔也。故以陰輔陽也。相者贊相，故曰：相，贊也。震春爲左，兑秋爲右，坤衆爲民，富之教之，所謂資財用以成教，皆贊化育爲既濟之事也。書曰者，尚書皋陶謨文。是虞夏既濟時事，故引之也。

「拔茅征吉」，志在外也。**注**：外謂四。「苞巟得尚于中行」，以光大也。**注**：升五體离，嚮明而治，故以光大。「无平不陂」[一]，天地際也。**注**：位在乾極，應在坤極，天地之際。「偏偏不富」，皆失實也。**注**：坤虛，故皆失實。「不戒以孚」，中心願也。**注**：中謂五，坎爲心，陰性欲承，故中心願。「以祉元吉」，中以行願也。**注**：中，下中。「城復于隍」，其命亂也。**注**：初吉終亂。**疏**：外謂四。此虞義也。升五至光大。既濟五互离，故云升五體离。説卦曰：离也者，明也。聖人南面而聽天下，嚮明而治，蓋取諸此，謂取离象爲明堂也。二升五爲聖人，故乾鑿度以夬五爲聖人。离爲光，乾爲大，故以光大也。位在至之際。此宋衷義也。位在三，故云乾極。應在上，故云坤極。小爾雅曰：際，接也。天與地接，猶泰與否接，故云天地際也。坤虛至失實。陽實陰虛，坤三爻，故皆失實也。中謂至心願。中謂五，五爻之義發於四爻者，上體以五爲主也。説卦曰：坎爲極心。中心猶極心也。陰性欲承，乾鑿度文。九家易曰：乾升坤五，各得其正，陰得承陽，皆陰心之所欲是也。中，下中。五降下，故中謂下中。震爲行，故中以行願。上願謂二欲升五，下願謂五欲降二也。初吉終亂。既濟彖曰：初吉終亂。傳謂：終止則亂，其道窮也。上爲終，坤爲亂，巽爲命，故其命

〔一〕「无平不陂」句，通行本周易作「无往不復」。

亂也。

天地不交，否。**注**：天氣上升，地氣沈下，二氣特隔，故云否。君子以儉德辟難，不可營以禄。**注**：君子謂伏乾。坤吝嗇爲儉，乾爲德，陰消至否，坤臣弒君，故以儉德辟難。坤爲營，乾爲禄，坤消乾，故不可營以禄也。

疏：天氣至云否。此宋衷義也。董子曰陰猶沈也，故地氣沈下。天上升不下降，地沈下不上升，是二氣特隔，故云否也。君子至禄也。否下體坤，乾伏坤下，乾三爲君子，故君子謂伏乾。説卦曰坤爲吝嗇，吝嗇故儉。陰消至否，坤臣弒君，故爲難。虞氏亦謂弒君之難也。乾伏坤下，隱伏之象，故以儉德辟難。文言曰：天地閉，賢人隱。是其義也。坤爲營，虞義也。説卦曰：坤爲旬。旬，十日也。經營須日，故旬、營同物。詩江漢曰：來旬來宣。鄭箋云：旬當爲營。知旬、營同物也。乾爲福，説文云：禄，福也。故乾爲禄。坤消乾禄，故不可營以禄。此兼用虞義。虞氏又云：營或作榮，儉或作險。

「拔茅貞吉」，志在君也。**注**：四變體坎爲志，君謂五。「大人否亨」，不亂羣也。**注**：物三稱羣，謂坤三爲亂。大人不從，故不亂羣也。「苞羞」，位不當也。**注**：三上失位。「有命无咎」，志行也。**注**：志行於羣陰。「大人」之「吉」，位正當也。**注**：位正當，故陰不能消乾使亡。「否」終則「傾」，何可長也。**注**：以陰剥陽，故不可久。**疏**：四變至謂五。應在四，四變應初，故體坎。坎爲志，初與二、三同類承五，故志在君。初在應外而云承五者，坤性承乾，故初曰以其彙，四曰疇离祉，是三爻皆有承乾之象，故初得承五也。物三至羣也。此虞義也。周語曰：獸三爲羣，坤三爻，故云羣。六三爲亂，大人中正，以否絶之，故云不亂羣。五不亂羣，故不亡也。三上失位。上苞三，二爻皆失位，故云位不當也。志行至羣陰。此荀義也。四以五命據三陰，陰皆麗乾之福，是志行於羣陰也。　位正至使亡。　荀注文言曰：存謂五爲陽位，亡謂上爲陰位。以九居五，得正得中，陰繫於陽，故不能消乾使亡也。　以陰至可久。　此虞義也。陰剥於上，則陽復於下，故不可久。

天與火，同人。君子以類族辯物。**注**：族，姓。辯，別物性之同異也。君子謂乾，乾爲族。天火同性，二五相應，男女辯姓，故以類族辯物。**疏**：族姓者，戰國策曰：昔者曾子處費，費人有與曾子同名族者。注云：族，姓也。襄三十一年春秋傳曰：辯於大夫之族姓班位。故知族爲姓也。辯，別。虞義也。同姓則同德，異姓則異德，故云物姓之同異也。君子謂乾，乾爲族，虞義也。族有九，九者乾陽之數，故知乾爲族。類聚九族，而辯姓之同異以厚別也。所以然者，以卦名同人，天火同性，性、姓同物。二陰五陽，有昏冓之道，同德合義不合姓，故以類族辯姓也。男女辯姓，襄二十八年春秋傳文。

「出門同人」，又誰「咎」也。「同人于宗」，「吝」道也。**注**：取同姓犯誅絶之罪，故吝道。「伏戎于莽」，敵剛也。「三歲不興」，安行也。**注**：與上敵應，故敵剛。上不應三，故安行。「乘其庸」，義「弗克」也。其「吉」，則困而反則也。**注**：初得正，故義弗克。則，法也。變之正，是困而反則也。「同人」之「先」，以中直也。「大師相遇」，言相「克」也。**注**：中直謂五。二五同心，故相克。「同人于郊」，志未得也。**注**：坎爲志，失位，故志未得。**疏**：取同至吝道。　此許慎義也。慎又云：言五屬之內，禽獸行乃當絶也。　與上至安行。　三上皆剛，故曰敵剛。釋詁曰：敵、應，當也。敵剛謂所應者剛，故伏戎於莽也。艮象傳曰：上下敵應。兩陽兩陰稱爲敵應。或謂敵剛爲敵五，非也。楚語曰：自敵以下則有讎。韋昭云：敵，敵。體五爲君，不可爲敵，且五非應也。三上敵剛，上不應三，三无所往，故云安行也。　初得至則也。　四欲攻初，初正而四不正，故云義弗克。春秋文十四年穀梁傳曰：弗克納，弗克其義也。范甯注云：非力不足，義不可勝。與傳義合。則，法也。釋詁文。韋昭注晉語曰：謀不中爲困。四欲攻初，以不義而止，故困。變之正，承五應初，是困而反歸於法，故吉。文言曰：乾元用九，乃見天則。六爻皆正爲天則，故爻不正而反於正，謂之反則也。　中直至相克。　五得中，又體乾，乾爲直，故中直謂五。繫上釋此爻曰：同心之言，其臭如蘭。乾爲言，二五同德，同德合義，故相克也。　坎爲至未得。　上失位，不與三同志，故志未得也。

火在天上，大有。君子以遏惡揚善，順天休命。**注**：君子謂二。遏，絶。揚，舉也。乾爲揚善，坤爲遏惡、爲順。以乾滅坤體夬，揚於王庭，故遏惡揚善。乾爲天、爲休，二變時巽爲命，故順天休命。**疏**：此虞義也。二失位，變之正，陰得位爲君子，故君子謂二。初至五體夬，夬本坤世。乾爲善，坤爲惡，揚於王庭，以乾滅坤，故遏惡揚善。乾爲美，休，美也，故乾爲休。二變體巽，巽爲命，坤爲順，故順天休命也。

大有「初九」，无交害也。「大轝以載」，積中不敗也。**注**：中謂二。車債曰敗。「公用享于天子」，小人害也。「匪其尪无咎」，明辯折也。**注**：折之离，故明辯折。「厥孚交如」，信以發志也。**注**：乾爲信，四上變坎爲志，五發孚二，故信以發志。「威如」之「吉」，易而无備也。**注**：离爲備，二五易位，离體壞，乾威鎮物，故无備。大有上「吉」，自天右也。**注**：吉，吉禮。**疏**：中謂至曰敗。二下中，故中謂二。比坤爲大轝，乾來積上，二爲中，故積中不敗。僖九年春秋傳曰：涉河侯車敗。隱三年春秋傳曰：鄭伯之車債於濟。故知車債曰敗。五降二，坤厚載物，故不敗也。　折之至辯折。　此虞義也。變體离，說卦云离爲折上槁，故云折之离。离爲明，故明辯折也。折，本今作晳，從日，折聲，古文通。折音制，與志協也。　乾爲至發志。　漢書杜欽對策曰：天道貴信。二升五體乾，故乾爲信。四上變五體坎，故坎爲志。發者變動，五失位，發而孚二，故信以發志也。　离爲至无備。　備謂戰備也。离爲甲胄、爲戈兵，故爲備。以備爲戰備者，經曰威如，傳曰无備。昭二十三年春秋傳曰：去備薄威。尉繚子曰：兵有去備徹威而勝者，以有法。故知備爲戰備也。五之威，道德之威也。鹽鐵論文學曰德盛則備寡，故无備。董子曰：冠之在首，玄武之象也。玄武者，貌之最嚴，有威者也。其象在後，其服反居首，武之至而不用矣夫。執介胄而後能拒敵者，非聖人之所貴也。君子顯之於服，而勇武者消其志於貌也矣。威如之吉，易而无備，亦此義也。易音亦。　吉，吉禮。　上爲宗廟，祭禮稱吉，故云：吉，吉禮。

周易述卷十二

象上傳

地中有山，嗛。君子以捊多益寡，稱物平施。**注：** 君子謂三。捊，取也。艮爲多，坤爲寡，乾爲物、爲施，坎爲平。乾盈益嗛，故以捊多益寡，稱物平施。**疏：** 此虞義也。彖辭君子指三，故知君子爲三。說文曰：捊，引取也。鄭、荀、董遇、蜀才皆訓爲取。故云：捊，取也。俗作裒。釋詁曰：裒，多也。裒訓多，不得云裒多，俗本訛耳。上九艮爻，艮爲多節，故云多。坤陰小，故爲寡。乾純粹精，故爲物。陽主施，故爲施。坎爲水，水性平，故爲平。以乾之上九益嗛，故云乾盈益嗛。捊艮之多，以益坤寡，故云：捊多益寡，稱物平施也。

「嗛嗛君子」，卑以自牧也。**注：** 牧，養也。養成嗛德。「鳴嗛貞吉」，中心得也。**注：** 三升五，體坎亟心，與二相得。「勞嗛君子」，萬民服也。**注：** 上居五位，羣陰順陽，故萬民服。「无不利，撝嗛」，不違則也。**注：** 陰撝上陽，不違法則。「利用侵伐」，征不服也。**注：** 不服謂五。「鳴嗛」，志未得也。可「用行師」，征邑國也。**注：** 三升五，故志未得。唯可從征耳。**疏：** 牧養至嗛德。牧，養。九家義也。三之五，初體坤，故爲卑。變之正，體頤爲養。凡爻失位，皆須學問以養成之，而在嗛家，故云嗛德。韓嬰曰：

夫易有一道焉，大足以治天下，中足以安家國，近足以守其身者，其唯嗛德乎？是其義也。二在下中而正應五。三升五，五爲上中，體坎亟心。亟，中也。與二相得，故中心得也。上居至民服。三升至相得。此荀義也。人道惡盈而好嗛，三居五位，克當民心，坤爲民，故萬民服。荀氏謂：衆陰皆欲撝陽，上居五位，是羣陰順陽之事也。陰撝至法則。此九家義也。凡爻之正而得位者皆曰則，故文言曰：乾元用九，乃見天則。同人九四曰：其吉則困而反則。是也。衆陰皆欲撝三陽，上居五，得正得中，故云不違法則。不服謂五。此荀義也。五失位，故知不服謂五。征之爲言正也，三侵伐以正五，故云征不服也。三升至征耳。上應三，三升五，而上乘之，故志未得。九家謂雖應不承是也。三來征坤之邑國，而上從之則利，故云唯可從征耳。

雷出地奮，豫。先王以作樂崇德，殷薦之上帝，以配祖考。 **注**：奮，動也。雷動於地上，萬物乃豫也。崇，充。殷，盛；薦，進也。上帝，天也。以配祖，禘郊也。以配考，祖宗也。豫消息在卯，中和之象，先王建之，作樂以充其德，用盛樂薦上帝，以配祖考，而降神也。**疏**：周頌時邁曰：薄言振之。薛君章句云：振猶奮也。振與震通。說卦云：震，動也。震有奮義，故云：奮，動。雷動於地上，養長華實，發揚隱伏，萬物莫不被盛陽之德，故云萬物乃豫也。崇，充。釋詁文。儀禮鄉飲酒禮云崇酒，尚書酒誥云崇飲，鄭氏皆訓爲充，故云：崇，充也。說文曰：殷，作樂之盛稱。尚書洛誥肇稱殷禮，亦謂盛禮，故知殷爲盛。文二年公羊傳云：五年而再殷祭。禘，大祭，故稱殷祭。魯禘不配天，亦稱殷祭者，得用禘禮、禘樂故也。周禮庖人曰：與其薦羞之物。鄭注云：薦亦進也。此殷薦者，謂薦盛樂，非薦羞也。知上帝爲天者，孝經：孔子曰：昔者周公郊祀后稷以配天，宗祀文王於明堂以配上帝。鄭稱注云：上帝者，天之別名也。神無二主，故異其處，避后稷。是上帝爲天也。以上皆鄭義也。以配祖，謂如嚳遠祖、稷始祖，故云禘郊也。以配考，謂如祖文王、宗武王，故云祖宗也。祭法高祖以下皆稱考，故知文王亦蒙考之名也。

禘郊祖宗皆配天之祭，郊於南郊，禘祖宗皆於明堂，其禮始於虞，三代因之而不易。傳謂先王，蓋夏商之王也。孟喜卦氣圖豫消息在二月中，故云在卯。三統歷曰：春爲陽中，萬物以生；秋爲陰中，萬物以成。事舉其中，禮取其和，故曰中和之象。漢兒寬曰：唯天子建中和之極，兼總條貫，金聲而玉振之。故云先王建之，謂建中和之極。作樂以充其德，即謂中和之德也。禘及郊宗石室，郊及百神，祖宗之祀，四海助祭，又謂之大饗。皆推祖以配天，禮之極盛者，故云用盛樂薦上帝。云以配祖考而降神者，如周禮大司樂「郊樂六變而天神降社，樂八變而地祇出禘，樂九變而人鬼可得而禮」是也。以虞義言之，動初至三，乾爲先王、爲崇德，震爲音、爲樂，故以作樂崇德。震爲帝而在乾天上，故稱上帝。坤爲死，小畜乾伏坤下，稱祖考，故殷薦之上帝，以配祖考。其薦上帝而配祖考也。离爲南，乾爲郊，南郊之象。离嚮明而治，爲明堂。四復初，十一月郊時也。小畜，四月禘時也。

「初六鳴豫」，志窮「凶」也。**注**：初在豫家，而獨應四，樂不可極，故志窮凶。「不終日貞吉」，以中正也。**注**：中謂二，正謂四復初。「盱豫有悔」，位不當也。**注**：變之正，則无咎。「由豫大有得」，志大行也。**注**：陽稱大，坎爲志，震爲行，故志大行。「六五貞疾」，乘剛也。「恒不死」，中未亡也。**注**：乘剛，故疾。五爲陽位，故中未亡。「冥豫」在上，何可長也。**注**：利三之正。**疏**：初在至窮凶。傳凡言窮皆指上，豫之窮凶不在上而反在初者，以初在逸樂之家，獨與四應，志得而鳴，極豫盡樂，故志窮凶也。樂不可極，曲禮文。中謂至復初。二得位得中，故中謂二。四不正，復初得正，故正謂四。四復初，而二休之，故中正謂兩爻。變之至无咎。上六成有渝无咎，指三。以三不當位，故有悔；變之正，則无咎也。陽稱至大行。四陽爻，故稱大。四體坎，坎爲志，又體震，震爲行，故志大行。象傳「剛應而志行」是也。乘剛至未亡。五乘坎剛，坎爲疾，故貞疾。文言曰：知存而不知亡。荀注云：存謂五爲陽位，亡謂上爲陰位。五陽位又居中，故云中未亡也。　利三之正。　冥豫在上无應，而下交瀆也，故不可長。三之正，上得所應，則可長矣。

澤中有雷，隨。君子以鄉晦入宴息。 注：君子謂乾上。宴，安；息，止也。坤爲晦、爲安，巽爲入，艮爲止，上來入坤，故以鄉晦入宴息。疏：乾鑿度乾上九爲庸人，今云君子者，以其居初得位，故稱君子。宴與燕通。詩北山曰：或燕燕居息。毛傳云：燕燕，安息貌。故知宴爲安也。陽在内稱宴息者，休息與止同義，故云：息，止也。坤爲晦、爲安，巽爲入，艮爲止，義具上經疏。以乾居坤，故鄉晦。互有巽、艮，故入宴息也。尋此卦之義，陰隨陽，婦係夫，有燕私之象。尚書大傳曰：古者后夫人將侍於君前，息燭後舉燭至於房中，釋朝服，襲燕服，然後入御於君。是鄉晦入宴息之事。故太玄準爲從，其初一詞曰「日幽嬪，月冥隨之」是也。有夫婦然後有父子，有父子然後有君臣，故太玄曰：晝以好之，夜以醜之。一晝一夜陰陽分索，夜道極陰，晝道極陽。牝牡羣貞，則君臣、父子、夫婦之道辯矣。是以傳言鄉晦入宴息，經言元亨利貞，其義一也。

「官有渝」，從正「吉」也。「出門交有功」，不失也。 注：上居初得正，故從正吉。陰往居上而係於五，故不失。**「係小子」，弗兼與也。** 注：已係於初，不兼與五。**「係丈夫」，志舍下也。** 注：下謂初。

「隨有獲」，其義「凶」也。「有孚在道」，「明」功也。 注：死在大過，故凶。功謂五。三四之正，离爲明，故明功。**「孚于嘉吉」，位正中也。** 注：位正中，故能成既濟之功。中庸曰：君子之道造端乎夫婦，及其至也察乎天地。**「拘係之」，上窮也。** 注：係於五則不窮。疏：上居至不失。　上失位，之初得正，故從正吉。初陰升上，而係於五，陰居上得位，故不失也。　已係至與五。　此虞義也。虞惟以五爲四爲誤耳。　下謂初。　五坎爲志，初在下，故知下謂初也。　死在至明功。　此虞義也。大過棺椁之象，故云死在大過。五多功，故功謂五。三四之正體离，离爲日，故爲明。明五之功，五爲主故也。　位正至天地。　位正中，故爲一卦之主，而行中和成既濟。引中庸者，陰之隨陽，猶婦之隨夫，夫夫婦婦而家道正，正家而天下定，即是既濟之事，故造端乎夫婦，而極於天地也。　係於至不窮。　无應在上，故窮。係於五，五爲既濟之主，窮變通久，故不窮也。

山下有風，蠱。君子以振民育德。**注：**君子謂泰乾也。坤爲民，初上撫坤，故振民。乾稱德，體頤養，故以育德。**疏：**此虞義也。泰君子道長，故君子謂泰乾。坤爲民，亦謂泰坤也。初之坤上，故撫坤，謂振撫坤民也。乾爲龍德，故稱德。育，養也。四至上體頤，頤者養也，故以育德也。

「幹父之蠱」，意承「考」也。**注：**承，二也。二坎爻，坎爲意，故意承考。「幹母之蠱」，得中道也。**注：**變而得正，故貞而得中道。「幹父之蠱」，終「无咎」也。**注：**上爲終，无應而得位，故終无咎。「裕父之蠱」，往未得也。**注：**四陰柔，故往未得。「幹父用譽」，承以德也。**注：**變二使承五，故承以德。二乾爻，故稱德。「不事王侯」，志可則也。**注：**三體坎爲志。則，法也。**疏：**承二至承考。　二乾爻，乾爲父，故知承者二也。初幹父蠱而承考意，幹蠱之善者，此考之所以无咎也。　變而至中道。　此虞義也。二失位，故不可貞。今變而得正，是貞而得中道。經以失位言，故云不可貞；傳以得正言，故云得中道也。　上爲至无咎。　爻終於上，故上爲終。以三得位，故雖无應於上，而終无咎也。　四陰至未得。　四應在初，初意承考，四裕父蠱，是陰柔不可與共事也。故初變往四則未得，言初與四不相得也。　變二至稱德。　此虞義也。五已正，故變二使承五，不承以事，而承以德，亦幹蠱之善者。乾爲德，二乾爻，故稱德。經言譽，傳言德，皆謂變二承五，與二升五同也。　三體至法也。　應在三，三體坎，坎爲志。則，法也。釋詁文。君高尚其事者，以其志之可則，亦謂上變應三，而合於則也。

澤上有地，臨。君子以教思无窮，容保民无疆。注：君子謂二。震爲言，兑口講習，二升五坎爲思，剛浸而長，故以教思无窮。容，寛也。震爲寛仁，坤爲民，故容保民无疆矣。疏：乾鑿度九二爲庸人，今以君子謂二者，二當升五得位，故稱君子也。震爲言，兑口講習，教之義也。坎心爲思，剛浸而長，有无窮之義，故以教思无窮。説文云：容，受也。容則能受，寛大之象，故曰：容，寛也。互體震，震春寛大行仁，故爲寛仁。坤爲民，以二撫坤，故容保民无疆。此兼虞義也。

「咸臨貞吉」，志行正也。注：二升五，四體坎爲志，初正應四，故志行正。「咸臨吉，无不利」，未順命也。注：坤爲順，遯巽爲命，陽當居五，陰當順從，今尚在二，故曰未順命。「甘臨」，位不當也。「既憂之」，「咎」不長也。注：失位，故不當。動而成泰，故咎不長。「至臨无咎」，當位實也。注：初陽爲實，四正應初，故當位實。「大君之宜」，行中之謂也。注：二者處中，行升居五，五亦處中，故行中之謂。「敦臨」之「吉」，志在内也。注：志在升二也。陰以陽爲主，故志在内。疏：二升至行正。　二升五則四體坎，坎爲志，初四俱正，而又相應，其志得行，故志行正也。　坤爲至順命。　四陰互兩坤，故坤爲順。遯巽爲命，據旁通也。陽當居五以下，荀義也。陽居五則四陰順從，今陽息在二，陰猶用事，故未順命。蓋既濟之功猶未成也。　失位至不長。　三失位无應，故有憂。陽息成泰，天地交，故咎不長。咎不長則吉，猶消不久則凶也。　初陽至位

實。京房易傳曰陽實陰虛，故初陽爲實。四正，故當位〔一〕，應初，故云實也。　二者至之謂。　此荀義也。二五，中也。以二升五，故曰行中之謂。初四皆正，故曰行正。二五皆中，故曰行中也。以義言之，知臨而言行中者，舜之大知，用其中於民，是其義也。　志在至在內。　此九家義也。二因三升五，坎爲志，故志在升二。陰無主，以陽爲主，故上得過其應。因三以升五，二在內，故曰志在內也。

風行地上，觀。先王以省方觀民設教。注：先王謂乾，巡守曰省，坤爲方、爲民。以乾照坤，故以省方觀民設教。**疏：**京房易積算曰：易含萬象。象言明堂禘祭，此又言省方觀民，要而言之則一也。古者聽朔、朝廟、頒政令、朝諸侯皆於明堂。彖詞觀盥而不觀薦，是尊祖以配天之事；彖傳神道設教，是法天以治民之事。天子巡守，則爲宮三百步，壇十有二尋，加方明其上。方明者，放乎明堂之制也。孟子：齊有泰山明堂。荀子曰：築明堂於塞外而朝諸侯。皆方明之類，後世以其制如明堂而名之。明堂祀六天，上下四方，月令謂之天宗，虞謂之六宗。故堯典舜禋六宗而覲四岳，羣牧覲禮；周祀方明而覲公侯伯子男，其義一也。艮爲宮闕，有明堂方明之象，故既取類於禘祭，又比義於巡方。乾爲先、爲王，故爲先王。淮南子曰：禹南省方。高誘注云：巡守爲省，省視四方也。坤爲方，九家說卦文。乾爲大明，以乾照坤，省方之象，故以省方觀民設教也。

「初六童觀」，小人道也。注：陰消之卦，故小人道。**「闚觀女貞」，亦可醜也。注：**坤爲醜。**「觀我生進退」，未失道也。注：**三欲進觀於五，四既在前而三故退，未失道也。**「觀國之光」，尚「賓」也。**

〔一〕「位」字原缺，據皇清經解本補。

注：助祭尚賓。「觀我生」，觀民也。注：爲民所觀。「觀其生」，志未平也。注：坎爲志、爲平，上來之三，故志未平。疏：陰消至人道。初失位，而經言小人无咎者，以觀爲陰消之卦，小人道長，故云小人道也。坤爲醜。此虞義也。太玄曰：晝以好之，夜以醜之。詩墻有茨云：中冓之言，不可道也。所可道也，言之醜也。薛君章句云：中冓，中夜也。乾爲晝，故爲好。坤爲夜，故爲醜。女子以貞爲行而闚觀，故云亦可醜也。三欲至道也。此荀義也。陰當承陽，故進觀於五。四近於五，而在三前，三故退，進退皆得，故未失道。乾爲道也。助祭尚賓。周語祭公謀父曰：甸服者祭，侯服者祀，賓服者享，要服者貢，荒服者王。韋昭注云：皆所以貢助祭於廟。孝經所謂四海之内各以其職來祭，是助祭尚賓之事。虞注據詩曰：莫敢不來享，莫敢不來王。是其義也。爲民所觀。象傳：大觀在上，中正以觀天下。皆是爲民所觀。又皆指五，故此觀民亦爲民所觀。唯大象觀民設教，乃是上觀下之事也。坎爲至未平。此虞義也。坎心爲志，水爲平，三失位，嫌於有咎，上之三補過，故志未平。

雷電，噬嗑。先王以明罰飭法。注：雷電噬嗑，威而明也。先王謂乾上。离爲明，坎爲罰，爲法。飭，正也。上之三折獄，故以明罰飭法。疏：雷爲威，電爲明，雷電合而章，是威而明也。上本乾也，乾爲先、爲王，故先王謂乾上。體离互坎，故离爲明，坎爲罰、爲法。飭古敕字，古又作飾。雜卦曰：蠱則飭也。高誘吕氏春秋注云：飾讀爲敕，敕，正也。王弼從俗作敕，非也。上之三得正，而折四獄，故以明罰飭法也。

「屨校滅止」，不行也。注：否坤小人，以陰消陽，其亡其亡，故五變滅初，坤殺不行也。「噬膚滅鼻」，乘剛也。注：乘初剛。「遇毒」，位不當也。注：不正，故遇毒。「利艱貞吉」，未光也。注：爲五陰所弇，故未光。「貞厲无咎」，得當也。注：變之正，故得當。「何校滅耳」，聰不明也。注：坎爲聰，离爲明，坎滅則离壞，故聰不明。**疏**：否坤至行也。此虞義也。繫下説此爻曰：小徵而大誡。此小人之福也。小人謂否初，故云否坤小人。否本消陽之卦，九五曰其亡其亡，謂消四及五。今五下滅初，坤殺不行，故无咎也。乘初剛。二无應於上，而没坎下，又乘初剛。凡柔乘剛皆不利，以其得正，故无咎也。不正故遇毒。遇毒猶遇罪，謂悔吝之類。參同契曰「纖介不正，悔吝爲賊」是也。爲五至未光。凡陽爲陰弇，皆曰未光，屯、萃之九五是也。四弇於五，故曰未光。坎爲至不明。聰屬耳，明屬目，故坎爲聰，离爲明。上滅坎，則离體亦壞，故云聰不明。鄭氏云「目不明，耳不聰」是也。

山下有火，賁。君子以明庶政，无敢折獄。**注**：君子謂乾，离爲明，坤爲庶政，故明庶政。坎爲獄，三在獄得正，故无敢折獄。噬嗑四不正，故利用獄也。**疏**：君子謂乾，亦指九三。坤謂泰坤也。坤爲衆，故爲庶；爲事、爲業，故爲政。坤上之乾二體离，离爲明，故以明庶政。坎爲獄，三正體坎，故在獄得正。无敢折獄，謂上无敢來折三也。噬嗑四不正，故上之三，蔽四成豐，折獄致刑。義見噬嗑也。

「舍車而徒」，義弗乘也。**注**：初爲士，故義弗乘。「賁其須」，與上興也。**注**：震爲興，三二同德，五上易位，則皆得其應，故與上興。「永貞」之「吉」，終莫之陵也。**注**：與二同德，故終莫之陵。「六四」，當位疑也。「匪寇昏冓」，終无尤也。**注**：坎爲疑，當位承陽，故疑。守正待應，故終无尤。「六五」之「吉」，有喜也。**注**：五變之陽，故有喜。凡言喜慶，皆陽爻。「白賁无咎」，上得志也。**注**：上之正得位，體既濟，故曰得志。坎爲志也。**疏**：初爲至弗乘。禮唯大夫不徒行，初爲士，故云義弗乘也。尚書大傳曰：古之命民，能敬長憐孤，取舍好讓。舉事力者命於其君，得命然後得乘飾車駢馬；未有命者不得乘，乘者有罰。若然，命士亦得乘飾車駢馬。今士未有命，故云義弗乘也。　震爲至上興。　震起，故爲興。三二得位，故同德。五上易位，成既濟，則三二皆得其應，故曰與上興也。　與二至之陵。　此虞義也。三與二皆得位而无應，二乘初，四乘三，嫌有陵之者，五上易位，終獲其應，故云終莫之陵。　上爲終也。　坎爲至无尤。　六居四爲當位，四乘三爲乘陽，四體坎，故疑，疑於乘陽也。然正應在初，守正待應，故終无尤。尤，過也。四本坤，坤代終，故云終也。　五變至陽爻。　此虞義也。説文曰：吉，善也。乾元善之長，乾吉坤凶，故凡爻辭言吉者，皆變之陽也。虞注損六四曰：陽在五稱喜。今五變之陽，故有喜。又注晉、睽六五曰：乾爲慶。故云：凡言喜慶，皆陽爻也。　上之至志也。　此虞義也。上變之正，故云得位。五上易位，故體既濟。其志得行，故云得志。五上變體坎，故坎爲志也。

山附于地，剥。上以厚下安宅。 **注：**上謂乾上，艮爲厚，坤爲下、爲安，艮爲宅。君子德車，民所載，故以厚下安宅。**疏：**上本乾也，天尊故謂之上，以其失位，故不稱君子。艮積坤上，故爲厚。坤卑在下，故爲下。陰稱安，故爲安。艮爲居，故爲宅。經曰：君子德車。象曰：民所載也。民安則君安，是厚下安宅之義也。

「剥牀以足」，以滅下也。 **注：**陽在下，滅于坤，故以滅下。**「剥牀以辯」，未有與也。** **注：**五失位，故未有與。**「剥之无咎」，失上下也。** **注：**上下四陰。**「剥牀以膚」，切近災也。** **注：**觀五坎爻，坎爲災，消觀及剥，四又近之，故切近災。**「以宫人寵」，終无尤也。** **注：**艮爲終，變之正，故終无尤。**「君子德車」，民所載也。** **注：**坤爲民、爲載。**「小人剥廬」，終不可用也。** **注：**坤爲用。**疏：**陽在至滅下。　乾初九象傳曰：潛龍勿用，陽在下也。陽在下，爲坤所滅，故以滅下。　五失至有與。　陰陽相得爲與，故鄭注咸象傳曰：與猶親也。二應五，五蔑貞，是失位也。兩陰无應，故未有與也。　上下四陰。　上謂四五，下謂初二，剥不得言无咎，四陰皆欲剥陽，三獨應上，此剥之所以无咎，由與上下四陰違失故也。觀五至近災。凡言災者，坎也。觀五坎爻，故爲災。繫下云：四多懼，近也。近之謂近於五，故云切近災也。艮爲至无尤。艮成始成終，故爲終。五失位，動成觀，是變之正，故終无尤。尤，過也。坤爲民爲載。坤爲民，説卦文。坤爲地，地萬物載焉；又爲大轝，轝所以載物，故爲載。荀子曰：馬駭輿則君子不安輿，庶民駭政則君子不安位。民載於德車，厚下安宅，君民俱安，故曰民所載也。坤爲用。消艮爲坤，故坤爲用。小人勿用，故終不可用。

雷在地中，復。先王以至日閉關，商旅不行，后不省方。**注**：先王謂乾初。至日，冬至之日。坤闔爲閉關，巽爲商旅、爲近利市三倍。遘巽伏初，故商旅不行。遘象曰：后以施命誥四方。今隱復下，故后不省方。復爲陽始，遘則陰始，天地之始，陰陽之首。已言先王，又更言后，后，君也。六十四卦唯此重耳。**疏**：此虞義也。乾息於初，乾爲先、爲王，故先王謂乾初。復十一月卦，故云：至日，冬至之日。闔户謂之坤，故坤爲閉關，謂復坤也。巽爲遘巽也。考工記曰：通四方之珍異以資之，謂之商旅。虞於兑九四注云：巽爲近利市三倍，故稱商。爲近利市三倍，説卦文。復震在上〔一〕，故遘巽伏初，巽爲商旅而伏震初，故商旅不行。夏至之日，后以施命誥四方，今遘巽隱在下，故后不省方也。復一陽生，故爲陽始；遘一陰生，故爲陰始。復一陽，乾也；遘一陰，坤也。乾爲天，坤爲地，故云天地之始。首亦始也，故云陰陽之首。后，君也。釋詁文。乾坤，消息之卦，消息，君也。故已言先王，又更言后。六十四卦言先王則不言后，言后則不言先王，故云唯此重耳。

「不遠」之「復」，以修身也。**注**：坤爲身，以乾通坤，故以修身。「休復」之「吉」，以下仁也。**注**：初

〔一〕「上」字似「下」之誤。復卦䷗震☳象在下。

爲仁，謂下於初。「頻復」之「厲」，義无咎也。「中行獨復」，以從道也。注：震爲從，乾初爲道。「敦復无悔」，中以自考也。注：五爲中。考，成也。變之正，體艮成，故中以自考。「迷復」之「凶」，反君道也。注：臣行君事，故反君道。疏：坤爲至修身。坤爲身，虞義也。乾息初，故以乾通坤。初爲本，身亦爲本，故以乾通坤，謂之修身也。初爲至於初。初爲元，文言曰：元者，善之長也。又曰：君子體仁足以長人。故知初爲仁。初體震，震春亦爲仁也。二休復爲下於初，初爲仁，故以下仁也。震爲至爲道。震爲從，義見前。乾息初，故曰乾初。初復自道，故爲道。初體震，震爲大塗，亦爲道，四獨應初，故以從道，謂從初也。五爲至自考。五爲上中，故爲中。考，成。釋詁文。鄭義也。五失位，變之正體艮。說卦曰成言乎艮，故體艮成也。臣行至君道。上體坤爲臣，君謂初也。臣奉君命而行事，順君道也。專君命而行事，是臣行君事，故云反君道也。

天下雷行，物與无妄。注：天下雷行，无雲而雷。京氏以爲大旱之卦，萬物皆死，無所復望，故云物與无妄。

先王以茂對，時育萬物。注：先王謂乾，乾盈爲茂，對，配也。艮爲時，體頤養爲育，四之正，三上易位，天地位，萬物育，故以茂對，時育萬物。湯遭七年之旱，終成既濟。禮記王制，鄭氏以爲殷法也。其言曰：冢宰以三十年之通制國用，量入以爲出。三年耕必有一年之食，九年耕必有三年之食。以三十年之通，雖有凶旱水溢，民無菜色。是其事矣。疏：天下至无妄。天下雷行，是无雲而雷。詩雲漢所謂「藴隆蟲蟲，隆隆而雷」，非雨雷也。四已正，上動體屯，九五屯膏，雨不下施，故京氏以爲大旱之卦。百穀草木咸就枯槁，故萬物皆死，无所復望。漢書谷永曰：遭无妄之卦運。應劭曰：天必先雲而後雷，雷而後雨，而今无雲而雷。无妄者，无所望也。萬物无所望於天，災異之大者也。先王至事矣。乾爲先、爲王，故先王謂乾。乾盈爲茂，虞義也。十五乾盈甲，茂者盈盛，故云乾盈爲茂。對，配。馬義也。詩皇矣云：帝作邦作對。毛傳云：對，配也。茂對者，德盛配天地也。艮爲時，虞義也。初至四體頤，頤者養也，故云體頤養爲育。育亦養也。四之正，三上易位成既濟，則中和之化行。天地位，謂二五得位，所謂中也。萬物育，謂六爻相應，所謂和也。以人事明之，先王當指湯。湯遭七年之旱，以六事自責，言未已而天大雨，故云終成既濟。謚法：雲行雨施曰湯。雲行雨施，既濟之事，而以爲謚，明湯當既濟也。禮記王制一篇不與周官合，故鄭氏注「王者之禄爵」云：此地殷所因夏爵三等之制。是王制一篇皆殷法，故云鄭氏以爲殷法也。冢宰以三十年之通制國用，量入以爲出，至民無菜色，皆王制文。鄭彼注云：通三十年之率，當有九年之蓄。出謂諸當給。爲三年耕必有一年之食，九年耕必有三年之食，大率四分留一，以三十年之通，則有九年之蓄。故云：雖有凶旱水溢，民無菜色。鄭彼注云：菜色，食菜之色。民無食菜之飢色，即是時育萬物之事，故云是其事矣。

「无妄」之「往」，得志也。**注**：四變應初，故往得志。「不耕穫」，未富也。**注**：四動坤虛，故未富。有无妄，然後可畜也。「行人得」牛，「邑人災」也。「可貞无咎」，固有之也。**注**：已事，故云固有之。

「无妄」之「藥」，不可試也。**注**：坎爲多眚，故藥不可試。「无妄」之「行」，窮之災也。**注**：動而有眚，故災。與乾上九同義。**疏**：四變至得志。此虞義也。上動四體坎，坎爲志，初往應之，故往得志。四動至畜也。四動體坤，坤虛，故未富。此虞義也。有无妄然後可畜，序卦文。王制曰：國無九年之蓄曰不足，無六年之蓄曰急，無三年之蓄曰國非其國也。坤虛未富，謂無蓄也。有无妄然後可畜，謂三年、六年、九年之蓄也。已事至有之。四已之正，故云已事。固有之，亦謂已事也。坎爲至可試。此虞義也。動而至同義。易緯曰：陽无德則旱。郎顗曰：陽无德者，人君恩澤不施於上也。上動體屯，膏澤不下，坎爲多眚、爲災，上爲窮，故云窮之災。乾上九亢龍動而有悔，故云同義。

天在山中，大畜。君子以多志前言往行，以畜其德。**注**：君子謂乾三。艮爲多，坎爲志，乾爲言，震爲行，乾知大始，震在乾前，故多志前言往行。乾爲德，有頤養象，故以畜其德。**疏**：此虞義也。乾鑿度乾三爲君子。艮爲多節，故爲多。坎爲心，故爲志。志，古文識也。乾爲言，九家説卦文。乾爲古，説文曰：古从十口，識前言者也。震爲足，故爲行。乾知大始，繫上文。大始，乾初也。震初即乾初，故震在乾前。乾初爲積善，自一乾以至三乾成，積善成德，故乾爲德。三之上，有頤象，頤者養也，畜、養同義。故多志前言往行，以畜其德也。天在山中，而取義於畜德者，德者積累而成。中庸論積曰：今夫天斯昭昭之多，及其無窮也，日月星辰繫焉，萬物載焉。又曰：今夫山一卷石之多，及其廣大，草木生之，禽獸居之，寶藏興焉。鄭彼注云：天之高明，本生昭昭；山之廣大，本起卷石。皆合少成多，自小致大，爲至誠者亦如是乎？是言畜德之事，與易合也。

「有厲利已」，不犯災也。**注**：坎稱災。「轝説腹」，中无尤也。**注**：得中得正，故无尤。「利有攸往」，上合志也。**注**：五已變，上動成坎，坎爲志，故三往與上合志。「六四元吉」，有喜也。**注**：喜謂五。「六五」之「吉」，有慶也。**注**：五變得正，故有慶。「何天之衢」，道大行也。**注**：乾爲道，震爲行，故道大行。

疏：坎稱災。此虞義也。二變四體坎，坎爲多眚，故稱災。四利已，故不犯災。

得中至无尤。二中而不正，變之正，故得中得正。无咎者善補過，故无尤也。

五已至合志。此虞義也。三應在上，五變上，動成坎爲志，三往應之，剛上而尚賢，故與上合志也。

喜謂五。此虞義也。陽稱喜，五之正，四上承之，故有喜。

五變至有慶。此虞義也。五失位，變得正，陽稱慶，故有慶也。

乾爲至大行。此虞義也。象曰天衢，傳曰道，道謂天衢也。彼注云：乾爲天，艮爲徑路，天衢象。今不取象於艮者，衢者九交之道，天有九行，亦得稱天衢，不言艮者，略之也。

山下有雷，頤。君子以愼言語，節飲食。**注**：君子謂三已正。艮爲愼，震爲言語，故愼言語。坎水爲飲，兑爲口實，艮爲止，故節飲食。**疏**：三失位爲小人，今已養正，故稱君子也。艮爲愼，震爲言語，皆虞義也。艮吉人之辭寡，故愼言語。坎爲水，故爲飲。虞氏謂：兑爲口實。口實者，頤中物，故爲食。艮爲止，節有止義，故以節飲食也。

「觀我朵頤」，亦不足貴也。**注**：陽爲貴，飲食之人則人賤之矣，故不足貴。「六二征凶」，行失類也。**注**：震爲行，類謂五。「十年勿用」，道大悖也。**注**：弑父弑君，故大悖。「顛頤」之「吉」，上施光也。**注**：陽主施，离爲光。「居貞」之「吉」，順以從上也。**注**：坤爲順。「由頤厲吉」，大有慶也。**注**：變陽得位，故大有慶。**疏**：陽爲至足貴。易例陽爲貴，陰爲賤。初陽而云不足貴者，以其求養於上，飲食之人養其小者，故人賤之，而言不足貴也。震爲至謂五。二體震爲行，二正應五。五，二之類也。二養於上而失五，故行失類。謂五爲類者，文言論二五相應之理云：亦各從其類。故二與五爲類也。弑父至大悖。此虞義也。陽主至爲光。上陽爻，陽主施，离謂晉离也。或以三五之正，四體离，義亦通耳。四求養於上而得所欲，由上施之而下皆得其欲，离爲光，故上施光也。坤爲順。五體坤爲順，五養於上，與上易位，故順以從上。蒙六五順以巽，亦是二五易位之事，義並同也。變陽至有慶。此虞義也。五上易位，三五皆正，故云變陽得位。養道既成，六爻皆正，故大有慶。陰以陽爲主，陽稱大稱慶也。

澤滅木，大過。君子以獨立不懼，遯世无悶。**注**：君子謂乾初。陽伏巽中，體復一爻，潛龍之德，故稱獨立不懼。憂則違之，乾初同義，故遯世无悶。**疏**：此虞義也。傳言獨立不懼，初稱獨，故君子謂乾初。初本巽也，巽其究爲躁卦，故陽伏巽下。乾之初九即復也，入坤出震，故云體復一爻。乾初九潛龍勿用，故云潛龍之德。龍德而隱，故獨立不懼。隱藏坤中，坤亂於上。憂則違之，遯世无悶，皆乾初文言傳文。故云乾初同義。君子處大過之時，過不失中，亦有此義也。

「藉用白茅」，柔在下也。**注**：柔在下，非其正。「老夫女妻」，過以相與也。**注**：二過與初，故過以相與。虞氏謂：二過初與五，五過上與二，獨大過之爻得過其應，故過以相與。「棟橈」之「凶」，不可以有輔也。**注**：輔之益橈，故不可以有輔。陽以陰爲輔也。「棟隆」之「吉」，不橈乎下也。**注**：初爲下，與四易位，故不橈。「枯楊生華」，何可久也。「老婦士夫」，亦可醜也。**注**：乾爲久，華在上，故不可久。頤坤爲醜，虞氏謂：婦體遘淫，故可醜。「過涉」之「凶」，不可咎也。**注**：得位而凶，故不可咎。以喻伏節死義之臣。**疏**：柔在至其上。柔在下失位，故非其正。與四易位，則无咎也。二過至相與。二已老，故過而與初。初梯尚少，故云過以相與。虞氏謂：二過，過二也；初與五，初過二與五也。五過，過五也；上與二，上過五與二也。易乾鑿度初與四、二與五、三與上謂之應。今初應五，上應二，故云獨大過之爻得過其應。若然，比初有它吉，臨上敦臨，復五敦復，亦是過應。以非例之常，故稱它、稱敦。其違常而過應者，如頤九二拂經於丘，中孚初九有它不燕，及此經有它吝之類，皆以過應而著其失也。輔之至輔也。此虞義也。輔之謂初上，初上皆弱，故輔之益橈。比象傳曰：比，輔也，下順從也。是陰比陽而謂之輔，故云陽以陰爲輔也。初爲至不橈。易例初爲下。初弱，故橈；與四易位，故不橈也。乾爲至可醜。乾爲天，天行不息，故久。兑反巽，巽爲楊，楊枯於下，華發於上，故不久。頤坤謂旁通也。坤爲夜，太玄曰夜以醜之，故爲醜。詩墻有茨曰：中冓之言，不可道也；所可道也，言之醜也。薛君章句云：中冓，中夜也。虞氏以初爲老婦，初體遘，遘女壯。鄭氏謂：壯健以淫。故婦體遘淫，亦可醜也。

得位至之臣。上得位而稱凶者，君子濡跡以救時，過涉猶濡跡，志在救時，誰得而咎。以喻伏節死義之臣，行雖過而有濟也。

水洊至，習坎。君子以常德行，習教事。**注**：洊，再也。君子謂乾五，在乾稱大人，在坎爲君子。坎爲習、爲常，乾爲德，震爲行，巽爲教令，坤爲事，故以常德行習教事。**疏**：洊，再也。釋言文。君子以下，虞義也。三繫徽纆，故君子謂乾五。乾二五之坤成坎。二五在乾稱大人，而在坎稱君子者，五坎不盈德盛而業未大，故稱君子。坎稱習坎，水性有常，故坎爲習、爲常。巽謂觀巽也。巽申令，故爲教令。水之洊至，不舍晝夜，君子進德修業亦如之，故以常德行習教事也。

「習坎入坎」，失道「凶」也。**注**：上无其應，初二失正，故失道凶。「求小得」，未出中也。**注**：變應五則出，今據初，故未出中。「來之坎坎」，終无功也。**注**：三失位，不與五同功，故終无功。「尊酒簋」，剛柔際也。**注**：乾剛坤柔，震爲交，故曰剛柔際。「坎不盈」，中未大也。**注**：五爲大中，陽陷陰中，故未大。「上六」失道，「凶三歲」也。**注**：三應在上，故云上六失道。**疏**：上无至失道。此虞義也。初與四敵應，故无其應。言初而及二者，坎内三爻失正，象言失道指此三爻，二據初，故兼言之也。變應至出中。二變應五，往有功，則出險，今求小得而據初，是未變也。故虞注既濟彖傳未出中，謂二未變而在坎中是也。三失至无功。三五同功，三失位，不與五同功，上爲終，終无功，言當繫徽纆也。乾剛至柔際。此虞義也。屯彖傳曰：剛柔始交而難生。謂乾剛坤柔，交而成坎也。際，接也。四體震爲交，上與五接，故剛柔際。俗本尊酒簋下羨貳字，此誤從王弼讀耳。簋與缶、牖韻，不當有貳字。　五爲至未大。　陽稱大，五陽位而居中，故爲大中。乾五之坤，陽陷陰中，故未大。經言禔既平，美其德也；傳言中未大，擧其象也。　三應至失道。　三失道而云上六者，三應在上，凶禍至上而成，故云上六失道。凶在三年之後，故云凶三歲也。俗以失道謂上，非易例也。

明兩作，离。**注**：兩謂日與月也。乾五之坤成坎，坤二之乾成离，离、坎日月之象，故明兩作，离。作，成也。日月在天，動成萬物，故稱作矣。或以日與火爲明兩作也。大人以繼明照于四方。**注**：陽氣稱大人，則乾五大人也。乾二五之光，繼日之明，坤爲方，二五之乾，震東兑西，离南坎北，故曰照于四方。書曰：照臨四方曰明。

疏：兩謂至作也。　此虞義也。嫌謂二日，故云兩謂日與月也。乾五之坤成坎，坎爲月；坤二之乾成离，离爲日。故云：离、坎日月之象，明兩作之義也。繫上曰：坤化成物。姚信云：化當爲作。故云：作，成也。日月在天，動成萬物，亦是既濟之事也。或以日與火爲明兩作者，离爲日、爲火，故以日與火爲明兩作也。孟子曰：天無二日。俗説以明兩作皆指日者，非其義，故竝著之。　陽氣至曰明。　此虞義也。陽氣稱大人，謂五伏陽，故云則乾五大人也。乾二五之坤爲坎，坎月爲光，日月代明，以月繼日，故云繼日之明。坤爲方，荀九家説卦文。乾二五之坤成震、坎，坤二五之乾成离、兑，故云：震東兑西，离南坎北，照於四方也。俗以日繼日爲繼明者，非也。書曰者，周書謚法也。

「履錯」之「敬」，以辟咎也。**注**：咎謂四。春秋傳曰：原屏咎之徒也。「黄离元吉」，得中道也。**注**：中謂二，乾爲道。「日昃之离」，何可久也。**注**：日中則昃，故不可久。「突如其來如」，无所容也。**注**：不容於内。「六五」之「吉」，離王公也。**注**：王謂五，公謂三。「王用出征」，以正邦也。**注**：坤爲邦，五之坤，故以正邦。**疏**：咎謂至徒也。四來犯初，故咎謂四。春秋傳者，宣十二年左傳文。彼謂咎爲堯子，堯子小人，以喻四爻。中謂至爲道。五變二，上承之，故得中道。二得中，故中謂二。上承乾五，故乾爲道。日中至可久。日中則昃，豐彖傳文。日之中前、中後，皆日昃。逸周書曰：日之中也昃。周禮司市：朝市於東，昃市於中，夕市於西。日中正在天心之一線，未及一線、已過一線謂之昳。中則日之正中，頃刻而已。吕氏春秋云：趙襄子曰：日中不須臾。故云：日昃之离，何可久也。不容於内。説文曰：突如其來如，不孝子突出，不容於内也。四與初敵應，初辟四咎，而在内卦，故不容於内。震爲容也。王謂至謂三。五爲王位，三爲三公，五上易位，麗五應三，故離王公。離讀爲麗也。坤爲至正邦。离自坤來，故坤爲邦。征之爲言正也。出离爲坎，五來之坤，得正，故以正邦也。

周易述卷十三

象下傳

山上有澤，咸。君子以虛受人。**注：**君子謂否乾。乾爲人，坤爲虛，艮爲手。謂坤虛三受上，故以虛受人。艮山在地下[一]爲嗛，在澤下爲虛。**疏：**此虞義也。乾三爲君子，乾上之三，故君子謂否乾。乾爲人，坤爲虛，亦謂否乾反坤也。受以手，故艮爲手。三本坤也，坤爲虛，上之三，是虛三受上，故以虛受人也。嗛、咸二卦，皆乾上之三。嗛指乾上虧盈之義，虛指坤三虛受之義，故艮山在地下爲嗛，在澤下爲虛也。

「咸其母」，志在外也。**注：**外謂四。失位遠應，之四得正，故志在外。雖「凶居吉」，順不害也。**注：**坤爲順，爲害，二本坤也，故順。上之三，坤體壞，故順不害。「咸其股」，亦不處也。志在「隨」人，所執下也。**注：**巽爲處女，男已下女，故不處也。凡士與女未用，皆稱處矣。志在於二，故所執下也。「貞吉悔亡」，未感害也。「憧憧往來」，未光大也。**注：**坤爲害，初四易位，故未感害。初往弇三，故未光。四

[一]「下」原作「上」，據下疏文改。

來居初，故未大。「咸其脢」，志末也。**注**：末謂上。五比上，故志末。「咸其輔頰舌」，媵口說也。**注**：媵，送也。不得之三，故媵口說。**疏**：外謂至在外。此虞義也。四在外卦，故外謂四。六居初，而應又遠，故失位遠應。之四得正，謂與四易位，則皆得其正。初利之四，故志在外也。坤爲至不害。坤順，說卦文。坤爲害，虞義也。坤柔順承天，故順。陰體賊害，故又爲害也。二在否家體坤，故本坤也。順於三，故順。乾上之三，坤體壞，故不害也。凡爻之情，近而不相得，遠而不相應者，則言害。咸家取女吉，二氣感應以相與，故二曰順不害，四曰未感害也。巽爲至下也。此虞義也。巽陽藏室，故爲處、爲長女，故爲處女。女未嫁稱處。荀子曰：處女莫不願得以爲士。今男已下女，故不處也。士未見於君，亦稱處士。故士與女未用，皆稱處矣。二隨人者也，三志在二，故志在隨人。二又在下，故所執下也。坤爲至未大。初四不當位，而相應，乾鑿度謂之失義，失義則有害，悔且吝是也。初四易位，爻皆得正，貞吉而悔亡，故未感害也。初往弃三，三爲四弃，故未光。四來居初，初陽尚小，故未大也。末謂至志末。爻例初爲本，上爲末。五比上，上爲末，故志末，坎爲志也。媵送至口說。此虞義也。媵，送。釋言文。媵讀爲騰。燕禮曰：媵觚於賓。鄭彼注云：媵，送也。今文媵皆作騰，是媵爲古文騰也。淮南子曰：子產騰辭。上與五比，而不應三，故云不得之三。鄭氏謂：徒送口語，相感而已，故媵口說。本今作滕。釋詁曰：媵，虛也。言以虛辭相感，義亦得通。

雷風，恒。君子以立不易方。**注**：君子謂乾三。坤爲方，初四、二五復位，三正不動，故立不易方。**疏**：三本乾也，故君子謂乾三。坤爲方，謂益互坤也，方其義也。終變成益，則初四、二五復位。三正不動，故立不易方。若然，九三言不恒其德，易其方矣。而象言不易者，震、巽特變，故三不恒。君子贊化育，故不易，不易則成既濟定也。此兼虞義。虞以乾初之坤四，三不易方，義稍乖耳。

「濬恒」之「凶」，始求深也。**注**：初爲始、深，謂陽，四之初，故始求深。「九二悔亡」，能久中也。**注**：乾爲久，變之正，故能久行中和。「不恒其德」，无所容也。**注**：諸爻皆正，三獨失位，故无所容。「久非其位，安得「禽」也。**注**：四五皆失位，故非其位。五已之正，故不得禽。「婦人貞吉」，從一而終也。**注**：一謂初，終變成益，以巽應初震，故從一而終。「夫子」制義，從婦「凶」也。**注**：巽爲制，坤爲義，震没從巽入坤，故從婦凶。「震恒」在上，大无功也。**注**：終在益上，乘五遠應，故大无功。**疏**：初爲至求深。　爻在初爲始，深，謂陽。虞義也。虞謂乾初爲淵，故深。太玄曰：夫一一所以摹始而測深。知深亦謂初矣。四陰之初，非深而求深，故云始求深也。乾爲至中和。此荀、虞義也。天行不息，故乾爲久。二失位，變之正，乃能久行中和之道。久猶恒也。　諸爻至所容。虞云終變成益，則初四、二五皆得正，故諸爻皆正。三變失位爲匪人，故无所容。　四五至得禽。四五在恒家稱久，而皆失位，故久非其位。非謂常久失位也。五已之正，四當變承之，故云安得禽也。　一謂至而終。此虞義也。初九爲元，元即一也，故一謂初。終變成益，巽四正應震初，故云以巽應初震。郊特牲曰：壹與之齊，終身不改，故夫死不嫁。是從一而終之義，所謂恒也。　巽爲至婦凶。巽德之制，故爲制。管子曰天仁地義，乾鑿度曰地静而理曰義，故坤爲義。以乾制坤，是制義也。終變成益，震變爲巽，故震没從巽。中互坤，故入坤。坤爲死，故從婦凶，巽爲婦也。　終在至无功。此虞義也。　終變成益，故終在益上。　五多功，五動上乘五，遠應在三，故大无功也。

天下有山，遯。君子以遠小人，不惡而嚴。**注**：乾三爲君子、爲遠、爲嚴，坤爲惡，消陽及三爲小人，故以遠小人，不惡而嚴也。**疏**：遯三爲君子，卦本乾也，故曰乾三。乾爲遠、爲嚴，虞義也。否三爲小人，遯陰消陽及三，君子道消，小人道長，天地閉，賢人隱，故以遠小人，不惡而嚴也。

「遯尾」之「厲」，不往何災也。**注**：坎爲災，艮體宜静，若不往於四，則无災也。「執用黄牛」，固志也。**注**：固者，貞固。坎爲志，故曰固志。「係遯」之「厲」，有疾備也。**注**：備讀爲憊。「畜臣妾吉」，不可大事也。**注**：三動入坤，陽稱大，坤爲事，故不可大事也。「君子好遯，小人否」也。「嘉遯貞吉」，以正志也。**注**：三已變，上來之三成坎，故曰以正志。「飛遯无不利」，无所疑也。**注**：坎心爲疑。

疏：坎爲至災也。此虞義也。艮止故静，遯者退也，故不往於四，則无災也。固者至固志。釋詁云：鞏，固也。象辭小利貞，正指二。文言曰：貞固足以幹事。故固者，貞固。坎心爲志，二志固，故遯不爲否也。備讀爲憊。讀從公羊「嘻甚矣憊」之憊。鄭注云：備，困也。故讀從之。三動至事也。此虞義也。陽稱大，坤陰小，故不可大事。荀氏謂：但可畜養臣妾，不可任國家之大事也。三已至正志。四之初，三已變，上又之三，則五體坎，坎心爲志，五正應二，故以正志也。坎心爲疑。上之三體坎，故坎心爲疑。

雷在天上，大壯。君子以非禮弗履。**注**：夬、履兩象易，體夬，故非禮。初爲履，四之正應初，故非禮弗履。

疏：夬、履兩象易，虞義也。澤天爲夬，天澤爲履，故兩象易。初至五體夬，柔乘剛，故非禮。履者，禮也。初足爲履，四之正應初，得所履矣，故非禮弗履。

「壯于止」，其孚窮也。**注**：應在乾，終故其孚窮。「九二貞吉」，以中也。**注**：中而不正，之正則吉。「小人用壯，君子罔」也。「藩決不羸」，尚往也。**注**：尚往者，謂上之五。「喪羊于易」，位不當也。**注**：四五失位，故不當。「不能退，不能遂」，不詳也。**注**：乾善爲詳，不得三應，故不詳也。「艱則吉」，咎不長也。**注**：巽爲長，動失位爲咎，不變之巽，故咎不長。**疏**：應在至乎窮。　此虞義也。卦有兩乾，故應乾。四爲乾之終，故其孚窮也。　中而至則吉。　謂九二中而不正，其言貞吉者，以其變之正，故吉也。乾鑿度曰「九二陽不正」是也。　尚往至之五。　此虞義也。尚與上通。　四五至不當。　四五皆失位，故不當。四之五，動各得正，故无悔也。　乾善至詳也。　此虞義也。詳古文祥。釋詁云：「詳，善也。」乾元善之長，一乾以至三乾成爲積善，故云乾善爲詳。上隔於四，不得三應，故不詳。　三體乾也。　巽爲至不長。　此虞義也。巽爲長，説卦文。上動失位，故爲咎。藩決難解，守正應三，不變之巽，故咎不長也。

明出地上，晉。君子以自照明德。**注**：君子謂觀乾。乾爲德，坤爲自，離爲明，乾五動，以離日自照，故以自照明德也。**疏**：此虞義也。觀九五觀我生，君子无咎，故君子謂觀乾。乾爲照，五動體离，以离日自照，故以自照明德。

「晉如摧如」，獨行正也。**注**：初一稱獨，動體震爲行，故獨行正。「裕无咎」，未受命也。**注**：五未之巽，故未受命。「受茲介福」，以中正也。**注**：五動得正中，故二受大福矣。「衆允之」，志上行也。**注**：坎爲志，三之上成震，故曰上行。「碩鼠貞厲」，位不當也。「矢〔一〕得勿恤」，往有慶也。**注**：二往應五，陽稱慶。「維用伐邑」，道未光也。**注**：乾爲道，离爲光，動入冥豫，故道未光。**疏**：初一

〔一〕「矢」，通行本周易作「失」。

至行正。　此虞義也。初即一也，故曰初一；一即獨也，方言曰：一，蜀也，南楚謂之獨。郭注云：蜀猶獨也。初爲微、爲隱，隱微獨也，故初一稱獨。四之初體震，震爲行，故獨行正，言變之正也。　五未至受命。　此虞義也。四之五，五體巽，巽爲命，五未之巽，故初未受命。卦辭言錫，初言未受命者，命錫自上五，未之正，故初未受命也。　五動至福矣。　此九家義也。二受介福於五，故中正謂五。　坎爲至上行。　此虞義也。　二往至稱慶。　二往應五，故云往五。正陽位，故往有慶。　乾爲至未光。　上體乾爲道，离日爲光，豫上曰冥豫。動入冥豫，乾、离象毀，故道未光。此兼荀義。

明入地中，明夷。君子以莅衆用晦而明。 **注**：君子謂三。莅，臨也。坤爲衆、爲晦，離爲明，三上莅坤，故以莅衆用晦而明。　**疏**：君子謂三，虞義也。莅俗字，説文作𨽻，臨也。臨者，以上臨下。臨卦取象於二升五以臨衆陰。坤爲衆，三升五是莅衆也。坤爲晦，离爲明，三體离而上臨坤，其子之貞明不可息，是用晦而明也。言而明者，宣八年公羊傳曰：而者何，難也。明夷之世不可疾貞，故言用晦而明也。

「君子于行」，義不食也。 **注**：暗昧在上，有明德者義不食禄。**「六二」之「吉」，順以則也。** **注**：坤爲順，二得位應五，故順以則。**「南守」之志，乃大得也。** **注**：三居五，據有羣陰，故大得。**「入于左腹」，獲心意也。** **注**：坎爲亟心。**「其子」之「貞」，明不可息也。** **注**：明謂乾，陽道不絶，故不可息。**「初登于天」，照四國也。「後入于地」，失則也。** **注**：离日爲照，坤爲四國。坤五失位，不可疾貞，故失則。

疏：暗昧至食禄。　此荀義也。　暗昧謂坤，明德謂离。坤二之乾，乾爲德，离爲明，初得位，故有明德也。　坤爲至以則。　應在坤，故坤爲順。三上居五，二得位應五，而行中和，故順以則。凡爻得位，皆稱則也。　三居至大得。

陽稱大，三陽居五，據有羣陰，故云乃大得也。言乃者，宣八年公羊傳曰：乃難乎而。亦不可疾貞之義也。坎爲亟心。坎爲亟心，說卦文。荀氏云：亟，中也。三升五居中，坎爲中心，故獲心意也。明謂至可息。乾爲大明，故明謂乾。不言离而言乾者，其子之貞謂乾也。陽道不絶，白虎通文。雜卦曰：明夷，誅也。馬融注云：誅，滅也。鄭注中庸云：息猶滅也。陽道不滅息而復明，故云明不可息也。离日至失則。离日爲照，虞義也。离象傳曰：大人以繼明照於四方。故爲照也。坤爲國，乾鑿度曰陽三陰四，故坤爲四國。离日在上，故照四國。明夷反晉，坤五失位，九三升五，不可卒正，故失則，謂爻失正也。

風自火出，家人。君子以言有物而行有恒。**注**：君子謂乾三。三動震爲言、爲行，乾爲物。恒，常也。三動上反身，故以言有物而行有恒。**疏**：遯三本乾，故君子謂乾三。三動體震，震爲言、爲行。乾純粹精，故爲物。恒，常也。釋詁文。三動上反身，身修而後家齊，故言有物而行有恒也。

「閑有家」，志未變也。**注**：坎爲志，剛來閑初，故志未變。「六二」之「吉」，順以巽也。**注**：巽順於五。「家人熇熇」，未失也。「婦子嘻嘻」，失家節也。**注**：得位，故未失。動失正，故失家節。「富家大吉」，順在位也。**注**：順於五。「王假有家」，交相㤅也。**注**：震爲交，乾爲愛，三動受上，六爻和會，故交相愛。「威如」之「吉」，反身之謂也。**注**：謂三動坤爲身，上之三成既濟定，故反身之謂。此家道正，正家而天下定矣。**疏**：坎爲至未變。應在四，四體坎爲志，四剛閑初，初志未變，故悔亡。易傳所謂正其本是也。巽順於五。此九家義也。九家謂：二居貞，巽順於五，故吉矣。得位至家節。三雖嚴而得位，故未失。動失正，家人體壞，故失家節。上來之三，則終吉矣。順於五。此虞義也。四得位，而順於五，故云順在位也。震爲至相愛。震爲交，乾爲愛，皆虞義也。三動受上，六爻和會，而父子、兄弟、夫婦各得其正，人人親其親，長其長，而天下平，是交相愛之義也。謂三至定矣。此虞義也。三動體坤爲身，上之三，言物行恒，成既濟定，故反身之謂。蹇、觀上反三，亦云反身也。上反三，身正而正人，故云：此家道正，正家而天下定矣。皆是既濟之事也。

上火下澤，睽。君子以同而異。**注**：君子謂初。巽爲同，二五易位，故以同而異。**疏**：初得位，故君子謂初。巽爲同，謂无妄巽也。二五易位，无妄爲睽，故以同而異也。

「見惡人」，以辟「咎」也。**注**：四復正，故見惡人以辟咎。「遇主于巷」，未失道也。**注**：動得正，故未失道。「見輿曳」，位不當也。**注**：三失位，故不當。「无初有終」，遇剛也。**注**：動正成乾，故遇剛。「交孚无咎」，志行也。**注**：坎動成震，故志行。「厥宗噬膚」，「往」有慶也。**注**：乾爲慶，五變成乾，故二往有慶。「遇雨」之「吉」，羣疑亡也。**注**：物三稱羣，坎爲疑，三變坎敗，故羣疑亡。**疏**：四復至辟咎。此虞義也。初應在四，四復正，初得无咎。无咎者，善補過，亦得兼四言也。動得至失道。此虞義也。二失位，動得正，故未失道。廣雅曰：巷，道也。故經言巷，傳言道。三失至不當。曰曳曰掣，皆不正之象。三失位，故云位不當也。動正至遇剛。此以下皆虞義也。動正成乾，乾爲剛，故遇剛。謂與上易位，上遇三也。坎動至志行。坎爲志，震爲行，坎動成震，故志行也。乾爲至有慶。虞以五變爲往，其義未備，故足成之。物三至疑亡。物，事也。物三稱萃，謂見豕、載鬼、張弧三事也。坎心爲疑，三變之正，坎象敗壞，故羣疑亡，言睽終則合也。

山上有水，蹇。君子以反身修德。**注**：君子謂三。坤爲身，五乾爲德，三往蹇來反，故反身修德。陽在三，進德修業，故以反身修德。虞氏謂：「觀上反三，故反身。」陸氏謂：「水在山上，終應反下，故反身也。」**疏**：三得位，故君子謂三。升坤爲身，坎五本乾，故乾爲德。三往應上，則歷坎險，故往蹇。反上據二，故反身。乾三進德修業，故以反身修德。三在蹇家，修德以待時也。虞氏以卦自觀來，觀上反三，故反身。陸績以水在山上，失流通之性，水無不下，終應反下，故反身。虞説與象傳不合，陸説近之，亦未得也。

「往蹇來譽」，宜待時也。**注**：艮爲時，謂變之正，以待四也。「王臣蹇蹇」，終无尤也。**注**：尤，過也。二自五降，退思補過，故終无尤。「往蹇來反」，内喜之也。**注**：内謂二，陽稱喜。「往蹇來連」，當位實也。**注**：陽稱實，應在初，初之正，故當位實。「大蹇朋來」，以中節也。**注**：五中和，故中節。「往蹇來碩」，志在内也。「利見大人」，以從貴也。**注**：坎爲志，内謂三，五乾爲貴。**疏**：艮爲至四也。此虞義也。艮動静不失其時，故爲時。初往蹇，變之正，以待四之應，故宜待時也。俗本脱時。尤過至无尤。尤，過。釋言文。彼文作郵，古文通。退思補過，孝經文。升五降二，故云退降二得位。繫上曰：无咎者，善補過也。故終无尤。内謂至稱善。内謂二，虞義也。二在内卦，三陽稱喜，三反據二，近而相得，故内喜之也。陽稱至位實。易積算曰：陽實陰虛。故陽稱實。四應在初，而三間之，初變之正，終得其應，故當位實。五中至中節。鄭氏曰：中，和也。中庸曰：喜怒哀樂之未發謂之中，發而皆中節謂之和。五居中行和，故中節。五中節，故可以正邦也。坎爲至爲貴。上體坎，坎爲志，三内卦，故志在内。虞注繫上曰：乾高貴五。故乾五爲貴。三利見五，故以從貴。

雷雨作，解。君子以赦過宥罪。**注**：君子謂三。伏陽出，成大過。坎爲罪，入則大過象壞，故以赦過。二四失位，皆在坎獄中，三出體乾，兩坎不見，震喜兑説，罪人皆出，故以宥罪。謂三入則赦過，出則宥罪。「公用射隼，以解悖」，是其義也。**疏**：此虞義也。據三，伏陽當出，故稱君子。三出體乾成大過。卦有兩坎，坎爲罪，坎有入義，入則大過象壞，故以赦過。二四失位，皆在坎獄中。三出成乾，兩坎象壞。外體本震，故震喜；互體爲兑，故兑説。罪人出獄之象，故以宥罪。六爻之義，出乾入坤，三入而大過毁，故赦過；三出而坎象毁，故宥罪。卦有赦過而無宥罪之象，故引上六爻辭以證三出坎毁之象，故云是其義也。又案，卦本名解，解者，緩也。月令挺重囚，挺有緩義，故以赦過宥罪也。

剛柔之際，義「无咎」也。**注**：體屯初震，剛柔始交，故无咎也。「九二」「貞吉」，得中道也。**注**：動得正，故得中道。「負且乘」，亦可醜也。自我致戎，又誰咎也。**注**：臨坤爲醜，小人而乘君子之器，故可醜。坤爲自我，以离兵伐三，轉寇爲戎，艮手招盜，故誰咎也。「解而母」，未當位也。**注**：初四失位。「君子有解」，「小人」退也。**注**：陰爻皆正，故小人退。「公用射隼」，以解悖也。**注**：坎爲悖，三出成乾而坎象壞，故解悖。**疏**：體屯至咎也。此虞義也。復初體屯，屯象傳曰剛柔始交，謂乾始交坤，故无咎也。動得至中道。此虞義也。五乾爲道，二上之五，動得正而居中，故云得中道也。臨坤至咎也。此虞義也。坤爲醜，義見上。乾爲君子，坤爲車，乾在坤上，稱君子德車。三陰乘坤，是小人而乘君子之器，故可醜也。坤爲自我，義亦見上。説卦曰离爲甲胄，爲戈兵，故爲戎。坎寇离戎，經云寇，傳言戎，五以离兵伐三，故轉寇爲戎。變體艮，艮爲手，以艮手招盜，故誰咎，言无所歸咎也。初四失位。初四失正，故未當位。四解初母，則當位矣。陰爻至人退。五、三、初皆陰爻，五初之正，三出解悖，陰爻皆正，故小人退，言小人化爲君子也。坎爲至解悖。此虞義也。坎爲獄，爲罪，有罪入獄，以其悖也，故坎爲悖。三出射隼而去之，兩坎象毀，故云以解悖。象傳赦過宥罪之類是也。

山下有澤，損。君子以徵忿懫欲。**注**：君子謂泰乾。乾陽剛武爲忿，坤陰吝嗇爲欲。損乾之初成兑説，故徵忿。懫，止也。初上據坤，艮爲止，故懫欲。**疏**：此虞、鄭、劉義也。乾爲君子，故君子謂泰乾。楚語曰：天事武。韋昭云：乾稱剛健，故武。剛武之象有似於忿，故云乾陽剛武爲忿。説卦曰：坤爲吝嗇。説文曰：欲，貪欲也。吝嗇之義近於貪欲，故云坤陰吝嗇爲欲。徵讀爲懲，古文也。震爲懲，損乾之初，下體成兑，兑，説也，故徵忿。鄭、劉皆云：懫，止也。乾初據坤體艮，艮，止也，故懫欲。繫下曰：損，德之修也。故以徵忿懫欲也。

「祀事遄往」，上合志也。**注**：終成既濟，謂二上合志於五也。「九二利貞」，中以爲志也。**注**：動體离中，故中以爲志。「一人行」，「三」則疑也。**注**：坎爲疑，疑則不一，故云三則疑。「損其疾」，亦可喜也。**注**：疾不爲害，故可喜。「六五」「元吉」，自上右也。**注**：兑爲右，上右五益三，故自上右。「弗損益之」，大得志也。**注**：离、坎體正，故大得志。**疏**：終成至五也。此虞義也。益上之三，故終成既濟。坎爲志，二上合志於五，初亦得其應矣。動體至爲志。此虞義也。二本坎爻，動體离而居中，故中以爲志。坎爲至則疑。坎心爲疑，三人旅行則不一，故三則疑。疾不至可喜。繫下曰：損以遠害。三上復爲疾，六爻得位，正陽在上，疾不爲害，故可喜也。兑爲至上右。兑爲右，右，助也。五以二簋享上，上右五益三成既濟，太平之化行，故自上右也。离坎至得志。此虞義也。离上三爻不正，坎下三爻不正，既濟坎上离下，离、坎體正，坎爲志，故大得志也。

風雷，益。君子以見善則遷，有過則改。**注**：君子謂乾也。上之三，離爲見，乾爲善，坤爲過，三進之乾四，故見善則遷。乾上之坤初，改坤之過，體復象，復以自知，故有過則改也。**疏**：此虞義也。乾謂否乾，陽爲君子，故君子謂乾也。相見乎离，上失位，之三得正體离，故离爲見。乾元善之長，故乾爲善。坤積不善，故爲過。四本坤三，上之初則三進之乾四，故見善則遷。初本坤也，乾上之初，坤體壞，故改坤之過。初至四體復，復初有不善未嘗不知，知之未嘗復行，故有過則改也。

「元吉无咎」，下不厚事也。**注**：坤爲厚事，下謂初。上之初，損上益下，故下不厚事。「或益之」，自外來也。**注**：乾上稱外，來益初也。「益用凶事」，固有之矣。**注**：三上失正，當變，是固有之。「告公從」，以益志也。**注**：坎爲志，三之正，有兩坎象，故以益志。「有孚惠心」，「勿問」之矣。「惠我德」，大得志也。**注**：上之三，成既濟定，故大得志。與損上九同義。「莫益之」，偏辭也。**注**：偏，周帀也。民所不與，故云偏辭。「或擊之」，自外來也。**注**：剥艮在上，故自外來。**疏**：坤爲至厚事。坤厚德載物，故爲厚。陽在下，故下謂初。上之初，損上之惠以益下，故下不厚事也。乾上至初也。此虞義也。繫下云：爻象動乎内，吉凶見乎外。虞彼注云：外謂上。故云乾上稱外，謂否乾也。自外曰來，故云來益初也。三上至有之。此虞義也。三本陽位，以柔居之則危而凶，上之三，其剛勝，故云是固有之。坎爲至益志。此虞義也。坎心爲志，三之正成既濟，故有兩坎象。同心共濟，故以益志也。上之至得志。卦成於五，上有惠心，下惠我德，孚信著於上下，既濟之功成，故大得志也。偏周至偏辭。偏，周帀也者，孟氏義也。虞氏傳五世孟氏之易，義與之同。上不之初，坤民否閉，同辭不與，故云偏辭。剥艮至外來。陰消至五爲剥，剥體艮，艮在上，故自外來。

澤上於天，夬。注：水氣上天，決降成雨，故曰夬。君子以施禄及下，居德則忌。注：君子謂乾。乾爲施、禄，下謂剥坤，坤爲衆臣，以乾應坤，故施禄及下。乾爲德，剥艮爲居，故居德則忌。陽極陰生，謂陽忌陰。疏：水氣至曰夬。此陸績義也。兑爲澤，兑體坎象半見，坎爲水，故水氣上天。兑澤在上，故決降成雨。以陽決陰，故曰夬也。君子至忌陰。此虞義也。乾陽爲君子。天施地生，故乾爲施。乾爲福，故爲禄。旁通剥，剥伏夬下，故謂剥坤。坤爲衆、爲臣，以乾應坤，謂應剥坤。禄所以逮衆臣者，是施禄及下也。乾爲龍德，故爲德。艮爲居，故居德。剛長乃終陽極於上，則遘陰生於下，故陽極陰生。德不久居，陽當忌陰，故居德則忌也。

「不勝而往」，「咎」也。注：往，失位應陽，故咎也。「有戎勿恤」，得中道也。注：動得正應五，故得中道。「君子夬夬」，終「无咎」也。注：上爲終，能愠不説，故終无咎。「其行次且」，位不當也。「聞言不信」，聰不明也。注：以陽居陰，故位不當。四變坎爲聰，离爲明，不變應初，故聰不明也。「中行无咎」，中未光也。注：爲上所弃，故未光。與屯五、萃五同義。「无號」之「凶」，終不可長也。注：遘時巽爲長，至此陰道消滅，倒長爲亡，故終不可長。疏：往失至咎也。此虞義也。初四敵剛，初往應四，是失位應陽，故有咎也。動得至中道。此虞義也。四失位，動得正應五，二五爲中，故得中道，乾爲道也。上爲至无咎。應在上，故上爲終。三能愠不説，不與上應，故終无咎也。以陽至明也。四變有坎、离象，故坎爲聰，离爲明。不變無坎象，故聰不明，言聽不聽則視亦不明也。爲上至同義。五弃於上，陽爲陰弃，故未光。五所以未光者，三五同決上，三有愠，故有凶而終无咎；五莧陸，雖无咎而中未光。三體乾、五體兑故也。屯五、萃五亦皆爲陰所弃，故同義也。遘時至可長。遘彖傳曰：勿用取女，不可與長也。但遘時巽始用事，消丙滅坤，至復出震，巽始无號，息至夬陰道消滅，終不可長，與遘不可與長相應。說文：長从厅，厅，倒亡也。遘時巽爲長，夬反遘也。至此消亡，故云倒長爲亡也。

天下有風，遘。后以施命誥四方。**注**：后，繼體之君。遘陰在下，故稱后。乾爲施，巽爲命、爲誥。復震二月東方，遘五月南方，巽八月西方，復十一月北方，皆總在初，故以誥四方。**疏**：此虞義也。后，繼體之君，謂夏后氏也。陽稱先王，稱君子；陰稱后，泰坤女主，故稱后。此遘陰在下，故亦稱后也。乾陽爲施，巽申命爲命、爲誥。震方伯卦，在二月，故東方；消息遘五月卦，故南方；巽八月卦，故西方；復十一月，故北方。震謂復震，巽謂遘巽，故總在初。虞氏謂：孔子行夏之時，經用周家之月。夫子傳彖象以下，皆用夏家月，是故復爲十一月，遘爲五月矣。誥，鄭作詰，云：止也。漢司徒魯恭釋此傳云：言君以夏至之日施命令，止四方行者，所以助微陰也。此言助微陰與易例有違，今不用也。尋復象傳曰：先王以至日閉關，商旅不行，后不省方。遘傳云：后以施命誥四方。但復陽息之卦，遘陰消之卦，復閉關不省方，所以助微陽之息也；遘施命誥四方，所以布盛陽之德也。其諸易之例與？

「係于金鑈」〔一〕，柔道牽也。**注**：陰道柔，巽爲繩，牽於二也。「苞有魚」，義不及「賓」也。**注**：義讀曰宜。初係於二，宜不及賓也。「其行次且」，行未牽也。**注**：在夬失位，故牽羊。在遘得正，故未牽也。「无魚」之「凶」，遠民也。**注**：復坤爲民，乾爲遠，遘時坤伏乾下，故遠民。「九五」「含章」，中正也。

〔一〕「鑈」，通行本周易作「柅」。

「有隕自天」，志不舍命也。注：中謂五，正謂四，巽爲命，欲初之四承己，故不舍命。「遘其角」，上窮「吝」也。注：位極於上，无應於下，故上窮吝也。疏：陰道至二也。此虞義也。初陰爲柔，爲二所牽，故云柔道牽也。義讀至賓也。中庸曰：義者，宜也。義、宜同物同音，故義讀曰宜。初係於二，陰不消陽，故云義不及賓也。在夬至牽也。此虞義也。三在夬爲四，故失位。爲初所牽，故牽羊。在遘得正，故行未牽也。復坤至遠民。旁通復，復坤爲民，坤伏乾下，失位无應，民衆不與，故遠民也。中謂至舍命。九五得中，故中謂五。初之四得正，故正謂四。五欲初之四承己，故不舍命，初體巽爲命也。此兼虞義。位極至吝也。九居上，故位極於上，三上敵剛，无應於下，故上窮吝也。

澤上于地，萃。君子以除戎器，戒不虞。注：君子謂五。除，修；戎，兵也。詩曰：修爾車馬弓矢戎兵。陽在三、四爲修，坤爲器，三四之正，离爲戎兵、甲冑、飛矢，坎爲弓弧，巽爲繩，艮爲石，謂敹甲冑，鍛厲矛矢，故除戎器。戒，備也。坎爲寇，初坤爲亂，故戒不虞也。疏：此虞義也。卦唯五陽得正，故君子謂五。案，虞注卦辭云：乾五爲王，謂觀乾也。又虞注坎象傳云：在乾爲大人，在坎爲君子。今以乾五爲君子者，但三四易位，五在坎中，故以君子謂五也。姚信、陸績、王肅皆云除猶修治，故云：除，修。戎，兵也。詩曰：修爾車馬弓矢戎兵者，大雅抑篇文。證治軍，實亦云修也。乾之九三、九四皆云進德修業，故云陽在三、四爲修。乾三不中，四不正，故云修。萃之三、四當之正，故亦云修也。坤形爲器，三、四之正體离，离爲甲冑，爲戎兵，又爲飛，爲矢，故爲戎兵、甲冑、飛矢。坎爲弓，故爲弓弧。巽爲繩直，故爲繩。艮爲小石，故爲石。尚書粊誓曰：善敹乃甲冑。又曰：鍛乃戈矛，厲乃鋒刃。故爲敹甲鍛厲矛矢也。鄭氏彼注云：敹謂穿徹之，謂甲繩有斷絶，當使敹理穿治之。謂离之甲冑以巽繩穿治之，故巽爲繩。矛矢以离火鍛之，以艮石厲之，故艮爲石。皆是修治之義，故除戎器也。戒，備。方言文。坎爲盜，故爲寇。初

「乃亂乃萃」，坤反君道爲亂，故以戒不虞。虞，度也。

「乃亂乃萃」，其志亂也。注：坎爲志，初不之四，故其志亂也。「引吉无咎」，中未變也。注：二得正，故不變也。「往无咎」，上巽也。注：動之四，故上巽。「大吉无咎」，位不當也。注：以陽居陰，故位不當。「萃有位」，志未光也。注：爲上所弇，故未光。「齎咨涕洟」，未安上也。注：乘剛遠應，故未安上。疏：坎爲至亂也。此虞義也。初應在四，三之四體坎爲志，初失位不變，故不之四。相聚爲亂，故其志亂也。二得至變也。此虞義也。初三失位，二獨得正，居中應五，故不變也。動之至上巽。此虞義也。四在巽體，三動之四，故上巽也。以陽至不當。此虞義也。凡言无咎者，皆宜有咎也。四以陽居陰，故位不當。動之正，故大吉而无咎也。爲上至未光。四以下皆承五，上獨乘剛，三之四體离爲光，五爲上弇，故未光。與屯五、夬五同義也。乘剛至安上。此虞義也。以陰乘陽，故乘剛。三上敵應，故遠應。乘、應皆失，故未安上也。

地中生木，升。注：地謂坤，木謂巽。地中生木，以微至著，升之象。君子以慎德積小以成高大。注：君子謂三。小謂陽息復時。復小爲德之本，至二成臨。臨者，大也。臨初之三，巽爲高，二之五，艮爲慎，坤爲積，故慎德積小以成高大。疏：地謂至象也。此荀義也。枚乘曰：十圍之木，始生如蘖。又曰：種樹畜養，不見其益，有時而大。乾鑿度曰：天道三微而成著。故云：地中生木，以微至著，升之象也。君子至高大。此虞義也。三在巽體，三陽爲君子，故君子謂三。升自臨來，臨息於復，故云小謂陽息復時。繫下曰：復小而辨於物。又云：復，德之本也。故云復小爲德之本。陽息初，至二成臨。臨者，大也。序卦文。臨初之三，成升體巽，故巽爲高。二之五，下體艮，艮爲慎；上體坤，故坤爲積。地中生木，以微至著，故慎德積小以成高大也。中庸言至誠無息始於積，云天地之道可壹言而盡也。其爲物不貳，則其生物不測。不貳者，一也。故荀子曰：并一而不貳，所以爲積也。其下敘積義云：今夫天，斯昭昭之多；及其無窮也，日月星辰繫焉，萬物覆焉。今夫地，一撮土之多；及其廣厚，載華嶽而不重，振河海而不息。今夫山，一卷石之多；及其廣大，草木生之，禽獸居之，寶藏興焉。今夫水，一勺之多；及其不測，黿鼉蛟龍魚鼈生焉，貨財殖焉。鄭氏彼注云：此言天之高明，本生昭昭；地之博厚，本由撮土；山之廣大，本起卷石；水之不測，本從一勺。皆合少成多、積小至大。爲至誠者亦如此乎？又曰：詩云「惟天之命，於穆不已」，蓋曰天之所以爲天也。於乎不顯文王之德之純，蓋曰文王之所以爲文也，純亦不已。鄭彼注云：天所以爲天，文王所以爲文，皆由行之無已，爲之不止，如天地山川之云也。易曰「君子以慎德積小以成高大」是與。蓋天道與聖人始於一，所謂不貳也。漸於積，所謂昭昭、撮土、卷石、一勺也。成於不息，所謂於穆不已、純亦不已也。上六云：利於不息之貞。二升五，積小以成高大，故云不息之貞。此皆聖人微言，七十子之大義也。

「允升大吉」，上合志也。**注**：上謂五。二升五，坎爲志，初變應四，同心承五，故上合志也。「九二」之「孚」，有喜也。**注**：升五得位，故有喜。「升虛邑」，无所疑也。**注**：坎爲疑，二上得中，故无所疑。「王用亨于岐山」，順事也。**注**：坤爲順事，五受命告祭，四以陰承陽，故曰順事也。「貞吉升階」，大得志也。**注**：陽稱大，坎爲志，五下降二，與陽相應，故大得志。「冥升」在上，消不富也。**注**：陰升失實，故消不富。**疏**：上謂至志也。五居尊位，故上謂五。二升五體坎爲志，初變之正，進與四應，同心承五，故上合志也。升五至有喜。此虞義也。陽稱喜，二升五得位，故有喜也。坎爲至疑也。此虞義也。坎心爲疑，二上得中，位乎天位，故无所疑也。坤爲至事也。坤，順也，又爲事，故爲順事。五享於岐山，受命告祭，四體坤爲臣道，承事五陽，故順事也。陽稱至得志。陽大陰小，故陽稱大。五下降二，二上居五，二正應五，故與陽相應。二五得正，故大得志也。此兼荀義。陰升至不富。此荀義也。荀云：陽用事爲息，陰用事爲消，陽實陰虛，陰升失實，故消不富也。

周易述卷十四

象下傳

澤无水，困。**注**：水在澤下，故无水。君子以致命遂志。**注**：君子謂三伏陽也。否坤爲致，巽爲命，坎爲志，三入陰中，故致命遂志也。**疏**：水在至无水。此王弼義也。君子至志也。此虞義也。三陽爲君子，故君子謂三伏陽。三陽入陰中，故致命遂志。六三既辱且危，此君子小人之別也。故曰：困，德之辨也。

「入于幽谷」，幽不明也。**注**：爲陰所弇，故不明。「困于酒食」，中有慶也。**注**：陽稱慶，中謂五，二變應五，故中有慶。「據于蒺藜」，乘剛也。**注**：經言據，傳言乘，正名之義。「入于其宮，不見其妻」，不詳也。**注**：乾爲詳，應在上，二之上，乾體壞，故不詳。「來徐徐」，志在下也。**注**：下謂初，坎爲志。雖不當位，有與也。**注**：初四失位，故不當。易而得位，故有與。「劓刖」，志未得也。**注**：坎爲志，无據无應，故志未得。「乃徐有説」，以中直也。**注**：中謂二五，乾爲直。書曰：平康正直。「利用祭祀」，受福也。**注**：乾爲福，二受五福，故受福。傳曰：祭則受福。「困于葛藟」，未當也。**注**：謂三未當位應上。「動悔有悔」，「吉」行也。**注**：謂三變乃得當位之應，故吉行者也。**疏**：爲陰至不明。

此荀義也。　陽稱至有慶。　陽稱慶，慶謂五也。二在下中，故中謂二。二變受五福，故中有慶也。　經言至之義。　易例陰在下爲陽所據稱據，陽在下爲陰所乘稱乘。今三陰乘二陽稱據，非所據也，故傳曰乘剛。扶陽抑陰，故曰正名之義也。　乾爲至不詳。　乾善爲詳，三應上，上本乾也；二之上，乾體壞，故不詳。　下謂至爲志。　初在下，故下謂初。初體坎，故坎爲志。　初四至有與。　初四皆失位，故不當。易而得位，陰陽相與，故有與也。　坎爲至未得。　坎爲志，虞義也。无據无應，而倪仉不安，故志未得。此陸義也。　中謂至正直。　二變應五，故中謂二五。乾五爲直，中直猶中正。書曰者，鴻範文，證二五爲中正也。　乾爲至受福。　乾爲福德，故乾爲福，謂五也。二言享祀，五言祭祀，是五主祭，而二受福，故云二受五福。傳曰者，闕〔一〕文。　謂三至應上。　此虞義也。應在三，三失位，故謂三未當位應上。　謂三至者也。　此虞義也。上乘陽，故動悔。變應三，故有悔。唯三變得當位之應，故吉行而无咎也。

木上有水，井。**注**：木上有水，上水之象。君子以勞民勸相。**注**：君子謂泰乾也。坤爲民，初上成坎爲勞，故勞民勸相。相，助也，謂以陽助坤。**疏**：木上至之象。　此王弼義也。巽乎水而上水，故云上水之象。　君子至助坤。　此虞義也。泰乾三君子道長，故君子謂泰乾也。泰五虛无君，初之五，故以陽助坤矣。

「井泥不食」，下也。「舊井无禽」，時舍也。**注**：下謂初，時舍於初，非其位也。與乾二同義。「井谷射鮒」，无與也。**注**：五不應二，故无與。「井渫不食」，行「惻」也。求「王明」，受福也。**注**：噬嗑

〔一〕所引「祭則受福」爲禮記禮器文。

震爲行，艮爲求。「井甃无咎」，修井也。注：修，治也。四來修初，故修井。「寒泉」之「食」，中正也。注：中正謂二五。「元吉」在「上」，大成也。注：初二已變，成既濟定，故大成也。疏：下謂至同義。在下无應，故不食。初失位，當與二易位，故云：時舍於初，非其位也。乾九二亦失位，當升九五，時舍於二，故云同義也。此兼虞義。五不至无與。陰陽相感應曰與，二五皆陽，五不應二，故无與。物細微不能動天地，爻失正不能相感應，故云：井谷射鮒，无與也。噬嗑至爲求。據旁通也。修治至修井。修，治。虞義也。虞謂：坤爲土，离火燒土爲甃治象，初爲舊井，四來修初，故云修井也。中正至二五。二已與初易位，得中得正，故中正謂二五。二五相應，井爲人用，故云：寒泉之食，中正也。初二至成也。此虞義也。既濟之功，至上而成，故云：元吉在上，大成也。

澤中有火，革。君子以治歷明時。注：君子，遯乾也。歷象謂日月星辰也。离爲明，坎爲月，离爲日，蒙艮爲星，四動成坎、离，日月得正，天地革而四時成，故君子以治歷明時。疏：此虞義也。遯九三君子，故君子謂遯乾。尚書堯典曰：乃命羲和，欽若昊天。歷象日月星辰，敬授民時。故云：歷象謂日月星辰也。四動成既濟，有兩坎、兩离象，故云四動成坎、离。蒙艮爲時，乾爲治，天地革而四時成，故君子以治歷明時。尋彖辭言湯、武革命，改正朔亦革命之一事，故取義於治歷明時也。

「鞏用黄牛」，不可以有爲也。注：動而必凶，故不可以有爲。「巳日革之」，行有嘉也。注：嘉謂五。乾爲嘉，四動二，正應五，故有嘉。「革言三就」，又何之矣。注：言尚未可革也。「改命」之「吉」，信志也。注：四動成坎，故信志也。「大人虎變」，其文炳也。注：乾爲大明，四動成離，故其文炳也。

「君子豹變」，其文蔚也。**注**：蔚，蔇也。兑小，故其文蔚也。「小人革面」，順以從君也。**注**：蒙坤爲順，五乾爲君，初之上，順從五，故順以從君。**疏**：動而至有爲。此虞義也。初得位无應，四未之正，故動而必凶，言革而未當，故未可以有爲也。嘉謂至有嘉。乾文言曰：亨者，嘉之會也。又云：嘉會足以合禮。故乾爲嘉。傳不言乃革之，明四已之正。四動二正應五，陰陽相應爲嘉，二往應五，故行有嘉也。言尚至革也。二已日乃革之，天道應矣。三革言三就，人事至矣。然改命之吉，在四一爻，此時尚未可以革，故云又何之矣。四動至志也。此虞義也。四動成坎，坎孚爲信、爲志，故信志也。乾爲至炳也。此虞義也。說文曰：炳，明也。五體乾，故乾爲大明。四動體离，离爲文明，故其文炳也。蔚蔇至蔚也。此虞義也。倉頡篇曰：蔚，草木盛貌。廣雅曰：茂也。說文曰：蔇，草多貌。蔚與蔇皆取茂盛之義，故云：蔚，蔇也。九五陽稱大，故其文炳。上體兑，兑小，故其文蔚。蒙坤至從君。五陽上陰，陰當順五，故順以從君。虞氏謂：四變順五，以四爲小人。尋四變陰得位爲君子，而云小人，非也。

周易述卷十五

繫辭上傳

天尊地卑，君臣定矣。卑高以陳，貴賤位矣。動静有常，剛柔斷矣。方以類聚，物以羣分，吉凶生矣。在天成象，在地成形，變化見矣。**注**：天地既分，乾升坤降，故乾坤定矣。卑，坤；高，乾也。乾二升五，坤五降二，列貴賤者存乎位，故貴賤位矣。斷，分矣。乾剛常動，坤柔常静，分陰分陽，故剛柔斷矣。坤爲方，西南坤類，故以類聚。乾爲物，物三稱羣，乾三爻别于坤，故以羣分。乾生故吉，坤殺故凶，則吉凶生矣。天有八卦之象，地有八卦之形，在天爲變，在地爲化，故變化見矣。此天地之别也。

是故剛柔相摩，八卦相蕩。鼓之以雷霆，潤之以風雨。日月運行，一寒一暑。乾道成男，坤道成女。乾知大始，坤化成物。**注**：旋轉稱摩。摩，薄也。蕩，動也。乾以二五摩坤，成震、坎、艮，坤以二五摩乾，成巽、離、兑，故剛柔相摩，八卦相蕩。鼓，動；潤，澤也。雷，震；霆，艮；風，巽；雨，兑；日，離；月，坎；寒，乾；暑，坤也。男，震、坎、艮；女，巽、离、兑。大始，元也。「復以自知」，故知大始。坤稱化，承乾而成物，故化成物。此天地之合也。

乾以易知，坤以簡能。易則易知，簡則易從。易知則有親，易從則有功。有親則可久，有功則可大。可久則賢人之德，可大則賢人之業。注：確然无爲曰易，閱藏萬物曰簡，從謂從陽。坤二承乾，故有親。乾五據坤，故有功。陰承陽，故可久。陽據陰，故可大。上賢人謂乾五，下賢人謂坤二也。乾以日新爲德，坤以富有爲業，此天地之德也。易説：「易一名而含三義：易也，變易也，不易也。易者，以言其德也。通精无門，藏神无內。光明四通，佼易立節。虛无感動，至誠專密。此其易也。變易者，其氣也。天地不變，不能通氣。五行迭終，四時更廢。此其變易也。不易者，其位也。天在上，地在下，君南面，臣北面，父坐子伏，此其不易也。」易簡而天下之理得矣。天下之理得，而易成位乎其中矣。注：易簡所以立中和之本，故天下之理得矣。易謂坎、離，陽成位於五，五爲上中；陰成位於二，二爲下中，故易成位乎其中矣。此天地之中和也。傳首陳三義而終之以既濟，易之大義舉矣。疏：天地至別也。廣雅曰：太初，氣之始也，生于酉仲，清濁未分也。太始，形之始也，生於戌仲，清者爲精，濁者爲形也。太素，質之始也，生于亥仲，已有素朴而未散也。三氣相接，至于子仲，剖判分離，輕清者上爲天，濁重者下爲地。傳首言天尊地卑，是天地既分之後，輕清者上爲天，故乾升也；濁重者下爲地，故坤降也。乾鑿度曰：乾坤相並俱生。天地既分，乾升坤降，故乾坤定矣。卑，坤；高，乾者，下傳云：崇效天，卑法地。故知卑謂坤，高謂乾。坤自上降，乾自下升，故先言卑，而後言高也。虞注云：乾高貴五，故乾二升五；坤卑賤二，故坤五降二。下傳云列貴賤者存乎位，故貴賤位矣。必知乾二升五、坤五降二者，案乾鑿度曰：陽爻者，制於天也；陰爻者，繫於地也。天動而施曰仁，地靜而理曰義。仁成而上，義成而下，上者專制，下者順從。故荀、虞説易，乾二例升五，坤五例降二也。若然，乾升坤降爲天地之合，而云別者，卑高陳，貴賤位，仍是天地之別也。斷，分。虞義也。乾剛坤柔，乾動坤靜，故乾剛常動，坤柔常靜。動爲陽，靜爲陰，動靜有常，分陰分陽，故剛柔斷矣。坤爲方，説卦文。西南得朋，乃與類行，故西南坤類，方以類聚也。乾純粹精，故爲物。物三稱羣，虞義也。乾三爻皆陽物，而與坤别，物以羣分也。乾生故吉，坤殺故凶，亦虞義也。陽生陰殺，陽吉陰凶，故乾爲生、爲吉，坤爲殺、爲凶也。天有八卦之象者，虞氏謂：日月在天成八卦象。震象出庚，兑象見丁，乾象盈甲，巽象伏辛，艮象消丙，坤象喪乙，坎象流戊，離象就己。故在天成象也。地有八卦之形者，九家義也。虞氏謂：震竹，巽木，坎水，離火，艮山，兑澤，乾金，坤土。故在地成形也。震雷，巽風，皆在天者。离傳曰百穀草木麗于地，故震舉竹，巽舉木也。周禮考工曰天時變，故在天爲變；下傳曰坤化成物，故在地爲化。此亦虞義也。樂記樂禮章引此傳曰：天地之别也，是言尊卑、貴賤、動静、類聚、羣分、在天、在地之别異，先王法之以制禮。故云天地之别也。旋轉至合也。剛柔謂乾坤十二爻，乾左旋，坤右轉，故云旋轉稱摩。鄭注樂記云：摩猶迫也。薄有迫義，故云：摩，薄。一云：薄，入也，謂陰陽相薄也。鄭注樂記云：蕩猶動也。月令曰諸生蕩是也。乾以二五摩坤，成坎而互震、艮，故云成震、坎、艮。坤以二五摩乾，成離而互巽、兑，故云成巽、離、兑。二五相摩，而成八卦，故剛柔相摩，八卦相蕩也。蕩俗作盪。六經无盪字，蓋始于後漢。韓伯以爲推盪，俗訓也。鼓者，鼓動。潤者，潤澤。震爲雷，艮爲廷，廷與霆通。巽爲風，兑爲雨，謂兑澤爲雨。祭義云天時雨澤是也。知兑爲雨者，昭元年春秋傳曰：天有六氣，降生五味。六氣，陰、陽、風、雨、晦、明也。賈服之義，以雨屬西方，兑正秋，西方之卦。虞注小畜自我西郊云：兑爲西，雨生于西。故知兑爲雨也。离爲日，坎爲月，乾爲寒，坤爲暑。鼓之潤之，日月往來，寒暑相推，皆八卦相蕩之義。此上虞義也。荀氏云：男謂乾，初適坤爲震，二適坤爲坎，三適坤爲艮，以成三男也。女謂坤，初適乾爲巽，二適乾爲离，三適乾爲兑，以成三女也。八卦相摩而成者，變化之義，天之道也；相索而得者，父母之義，人之道也。乾彖傳曰：大哉乾元，萬物資始。釋詁云：元，始也。董子對策曰：謂一爲元者，視大始而欲正本。故知大始，元也。元，初九也。繫下曰復以自知，故知大始。大戴禮天圓云：曾子曰：吐氣者施，而含氣者化。陽施而陰化，故知坤稱化，謂遭時也。地道无成而代有終，承乾而成物，故化成物也。樂記云：地氣上齊，天氣下降，陰陽相摩，天地相蕩，鼓之以雷霆，奮之以風雨，動之以四時，煖之以日月，而百化興焉。蓋據此傳爲言，而云天地之和也。先王法之以作樂，天地訢合，故知爲天地之合也。確然至易也。繫下曰：夫乾確然示人易矣。虞彼注云：陽在初弗用，確然无爲，不易世，不成名，故示人易矣。是確然无爲，故以易知也。廣雅曰：簡，閱也。桓六年春秋傳曰：大閱簡車馬也。是簡、閱同義。又高誘注淮南云：閱，總也。越語范子曰：唯地能包萬物以爲一。說卦云坤以藏之，是閱藏萬物。故以簡能也。陽用其精，故曰知；陰用其形，故曰能也。陽唱陰和，故從謂從陽。隱以之顯，故易知。静而從陽，故易從。親謂陰陽相應，乾易知則坤來承乾，故有親。五多功，坤易從，故乾五據坤則有功。陰承陽則順，故可久。坤用六利永貞是也。陽據陰則盛，故可大，陽稱大也。乾鑿度坤二爲君子，乾五爲聖人。今皆稱賢人者，乾二升坤五，坤五降乾二，由不正而變之正，故稱賢人也。乾以日新爲德，坤以富有爲業，姚信義也。繫下云：富有之謂大業，日新之謂盛德。彼注云：乾爲德，兼坤則盛矣；坤爲業，承乾則大矣。窮神知化謂之盛德，陽吉陰凶謂之大業，而皆屬之二五，故云：賢人之德，賢人之業也。天地之德謂易簡也。易說者，乾鑿度文。一名者，一字也，古曰名，今曰字。鄭易贊曰：易一名而含三義：易簡一也，變易二也，不易三也。易者，易簡也。變易者，天地之合也。不易者，天地之別也。易簡，天地之德，故云易者以言其德也。精，精微也。无門言尚渾淪，未有門可出也。下傳云：藏諸用。翼奉解云：露之則不神，故藏，神藏于内。无内言小也。光，明；虚，无也。道无不通，故光明四通。佼，健也。乾健而易，故佼易立節也。无思无爲，感而遂通天下之故，是虚无感動也。誠者天之道，故至誠。乾其静也專，坤退藏于密，是專密之義，皆易簡之德，故云此其易也。太易者，未見氣也。太初者，氣之始也。故云變易者其氣。乾二五之坤，坤二五之乾，始而亨也。亨者，通也。故天氣不變不能通氣。五行謂五氣也。迭，更也。更相終始，故云迭終。五行休王論曰：立春乾廢，立夏艮廢，立秋巽廢，立冬坤廢。故四時更廢也。此變易之義也。不易者其位，謂陰陽貴賤之位。天在上，地在下，此陰陽之位也。君南面，臣北面，父坐子伏，此貴賤之位也。皆不易之義。是易有此三義也。易簡至舉矣。易簡一也，亦中也。以一持萬，故立中和之本。天下之理得之爲德也。易謂坎离，參同契文。謂坎五离二也。陽成位于五，五爲上中；陰成位于二，二爲下中。荀義也。一即中也。坎离，天地之心；二五，天地之中。坎五离二，成位于上下之中，故云而易成位乎其中矣。二五爲中，相應爲和，故云天地之中和。中庸曰：致中和，天地位焉，萬物育焉。此既濟之事。三義謂天地之別、天地之合、天地之德也。首陳三義而終之以既濟，既濟即天地之中和。此皆易之大義，故云易之大義舉矣。

聖人設卦，注：聖人謂庖犧。觀象繫辭焉，而明吉凶悔吝。注：謂文王也。八卦以象告，故觀象而繫辭。剛柔相推而生變化。注：六爻之剛柔也。一往一來曰推。剛推柔生變，柔推剛生化。是故吉凶者，失得之象也。注：吉則象得，凶則象失。悔吝者，憂虞之象也。注：悔則象憂，吝則象虞。變化者，進退之象也。注：陽變爲進，陰化爲退。剛柔者，晝夜之象也。注：乾剛爲晝，坤柔爲夜。六爻之動，三極之道也。注：極，中也。三極謂天地人。民受天地之中以生，故稱三極。六爻兼三才而兩之者，故六爻之動，三極之道。是故君子所居而安者，易之象也。注：君子謂文王，謂乾五之坤成坎月離日，日月爲象。大有通比，比艮爲居，坤爲安，故居而安者，易之象也。舊讀象誤作厚，或作序，非也。所變而翫者，爻之辭也。注：爻者，言乎變者也。翫，習也。謂乾五之坤，坤五動則觀其變。舊作樂，字之誤。是故君子居則觀其象而翫其辭，注：謂乾五動成大有，以离之目觀天之象，兑口翫習所繫之辭，故翫其辭。動則觀其變而翫其占。**注**：謂觀爻動也。以動者尚其變，占事知來，故翫其占。是以自天右之，吉无不利。**注**：謂乾五變之坤成大有，有天地日月之象。文王則庖犧，亦與天地合德，日月合明。「天道助順，人道助信，履信思順，故自天右之，吉无不利也。」**疏**：聖人謂庖犧。庖犧作八卦，故聖人謂庖犧。謂文王繫辭。繫下曰：易之興也，其當殷之末世，周之盛德邪？當文王與紂之事邪？帝王世紀曰：文王在羑里，演六十四卦，著七八九六之爻，謂之周易。八卦以象告，下繫文。觀卦之象而繫之辭，謂六十四卦之辭也。俗本脱悔吝，今從虞氏。六爻至生化。上言象，謂三才之象。此言剛柔相推，發揮于剛柔而生爻，故知六爻之剛柔也。一往一來曰推，何休義也。繫下曰：日往則月來，月往則日來，日月相推而明生焉。寒往則暑來，暑往則寒來，寒暑相推而歲成焉。故知一往一來曰推也。陽稱變，陰稱化，陽來陰往則剛推柔生變，陰來陽往則柔推剛生化也。此虞義也。文王觀爻之變化而繫之辭，亦謂吉凶悔吝之辭也。吉則至象失。此虞義也。失、得謂得位、失位也。悔則至象虞。此虞義也。悔者，憂之象，既憂之則悔亡矣。吝者，虞之象，不虞度則吝生矣。陽變至爲退。此荀義也。乾鑿度曰：陽動而進，陰動而退。故陽變爲進，陰化爲退也。乾剛至爲夜。此荀義也。乾剛坤柔，雜卦文。乾陽爲晝，坤陰爲夜。在納甲十五乾盈甲爲晝，三十陽滅藏爲夜；在消息復至乾爲晝，姤至坤爲夜也。極中至之道。鴻範曰：建用王極。周禮：設官分職以爲民極。鄭氏皆訓爲中。三極，鄭、陸謂三才，故云天地人也。知三極爲天地人者，周書小開武曰：三極：一、維天九星；二、維地九州；三、維人四虞。亦以三極爲三才也。民受天地之中以生，成十三年春秋傳文。以五行言，則五六爲天地之中；以遘復言，則二至爲天地之中；以四時言，則春秋爲天地之中；以爻位言，則二五爲天地之中。民受之以生，故稱三極。天有三才，以地兩之爲六畫，故云六爻兼三才而兩之者也。陸績曰：天有陰陽二氣，地有剛柔二性，人有仁義二行，故六爻之動，三極之道。此據説卦爲言，義亦同也。君子至非也。　此虞義也。君子通于聖人，文王演易，故君子謂文王。乾五變之坤成大有，大有通比有坎离象，故坎月离日。日月在天成八卦象，故日月爲象。文王演易而繫象辭，故居而安者，易之象也。舊讀象作厚，厚字無説，俗本作序，虞皆不用，故云非也。

爻者至之誤。　此虞義也。爻謂九六，九六相變，故爻者言乎變者也，謂三百八十四爻之辭也。説文曰：翫，習厭也。故云：翫，習也。乾五之坤，失位當變，故坤五動則觀其變。舉一爻而三百八十四爻之辭可知也。俗本變作樂，虞所不用，故云字之誤也。

謂乾至其辭。　此虞義也。乾五之坤成大有，大有上离下乾，离爲目，乾爲天，故以离目觀天之象，謂天三爻之象。五又體兑，兑爲口，又兑以朋友講習，故以兑口翫習所繫之辭也。

謂觀至其占。　此虞義也。乾五之坤，坤五動，故謂觀爻動也。九六發動揮變，故以動者尚其變。乾以知來，乾動成離，占事知來，故翫其占，謂翫三百六十四爻吉凶悔吝之占辭也。

謂乾至利也。　此虞義也。乾五之坤成大有，大有乾爲天，离爲日，比坤爲地，坎爲月，故有天地日月之象。文王則庖犧，亦有聰明睿知神武之德，故與天地合德，日月合明。乾坤坎离反復不衰，故自天右之，吉无不利。天道助順以下，上繫文也。

彖者，言乎象者也。**注**：在天成象，彖説三才，故言乎象者也。爻者，言乎變者也。**注**：爻有六畫，謂九六相變，故言乎變者也。吉凶者，言乎其失得也。**注**：得正言吉，失正言凶。悔吝者，言乎其小疵也。**注**：疵，瑕也。小猶介也。无咎者，善補過也。**注**：失位爲咎，變之正，故善補過。孔子曰：退思補過。是故列貴賤者存乎位，**注**：五貴二賤。齊小大者存乎卦，**注**：齊猶正也。陽卦大，陰卦小，卦列則小大分，故曰齊小大者存乎卦。辯吉凶者存乎辭，**注**：辯，别也。陽吉陰凶，繫辭焉而明吉凶，故辯吉凶者存乎辭。憂悔吝者存乎介，**注**：介，纖也。纖介不正，悔吝爲賊，故憂悔吝者存乎介。震无咎者存乎

悔。注：震，動也。有不善未嘗不知，知之未嘗復行，无咎者善補過，故震无咎者存乎悔。**是故卦有小大，辭有險易。辭也者，各指其所之。注：**陽易指天，陰險指地，聖人之情見乎辭，故各指其所之。**疏：**在天至者也。此虞義也。彖説三才，謂天三爻。爻有至者也。此虞義也。六畫稱爻，爻之九六，陰陽相變，故言乎變。得正至吉凶。此虞義也。疵瑕至介也。疵，瑕。馬義也。下云憂悔吝者存乎介，介，纖介，故云小猶介也。疵雖小，猶當慎之，故云悔吝者憂虞之象也。失位至補過。此虞義也。王弼略例曰：凡言无咎者，本皆有咎者也。防得其道，故得无咎。咎在失位，故云失位爲咎。變而之正，猶過而能改，故云善補過。孔子曰：退思補過。孝經及宣十二年春秋傳文。五貴二賤。上傳卑高以陳，貴賤位矣。虞注云：乾高貴五，坤卑賤二，謂九五、六二也。貴賤之義不一。若陽貴陰賤，則爻在下者亦得言貴。如屯初九傳曰：以貴下賤，大得民也。謂初得坤民，是以陽爻爲貴也。若陽而无德，雖居正位，翻蒙賤稱。故頤初九傳曰觀我朵頤，亦不足貴是也。若本皆陽位，則上貴下賤。如三爲下體之君，對五而言亦爲賤。故下傳云：三多凶，五多功，貴賤之等是也。今傳云存乎位，則不專指爻之貴賤，但卦以二五爲主，五陽爲貴又在君位，二陰爲賤又在臣位，故云五貴二賤也。齊猶至乎卦。此王肅義也。詩小宛曰：人之齊聖。毛傳云：齊，正也。陽大陰小，故陽卦大，陰卦小。陳列卦象，有小有大，以六十四卦言之，則陽息爲大，陰消爲小。如臨陽息之卦，臨者，大也，是臨爲大卦也；遯陰消之卦，遯小利貞，是遯爲小卦也。泰小往大來，泰爲大卦；否大往小來，否爲小卦。如此之類，不可悉舉。又小畜、大畜、小過、大過、大有、大壯諸卦，皆以大爲陽，小爲陰，正其小大，截然不紊，故云齊小大者存乎卦也。辨别至乎辭。辨，别。虞、董、姚義也。陽生故吉，陰殺故凶。聖人繫辭于各爻之下，以明吉凶，故云辯吉凶者存乎辭也。介纖至乎介。介，纖。虞義也。纖介不正，悔吝爲賊，參同契文。彼正用傳義，故引之。震動至乎悔。此虞義也。復時坤亂于上，故有不善。復以自知，故未嘗不知，知之未嘗復行也。陽易至所之。此虞義也。卦有大小，承上齊大小者存乎卦言也。辭有險易，承上辯吉凶者存乎辭言也。京氏云：易，善也。險，惡也。乾爲善，故陽易指天。坤爲惡，故陰險指地。聖人之情見乎辭，下傳文。太玄曰辭以覩乎情，謂善惡之辭也。之謂升降往來，指天辭易，指地辭險，故各指其所之也。

易與天地準，故能彌綸天下之道。**注**：準，同也。彌，大；綸，絡也。謂易在天下，包絡萬物，以言乎天地之間則備矣，故與天地準也。仰以觀於天文，俯以察於地理，**注**：陽動于上以成天文，陰動于下以成地理。

是故知幽明之故。原始反終，故知死生之說。精氣爲物，游魂爲變，**注**：幽明，雌雄也。雄生酉仲，雌生戌仲。始謂乾初，終謂坤上。原者，元也。原始反終，謂隨天地終始也。死，命；生，性；說，舍也。精氣生舍，游魂死舍，此鬼神之本也。是故知鬼神之情狀。與天地相似，故不違。**注**：乾神似天，坤鬼似地，聖人與天地合德，鬼神合吉凶，故不違。知周乎萬物，而道濟天下，故不過。**注**：坤爲知，謂土爰稼穡，萬物致養，德博而化，食穀者知惠而巧，故知周乎萬物。乾爲道，乾制坤化，陽升陰降，成既濟定，故道濟天下。六爻皆正，故不過也。旁行而不留，**注**：旁行，周六十四卦。月主五卦，爻主一日，歲既周而復始，故不留也。樂天知命，故不憂。**注**：震爲樂，乾爲天，巽爲命，謂從復至遘也。坎爲憂，出乾入坤，不見坎象，故不憂。安土敦乎仁，故能愛。**注**：坤爲安、爲土，乾爲仁、爲愛，謂從遘至復也。以坤厚乾，仁道博施，故能愛。範圍天地之化而不過。**注**：範，法也；圍，周也。言乾坤消息，法周天地，而不過十二辰也。辰，日月所會之宿，謂諏訾、降婁、大梁、實沈、鶉首、鶉火、鶉尾、壽星、大火、析木、星紀、元枵之屬是也。曲成萬物而不遺。**注**：二篇之筴萬有一千五百二十，曲成萬物無遺失也。通乎晝夜之道而知。**注**：晝，乾；夜，坤也。通于乾坤之道，无所不知也。故神无方而易无體。**注**：乾爲神、爲易，坤爲方、爲體。乾在坤初，故无方。隱初入微，故无體。**疏**：準同至準也。此虞義也。京云：準，等也。等有同義，故云：準，同也。京云：彌，徧也。揚子解難曰：天麗且彌。故云：彌，大也。解難又云：宓犧氏之作易也，緜絡天地，經以八卦。故云：綸，絡也。乾鑿度曰：易爲道苞籥。故云：易在天下，包絡萬物。以言乎天地之間則備矣，下傳文。易之爲書，廣大悉備，言該備三才，故云備矣。是與天地準之義也。陽動至地理。吳君高越紐文也。陽動于上，謂乾三畫也。陰動于下，謂坤三畫也。乾三畫成天文，坤三畫成地理。吕氏春秋曰：陰陽變化，一上一下，合而成章。章即天文、地理也。幽明至本也。幽明，雌雄也。三朝記文。彼文云：虞史伯夷曰：明，孟也。幽，幼也。明幽，雌雄也。詩推度災及乾鑿度曰：雄生酉仲，號曰太初；雌生戌仲，號曰太始；雄生物魂，號曰太素，俱行三節。宋均注云：節猶氣也。俱行，自酉、戌行至亥，雌雄俱行，故能含物魂而生物也。推度災又曰：陽本爲雄，陰本爲雌，物本爲魂。宋均注云：本即原也。變陰陽爲雄、雌、魂也。乾知大始，故始謂乾初。坤道代終，故終謂坤上。元、原同義，故云：原者，元也。隨天地爲終始，董子繁露文。彼文云：元者，原也，其義隨天地爲終始也。死，命；生，性，吕氏春秋恃君覽文。性者，生之始；命者，人之終。故死生爲性命。太玄曰：一生一死，性命瑩矣。又曰：察性知命，原始見終。説，舍。宋衷義也。説讀爲稅，故云舍。越紐録曰：神主生氣之精，魂主死氣之舍。故云：精氣生舍，游魂死舍。虞氏云：乾純粹精，故主爲物。夏小正曰：魂者，動也。乾流坤體，變成萬物，故游魂爲變。鄭氏云：精氣謂七八，游魂謂九六。七八木火之數，九六金水之數。水火用事而物生，故曰精氣爲物。金水用事而物變，故曰游魂爲變。義並同也。云此鬼神之本者，鬼神之本即易之本，易之本即道之本也。史記賈生傳曰：孝文帝方受釐，坐宣室上，因感鬼神事，而問鬼神之本。賈生具道所以然之狀。至夜半，文帝前席既罷，曰：吾久不見賈生，自以爲過之，今不及也。何休案：禮天子爲卿前席，大夫興席，士式几。賈生，大夫也。孝文以卿禮禮之，重其言也。漢之賈生、董子能明道本，故劉向別録稱此兩人有王佐之才，雖伊吕無以加，筦晏之屬，相者之佐，殆不及也。其言甚當。使文武二君能用賈、董，漢家治道必無雜霸之譏。子歆及曾孫龔猥以向言爲過，豈爲篤論乎？　乾坤至不違。　此虞義也。乾爲神、爲天，故乾神似天。坤爲鬼、爲地，故坤鬼似地。聖人即大人也。故王肅曰：大人，聖人在位之目是也。與天合德，謂居五。與地合德，謂居二。乾神合吉，坤鬼合凶，故與鬼神合吉凶。天且弗違，而況于鬼神，是不違之義也。　坤爲至過也。　坤爲知，虞義也。坤爲土，故土爰稼穡。稼穡所以養人，故萬物致養。越紐録曰：地生長五穀，持養萬物，功盈德博。故德博而化，謂坤受乾施養物，故德博也。食穀者知惠而巧，大戴禮易本命文。坤以五穀養萬物，食穀者知，故知周乎萬物也。乾爲道，亦虞義也。陽道制命，坤化成物，故乾制坤化。乾二升坤，坤五降乾，陽升陰降，成既濟定，故道濟天下也。過，過失。六爻皆正而无過失，故不過也。　旁行至留也。　此九家義也。消息六十卦，合四正爲六十四卦，謂如十一月未濟、蹇、頤、中孚、復，是月主五卦也。一卦六日七分，七分閏餘，是爻主一日也。六十而一周，六六三百六十日，故云歲既周而復始。不留者，運不止也。俗本流，今從京氏。　震爲至不憂。　荀云：坤下有伏乾爲樂天，謂乾伏坤初爲震，震爲樂，初九乾也，故乾爲天，是樂天也。荀又云：乾下有伏巽爲知命，謂巽伏乾初，巽爲命，故知命。乾初出子，復時也。巽陰消乾，謂遘時，故云謂從復至遘也。坎加憂，故爲憂。出乾爲復，入坤爲遘，十二消息，无坎象，故不憂，猶言出入无疾也。　坤爲至能愛。　坤陰爲安，故月令仲夏稱晏。陰當遘時，遘坤消之月，故云土。復乾息之卦，故云仁。敦，厚也。以坤厚乾，故云敦仁。乾仁博施，故能愛也。　範法至是也。　此九家義也。釋詁云：法、範，常也。法、範同訓，故云：範，法也。圍古作囗，見巳酉戌命彝。說文曰：囗，回也。象回帀之形，故云周也。乾坤消息，謂消息十二爻。十二爻而朞一歲，故法周天地。十二爻主十二辰，故不過十二辰也。昭七年春秋傳曰：日月之會是謂辰。杜預云：一歲日月十二會，所會謂之辰。皇甫謐帝王世紀曰：自危十七度至奎四度曰諏訾之次，於辰在亥，謂之大淵獻，斗建在寅。自奎五度至胃六度曰降婁之次，於辰在戌，謂之閹茂，斗建在卯。自胃七度至畢十一度曰大梁之次，於辰在酉，謂之作噩，斗建在辰。自畢十二度至東井十五度曰實沈之次，於辰在申，謂之涒灘，斗建在巳。自井十六度至柳八度曰鶉首之次，於辰在未，謂之叶洽，斗建在午。自柳九度至張十七度曰鶉火之次，於辰在午，謂之敦牂，斗建在未。自張十八度至軫十一度曰鶉尾之次，於辰在巳，謂之大荒落，斗建在申。自軫十二度至氐四度曰壽星之次，於辰在辰，謂之執徐，斗建在酉。自氐五度至尾九度曰大火之次，於辰在卯，謂之單閼，斗建在戌。自尾十度至斗十度曰析木之次，於辰在寅，謂之攝提格，斗建在亥。自斗十一度至婺女七度曰星紀之次，於辰在丑，謂之赤奮若，斗建在子。自婺女八度至危十六度曰玄枵之次，於辰在子，謂之困敦，斗建在丑。凡天有十二次，日月之所躔。鄭氏謂：辰與建交錯貿處如表裏然。漢書律歷志曰：玉衡杓建，天之綱也。日月初躔，星之紀也。綱紀之交，以原始造設，合樂用焉。案，斗柄所建十二辰而左旋，日體十二月，與月合宿而右轉。表裏言合也，即合辰、合聲之法也。子丑之等十二辰在地，娵訾之等十二次在天。此言天地之化，故舉十二次也。二篇至失也。此荀義也。二篇謂上、下經。六十四卦之筴共萬有一千五百二十，當萬物之數。曲成萬物，謂易曲成之，无遺失也。易即道也，越紐録曰「道者，天地先生不知老，曲成萬物不名巧，故謂之道」是也。晝乾至知也。此荀義也。乾陽爲晝，坤陰爲夜，故云：晝，乾；夜，坤。兼知天地，則契道之全，故云通于乾坤之道，无所不知也。乾爲至无體。神與易皆謂乾初。方，方隅也。乾神圓，故无方。太玄曰：終始連屬，上下无隅。是无方之義也。乾鑿度曰：三微而成著，三著而成體。易隱初入微，故无體也。

一陰一陽之謂道。**注**：易説：一陰一陽合于十五之謂道。七八、九六合天地之數，乃謂之道。繼之者，善也。成之者，性也。**注**：乾爲善。三氣相成，合于一元。元者，善之長也。故繼之者善也。坤合乾性，養化成之，故成之者性也。仁者見之謂之仁，知者見之謂之知，百姓日用而不知，故君子之道尟〔一〕矣。**注**：乾爲仁，坤爲知，乾爲百，坤爲姓。見仁見知，賢知之過；日用而不知，愚不肖之不及也。知仁合乃爲君子之道。顯諸仁，藏諸用，鼓萬物而不與聖人同憂。盛德大業至矣哉。**注**：乾爲仁，離日麗乾，故顯諸仁。坤爲用，巽陽藏室，故藏諸用。萬物出乎震，震爲鼓，故鼓萬物。乾五爲聖人，體坎爲憂，震初獨行，故不與聖人同憂。乾爲德，兼坤則盛矣。坤爲業，承乾則大矣。窮神知化謂之盛德。陽吉陰凶謂之大業。至哉坤元，故至矣哉。**疏**：易説至之道。易説者，乾鑿度文。彼文云：陽以七，陰以八，易一陰一陽合于十五之謂道。陽變七之八〔二〕，陰變八之六，亦合于十五。參同契曰：七八數十五，九六亦相應。四十合三十，陽氣索滅藏。又曰：日合五行精，月受六律紀。五六三十度，度竟復更始。三統歷曰：十一而天地之數畢。十一者，五六也。五六三十，而天地之數畢。故云：七八、九六合天地之數，乃謂之道。太玄曰陰陽該極，乃道之合是也。乾爲至性也。乾爲善，乃乾元也。三統歷曰：太極元氣，函三爲一。三謂酉戌亥，故云：三氣相承，合于一元。謂太初、太始、太素之氣也。三統歷又云：元者，善之長也。共養三德爲善。孟康漢書注云：謂三統之微氣也，當施育萬物，故謂之德。三統歷

〔一〕「尟」，通行本周易作「鮮」，皇清經解本作「尠」。尟、鮮、尠義同。

〔二〕「八」，疑當作「九」。

又云：元，體之長。合三體而爲之原，故曰元，三統合于一元，是其義也。坤合乾性以下，虞義也。乾爲性，坤化成物，故云：坤合乾性，養化成之。天生之而地成之，坤成乾性，故云成之者性也。乾爲至之道。中庸曰：子曰：道之不行也，我知之矣。知者過之，愚者不及也。道之不明也，我知之矣。賢者過之，不肖者不及也。人莫不飲食也，鮮能知味也。乾爲仁，仁者見之謂之仁，是過乎仁也。坤爲知，知者見之謂之知，是過乎知也。故曰賢知之過也。百姓日用而不知，是不及仁、不及知者，故曰愚不肖之不及也。日用而不知，猶飲食鮮知其味也。一陰一陽者，道之全也。仁陽知陰，仁知合乃爲君子之道。故大戴禮誥志曰「子曰：知仁合而天地成，天地成而庶物生」是也。尟與鮮同。說文曰：尟，是少也；尟俱存也，从是少。賈侍中說。乾爲至矣哉。必知顯爲離者，比九五曰：顯比。虞彼注云：初三以變體重明，故顯比，謂顯諸仁。故知顯爲離也。古文顯作㬎。說文曰：从日中視絲。離爲日，坤二五之乾爲离，故云：离日麗乾，顯諸仁也。巽一索而得坤初，坤爲用，初陽伏巽下，故巽陽藏室，藏諸用也。翼奉引此傳云「露之則不神，獨行則自然」是也。萬物出乎震，震雷爲鼓。動萬物者莫疾乎雷，故鼓萬物。乾五爲聖人，五坎爻，故體坎爲憂。震初爲道本，初微獨行，樂則行之，故不與聖人同憂。一陰一陽乃道之全，故陽不兼坤則微，兼坤則盛矣，謂二升五也。陰不承乾則小，承乾則大矣，謂五降二也。以坤變乾謂之窮神，以乾通坤謂之知化。窮神知化，德之盛，故謂之盛德。天道有吉而有凶，聖人順天而制作，故謂之大業。而盛德大業之本則藏於坤之元。中庸引詩所謂「上天之載，无聲无臭，至矣」是也。此論道之全，而並舉坎、離、震、巽者，易謂坎離，坎離者，既濟也；震巽者，既濟之本也。乾初一陽，震也，震伏巽下，藏諸用，所謂誠也。誠不可揜，故出乎震而鼓萬物，顯諸仁而同民患。盛德大業本乎元，故至矣哉。此聖人微言也。故荀子曰：積微月不勝日，時不勝月，歲不勝時。凡人好敖慢小事，大事至然後興之務之，如是則常不勝夫敦比於小事者矣。是何也？則小事之至也數，其縣日也博，其爲積也大。大事之至也希，其縣日也淺，其爲積也小。故善日者王，善時者霸，補漏者危，大荒者亡。故王者敬日，霸者敬時，僅存之國，危而戚之。霸者之善著，可以時託也。王者之功名，不可勝日志也。財物貨寶以大爲重，政教功名反是，能積微者速成。詩曰：德輶如毛，民鮮克舉之。此之謂也。此言盛德大業本于元之義也。富有之謂大業。日新之謂盛德。生生之謂易。成象之謂乾。爻〔一〕法之謂坤。極數知來之謂占。通變之謂事。陰陽不測之謂神。**注**：此四十六字，後師所訓。坤爲富，一消一息，萬物豐殖，故謂之大業。乾五動之坤成离，离爲日，以坤變乾，以乾化坤，窮神知化，故謂之盛德。易謂太極，太極生兩儀，兩儀生四象，四象生八卦，故生生之謂易。三才成八卦之象，故成象之謂乾。效三才爲六畫，故爻法之謂坤。極六畫之數，占事知來，故謂之占。變通趣時以盡利天下之民，謂之事業，故謂之事。陰陽在初，深不可測，故謂之神。**疏**：此一章皆聖人微言，上義已盡，故知此下四十六字後師所訓也。上云盛德大業，故云：富有之謂大業，日新之謂盛德。上云所居而安者，易之象也，故云成象之謂乾。所變而翫者，爻之辭也，故云爻法之謂坤。上云動則觀其變而翫其占，故云：極數知來之謂占，通變之謂事。上云神无方而易无體，故云：生生之謂易，陰陽不測之謂神。

夫易廣矣大矣，**注**：乾象動直，故大。坤形動闢，故廣。以言乎遠則不禦；**注**：禦，止也。遠謂乾。天高不禦也。以言乎邇則静而正；**注**：邇謂坤。坤至静而德方，故正也。以言乎天地之間則備矣。**注**：謂易廣大悉備，有天地人道焉，故稱備矣。夫乾，其静也專，其動也直，是以大生焉。**注**：專謂

〔一〕「爻」，通行本周易作「效」。

初，直謂二。二動升坤五，直方大，是以大生焉。夫坤，其静也𦑝〔一〕，其動也辟，是以廣生焉。注：𦑝，閉，謂上也。以坤𦑝乾，閉塞而成冬，故其静也𦑝。辟，開，謂五也。動降乾二，坤道廣布，是以廣生焉。廣大配天地，注：乾天坤地，故配天地。變通配四時，注：變通趣時，謂十二消息也。泰、大壯、夬配春，乾、遘、遯配夏，否、觀、剥配秋，坤、復、臨配冬，謂十二消息相變通而周于四時也。陰陽之義配日月，注：復七日來復，陽之義配日；臨八月有凶，陰之義配月。荀氏謂：乾舍于離配日而居，坤舍于坎配月而居也。易簡之善配至德。注：易簡，元也，於人爲至德。坤爲至，乾爲德，故以配至德。疏：乾象至故廣。此虞義也。在天成象，故曰乾象。在地成形，故曰坤形。義見下也。禦止至禦也。此虞義也。釋言曰：禦，禁也。禁有止義，故曰止也。虞注嗛彖曰天道遠，故遠謂乾。天形穹隆，其色蒼蒼，故云天高不禦也。邇謂至正也。此虞義也。邇古文，邇，近也。揚子法言曰：聖人之言遠如天，賢人之言近如地。地卑故邇，謂坤至静而德方，即下静翕而動闢，陰開爲方，辨方正位，故正也。謂易至備矣。此虞義也。易有三才，故云天地之閒。樂記樂禮章曰：樂著大始而禮居成物。著不息者天也，著不動者地也，一動一静者天地之閒也。鄭彼注云：閒謂百物，是天地之閒謂人物也。云易廣大悉備，有天地人道焉者，虞約下繫文言之，以證天地之閒爲三才也。易備三才，故云備矣。專謂至生焉。説卦曰：震爲專。虞彼注云：陽在初隱静，未出觸坤，故專。則乾静也專，是專謂初也。坤六二直方大，虞彼注云：謂二。陽稱直，乾其動也直，故曰直。是直謂二也。乾二敬以直内，而升坤五，敬義立而德不孤，是以大生也。𦑝閉

〔一〕「𦑝」，通行本周易作「翕」。「𦑝」古文「翕」。

至生焉。　脅古文翕。脅，閉。宋衷義也。坤義以方外，故知脅謂上也。坤上六消乾至亥，故以坤脅乾。　月令孟冬曰：天地不通，閉塞而成冬。故其静也脅。　辟古文闢。虞注坤六二云：方謂辟，陰開爲方。　五降乾二，以乾闢坤，其道廣布，是以廣生也。　乾天至天地。　乾大坤廣，乾爲天，坤爲地，易與天地準，故配天地也。　變通至時也。　下繫云：變通者，趣時者也。時謂四時，變通謂乾坤通變。十二消息即十二辟卦也。泰、大壯、夬春時卦，故配春；乾、遘、遯夏時卦，故配夏；否、觀、剥秋時卦，故配秋；坤、復、臨冬時卦，故配冬。以卦氣言之，四正爲四時，震主春，离主夏，兑主秋，坎主冬。故十二消息相變通，而周于四時也。　復七至居也。　陽息稱日，陰消稱月。詩七月一之日，二之日，三之日，四之日，皆陽息之月，故稱日。五月斯螽動股，六月莎雞振羽，七月在野，八月在户，皆陰消之月，故稱月。復七日來復，陽息稱日；臨八月有凶，八月謂遯，陰消稱月。故陰陽之義配日月也。荀氏據鬼易乾歸合离，故云乾舍于离。离爲日，故配日而居。坤歸合坎，故云坤舍于坎。坎爲月，故配月而居也。　易簡至至德。　乾以易知，坤以簡能，皆謂乾坤之元，故云：易簡，元也。在天爲至道，在人爲至德，故禮運曰：天道至教，聖人至德。中庸曰「苟不至德，至道不凝焉」是也。　坤爲至，乾爲德，虞義也。自至德以凝至道，故易簡之善配至德也。

子曰：「易，其至矣乎。**注**：易謂坎離，坎上離下，六爻得位而行中和，故其至矣乎。子曰：中庸其至矣乎。夫易，聖人所以崇德而廣業也。**注**：崇，高也。乾爲崇，坤爲廣。乾二居五爲崇德，坤五居二爲廣業。知崇體卑，崇效天，卑法地。**注**：乾以易知，故知崇；正位居體，故體卑。崇效天五，卑法地二。天地設位，而易行乎其中矣。**注**：位謂六畫之位。乾坤各三爻，故天地設位。易出乾入坤，上下无常，周流六虚，故易行乎其中矣。成性存存，道義之門。」**注**：成之者性，故曰成性。成性存存，謂久于中正而弗失也。乾坤，易之門。易出乾爲道門，入坤爲義門，故道義之門。**疏**：易謂至矣乎。易謂坎离，謂既濟也。既濟剛柔正而位當，故坎上离下，六爻得位。二五爲中和，故行中和。周禮師氏曰：至德以爲道本。鄭彼注云：至德，中和之德，覆燾持載含容者也。子曰中庸其至矣乎，亦謂中和爲至德。故鄭注周禮引此爲證也。崇高至廣業。崇，高。釋詁文。鬼谷子曰：與陽言者依崇高，與陰言者依卑小。故云乾爲崇。坤廣生，故爲廣。乾爲德，故乾二居坤五爲崇德；坤爲業，故坤五居乾二爲廣業。乾五，坎也。坤二，离也。易謂坎离，故聖人以崇德廣業。爻在二五爲中，故曰崇、廣；在三四爲不中，故曰進、修。乾以至地二。知讀如字。乾以易知，積善成德，故知崇。坤爲體，二正陰位而居下體，故體卑。四畫以上爲天，故崇效天五；三畫以下爲地，故卑法地二。位謂至中矣。此虞義也。參同契曰：天地者，乾坤之象也。設位者，列陰陽配合之位，即六畫之位也。乾天坤地，乾坤各三爻，故天地設位。參同契又曰：易謂坎离，坎离者，乾坤二用。二用无爻位，周流行六虛。往來既不定，上下亦无常。魏伯陽釋此傳，皆易先師之義，故虞氏用其說。出乾爲息，入坤爲消。乾坤六爻獨无坎离，故无爻位。坎戊离己，居中央王四方，故易行乎其中也。成之至之門。成之者性，故曰成性，虞義也。成性，性之合于中和者也。中庸曰：中庸其至矣乎！民鮮能久矣。鄭氏謂：人罕能久行。又曰：回之爲人也，擇乎中庸，得一善則拳拳服膺而弗失之矣。是久于中正而弗失，存存之義也。乾坤易之門，下傳文。乾爲道門，坤爲義門，亦虞義。出乾爲道門，入坤爲義門，言道義從乾坤出也。

聖人有以見天下之賾，而擬諸其形容，**注**：乾稱聖人，謂庖犧也。賾謂初。自上擬下稱擬。形容謂陰在地成形者也。**象其物宜，是故謂之象。****注**：物宜謂陽。遠取諸物，在天成象，故象其物宜。謂三才八卦在天也，庖犧重爲六畫也。**聖人有以見天下之動，****注**：重言聖人，謂文王也。動謂六爻。**而觀其會通，以**

行其等〔一〕禮，注：六爻發揮，乾坤交而亨。亨者，通也。亨者，嘉之會也。故觀其會通。嘉會足以合禮，故以行其等禮。禮立言曰：聖人等之以禮。春秋傳曰：講禮于等。繫辭焉以斷其吉凶，是故謂之爻。注：辨吉凶者存乎辭，故繫辭焉以斷其吉凶。定之以吉凶，所以斷也。言天下之至賾而不可惡也。注：惡讀爲亞。亞，次也。至賾无情，故不可次。言天下之至賾而不可亂也。注：賾當爲動。亂，治也。至動故不可治。擬之而後言，儀之而後動，擬儀以成其變化。注：初辭擬之，問焉而以言，故擬之而後言。儀，度也。將舉事必先于此儀之，故儀之而後動。擬儀者，變化之所由出也。故以成其變化。疏：乾稱至者也。此虞義也。乾五爲聖人。文王書經，繫庖犧于九五，故謂庖犧也。下傳曰：探賾索隱。虞彼注云：賾，初也。初隱未見，故探賾。太玄曰：陰陽所以抽賾。賾，情也。京氏訓同。易之屯，太玄準爲礥，初一曰：黄純于潛。測曰：化在賾也。范望注云：陽氣潛在地下，養萬物之根荄，故云化在賾。若然，賾訓爲情，乃情之未動者。故知賾謂初。乾上坤下，以乾擬坤，故云自上擬下稱擬。易之大義，上經終坎、离，下經終既濟、未濟；上繫終乾、坤，下繫終六子。則上下經與上下繫相表裏。上經象陽，下經法陰。復爲陽初，姤爲陰初。六日七分之法，陽起中孚，陰起咸。乾元坤元，天地之心，爲易之本。故上繫七爻起于中孚鳴鶴在陰，下繫十一爻起於咸憧憧往來。此傳發端，言聖人見天下之賾，謂中孚、咸也。易彰往而察來，而微顯闡幽，故擬諸其形容也。以乾擬坤，陰在地成形，地形有高下，故稱容。周禮函人曰：凡爲甲必先爲容。鄭衆注云：容謂象式。甲有大小長短，猶地形有高下，故云形容謂陰在地成形者也。

〔一〕「等」，通行本周易作「典」。

物宜至畫也。此虞義也。物宜爲陽，陽即乾也。下傳云：遠取諸物。乾爲遠、爲物象，謂三才在天成象，故象其物宜。日月在天成八卦象，謂天三爻，故云三才八卦在天也。以地兩之爲六畫，故云庖犧重爲六畫也。重言至六爻。此虞義也。庖犧畫卦，文王書經，傳兩稱聖人，故知庖犧及文王也。上言象，謂三才八卦之象；此言爻，道有變動故曰爻。知動謂六爻也。六爻至於等。動謂六爻之動，則會通乃六爻發動揮變也。乾坤交而亨，天地交而萬物通也。亨者，通。子夏義也。陰陽相應爲嘉，故亨者，嘉之會也。嘉屬五禮，嘉會禮通，故以行其等禮。鄭注樂記云：等，階級也。爻有等，如禮之有階級，故曰等禮。禮立言者，大戴記立言篇也。春秋傳者，昭十三年傳文。晉語曰：從其等禮也。韋昭云：從尊卑之等謂之禮。是等禮之義也。惡讀至可次。惡讀爲亞，荀義也。古惡、亞字通。說文曰：亞，醜也。是亞即惡也。又云：賈侍中以爲次第也。故釋言云：亞，次也。尚書大傳曰：王升舟入水，鼓鐘惡，觀臺惡，將舟惡。鄭彼注云：惡讀爲亞。亞訓次，次猶仲也。漢時有玉印，曰周惡父印，識者以爲條侯亞父。條侯爲勃少子，故稱亞。魯文公子惡，衛臣有石。惡皆讀爲亞，伯仲之稱也。史記盧綰孫他之封惡谷侯，漢書作亞。知惡、亞同物，惡訓爲次。京房曰：賾，情也。賈逵注左傳曰：賾，至也。至賾无情，情之未動，如喜怒哀樂之未發，其道微妙，故不可次。儗之其形容，象其物宜，所以次之也。賾當至可治。賾當爲動，鄭義也。虞本作動，云舊誤作賾也。亂，治。釋詁文。論語曰：予有亂十人。馬融注云：亂，治也。六爻發揮，變動不拘，故不可治。觀其會通，以行其等禮，繫辭焉以斷其吉凶，所以治之也。故下繫云：極天下之賾者存乎卦，鼓天下之動者存乎辭。初辭至變化。初辭儗之，下繫文。問焉而以言，謂問于易而後言。以言者尚其辭，故儗之而後言。儀，度。許慎義也。鄭注尚書大傳曰：射王極之度也。射人將發矢，必先于此儀之，發矢則必中于彼矣。君將出政，亦先于朝廷度之，出則應于民心。射其象者也。以易爲度，先于此儀之，而後舉事，則動无不中，故儀之而後動。儗之、儀之，變化從此而出，故以成其變化。通志成務之謂也。「鳴鶴在陰，其子和之。我有好爵，吾與爾靡之。」子曰：「君子居其室，注：二變體復，君子謂復初。陰消入坤，艮爲居，巽陽隱室，故居其室。出其言善，則千里之外應之，況其邇者乎。注：復初出震，震爲出、爲言。元者，善之長，故曰善。坤數十，震爲百里，十之千里也。外謂震、巽同聲，同聲者相應，故千里之外應之。邇謂坤，坤爲順，二變順初，故況其邇者乎。居其室，出其言不善，則千里之外違之，況其邇者乎。注：坤初爲不善，消二成遯，弑父弑君，故千里之外違之，況其邇者乎。上繫首中孚，陽之始也。聖人慎其幾，故以善不善言之。下繫首咸，陰之始也。聖人知其化，故以屈信往來言之。言出乎身，加乎民。注：震爲出、爲言，坤爲身、爲民也。行發乎邇，見乎遠。注：震爲行，坤爲邇，乾爲遠，兑爲見。謂二發應五，則千里之外，故行發乎邇，見乎遠也。言行，君子之樞機。樞機之發，榮辱之主也。注：震爲春門，故爲樞；又爲動，故爲機。陽息爲榮，陰消爲辱，震爲主，故榮辱之主。言行，君子之所以動天地也。可不慎乎？」注：巽以風動天，震以雷動地，艮爲慎，故可不慎乎。易曰：正其始，萬物理。君子慎始。差以毫釐，繆以千里。此之謂也。疏：二變至其室。君子謂陽，中孚二失位，變體復，故君子謂復初。復自坤來，陰消剥上入坤，剥艮爲居，坤初巽爻，陽復巽初，巽陽隱室，故居其室，言微陽應卦中孚時也。復初至者乎。復之初，震也。故震爲出、爲言。復初，元也。元者，善之長也。故出其言善。坤數十以下，虞義也。天九地十，故坤數十。震驚百里，十之故千里。巽反震，故言外。震雷、巽風同聲相應，故千里之外應之。坤爲近，故邇謂二。變體坤，而順於初，故況其邇者乎。坤初至言之。文言曰：積不善之家必有餘殃。虞彼注云：坤積不善，故知坤初爲不善，謂遯時也。遯消二成遯，艮子弒父，至三成否，坤臣弒君，故千里之外違之，況其邇者乎。陽稱幾，愼其幾謂隱惡而揚善，辯之早也。陰稱化，知其化謂窮神知化，德之盛也。淮南齊俗曰：唯聖人知其化。高誘注云：其化視陰入陽，從陽入陰，唯聖人知之也。震爲至遠也。此虞義也。陽自下升而臨坤，故加乎民。二發應五，據中孚二五相應言。言出乎身，行發乎邇者，大戴禮曾子疾病篇曰：言不遠身，言之主也；行不遠身，行之本也。是其義也。震爲至之主。鄭注云：樞，户樞也。機，弩牙也。震爲卯，卯爲開門，故爲樞。鄭注大學曰：機，發動所由。震爲動，故爲機。此荀義也。荀以艮爲門，今不用也。乾陽息卦，乾初積善有餘慶，故陽息爲榮。坤陰消卦，坤初積不善有餘殃，故陰消爲辱。震主器，故榮辱之主。巽以至謂也。巽爲風，乾爲天，巽伏乾初，故以風動天。震爲雷，坤爲地，震伏坤初，故以雷動地。此上虞義也。虞唯以五體巽爲風動天，今不用也。吕氏春秋曰：今室閉户牖動天地，一室也。言一室脩德，可以動天地。中孚互艮，艮爲愼，故可不愼乎。易曰以下，十翼之逸文。始謂初也。正陽在下爲聖人，故正其始，萬物理。陽息則正謂復初，陰消則不正謂遯初，故君子愼始。毫氂謂纖介也。不正在纖介之間，而違之在千里之外，故云繆以千里也。參同契述此義云：君子居其室，出其言，善則千里之外應之。謂萬乘之主處九重之位，發號出令，順陰陽節。藏器俟時，勿違卦月。謹候日辰，審察消息。纖介不正，悔吝爲賊。二至改度，乖錯委曲。隆冬大暑，盛夏霜雪。二分縱横，不應漏刻。水旱相伐，風雨不節。蝗蟲涌沸，羣異旁出。言卦氣不效也。董子亦云：君人者國之元，發言動作，萬物之樞機。樞機之發，榮辱之端，失之毫氂，駟不及追。故爲人君者謹本詳始，敬小愼微。皆發明此傳之義也。

「同人先號咷而後笑。」子曰：「君子之道，或出或處，或默或語。 **注：**乾爲道，爲君子，故稱君子之道。同人反師，震爲出、爲語，坤爲默，巽爲處，故或出或處，或默或語也。**二人同心，其利斷金。** **注：**乾爲人，二人謂二五，坎爲心，巽爲同，故二人同心。巽爲利，乾爲金，以離斷金，故其利斷金。同心之言，其臭如蘭。」注：臭，氣也。蘭，香草。震爲言，巽爲蘭，離日燥之，故其臭如蘭。二五同姓，故言臭。春秋傳曰：「辟諸草木，吾臭味也。」疏：乾爲至語也。此虞義也。同人卦辭曰：利君子貞。注云：君子謂二五。二五得正，乾爲道、爲君子，故云君子之道。虞注同人云：旁通師卦而稱反師者，否泰反其類，亦得言反也。同人反師，師震爲出、爲語。鬼谷子曰：捭之者，開也，言也，陽也；闔之者，閉也，默也，陰也。故坤爲默。二體巽爲處，巽陽藏室，故爲處也。乾爲至斷金。卦名同人，同人體乾，故乾爲人。五正應二，故二人謂二五。坎爲心，巽爲同，二五同性，同性則同德，同德則同心，故二人同心。巽近利市，故爲利。乾爲金，二體离，以离火斷金，故其利斷金。此虞義也。虞以二人爲夫婦，震爲夫，巽爲婦，今不用也。臭氣至味也。說卦曰：巽爲臭。虞彼注云：臭，氣也。風至知氣，巽二入艮鼻，故爲臭。引此傳爲證，故知臭氣指巽也。詩溱洧曰：方秉蕑兮。毛傳云：蕑，蘭也。陸璣疏云：蕑即蘭，香草也。荀子宥坐篇曰：芷蘭生於深林，非以无人而不芳。故云：蘭，香草。巽柔爻爲草，又爲臭，故爲蘭。燥萬物者莫熯乎火，离日燥之，芳臭發越，故其臭如蘭。此上虞義也。同人天在上，火炎上，其性同，故二五同姓。春秋傳者，襄二十二年傳文，彼鄭公孫僑對晉君語。晉鄭同姓，故云：辟諸草木，吾臭味也。同姓則同德，同德合義，異德合姓，二五同姓，合義不合姓，故比諸臭味也。

「初六：藉用白茅，无咎。」注：其初難知，陰又失正，故獨舉初六。子曰：「苟錯諸地而可矣，藉之用茅，何咎之有？慎之至也。注：苟，或；錯，置也。頤坤爲地，故苟錯諸地。初爲四藉，與四易位，故藉之用茅，何咎之有？頤艮爲慎，坤爲至，故慎之至也。夫茅之爲物薄，而用可重也。注：陰道柔賤，故薄。香潔可貴，故可重。慎斯術也以往，其无所失矣。」注：術，道也。乾爲道，初往四，下體成乾，故慎斯術也以往。得位，故无所失矣。**疏：**其初至初六。此虞義也。其初難知，陰陽之微，故難知。六居初爲失位，上繫七爻，下繫十一爻，獨此舉初六者，言當辯之早也。苟或至至也。初在下，故言地。旁通頤，頤坤爲地，錯諸地則安，故苟錯諸地而可矣。此上虞義也。初以柔藉四，故初爲四藉。初四失正，與四易位則无咎，故藉之用茅，何咎之有？頤艮爲慎，坤爲至，君子慎始，初變之正，故慎之至也。陰道至可重。此虞義也。陰爲柔，爲賤，故陰道柔賤。用以藉四，與四易位，則可以薦鬼神，羞王公，故云香潔可貴也。術道至失矣。説文曰：術，邑中道也。故云：術，道也。艮爲慎，初往居四，四來居初，則下體成乾，故云慎斯術也以往。陰陽得位，故云其无所失矣。「勞謙，君子有終，吉。」子曰：「勞而不伐，有功而不置，厚之至也。**注：**坎爲勞，五多功。置當爲德。乾爲德，以上之貴下居三賤，故勞而不伐，有功而不德。艮爲厚，坤爲至，故厚之至也。語以其功下人者也。**注：**震爲語，五多功，下居三，故以其功下人者也。德言盛，禮言恭。謙也者，致恭以存其位者也。」**注：**乾爲盛德，旁通履。履者，禮也。謙以制禮，三從上來體坎，坎折坤體，故恭。震爲言，故德言盛，禮言恭。上无位，知存而不知亡，降之三得位，故致恭以存其位者也。**疏：**坎爲至至也。此虞、鄭義也。三互坎，坎勞卦，故爲勞。上據五，故五多功。置，古文德字從直心，傳寫訛爲置，故云置當爲德。上本乾，故乾爲德。上九貴而无位，三多凶，貴賤之等，故云以上之貴下居三賤。三體艮，艮爲厚，應在坤，坤爲至，故厚之至也。震爲至者也。此虞義也。三自上降，故曰下人。乾爲至者也。乾三積善成德，虞注下繫云盛德乾三，故乾爲盛德。謙以制禮，下繫文。虞彼注云：陰稱禮。謙三以一陽制五陰，萬民服，故以制禮。鴻範曰：貌曰恭。三從上來，互體坎，坎折坤體，磬折之容，故云恭。三互震爲言，故德言盛，禮言恭也。乾上以陽居陰，故无位。陽爲存，陰爲亡，上知存而不知亡，之三得位，謂以陽居陽，故致恭以存其位者也。「忼龍有悔。」子曰：「貴而无位，高而无民，賢人在下位而无輔，是以動而有悔也。」**注**：義具文言傳。「不出户庭，无咎。」子曰：「亂之所生也，則言語以爲階。**注**：節本泰卦，坤爲亂，震爲生、爲言語，坤稱階，故亂之所生，則言語爲之階也。君不密則失臣，臣不密則失身，**注**：泰乾爲君，坤爲臣、爲閉，故稱密。乾三之坤五，君臣毀賊，故君不密則失臣。坤五之乾三，坤體毀壞，故臣不密則失身。坤爲身也。幾事不密則害成。**注**：幾，初也。二已變成坤，坤爲事，初不密，動體剥，故幾事不密。初辭擬之，卒成之終，故害成也。是以君子慎密而不出也。」**注**：君子謂初。二動坤爲密，故君子慎密。初利居貞，故不出也。**疏**：節本至階也。此虞義也。節，泰三之五，故云節本泰卦。坤反君道，故爲亂。震春爲生，震善鳴，故爲言語。坤土，故爲階也。泰乾至身也。此虞義也。乾以君之，故乾爲君。陰臣道，故坤爲臣。鄭注云：密，静也。坤静也翕，又爲闔户，故爲閉。退藏于密，故爲密也。三之五，乾坤體壞，故君臣毀賊。五之乾，坤體壞，故失身，坤躬爲身也。幾初至成也。鄭注云：幾，微也。幾者動之微，故幾謂初。二失位，變互坤，臣道知事，故坤爲事。初利居貞，動體剥，故幾事不密。初辭擬之，卒成之終，坤爲害，故害成。此兼虞義也。君子至出也。此虞義也。初得位，故君子謂初。二動互坤，坤爲密，艮爲慎，故君子慎密。初利居貞而應四，故不出也。子曰：「爲易者，其知盗乎。**注**：爲易者謂文王。否上之二成困，三暴嫚以陰乘陽，二變入宫爲萃，五之二，奪之成解，坎爲盗，故爲易者其知盗乎。易曰：『負且乘，致寇至。』負也者，小人之事也。**注**：陰稱小人，坤爲事，以賤倍貴，違禮悖義，故小人之事也。乘也者，君子之器也。

注：君子謂五。器，坤也。坤爲大轝，故乘君子之器。**小人而乘君子之器，盜思奪之矣。注**：小人謂三。既違禮倍五，復乘其車，五來之二成坎，坎爲盜思奪之矣。爲易者，其知盜乎，此之謂也。**上嫚下暴，盜思伐之矣。注**：三倍五，上嫚乾君，而乘其器；下暴于二，二藏于坤。五來寇三，以離戈兵，故稱伐之。坎爲暴也。**嫚藏悔盜。野容悔淫。注**：坎心爲悔，坤爲藏，兑爲見，故嫚藏。三動成乾爲野，坎水爲淫，二變藏坤則五奪之，故嫚藏悔盜，野容悔淫。**易曰：『負且乘，致寇至。』盜之招也。」注**：二藏坤時，艮手招盜，故盜之招。**疏**：爲易至盜乎。此虞義也。釋解三爻辭，故知爲易者謂文王。虞注困卦曰：否二之上。故云否上之二成困。困三不正，上嫚於五，下暴于二，故三暴嫚。困三傳曰：據於蒺藜，乘剛也。故以陰乘陽。經云：入于其宮。虞彼注云：二動艮爲宮。故二變入宮爲萃。萃五之二，奪三成解，五之二體坎，坎爲盜，故爲易者其知盜乎。案，虞注萃卦云：觀上之四。注解卦云：臨初之四。今言萃自困來，解自萃來者，彼從四陰二陽之例，此從爻例故也。陰稱至事也。此虞義也。下注云：小人謂三。此小人亦謂困三，而云陰稱小人者，以對下君子言，陽稱君子，故陰稱小人也。負讀爲倍。三以四艮倍五，故云以賤倍貴。賤倍貴猶下倍上，故云：違禮悖義，小人之事也。君子至之器。五謂困五，五得正稱君子。坤形而下者，故云：器，坤也。坤爲大車，三在坤上，故乘君子之器。小人至謂也。此虞義也。三失位，故小人謂三。三違事君之禮，而倍五，乾在坤上，稱君子德車，三乘其車，非其人也。五之二成解，解二體坎，坎爲盜、爲思，故盜思奪之矣。五之二失正，若然，乘君子之器者，盜也；奪之者，亦盜也。故云：爲易者，其知盜乎。此之謂也。三倍至暴也。此虞義也。上謂五，下謂二，三倍五，上嫚乾五之君，而竊乘其器，下乘剛而暴於二，故上嫚下暴。二變入宮體坤，坤以藏之，故藏於坤。五之二寇三，故云五來寇三。解互離，故以離

戈兵。聲罪致討，故稱伐之。三傳曰：自我致戎。虞氏謂：以離兵伐三，故轉寇言戎，以成三惡。坎盜，故爲暴也。

坎心至悔淫。此虞義也。二體坎，坎心爲悔。困、萃皆有兑象，故兑爲見。藏而見，是嫚藏也。野容，鄭氏謂：飾其容而見於外曰野。謂婦人出无擁蔽，猶野處也。列女傳載華孟姬曰：車奔姬墮，使侍御者舒幃以自幛蔽。曰：妾聞野處則幃裳擁蔽，所以正心一意，自斂制也。頌曰：孟姬好禮，執節甚公，避嫌遠別，終不野容。是其義也。三動成乾，乾爲野，坎爲欲、爲水，故云坎水爲淫。二變藏坤，則五來奪之，奪之謂奪三，三爲盜、爲淫，而爲五所奪，故嫚藏悔盜，野容悔淫。王弼本野作冶，悔作誨，非虞義也。

二藏至之招。此虞義也。二謂萃二，二藏坤時，四體艮，艮爲手，艮手招盜，故盜之招也。

周易述卷十六

繫辭上傳

大衍之數五十，其用四十有九。**注：**衍，演也。合天地之數，演而用之，故曰大衍。書曰：占用二衍貣。衍數所以立卦。天地之數五十有五，五行也；而五爲虛，故大衍之數五十，三才也。太極元氣，函三爲一。故一不用，其用四十有九，三才、五行備焉。分而爲二以象兩。**注：**太極生兩儀，故分而爲二以象兩。掛一以象三。**注：**易有三才，故掛一以象三。揲之以四，以象四時。**注：**易説：文王推爻，四乃術數。故揲之以四。播五行於四時，故以象四時。歸奇於扐以象閏。**注：**奇，所掛一筴。扐，所揲之餘，不一則二，不三則四也。取奇以歸扐，則以閏月定四時成歲，故歸奇於扐以象閏。五歲再閏，故再扐而後掛。**注：**一掛、兩揲、兩扐，爲五歲再閏。再扐之後，然後別起一掛〔一〕，故再防而後掛。**疏：**衍演至備焉。此章言聖人創大衍四象以作八卦之事。太玄曰：夫作者貴其有循而體自然。聖人幽贊于神明而生蓍，因創爲大衍四象之法以作八卦，循四象

〔一〕「掛」，皇清經解本作「卦」。

以立卦，皆體自然而不虛造也。衍，演。鄭義也。周語伯陽父曰：夫水土演而民用也。韋昭注云：水土氣通爲演，演則生物，民得用之。彼據傳文而云水土氣通，其陰陽二氣之通，亦得爲演。衍、演同物，故云：衍，演也。天地之數五十有五，演而用之，故曰大衍。書曰占用二衍貣者，尚書鴻範文。鄭彼注云：卦象多變，故言衍貣。下傳云十有八變而成卦，故衍數所以立卦。繫下云：易之爲書也，廣大悉備，有天道焉，有地道焉，有人道焉。說卦曰：立天之道曰陰與陽，立地之道曰柔與剛，立人之道曰仁與義。故卦有三才。大衍之數即天地之數，天地之數五十有五，而大衍之數五十者，明堂月令曰：春其數八，夏其數七，秋其數九，冬其數六，中央土其數五。一水，二火，三木，四金，五土，水火木金得土而成，故一二三四得五爲六七八九。土生數五，成數五，五五爲十，故有地十。故太玄曰：一六爲水，二七爲火，三八爲木，四九爲金，五五爲土。天地之數五十有五，而五在地十之中，故大衍之數五十，五爲虛也。五五爲十，而五爲虛，故伏羲衍易數止五十。五五爲十，而十爲虛，故箕子陳範數止于九。易乾鑿度曰：大衍之數五十，日十、辰十二、星二十八，凡五十。京氏于此傳之注亦云：五十者，謂十日、十二辰、二十八宿。據乾鑿度先師之法也。星主斗，三統歷曰：日合于天統，月合于地統，斗合于人統。故大衍之數五十，三才也。三統歷又曰：太極元氣，函三爲一。一，太極也。京氏云：其一不用者，天之主氣，將欲以虛來實，故用四十九。天之主氣謂北辰也。故馬氏云：北辰居位不動，其餘四十九轉運而用，但天地之數虛五而數可演，大衍之數虛一而蓍可用。虛者，道之舍也。故三統歷曰：道據其一。必知數備三才、五行者，天有三才，地有五行。下傳云：分而爲二以象兩，掛一以象三，是備有三才也。揲之以四，以象四時，是備有五行也。衍數所以立卦，故云三才、五行備焉。若然，大衍合三才、五行，則兼有合義，故干寶注云：衍，合也。太極至象兩。此馬義也。兩儀，天地。以四十九筴分置左右兩手，左象天，右象地，是象兩也。易有至象三。三才，天地人。掛猶縣也。就兩儀之間，于天數之中分掛其一，而配兩儀，以象三才。虞氏謂：掛左手之小指。若然，則于右手之中，掛其一于左手小指也。易說至四時。易說者，乾鑿度文。天有四時，地有四方，人有四德，无非四也。推爻之法，亦以四求之，故揲之以四。播五行於四時，禮運文。大衍五行之數，播散水火木金土之氣于春夏秋冬之四時，故播五行于四時，謂分揲其蓍皆以四四爲數，以象四時也。奇所至象閏。此虞義也。奇與扐爲二事。奇，所掛之一也。故云所掛一筴。扐，左右手四揲之餘也。王制曰：祭用數之扐。又曰：喪用三年之仂。皆謂數之餘也。故云所揲之餘。既數兩手之筴，則其四四之後，必有零數，或一、或二、或三、或四，故云：不一則二，不三則四也。取所掛之一，而歸之兩手所揲之餘，故云取奇以歸扐。以閏月定四時成歲，堯典文。素問曰：日行一度，月行十三度而有奇焉。故大小月三百六十五日而成歲，積氣餘而盈閏矣。立端於始，表正於中，推餘於終，而天度畢，故以閏月定四時成歲。積餘分而成閏月，故歸奇於扐以象閏也。一掛至後掛。凡前後閏，相去大較三十二月在五歲之中；此掛一、揲四、歸奇之法亦一變之間，凡一掛、兩揲、兩扐合爲五者，故五歲再閏。五者之中，凡有再仂以象再閏，然後置前掛扐之筴，復以見存之筴，分二、掛一而爲第二變矣。虞注參五以變曰：五歲再閏，再扐而後掛，以成一爻之變，益參其五而後成一爻也。**天數五，地數五，五位相得而各有合。注：**天數五，謂一三五七九。地數五，謂二四六八十。五位，五行之位。相得，謂一得五爲六，二得五爲七，三得五爲八，四得五爲九，五得五爲十。有合，謂一與二合丁壬也，三與十合甲己也，五與六合戊癸也，七與四合丙辛也，九與八合乙庚也。**天數二十有五，地數三十。凡天地之數五十有五。此所以成變化而行鬼神也。注：**一三五七九，故二十有五也。二四六八十，故三十也。天二十有五，地三十，故五十有五也。五五爲十，故有地十。而大衍之數五十，故所以成變化而行鬼神也。**疏：**天數至庚也。下傳云：

天一，地二；天三，地四；天五，地六；天七，地八；天九，地十。一三五七九，奇也，故天數五。二四六八十，偶也，故地數五。鄭氏曰：天地之氣，各有五行。故五位謂五行之位。此上虞義也。昭八年春秋傳曰妃以五成，皇侃以爲金木水火得土而成。太玄曰：一六爲水，二七爲火，三八爲木，四九爲金，五五爲土。又云：一與六共宗，二與七共朋，三與八成友，四與九同道，五與五相守。天地之數止有天五，而云五與五相守者，五五十也。故五得五爲十也。春秋傳又曰：火，水妃也。妃即合也。陰陽書有五行妃合之説，甲乙木也，丙丁火也，戊己土也，庚辛金也，壬癸水也。木克土，土克水，水克火，火克金，金克木。火畏水，以丁爲壬妃，故一與二合丁壬也。土畏木，以己爲甲妃，故三與十合甲己也。水畏土，以癸爲戊妃，故五與六合戊癸也。金畏火，以辛爲丙妃，故七與四合丙辛也。木畏金，以乙爲庚妃，故九與八合乙庚也。其一與二、三與十、五與六、七與四、九與八相合之義，則昭十七年春秋傳曰：水，火之牡也。劉歆説云：水以天一爲火二牡，木以天三爲土十牡，土以天五爲水六牡，火以天七爲金四牡，金以天九爲木八牡。陽奇爲牡，陰偶爲妃。故曰：水，火之牡也。又曰：火，水妃也。是以鄭注鴻範「星有好風星有好雨」云：中央土氣爲風，東方木氣爲雨。箕屬東方木，木克土，是土十爲木三妃。尚妃之所好，故箕星好風也。西方金氣爲陰，克東方木，木八爲金九妃。畢屬西方，尚妃之所好，故好雨。推此而往，南宮好暘，北宮好燠，中宮四季好寒，是由己所克而得其妃，從其妃之所好，是天地五行相合之義也。

一三至神也。一三五七九奇數之積二十有五，二四六八十偶數之積三十也。合天地之數，故五十有五也。此上虞義也。太玄曰：五五爲土。五五十也，故有地十。而五爲虛，故大衍之數五十。蓍數卦爻皆于此衍焉，故所以成變化而行鬼神也。

乾之策二百一十有六，坤之策百四十有四。注：陽爻之策三十有六，乾六爻皆陽，三六一百八十，六六三十六，合二百一十有六也。陰爻之策二十有四，坤六爻皆陰，二六一百二十，四六二十四，合一百四十有四也。陽爻九，合四時四九三十六；陰爻六，合二十四氣四六二十四，是其義也。凡三百有六十，當期之日。**注**：易說：二卦十二爻，而期一歲。故云當期之日。又云：歷以三百六十五日四分度之一爲一歲，易以三百六十析當期之日。此律歷數也。五歲再閏，故再扐而後掛，以應律歷之數。二篇之筴萬有一千五百二十，當萬物之數也。**注**：二篇，上下經。共六十四卦三百八十四爻，陰陽各半。陽爻一百九十二，一爻三十六筴，合六千九百一十二筴；陰爻一百九十二，一爻二十四筴，合四千六百八筴。故二篇之筴萬一千五百二十。易以類萬物之情，故當萬物之數也。**疏**：陽爻至義也。此荀義也。蓋據乾、坤九六之筴云爾。其七八之數亦然。四七二十八，六爻一百六十有八；四八三十二，六爻一百九十有二。三十六合二十四，六十也；二十八合三十二，亦六十也。二百一十有六，百四十有四，凡三百有六十，當期之日。百六十有八，百九十有二，凡三百有六十，亦當期之日。二篇之筴萬一千五百二十。七八之數，四七二十有八，凡一百九十二爻，爲五千三百七十六筴；四八三十有二，凡一百九十二爻，爲六千一百四十四筴。二篇之筴合之，亦萬有一千五百二十，當萬物之數。言九六而七八舉矣。易說至之數。皆乾鑿度文。二卦十二爻而期一歲，即上乾、坤之筴也。其消息之月，亦十二爻而期一歲。歷以三百六十五日四分度之一爲一歲，易以三百六十析當期之日，舉大數而言。而揲蓍之法有扐數以象閏，故五歲再閏，故再扐而後掛也。消息則以七分爲閏餘矣。二篇至數也。乾鑿度：孔子曰：陽三陰四，位之正也。故易卦六十四，分而爲上下，陽道純而奇，故上篇三十；陰道不純而偶，故下篇三十四。乾、坤者，陰陽之本始，故爲上篇之始；坎、离終始萬物，故爲上篇之終也。咸、恒者，男女之始，故爲下篇之始；既濟、未濟爲最終。是上下二篇文王所定，故知二篇爲上下經也。繫下云：庖犧始作八卦，以類萬物之情。九家注云：六十四卦凡有萬一千五百二十筴，筴類一物，故曰類萬物之情。說苑：孔子曰：察變之動莫著於五星。天之五星運氣於五行，其初猶發於陰陽，而化極于萬一千五百二十。蓋萬物之精上爲列星，故天有萬一千五百二十星，地有萬一千五百二十物。聖人仰觀俯察，幽贊于神明而生蓍，觀變于陰陽而立卦，發揮於剛柔而生爻，故卦爻之筴亦萬有一千五百二十。乾元萬物資始，坤元萬物資生。乾爲天，坤爲地，艮爲人，艮主星，星主斗，斗合於人統，三才之義。天之五星運氣於五行，而化極于萬一千五百二十。大衍之數五十，三才五行之合，得有此數也。**是故四營而成易。注：**四營謂分二、掛一、揲四、歸奇也。易變而爲一，故四營而成易，謂成一變也。言易者，象氣變。**十有八變而成卦。八卦而小成。注：**一變而爲七，七變而爲九，九者氣變之究，乃復變而爲一，則三揲蓍而成一爻也。六爻三變，十有八變具而成卦，八卦而小成，則觀變于陰陽而立卦也。**引而信之，觸類而長之，注：**引，謂庖犧引信三才，兼而兩之爲六畫。觸，動也。謂六畫以成六十四卦，故引而信之，觸類而長之，則發揮于剛柔而生爻也。**天下之能事畢矣。注：**觸長爻筴，至萬一千五百二十，聖人成能，故天下之能事畢矣。**顯道神德行，是故可與酬酢，可與右神矣。注：**道，大極也。分爲兩儀，故顯道。德行，人也。列爲三才，故神德行。酬酢，往來也。變而爲四時，故可與酬酢。神謂天神大一也。助天神變化，故可與右神矣。**子曰：「知變化之道者，其知神之所爲乎。」注：**在陽稱變，乾二之坤；在陰稱化，坤五之乾。陰陽不測之謂神。知變化之道者，故知神之所爲。諸儒皆上「子曰」爲章首，而荀、馬又從之，甚非者矣。**疏：**四營至氣變。

陸績曰：分而爲二以象兩，一營也；掛一以象三，二營也；揲之以四以象四時，三營也；歸奇于扐以象閏，四營也。易變而爲一，乾鑿度文。易有太易，有太初，有太始，有太素。易變而爲一當太初時。易无形畔，太易者，未見氣；太初者，氣之始，寒温始生。故云：易也三變成爻。四營者止一變耳，而云易者，易本乎氣，故不言變而言易。象天地之始，故云象氣變也。若鄭氏之義，以文王推爻，四乃術數，則以四營爲七、八、九、六，單則七也，拆則八也，重則九也，交則六也。四營而成，由是而生四七、四八、四九、四六之數，如是備爲一爻。七、八、九、六皆三變而成，故十有八變而成卦，八卦而小成也。　一變至卦也。　一變而爲七，七變而爲九，九者氣變之究，乃復變而爲一者，皆乾鑿度文。物有始、有壯、有究。一，始也；七，壯也；九，究也。一、七、九三氣相承，太極元氣，函三爲一，故乃復變而爲一，則三揲蓍而成一爻也。六爻三變已下，虞義也。乾鑿度曰：三畫而成乾，乾、坤相並俱生。鄭彼注云：夫陽則言乾成，陰則言坤成。可知謂乾、坤各三爻，故云六爻。三六十八，故十有八變而成卦。乾、坤與六子俱名八卦，而小成謂天三爻，故云小成也。陽變成震、坎、艮，陰變成巽、离、兑，故云觀變于陰陽而立卦也。　引謂至爻也。　此虞義也。上云十有八變而成卦，八卦而小成，止據三才；庖犧引信三才，謂兼三才而兩之，乾坤各三爻而成六畫之數，是重卦之義。觸動謂六爻變動以成六十四卦，故引而信之，觸類而長之也。發動揮變，變剛生柔爻，變柔生剛爻，以三爲六，是發揮于剛柔而生爻也。　觸長至畢矣。　此陸績義也。陸氏謂：引信八卦，重爲六十四，則有三百八十四爻，故云：觸長爻筴，至萬一千五百二十。天地設位，聖人成能，故天下之能事畢矣。言易義已備也。　道大至神矣。　太極，一也。道據其一，故道謂太極也。一尚微，太極生兩儀，剖判分離，故顯也。虞注引下傳云：默而成，不言而信，存乎德行。易簡之善配至德。故云：德行，人也。掛一以象三，列爲三才，神而明之存乎其人，故神德行也。九家曰：陽往曰酬，陰來曰酢，故曰：酬酢，往來也。此申易四象之義。不言閏者，從可知也。神謂天神太一者，天之主氣，即其一不用者是也。右，助也。言易四象之作能右太一之神而助其變化，故可與右神矣。右荀作侑，謂如祭祀而侑神也。　在陽至者矣。　此虞義也。子曰已下，孔子歎美大衍四象之作也。陽變之坤五，故云：在陽稱變，乾二之坤。陰化降乾二，故云：在陰稱化，坤五之乾。一陰一陽變化无窮，故不測。説卦曰：神也者，妙萬物而爲言者也。又曰：然後能變化，既成萬物也。變化神也，故云：知變化之道者，其知神之所爲乎。先儒以此爲下章之首，荀馬皆然，故虞氏駁之。案，虞別傳云：仲翔奏上易注曰：經之大者莫過於易。自漢初以來，其讀易者解之率少，至孝靈之際，潁川荀諝號爲知易，臣得其注，有愈俗儒，至所謂西南得朋，東北喪朋，顛倒反覆，了不可知。孔子歎易曰：知變化之道，其知神之所爲乎。以美大衍四象之作。而上爲章首，尤可怪笑。又南郡太守馬融，名有俊才，其所解復不及諝。孔子曰：可與共學，未可與適道。豈不其然？是其事矣。爽一名諝。

易有聖人之道四焉：以言者尚其辭，**注**：聖人之情見乎辭，繫辭焉以盡言也。動者尚其變，**注**：謂爻之變。儀之而後動，故尚其變。制器者尚其象，**注**：十二蓋取之類是。卜筮者尚其占。**注**：乾蓍稱筮，動离爲龜，龜稱卜。動則玩其占，故尚其占。是故君子將有爲也，將有行也，問焉而以言。**注**：有爲謂建侯。有行謂行師。凡應九筮之法則筮之，謂問於蓍龜，以言其吉凶。爻象動内，吉凶見外，蓍德圓神，卦德方知，故史擬神知以斷吉凶也。其受命也如嚮，**注**：不言善應，故受命如嚮。无有遠近幽深，遂知來物。**注**：遠謂天，近謂地，幽謂陰，深謂陽。神以知來，故遂知來物，謂幽贊神明而生蓍也。非天下之至精，其孰能與於此。**注**：至精謂乾純粹精也。參五以變，錯綜其數。**注**：逆上曰錯；綜，理也。謂五歲再閏，再扐而後掛，以成一爻之變，而倚六畫之數。卦從下升，故錯綜其數，則參天兩地而倚數也。通其變，遂成天地之文。**注**：變而通之，觀變陰陽始立卦。乾、坤相親，故成天地之文。物相雜，故曰文。極其數，遂定天下之象。**注**：數謂六畫之數。六爻之動，三極之道，故定天下吉凶之象也。非天下之至變，其孰能與於此。**注**：謂參五以變，故能成六爻之義。六爻之義易以工也。易无思也，无爲也，**注**：天下何思何慮，同歸而殊塗，一致而百慮。故无所爲，謂其靜也專。寂然不動，注：謂隱藏坤初，機息矣專，故不動者也。感而遂通天下之故。注：感，動也。以陽變陰，通天下之故，謂發揮剛柔而生爻者也。非天下之至神，其孰能與於此。注：至神謂易隱初入微，知幾其神乎。夫易，聖人之所以極深而揅機也。注：極深謂幽贊神明。機當爲幾，幾，微也。揅幾謂參五以成一爻之變也。唯深也，故能通天下之志。注：无有遠近幽深，遂知來物，故通天下之志。謂蓍也。唯機也，故能成天下之務。注：務，事也。謂易揅幾開物，故成天下之務。謂卦者也。唯神也，故不疾而速，不行而至。注：神謂易也。謂日月斗在天，日行一度，月行十三度，從天西轉，故不疾而速。星寂然不動，隨天右周，感而遂通，故不行而至者也。子曰「易有聖人之道四焉」者，此之謂也。疏：聖人至言也。此虞義也。太玄曰辭以睹乎情，故聖人之情見乎辭。繫辭謂彖象九六之辭。書不盡言，故繫辭焉以盡其言。儗之而後言，故尚其辭也。謂爻至其變。此陸績義也。動謂爻也。爻者，言乎變者，故變謂爻之變。以易爲度先于此，儀之而後舉事，則動无不中，是儀之而後動，故尚其變也。十二至類是。荀氏謂：結繩爲罔罟，蓋取諸离，乃指十二「蓋取」爲言，是尚其象也。乾蓍至其占。此虞義也。白虎通引禮雜記曰：蓍，陽之老也。蓍數百，乾爲百，蓍所以筮者，故乾蓍爲筮。乾五動體离，离爲龜，龜所以卜，故龜稱卜。占事知來，動則翫其占，故尚其占也。有爲至凶也。此虞義也。屯、豫諸卦皆云利建侯，故有爲謂建侯。卦有師、嗛、豫，諸卦皆有行師之象，故有行謂行師。周禮春官：筮人掌三易，以辨九筮之名：一曰筮更，二曰筮咸，三曰筮式，四曰筮目，五曰筮易，六曰筮比，七曰筮祠，八曰筮參，九曰筮環。故云凡應九筮之法則筮之，謂應此九筮則加之筮也。上云卜筮，故謂問于蓍龜。言謂吉凶之辭，故云以言其吉凶。内謂初，外謂上。陽象動内，則吉見外；陰爻動内，則凶見外。故云：爻象動内，吉凶見外，蓍德圓神，卦德方知。此節專言蓍而兼及卦者，以卦由蓍而成也。史謂筮史，筮史儗蓍卦之神知，以斷吉凶也。不言至如嚮。此虞義也。命謂命蓍命龜之辭。蓍龜不言，而示諸占兆，故云不言善應。虞氏謂：不疾而速，不行而至，故受命如嚮也。遠謂至蓍也。此虞義也。乾爲遠，故遠謂天；坤爲近，故近謂地。幽謂坤，深謂乾。釋言曰：幽，深也。幽、深同訓，以屬坤者爲幽，屬乾者爲深，故幽謂陰，深謂陽也。不言乾坤而言天地陰陽者，謂幽贊神明而生蓍之時，未有乾坤之象也。物謂乾，乾神知來，故遂知來物。此爲下「蓍之德」張本，故云幽贊神明而生蓍也。至精至精也。此虞義也。繫下云：定天下之吉凶，成天下之娓娓者，莫善乎蓍龜。太玄曰：抽天下之蔓蔓，散天下之混混者，非至精其孰能之。故云：非天下之至精，其孰能與於此。乾爲蓍，乾伏坤初，精微而无形，故云：至精謂乾純粹精也。逆上至數也。此虞義也。上下爲順，下上爲逆，故曰逆上稱錯。易以順性命之理，八卦而小成，即有陰陽、剛柔、仁義之分，故曰：綜，理也。參讀爲三。一掛、兩揲、兩扐爲五歲再閏，再扐而後掛。凡三變而成一爻，言三其五以成一爻之變也。分天象爲三才，以地兩之，故云而倚六畫之數。易氣從下生，以下爻爲始，故云卦從下升。乾鑿度曰：易始于一，分于二，通于三，缺于四，盛于五，終于上。是從下升，故錯綜其數。錯爲六畫，綜爲三才，六畫數之所倚，故云：則參天兩地而倚數者也。缺于四，于上闕，或作壯于四。變而至曰文。此虞義也。化而裁之謂之變，推而行之謂之通，通其變謂變而之通也。卦謂八卦，陽變成震、坎、艮，陰變成巽、离、兑，故觀變陰陽始立卦也。純乾、純坤之時，未有文章，乾、坤相親，故成天地之文。陰陽錯居稱雜，陽物入坤，陰物入乾，更相雜成六十四卦，乃有文章，故曰文也。數謂至象也。此虞義也。數即參兩所倚之數，故云六畫之數。六爻兼三才而兩之者，故云三極之道。八卦定吉凶，故定天下吉凶之象也。謂參至工也。此虞義也。六畫稱爻，爻從變始，參其五以成一爻之變，參重三才，故能成六爻之義。引而信之，觸類而長之，則變之至者也。六爻之義易以工，工讀爲功，義見下也。天下至也專。此虞義也。天下何思何慮，同歸而殊塗，一致而百慮者，皆下繫文。何思何慮，謂乾伏坤初時。塗雖殊，其歸則同，故曰同歸而殊塗。慮雖百，其致則一，故一致而百慮。荀子天論篇曰：大巧在所不爲，大智在所不慮。故无思也，无爲也。乾伏坤初，藏神无内，故其静也專。謂隱至者也。此虞義也。乾隱藏坤初，佼易立節，寂然无爲之時，故其機息矣，其静也專，故不動者也。感動至者也。此虞義也。乾鑿度曰：虚无感動。鄭氏謂：惟虚无也，故能感天下之動。乾出坤初，以陽變陰，清净炤哲，故能通天下之故。發，動也；揮，變也。變剛生柔爻，變柔生剛爻，以三爲六，則發揮剛柔而生爻者也。至神至神乎。此虞義也。易隱初入微，謂无思、无爲時也。乾初稱幾，幾者動之微，君子知微，故知幾其神也。極深至變也。極深謂幽贊神明，虞義也。繫下云：精義入神。姚信注云：陰陽在初，深不可測，故謂之神。陰陽在初，故曰深。幽贊神明，極深之義也。機當爲幾，鄭義也。古文作機，鄭讀爲幾。幾謂初爻，初爻尚微，故曰幾微也。聖人參五以成一爻之變，是揅幾之義也。无有至蓍也。此虞義也。聖人幽贊于神明而生蓍，蓍之德圓而神，神以知來，故无有遠近幽深，遂知來物。此承上「至變」，以起下「蓍之德」也。務事至者也。務，事，謂事業。以陽闢坤，是揅幾開物；以陰翕乾，故能成天下之務。卦之德方以知，故云謂卦者也。神謂至者也。此虞義也。乾鑿度曰：易者，以言其德也。藏神无内，天下之至神即无思、无爲之易也，故云神謂易也。易有天道焉，有地道焉，有人道焉。日合于天統，月合于地統，斗合于人統。六爻之動，三極之道，故日月斗以言神之用也。賈逵論歷曰：五紀論：日月循黄道，南至牽牛，北至東井，率日日行一度，月行十三度十九分度七也。周書武順曰：天道尚左，日月西移，故從天西轉。續漢書律歷志曰：天之動也，一晝一夜而運過周，日之所行與運周，日月相推，日舒月速。案，漢法天一日一夜過周一度，日亦一日一夜起度端終度端，月又速于日，故不疾而速也。星寂然不動，謂斗也。太玄曰：

斗振天而進。范望注云：振，動也。斗衡隨天左回，故言進。又曰：斗之南左行而右還。故隨天右周也。漢書天文志曰：斗爲帝車，運于中央，臨制四海。分陰陽，建四時，均五行，移節度，定諸紀，皆繫於斗。故感而遂通，不行而至也。

天一，地二；天三，地四；天五，地六；天七，地八；天九，地十。注：一二三四得五爲六七八九，十者，二五也。五爲虚，故大衍之數五十。聖人用蓍之數，以作八卦，蓍爲七，卦爲八，爻爲九六。九六與七八相應，二者合三十，而天地之數畢矣。子曰：「夫易何爲者也？注：問易何爲取天地之數也。開物成務，冒天下之道，如斯而已者也。」注：以陽辟陰謂之開物，以陰翕乾謂之成務。冒，觸也。觸類而長之，如此也。是故聖人以通天下之志，注：聖人謂庖犧。開物，故以通天下之志。以定天下之業，注：成務，故以定天下之業。以斷天下之疑。注：三百八十四爻冒天下之道，觸類而長之，故以斷天下之疑。是故蓍之德圓而神，注：蓍數七，七七四十九，乾爲蓍，爲圓，爲神，故蓍之德圓而神。所以通天下之志也。卦之德方以知，注：卦數八，八八六十四，坤爲方，爲知，故卦之德方以知。所以定天下之業也。六爻之義易以工。注：六爻九六相變。工讀爲功。功業見乎變，故六爻之義易以工。所以斷天下之疑也。聖人以此先心，退藏於密，吉凶與民同患。注：以蓍神知來，故先心。陽動入巽，巽爲退伏，坤爲閉户，故藏密。謂齊於巽，以神明其德。陽吉陰凶，坤爲民，故吉凶與民同患。神以知來，知以藏往。注：乾神知來，坤知藏往；來謂先心，往謂藏密也。其孰能與此哉！注：謂誰能爲此哉！謂古之聰明睿知之君也。古之聰明睿知神武而不殺者夫！**注**：謂大人也。庖犧在乾五，動而之坤，與天地合聰明。在坎爲聰，在离爲明；神武謂乾，睿知謂坤。乾坤坎离反復不衰，故而不殺者夫。是以明於天之道，而察於民之故，**注**：乾五之坤。以离日照天，故明天之道；以坎月照坤，故察民之故。是興神物以前民用。**注**：震爲興，乾爲神物，坤爲民用。神物謂蓍龜。爲萬物先，故前民用。聖人以此齊戒，以神明其德夫。**注**：巽爲齊，乾爲神明，爲德。聖人幽贊於神明而生蓍，故以此齊戒，以神明其德夫。是故盍户謂之坤。辟户謂之乾。**注**：盍，閉翕也，謂從巽之坤。坤柔象夜，故以閉户。辟，開也，謂震之乾。乾剛象晝，故以開户。一盍一辟謂之變。**注**：陽變盍陰，陰變辟陽，剛柔相推而生變化也。往來不窮謂之通。**注**：十二消息，陰陽往來无窮已，推而行之，故謂之通也。見乃謂之象。形乃謂之器。**注**：在天成象，天垂象見吉凶，故見乃謂之象。在地成形，形而下者謂之器，故形乃謂之器。制而用之謂之法。**注**：陽道制命，陰道致用，故致而用之。爻法之謂坤，故謂之法。利用出入，民咸用之謂之神。**注**：乾爲利，坤爲用。出乾入坤，故利用出入。坤爲民，乾爲神，乾伏坤中，息震消巽，鼓之舞之，故謂之神也。**疏**：一二至畢矣。水火木金得土而成，故一二三四得五爲六七八九。土生數五，成數五，二五爲十，故有地十。十者，二五也。天地之數五十有五，而天五爲虛，故大衍之數止有五十。五十又虛一，聖人用以作八卦。七七四十九，故蓍爲七。八八六十四，故卦爲八。六十四卦有三百八十四爻，九六相變，故爻爲九六。九六者，十五也。七與八亦合于十五，故九六與七八相應。合二者爲三十，五六三十。三統歷所云「十一而天地之數畢」是也。天地之數盡于七八九六，易之所取以此，故先陳此數，下傳乃發問也。問易至數也。此虙羲也。上陳天地之數，蓋欲明七八九六取法于天地，而先發問以起義，故云問易何爲，取天地之數也。以陽至此也。此虙羲也。乾爲物，其動也闢，以陽闢陰，故謂之開物。務，事也。坤爲事，其静也翕，以陰翕乾，故謂之成務。周語曰：宜觸冒人。故云：冒，觸也。觸，動也。觸類而長之，以成六十四卦，天下之能事畢矣。故如斯而已者也。聖人至之疑。此言庖犧創立用蓍之法，以立卦生爻，故知聖人謂庖犧。上云通天下之志，注云謂蓍也；成天下之務，注云謂卦者也。聖人幽贊于神明而生蓍，是開物之義。故云：開物謂通天下之志也。八卦定吉凶，吉凶生大業，故成務謂定天下之業。三百八十四爻，皆觸類而成。冒與觸同義，觸類而長之，發揮于剛柔而生爻，故以斷天下之疑也。蓍數至志也。大衍之數五十，其用四十有九，故蓍數七，七七四十九也。乾爲百，蓍數百，故爲蓍。天道曰圓，故曰圓。下云神以知來，故蓍之德圓而神也。鄭氏謂：蓍形圓，可以主變化之數，故謂之神也。卦數至業也。四營而成易，十有八變而成卦，八卦而小成，故卦數八，八八六十四也。陽三陰四，陰開爲方，故坤爲方。下云知以藏往，故卦之德方以知。鬼谷子曰：未見形圓以道之，既形方以事之。是圓與方之義也。六爻至疑也。蓍七卦八，爻者言乎變者也，故云六爻九六相變。謂陽變七之九，陰變八之六，陰陽相易，故相變也。周禮肆師云：凡師不功，則助牽主車。鄭彼注云：故書功爲工。鄭司農云：工讀爲功，古者工與功同字。陰陽相變，功業乃成，故六爻之義易以工也。韓伯俗本作貢。以蓍至同患。此虙羲也。此聖人亦謂庖犧。祭義曰：昔者聖人建陰陽天地之情，立以爲易。易抱龜南面，天子卷冕北面，雖有明知之心，必進斷其志焉，示不敢專以尊天也。是聖人以此先心之義。下云神以知來，故云以蓍神知來也。先，王肅、韓伯讀爲洗，謂洗濯萬物之心。尋古洗濯字皆作洒，无作洗者。蔡邕石經及京、荀、虞、董遇、張璠、蜀才並作先心，當從之。陽動入巽，謂乾初入陰。雜卦曰：兑見而巽伏。巽象退辛，故爲退伏。盍户之謂坤，故坤爲閉户。伏閉者，藏密之象也。巽爲齊，巽陽藏室，神明在内，故齊于巽，以神明其德也。乾陽爲吉，坤陰爲凶，聖人先知吉凶，興利遠害，故與民同患也。　乾神至密也。　此虞義也。蓍之德圓而神，故乾神知來。卦之德方以知，故坤知藏往。聖人取此七八、九六天地之數，知來而藏往。以此先心，故來謂先心。退藏于密，故往謂藏密。易之例以未來者屬乾，已往者屬坤也。　謂誰至君也。　此虞義也。孰，誰也。　謂大至者夫。　此虞義也。大人謂九五之大人也。文王書經，繫庖犧于九五，故庖犧在乾五。聖人心通乎造化，故動而之神。乾爲天，坤爲地，故與天地合聰明也。乾動之坤成大有，大有坎爲聰，大有通比，比离爲明。乾爲神，乾陽剛武，故神武謂乾。説文曰：叡，深明也。古文作睿。陽伏坤下，深不可測。乾鑿度以中央爲知，故睿知謂坤。殺讀爲衰。士冠禮曰：以官爵人，德之殺也。鄭彼注云：殺猶衰也。卦有反復，如泰反爲否，否反爲泰，故雜卦云：否泰反其類也。乾坤坎离反復不衰，謂反復皆此卦也。荀子王制篇曰：以類行雜，以一行萬，始則終，終則始，若環之無端也，舍是而天下以衰矣。又成相篇曰：精神相反，一而不二爲聖人。皆反復不衰之義也，故而不殺者夫！陸績、韓伯讀殺如字，失其義矣。先儒馬、鄭、王肅、干寶皆讀所戒反也。　乾五至之故。　此虞義也。乾爲天道，乾五之坤成坎，坤五之乾成离。以离日照天，故明天之道。坤爲民，以坎月照坤，故察民之故。繫下曰：又明于憂患與故。虞彼注云：知以藏往，故知事故。是其義也。　震爲至民用。　興，起也。震起，故爲興。乾爲神、爲物，故爲神物。坤爲民、爲用，故爲民用。下傳云天生神物，亦謂蓍龜，故神物謂蓍龜。管子曰：能存能亡者，蓍龜與龍也。爲萬物先，爲禍福正。爲萬物先，故前民用也。　巽爲至德夫。　説卦曰齊乎巽，故巽爲齊。乾爲神、爲大明，故爲神明。聖人興神物以前民用，創卜筮之法以通神明之德，是幽贊于神明之事也。　盍閉至開户。　此虞義也。此下至往來不窮謂之通，皆據消息言也。月令：孟冬之月，閉塞而成冬。坤其静也翕，故云：盍，閉翕也。從巽之坤，謂從午至亥也。剛柔者晝夜之道，故坤柔象夜，閉户之義也。坤其動也辟，故云：辟，開也。從震之乾，謂從子至巳也。乾剛爲晝，故象晝，開户之義也。陽變至化也。此虞義也。陽變爲陰，故盍陰；陰變爲陽，故辟陽。剛推柔生變，柔推剛生化，故剛柔相推而生變化也。十二至通也。此虞義也。復、臨、泰、大壯、夬、乾陽息之卦，遘、遯、否、觀、剥、坤陰消之卦，是爲十二消息，即乾坤十二畫也。否大往小來，泰小往大來，故陰陽往來无窮已。一往一來，推而行之，故謂之通也。在天至之器。天有八卦之象，故在天成象。天垂象，見吉凶，故見乃謂之象。地有八卦之形，故在地成形。地形而下者，坤爲器，故形乃謂之器也。陽道至之法。陽道制命，董子繁露文，陽剛故制命。坤爲用，故陰道致用，制而用之。爻法之謂坤，效三才爲六畫，法象莫大乎天地，故謂之法也。乾爲至神也。乾以美利利天下，故爲利。出乾爲復時，入坤爲遘時也。民咸用之者，坤也。乾伏坤中，神在中也。陽息震爲鼓，陰消巽爲舞。鼓之舞之，不見其事，而見其功，故謂之神也。**是故易有大極，是生兩儀。注：**大極，大一也。分爲天地，故生兩儀。儀，匹也。陰陽氣交，人生其中，三才具焉。**兩儀生四象。注：**四象謂分二、掛一、揲四、歸奇也。兩儀爲四象之一而云生四象者，四象由分二而生也。言四象，故不言掛一、歸奇也。一說：四象，七八九六也。鄭氏謂：布六于北方以象水，布七于南方以象火，布八于東方以象木，布九于西方以象金。四營而成，由是而生四六、四七、四八、四九之數。大衍之數五十，三才五行之合也。舉兩儀而三才在其中，舉四象而土在其中。**四象生八卦。注：**四營而成易，十有八變而成卦，是生八卦而小成也。**八卦定吉凶。注：**引信三才，通爲六十四卦，觸類而長之，陽生則吉，陰殺則凶，定之以吉凶，所以斷也。**吉凶生大業。注：**一消一息，萬物豐殖，富有之謂大業。唐虞秩宗、周代大宗伯掌天神、人鬼、地示之禮，吉爲先，凶次之，賓、軍、嘉諸禮次第布之，謂之大業也。**是故法象莫大乎天地。注：**法象，乾坤也。仰觀象于天，俯觀法于地，故法象莫大乎天地也。變通莫大乎四時。**注**：變通配四時，故莫大乎四時。唐虞三代建官，法天地四時，順時行令。其政詳於明堂月令。縣象著明莫大乎日月。**注**：謂日月縣天，成八卦象。三日暮震象出庚，八日兑象見丁，十五日乾象盈甲，十七日旦巽象退辛，二十三日艮象消丙，三十日坤象滅乙，晦夕朔旦坎象流戊。日中則离，离象就己。戊己土位，象見于中。日月相推而明生焉，故縣象著明莫大乎日月。王者向明而治，縣六官之象于象魏，重明麗正，化成天下，是其事矣。崇高莫大乎富貴。**注**：乾正位于五，五貴坤富，以乾通坤，故高大富貴也。中庸說雖有其德，苟无其位，不敢作禮樂焉。鄭氏謂：作禮樂者必聖人。在天子之位，故富貴稱大也。備物致用，立成器，以爲天下利，莫大乎聖人。**注**：神農、黄帝、堯、舜也。民多否閉，取乾之坤，謂之備物；以坤之乾，謂之致用。乾爲物，坤爲器用。否四之初，耕稼之利；否五之初，市井之利；否二之四，舟檝之利；否上之初，牛馬之利。謂十二蓋取以利天下。聖人作而萬物覩，故莫大乎聖人也。探嘖索隱，鉤深致遠，以定天下之吉凶，成天下之娓娓者，莫善乎蓍龜。**注**：探，取也。嘖，初也。初隱未見，故探嘖索隱，則幽贊于神明而生蓍。初深，故曰鉤深。致遠謂乾。乾生知吉，坤殺知凶，故定天下之吉凶。娓娓者，陰陽之微，能存能亡。乾爲蓍，离爲龜，月生震初，故成天下之娓娓者莫善乎蓍龜。陰陽之微，乾坤之元，故稱善也。是故天生神物，聖人則之。**注**：神物謂蓍龜。蓍龜定天下之吉凶，成天下之娓娓者，聖人則之，知存知亡而不失其正也。天地變化，聖人效之。**注**：春夏爲變，秋冬爲化。聖人南面而聽天下，順時布令，是效天地之變化。天垂象，見吉凶，聖人象之。**注**：天有八卦之象，乾象盈甲，是吉也；坤象喪乙，是凶也。見乃謂之象，故見吉凶。乾爲德，坤爲刑，聖人在上象天制作，故云聖人象之也。河出圖，洛出書，聖人則之。**注：**天不愛其道，故河出圖；地不愛其實，故洛出書。聖人則之，體信以達順，遂致太平也。易有四象，所以示也。**注：**覆述大衍四象也。四象生八卦，卦者，掛也。掛示萬物，故所以示也。繫辭焉，所以告也。**注：**繫象象之辭，八卦以象告，故所以告也。定之以吉凶，所以斷也。**注：**繫辭焉以斷其吉凶，八卦定吉凶，以斷天下之疑也。易曰：「自天右之，吉无不利。」子曰：「右者，助也。**注：**大有兑爲口，口助稱右。天之所助者，順也；**注：**乾爲天，比坤爲順。人之所助者，信也。**注：**乾爲人、爲信。履信，思乎順，有以尚賢也。**注：**五履信應二，故思乎順。賢謂三，乾爲賢人，三享于天子，禮行之宗廟，故以尚賢。是以自天右之，吉无不利也。」**注：**聖人明天道，察民故，獲天人之助，故吉无不利也。**疏：**太極至具焉。太極，太一者，馬氏云：易有太極，謂北辰也。乾鑿度曰：大一取七八九六之數，以行九宮。鄭彼注云：太一者，北辰之神名也。居其所曰太一，主氣之神。京氏注大衍之數云：其一不用者，天之主氣，將欲以虚來實，故用四十九。禮運曰：夫禮必本于太一，分而爲天地。吕氏春秋曰：太一出兩儀。太一者，極大曰太，未分曰一。太極者，極中也。未分曰一，故謂之太一；未發爲中，故謂之太極。在人爲皇極，其實一也。兩儀，天地也。分而爲天地，故生兩儀。此上虞義也。儀，匹也。釋詁文。天地相匹，故稱兩儀。乾鑿度曰：易始于一，分于二，通于三。鄭氏謂：陰陽氣交，人生其中，故爲三才。太極函三爲一，相並俱生，故太極生兩儀，三才具焉。即上傳所云分而爲二以象兩，掛一以象三，義具下也。四象至其中。四象謂大衍四象。分而爲二以象兩，掛一以象三，揲之以四以象四時，歸奇于扐以象閏，故謂之四象也。兩儀爲四象之一，則在四象之中，而云生四象者，由分二而生此四象，故云兩儀生四象也。掛一、歸奇在四象之中，言四象故不言掛

一、歸奇也。一説：四象七八九六也者，此先儒之説也。鄭氏已下，言揲蓍之法。六在北方象水，故布六于北方以象水；七在南方象火，故布七于南方以象火；八在東方象木，故布八于東方以象木；九在西方象金，故布九于西方以象金。文王推爻，四乃術數，故四營而成，由是而生四六、四七、四八、四九之數。四六二十四，交也；四七二十八，單也；四八三十二，拆也；四九三十六，重也。鄭氏以交、單、拆、重爲四象，爲少異也。太衍揲蓍之法，中函三才五行，故云三才五行之合。義見上也。此言兩儀而不言三才，言四象水火木金而不言土，太極函有三五，故云：舉兩儀而三才在其中，舉四象而土在其中也。四營至成也。分二、掛一、揲四、歸奇爲四象，經此四者而成一變，故四營而成易。三揲蓍而成一爻，六爻三變，十有八變而成卦。乾坤與六子俱名八卦而小成，是四象生八卦。若鄭氏之義，四營爲七、八、九、六，四營而成一爻，七、八、九、六皆三變而成，故十有八變而成卦，八卦而小成也。引信至斷也。三才八卦之象，引而信之，故引信三才。八八六十四，故通爲六十四卦。觸長爻筴至三百八十四爻，故觸類而長之。陽生則趨于吉，陰殺則趨于凶，定之以吉凶，以斷天下之疑，故所以斷也。一消至業也。乾息爲吉，坤消爲凶，春夏生物，秋冬成物，故一消一息，萬物豐殖。消息盈虚，无所不備，故云富有之謂大業。此上虞義也。皐陶謨曰：有能典朕三禮。張衡云：三禮，天地人之禮也。鄭六藝論云：唐虞有三禮，至周分爲五禮。若然，唐虞止有三禮，无五禮之名。故鄭注堯典脩五禮云：公、侯、伯、子、男之禮。其吉、凶、賓、軍、嘉之禮，則始于周。唐虞三禮秩宗掌之，周之五禮大宗伯掌之，故云：唐虞秩宗，周代大宗伯掌天神、人鬼、地示之禮。其五禮之次，首吉禮，次凶禮，次賓禮，次軍禮，次嘉禮，故云：吉爲先，凶次之，賓、軍、嘉諸禮次第布之也。安上治民，莫善于禮，故謂之大業。蓋八卦定吉凶之後，備有六十四卦三百八十四爻之義。故上傳云：聖人有以見天下之動，而觀其會通，以行其等禮。繫辭以斷其吉凶，是故謂之爻。彼文行等禮，此言生大業，其義一也。法象至地也。成象之謂乾，爻法之謂坤，故云法象乾坤也。乾爲天，坤爲地，天有八卦之象，故仰觀象于天；地有八卦之形，故俯觀法于地。庖犧作八卦，先觀法象，故云法象莫大乎天地也。　變通至月令。　變通趨時，故配四時。荀氏謂：四時相變，終而復始。故莫大乎四時也。　唐虞建官，羲和掌天地，仲叔已下掌四時。四時之官分宅四方，謂之四岳，位在稷契之上，堯舜求禪、命官則咨之。周官六篇亦分天地四時；夏書甘誓乃召六卿；曲禮載殷之官制曰：天子建天官，先六大，次五官，次六府。六大司天，五官司地，六府主四時。故知唐虞三代建官，法天地四時也。順時行令，月令之事，行之明堂，故云其政詳于明堂月令。此承上吉凶生大業而言，故歷引唐虞三代之法以明之也。　謂日至事矣。　日月之晦朔弦望，有八卦象，故謂日月縣天，成八卦象。三日震象出庚，八日兑象見丁，十五日乾象盈甲，皆在暮也；十七日巽象退辛，二十三日艮象消丙，三十日坤象滅乙，皆在旦也；二十九日、三十日爲晦夕，一日爲朔旦，晝爲日中，故坎象盈戊，离象就己。戊己中央土，故象見于中。參同契所謂：晦朔之間，合符行中。此天地雜、保太和、日月戰、陰陽合德之時也。明兩作，日月相推而明生，故縣象著明莫大乎日月。此上虞義也。庖犧畫八卦以贊化育，其道在明堂月令，説卦言之詳矣。离爲明堂，故王者向明而治。周禮太宰云：正月之吉始和，布治于邦國，都鄙乃縣治象之法于象魏，使萬民觀治象，浹日而斂之，六官皆縣象，故云六官之象。先鄭司農云：象魏，闕也。坎月离日，二五正中，故重明麗正。成既濟定，天地位，萬物育，故化成天下。是縣象著明取義于日月，故云是其事矣。　乾正至大也。　五，乾也，故乾正位于五。五天位，坤爲富，故五貴坤富。以五之貴，據坤之富，以乾通坤，故莫大乎富貴。此上虞義也。中庸言雖有其德，苟无其位，不敢作禮樂者。乾元爲天德，乾五爲天位，有天德而居天位，所謂聖人在天子之位，然後可以制禮作樂。成既濟定，故富貴稱大。中庸言大德必得其位，必得其禄；荀子亦言仁之所亡無富貴，是直以富貴屬諸聖人，故云大也。

神農至人也。　此虞義也。庖犧始作八卦，神農、黄帝、堯、舜繼作，皆有既濟之功，故知聖人謂神農已下也。中古之世，未知興利遠害，不行禮義，故民多否閉。謂其象爲否，天地不交也。乾爲物，取乾之坤，故謂之備物；坤爲用，以坤之乾，故謂之致用。牛馬爲物，故乾爲物。耒耨，舟檝爲器，故坤爲器。益，否四之初，利用大作，故云耕稼之利。噬嗑，否五之初，日中爲市，故云市井之利。風俗通曰：謹案，古者二十畝爲一井，因爲市交易，故稱市井也。涣，否二之四，挎木爲舟，掞木爲檝，故云舟檝之利。隨，否上之初，服牛乘馬，故云牛馬之利。十二蓋取，謂自离已下凡十二也。耕稼、市井、舟檝、牛馬皆利天下之事，故云以利天下。神農已下聖人皆有制作，聖人作而萬物覩，天下之所利見，故莫大乎聖人。中庸所謂雖有其位，苟无其德，不敢作禮樂。聖人有其德，故稱大也。

探取至善也。此虞、荀義也。探，取。釋詁文。嘖，初，謂乾初也。索亦取也。初情未動，隱而未見，故探嘖索隱，則幽贊于神明而生蓍。乾爲神明，爲蓍，乾伏坤初，故幽贊于神明而生蓍。陽在初爲潛、爲淵，皆深也。初深，故曰鉤深。說文曰：鉤，曲也。陽曲，初致曲以取之，故曰鉤深也。乾爲遠，故致遠謂乾。乾陽生物，故乾生知吉；坤陰殺物，故坤殺知凶，是定天下之吉凶也。娓从尾，尾、微同物同音。王弼曰：娓娓，微妙之意。故云陰陽之微。管子曰：龞濁蹇，能存而不能亡者也。伏闇能存而能亡者，蓍龜與龍是也。存，故定天下之吉凶；亡，故成天下之娓娓。乾爲蓍者，蓍數百，乾爻三十六，三爻一百八，略其奇五，故乾爲百，數與蓍合，故乾爲蓍。乾五變之坤，成大有體离，离爲龜。月生震初，初尚微，故成天下之娓娓者。白虎通曰：聖人獨見，先睹必問蓍龜何？或曰：清微無端緒，非聖人所及，聖人亦疑之。尚書曰女則有疑，謂武王也。是成天下娓娓之事也。上皆言大，此獨稱善者，陰陽之微，即乾坤之元。元者善之長，故莫善乎蓍龜也。娓娓，鄭氏作亹亹，云猶没没也。凡天下之善惡及没没之衆事，皆成定之，言其廣大无不包也。訓亹亹爲没没者，釋詁曰：亹亹，蠠没，勉也。郭氏云：蠠没猶黽勉。尋黽勉古作密勿，詩黽勉從事，韓詩作密勿。密蠠、没勿古今字。亹、没同訓，故云亹亹猶没没也。

神物至正也。上云莫善乎蓍龜，故神物謂蓍龜。蓍龜能存能亡，故定吉凶，成娓娓，爲禍福正，爲萬物先。聖人則之，有盛德，有大業，知存知亡，而不失其正也。　春夏爲變，秋冬爲化，荀義也。乾鑿度云：八卦成列，天地之道立，雷風水火山澤之象定。其布散用事也，震生物于東方，巽散之于東南方，离長之于南方，坤養之于西南方，兑收之于西方，乾制之于西北方，坎藏之于北方，艮終始之于東北方，八卦之氣終，則四正四維之分明，生長收藏之道備。聖人法之，以立明堂。离在南方，故南面而聽天下。明堂月令：順時布令，所以效天地之變化。故云聖人效之也。　天有至之也。　天有八卦之象，謂納甲也。十五日乾象盈甲，陽息則吉也。三十日坤象喪乙，陰消則凶也。乾爲龍德，故爲德。坤爲虎刑，故爲刑。聖人在上，亦用刑德，故皋陶謨曰：天命有德，五服五章哉！天討有罪，五刑五用哉！是象天制作之事，故云聖人象之。論語曰：爲政以德，辟如北辰，居其所而衆星共之。是德象也。堯典曰：象以典刑。皋陶謨曰：方施象刑維明。周官大司寇：縣刑象之法于象魏。是刑象也。　天不至平也。　天不愛其道，地不愛其實，禮運文。鄭氏易注據春秋緯云「河以通乾出天苞」，是天不愛其道，故河出圖也。又云「洛以流坤吐地符」，是地不愛其實，故洛出書也。河圖洛書爲帝王受命之符，聖人則象天地以順人情，故體信以達順，而致太平，爲既濟定也。　覆述至示也。　此覆述大衍四象，而及吉凶，爲下聖人獲天人之助張本也。大衍之數象兩、象三、象四時、象閏，故謂大衍四象。四營而成一變，十有八變而成卦，故四象生八卦。卦者，掛也。掛示萬物者，乾鑿度文。縣掛物象以示于人，故云所以示也。四象，鄭氏謂七、八、九、六，義具上也。　繫彖至告也。　此虞義也。彖、象之辭，文王所作彖辭、象辭也。八卦以象告，下繫文。虞彼注云：在天成象，乾二五之坤，則八卦象成。兑口震言，故以象告也。　繫辭至疑也。　此虞義也。繫辭爲繫九六之辭，辨吉凶者存乎辭，故繫辭焉斷其吉凶。陽吉陰凶，故八卦定吉凶。易以斷天下之疑，故所以斷也。　大有至稱右。　此虞義也。大有上九爻辭。五體兑，兑爲口，說文曰：右，手口相助也。故曰口助稱右。　乾爲至爲順。

大有體乾，乾爲天，二五相應，故順謂二，五陰降二。大有與比旁通，故比坤爲順。乾爲人爲信。三于三才爲人道，故爲人。二陽升五，故信謂五。得正體乾，體信足以長人，故乾爲信。五履至尚賢。五正位體信，故履信。應在二，二爲順，故思乎順。三得正，故賢謂三。三體乾，故乾爲賢人。天子謂五，三爲三公，公用享于天子，上宗廟爻，故禮行于宗廟，尚賢之象。宗廟于天子爲明堂也。聖人至利也。聖人明于天之道，察于民之故，合天人者也，故獲天人之助。此結通篇之義。繫上、下凡三引大有上九爻辭，以見列聖用易皆獲天人之助，致既濟之功，是所謂易之道也。

子曰：「書不盡言，言不盡意。」**注**：謂書易之動，九六之變，不足以盡易之所言，言之不足以盡庖犧之意也。然則聖人之意，其不可見乎？**注**：設詞而問。子曰：「聖人立象以盡意，**注**：易道在天，三爻足矣，故以盡意。設卦以盡情僞，**注**：情，陽；僞，陰也。陳設六十四卦，而情僞盡在其中矣。繫辭焉以盡其言，**注**：觀象繫辭而明吉凶悔吝，故以盡其言也。變而通之以盡利，**注**：變三百八十四爻使相交通，以盡天下之利。鼓之舞之以盡神。」**注**：神，易也。陽息震爲鼓，陰消巽爲舞，故鼓之舞之以盡神。荀氏云：鼓者動也，舞者行也。謂三百八十四爻動行相反，其卦所以盡易之神。乾坤，其易之緼邪？**注**：緼，藏也。易麗乾藏坤，故爲易之緼。乾坤成列，而易立乎其中矣。**注**：乾息坤消，六位時成，故成列。坎月离日，居中央，王四方，故易立乎其中矣。乾坤毁，則无以見易。**注**：乾成則坤毁，謂四月也。坤成則乾毁，謂十月也。乾坤毁則无以見易，謂六日七分也。易不可見，則乾坤或幾乎息矣。**注**：幾，近；息，生也。謂中孚至復、咸至遘也。是故形而上者謂之道，形而下者謂之器。注：易説：「易无形畔，易變而爲一，一變而爲七，七變而爲九，九者氣變之究也。乃復變而爲一，一者形變之始。」清輕者上爲天，故形而上者謂之道；濁重者下爲地，故形而下者謂之器也。化而裁之謂之變，推而行之謂之通，舉而措之天下之民謂之事業。注：乾六爻二、四、上不正，坤六爻初、三、五不正，故化而裁之謂之變。唯變所適，故推而行之謂之通。通變之謂事。通其變，使民不倦。六爻皆正，成既濟定，故舉而措之天下之民謂之事業也。是故夫象，聖人有以見天下之嘖，而儗諸其形容，象其物宜，是故謂之象。聖人有以見天下之動，而觀其會通，以行其等禮，繫辭焉以斷其吉凶，是故謂之爻。極天下之嘖者存乎卦。鼓天下之動者存乎辭。注：言卦象極天下之深情，爻辭鼓天下之至動，覆述上以見聖人幽贊之功。化而裁之存乎變。推而行之存乎通。注：易窮則變，變則通，故存乎變、存乎通也。神而明之存乎其人。注：聖人幽贊于神明而生蓍，故神而明之存乎其人。荀氏謂：苟非其人，道不虚行也。默而成，不言而信，存乎德行。注：坤爲默，默而成，獨也。震爲言，乾爲信，不言而信，信在言前也。易簡之善配至德，乾爲德，震爲行，故存乎德行。九家謂：默而成，陰陽相處也。不言而信，陰陽相應也。德者有實，行者相應也。疏：謂書至意也。此虞義也。下傳云：易之爲書也。故知書爲書易，動謂爻也。書易所載，六爻之動，九六相變，不足以盡易之所言；即言之，亦不足以盡庖犧爲易之意也。設詞而問。設疑詞而問，欲明立象設卦可以盡聖人之言與意也。易道至盡意。易道在天，三爻足矣，虞義也。謂納甲之法，五六三十，十一而天地之數畢，故以盡意也。情陽至中矣。

情，陽；僞，陰。虞義也。襄十八年春秋傳曰左實右僞，情僞猶虚實也。陽實陰虚，故知情，陽；僞，陰也。設，陳也。陳設六十四卦，而易之情僞盡在其中，故以盡情僞也。　觀象至言也。　立象設卦皆庖犧時事；繫辭焉已下，乃文王也。庖犧立象設卦，文王觀六十四卦之象而繫之辭，吉凶悔吝无所不有，故盡其言也。　變三至之利。　此陸績義也。六十四卦卦有六爻，共三百八十四爻，變動使相交通，所謂六爻發揮，旁通情也。變通趣時，故盡利也。　神易至之神。　上傳云：易无思也，无爲也，寂然不動，感而遂通天下之故。非天下之至神，其孰能與于此。故謂神爲易也。揚子曰：鼓舞萬物者，其雷風乎！鼓，震也。舞，巽也。故知震爲鼓，巽爲舞。陽息震爲鼓，復時也；陰消巽爲舞，遘時也。故鼓之舞之以盡神，謂盡易之神也。此上虞義也。荀氏之義，以鼓舞爲反卦，三百八〔一〕十四爻動行相反，其卦如否反泰、觀反臨之類。王氏略例曰「卦有反對」是也。言卦及反對始盡易之神。　緼藏至之緼。　此虞義也。論語曰：韞匵而藏諸。馬融云：韞，藏也。韞與緼古今字耳，通作藴。方言曰：藴，包也。包、藏同義。易謂坎、离，离麗乾，坎藏坤，爲乾坤二用，故爲易之緼。　乾息至中矣。　復、臨、泰、大壯、夬、乾陽息之卦，遘、遯、否、觀、剥、坤陰消之卦。復已上乾之六位，遘已上坤之六位，列貴賤者存乎位，故成列也。消息无坎、离，坎爲月，晦夕朔旦，坎象流戊；日中則离，离象就己。戊己土位，象見于中，故居中央。參同契曰：土王四季，羅絡始終。青赤黑白，各居一方。皆禀中宫，戊己之功。故王四方也。　乾成至分也。　乾坤无毁道。釋詁曰：虧，壞毁也。天道虧盈，故言毁，謂消息也。陽息陰，故乾成則坤毁。乾成于巳，故謂四月。陰消陽，故坤成則乾毁。坤成于亥，故謂十月。坎离爲乾坤二用，四月无坤，十月无乾，乾坤毁，故无以見易。六日七分，謂中孚、咸也。　幾近至遘也。　幾，近。

〔一〕「八」原誤作「六」，據上注文所引荀氏文改。

釋詁文。乾息坤消而皆謂之息者，息，生也，陽生于子，陰生于午，故皆云生也；中孚至復則陽生，咸至遘則陰生，故近乎息矣。

易説至器也。　此承上乾坤近乎息而言。易説：易无形畔，易變而爲一，一變而爲七，七變而爲九，九者氣變之究也；乃復變而爲一，一者形變之始者，皆乾鑿度文。易无形畔者，謂太易也。易變而爲一者，謂太初也。一變而爲七者，七主南方，謂太始也。七變而爲九者，九主西方，謂太素也。九者氣變之究也者，鄭氏謂：西方陽氣所終究之始也。乃復變而爲一者，鄭氏謂：此一則元氣形見而未分者。一者形變之始者，即乾之初也。清輕者上爲天，濁重者下爲地，亦乾鑿度文。乾息至二，剛升坤五，故清輕者上爲天。乾爲道，故形而上者謂之道。坤消至五，則降乾二，故濁重者下爲地。坤爲器，故形而下者謂之器也。

乾六至業也。　乾六爻三、四、上不正，坤六爻初、三、五不正，虞義也。變之正，故化而裁之謂之變。陽變陰化，變化互言也。唯變所適，下繫文。適，之也。謂乾之坤，坤之乾也。乾坤氣通，故推而行之謂之通。事業皆從通變而出，故通變之謂事。化裁推行，六爻皆正，君臣上下，内外各得其位，成既濟定，舉而措之天下之民，民安物阜，故謂之事業也。

言卦至之功。　賾，情之未動者也。在初爲深，故曰深情。聖人見其賾，而擬諸其形容，象其物宜，而情始見，故咸、恒、萃諸彖傳云：觀其所感、所恒、所聚，而天地萬物之情可見矣。大壯傳云：正大而天地之情可見矣。是卦象極天下之深情也。吉凶悔吝者生乎動，三百八十四爻吉凶悔吝之辭，皆所謂鼓天下之至動也。上言不可亞、不可治，此言極之、鼓之，是以言盡爲易之意也。下傳神而明之，是聖人幽贊之事，覆述以起下也。

易窮至通也。　此亦覆述上傳，而歸功于其人。易窮則變，變則通，亦是黄帝、堯、舜通變之事也。

聖人至行也。　幽贊于神明而生蓍，聖人作易之本也。管子曰：獨則明，明則神。由明而神，賢人之學，反之者也；神而明之，聖人之德，性之者也。其人謂聖人也。荀氏謂：苟非其人，道不虚行。謂待其人而後行也。

坤爲至應也。　乾伏坤初，故坤爲默。不誠則不能獨成天下之娓娓者，故云：默而成，獨也。

乾初震也，故震爲言。乾爲信而伏坤初，故不言而信。中庸曰：故君子不動而敬，不言而信。詩曰：奏假無言，時靡有争。信在言前，故不言而人信之。陰陽之微，乾坤之元，即易簡也，在人爲至德，故易簡之善配至德，存乎德行。有至德以凝至道，易之所以重三才也。九家謂默而成，陰陽相處也者，謂姤時復時也。不言而信，陰陽相應也者，謂初應四，二應五，三應上也。陰陽相處是德也，陰陽相應是行也，故云：德者有實，行者相應也。

周易述卷十七

繫辭下傳

八卦成列，象在其中矣。**注：**象謂三才成八卦之象。乾、坤列東，艮、兑列南，震、巽列西，坎、离在中，故八卦成列，則象在其中矣。「天垂象，見吉凶，聖人象之」是也。因而重之，爻在其中矣。**注：**謂參重三才爲六爻，發揮剛柔，則爻在其中。六畫稱爻，六爻之動，三極之道也。剛柔相推，變在其中矣。**注：**謂十二消息，九六相變。剛柔相推，而生變化，故變在其中矣。繫辭焉而明之，動在其中矣。**注：**謂繫彖象九六之辭而明其情，故動在其中。鼓天下之動者，存乎辭也。明或作命，謂命吉凶。吉凶悔吝者，生乎動者也。**注：**動謂爻也。爻也者，效天下之動者也。爻象動内，吉凶見外。吉凶生而悔吝著，故生乎動者也。剛柔者，立本者也。**注：**乾剛坤柔，爲六子父母，乾天稱父，坤地稱母。本天親上，本地親下，故立本者也。變通者，趣時者也。**注：**變通配四時，故趣時者也。吉凶者，貞勝者也。**注：**貞，正也。勝讀爲稱。稱，好也。陽吉陰凶，爲禍福正，故吉凶者，貞稱者也。天地之道，貞觀者也。**注：**天地謂二五。二五中正，以觀天下，故天地之道，貞觀者也。日月之道，貞明者也。**注：**日月謂坎、离。未濟當晦，既濟當望，日月雙明，故日月之道，貞明者也。**天下之動，貞夫一者也。****注：**一謂乾元。爻之動，一則正，兩則惑，故天下之動，貞夫一者也。**夫乾隺**〔一〕**然示人易矣。****注：**陽在初弗用，隺然无爲，潛龍時也。不易世，不成名，故示人易者也。**夫坤退然示人簡矣。****注：**陰動而退，故曰退然。簡，閱也。坤以簡能，閱内萬物，故示人簡者也。**爻也者，效此者也。象也者，象此者也。****注：**此謂易簡。易簡，一也。天下之動，貞夫一，故效此者也。三才合于一元，故象此者也。**爻象動乎内，吉凶見乎外，****注：**内，初；外，上也。陽象動内，則吉見外；陰爻動内，則凶見外也。**功業見乎變。****注：**吉凶生大業，故功業見乎變。變謂所動之一爻。**聖人之情見乎辭。****注：**乾爲聖人。爻象以情言，辭以覩乎情，故聖人之情見乎辭。**天地之大德曰生。****注：**天地爻也。乾天稱父，坤地稱母，乾爲大德、爲生。天降感而生聖人，故天地之大德曰生。**聖人之大保曰位。****注：**福德爻也，亦曰寶爻。淮南王説：「母生子曰保。」乾爲聖人，陽稱大，乾爲金、爲玉，故爲大保。位謂乾五。**何以守位曰仁。****注：**專爻也。震爲守，乾爲仁。專爻助福德者，故曰守位。**何以聚人曰財。****注：**財爻也。與人同制之爻，故以聚人。坤爲聚、爲財，乾爲人，故聚人曰財。**理財正辭，禁民爲非曰義。****注：**繫爻也。坤爲理財，乾爲正辭，坤爲民、爲義。坤陰爲非，以乾制坤，故禁民爲非曰義。繫爻財所生者，靈寶經説：「下克上曰伐。」猶民爲非，當禁之，禁之者保爻。聖人在上位，詰奸慝，刑暴亂是也。天地、福德，父子也。專爻，兄弟也。財爻，夫婦。保、繫二

〔一〕「隺」，皇清經解本作「確」。

爻，君臣也。是爲六戚，家人一卦義備矣。**疏**：象謂至是也。此虞義也。在天成象，聖人則天之象，分爲三才，觀變于陰陽而立卦，故謂三才成八卦之象。甲乙在東，故乾、坤列東。丙丁在南，故艮、兑列南。庚辛在西，故震、巽列西。戊己居中，故坎、离在中。此八卦之象，故云八卦成列，象在其中矣。謂參至道也。此虞義也。分天象爲三才，以地兩之爲六畫，故云參重三才爲六爻。參重即參兩也。立地之道曰柔與剛。發，動；揮，變。變剛生柔爻，變柔生剛爻，故發揮剛柔，則爻在其中。以三爲六，故六畫稱爻。六畫乃兼三才而兩之者，故云六爻之動，三極之道也。謂十至中矣。此虞義也。乾、坤各六爻，乾息坤消，故謂十二消息，九六相變。一往一來曰推，剛推柔生變，柔推剛生化，故剛柔相推而生變化，言爻之變在其中矣。謂繫至吉凶。此虞義也。謂文王繫六十四卦三百八十四爻之辭。爻象以情言，因其動而明其情，故動在其中矣。陽息震爲鼓，故鼓天下之動者，存乎辭也。明或作命者，謂今本有作命者。命吉凶，周書召誥文。下云「吉凶悔吝生乎動」，故以命之也。動謂至者也。此虞義也。道有變動故曰爻，故動謂爻也。動，發也。兩三才爲六畫，則發揮剛柔而生爻。故爻也者，效天下之動者也。爻象動内，吉凶見外。吉凶由動而生，悔吝由動而著，故吉凶生而悔吝著也。乾剛至者也。此虞義也。乾陽金堅，故剛；坤陰和順，故柔。六子索于乾、坤而得者，故爲六子父母。乾天稱父，坤地稱母，約説卦文。震、坎、艮皆出乎乾，而與乾親，故曰本天親上。巽、离、兑皆出乎坤，而與坤親，故曰本地親下。天尊故上，地卑故下。此亦約文言而言乾坤立六子之本，故立本者也。變通至者也。此虞義也。謂泰、大壯、夬配春，乾、遘、遯配夏，否、觀、剥配秋，坤、復、臨配冬。十二消息相變通，而周於四時，故趣時者也。貞正至者也。貞，正。師彖傳文。勝讀爲稱，姚信義也。古勝與稱通。攷工記曰：角不勝幹，幹不勝筋，謂之不參。注云：故書勝或作稱。晉語曰：中不勝貌。韋昭云：勝當爲稱。是古文通也。稱，好也。釋言文。陽吉陰凶，道之常也。管子論蓍龜曰：爲萬物先，爲禍福正。吉凶以貞爲稱，故貞稱者也。孟子曰：莫非命也，順受其正。曾子曰：吾得正而斃焉，斯已矣。知進退存亡而不失其正，是貞稱之義也。　天地至者也。　乾五爲天，坤二爲地，故天地謂二五。二五得正得中，故中正以觀天下，是貞觀之義也。

日月至者也。　坎月离日，故日月謂坎离。未濟月晦，虞義也。未濟主月晦，則既濟主月望也。故荀氏曰：离爲日，日中之時，正當离位，然後明也。月者坎也，坎正位衝离。衝謂十五日月當日衝，正值坎位，亦大圓明。故曰：日月之道，貞明者也。參同契曰：十五乾體就，盛滿甲東方。蟾蜍與月兔，日月氣雙明。是貞明之義也。　一謂至者也。

一謂乾元，虞義也。繫下曰：天地壹壷，萬物化醇。男女覯精，萬物化生。言致一也。故爻之發動所之之卦，一則正，兩則惑。京氏筮法一爻變者爲九六，二爻以上變者爲八。故晉語重耳得貞屯悔豫皆八，乃三爻變，不稱屯之豫而稱八；左傳穆姜遇艮之八，乃五爻變，不稱艮之隨而稱八，皆是貞夫一之義也。又左傳莊廿二年遇觀之否，閔元年、昭七年遇屯之比，又閔二年遇大有之乾，僖十五年遇歸妹之睽，廿五年遇大有之睽，襄廿五年遇困之大過，昭五年遇明夷之謙，十二年遇坤之比，凡九占，皆一爻變。其蔡墨所稱乾之遘等，乃隨舉各爻之辭，猶言初九、初六之類，非謂乾變遘，學者當共審也。　陽在至者也。　此虞義也。乾初九潛龍勿用，故在初弗用。文言曰：隺乎其不可拔，潛龍也。故曰：隺然无爲，潛龍時也。　坤亂于上，故不易世。行而未成，故不成名。是示人易者也。　陰動至者也。

退，馬氏作隤，陸、董、姚作妥。音相近，故有異同。孟喜作退，今從之。陰動而退，乾鑿度文。陰體卑柔，故動而退。　退然之象，臣道也。簡，閱也以下，虞義也。簡，閱也。廣雅文。桓六年春秋傳曰：大閱簡車馬也。簡、閱同義，故云：簡，閱也。坤以藏之，故閱藏萬物，示人簡者也。　此謂至者也。　此陳易簡而及爻象，故知效此象，此爲易簡也。易簡即乾坤之元，故云一也。爻之動，貞夫一，故云效此者也。　聖人則天之象，分爲三才八卦是也。太極元氣，函三爲一。三才合于一元，故云象此者也。　內初至外也。　此虞義也。內謂初爻，外謂上爻。其初難知，其上易知。陽爲吉，故陽象動内，則吉見外；陰爲凶，故陰象動内，則凶見外也。吉凶至一爻。上言吉凶，此言功業，是吉凶生大業。荀氏謂「陰陽相變，功業乃成」是也。天下之動，貞夫一，動亦變也，故變謂所動之一爻。乾爲至乎辭。乾爲聖人，虞義也。乾六爻發揮變動，旁通于坤，坤來入乾，以成六十四卦。全體爲象，析體爲爻。乾坤旁通而天地之情可見，故爻象以情言，辭以睹乎情。太玄文：辭也者，各指其所之。故情見乎辭也。天地至是也。此章皆言爻之變動，是節兼言爻物。下傳云：道有變動，故曰爻。爻有等，故曰物。干氏謂：六親、九族、福德、衆形、萬象皆來發于爻，故曰物。京房易積筭法曰：孔子曰：八卦鬼爲繫爻，財爲制爻，天地爲義爻，福德爲寶爻，同氣爲專爻。陸績注云：天地即父母也。故云：乾天稱父，坤地稱母。天帝在太微之中，降感以生聖人。商詩玄鳥曰：天命玄鳥，降而生商。周詩生民曰：履帝武敏歆。是其事也。天感生聖人，而兼言地者，聖人謂乾五，有君而爲之，貳則坤二是也。詩崧高云：維岳降神，生甫及申。故兼言地也。聖人之大保曰位，福德爲寶爻。保與寶通。抱朴子引靈寶經曰：支干上生下曰寶，甲午乙巳是也。淮南王說者，在天文篇。若然，天地所生當是專爻，而云福德者，八純宗廟爲太祖，天之感生，猶商之契、周之后稷，故以福德爲乾五，專爻爲助福德守位者也。淮南天文云：子母相得曰專。靈寶經曰：上下同日，故曰專爻。震守器，故曰守。乾五爲仁，兄弟同氣，助福德而守位者，故云守位曰仁也。八卦財爲制爻，淮南天文曰：母勝子曰制。如火爲水妃之類是也。與兄弟同制之爻，故以聚人也。淮南天文曰：子勝母曰困。鬼爲繫爻，鬼者鬼吏也，繫即困也。坤爲理，爲財，故爲理財。繫下曰：初帥其辭，而揆其方。虞彼注云：帥，正也，謂修辭立誠。方謂坤也。以乾通坤，故初帥其辭，而揆其方。亦是乾正坤之義，故曰乾爲正辭。乾謂五也。坤積惡，故坤陰爲非。繫下云辨是與非，虞彼注云非謂陰是也。承上財爻而言，故云：繫爻財所生者，靈寶經曰「下克上曰伐」是也。靈寶經者，葛洪所據先秦之書也。伐亦作罰，故趙曄吳越春秋范蠡據玉門第一篇謂戊寅爲罰日也。下之克上，猶民犯上爲非，爲上者當治財而正上下之辭，而禁其非。聖人在大保之位，故曰禁之者保爻，謂福德能制鬼吏也。詰姦慝，刑暴亂，周禮大司寇文。以義正民，故曰義也。天地至備矣。一卦備有六戚，謂父子、兄弟、夫婦、君臣也。天地父母爻，福德子爻，故云：天地、福德，父子也。同氣爲兄弟，故云：專爻，兄弟也。五行以受制者爲其妃，故云：財爻，夫婦。福德爲君，鬼爻爲吏，故云：保、繫二爻，君臣也。卦家合是四者爲六戚，即六親也。序卦曰：有天地然後有萬物，有萬物然後有男女，有男女然後有夫婦，有夫婦然後有父子，有父子然後有君臣。家人一卦，遂乾爲父，艮爲子，是父子也；三動震爲兄，艮爲弟，是兄弟也；震爲夫，巽爲婦，是夫婦也。故彖傳曰：家人有嚴君焉，父母之謂也。是君臣也。又曰：父父子子，兄兄弟弟，夫夫婦婦，而家道正，正家而天下定矣。但父子、兄弟、夫婦、君臣各得其正，所謂既濟定也。此一卦所以取義于六戚，具于家人卦中，故云家人一卦義備矣。

古者庖犧氏之王天下也，注：庖犧，古文作伏戲。伏，服也；戲，化也。伏戲畫八卦，以治天下，天下服而化之，故稱伏戲。伏戲太昊氏，以木德王天下，位乎乾五。五動見离，离南方卦，南面而聽天下，嚮明而治也。**仰則觀象于天，注：**天有八卦之象。**俯則觀法于地，注：**地有八卦之形。**觀鳥獸之文，注：**謂朱鳥、白虎、蒼龍、玄武，四方二十八宿，經緯之文。**與地之宜，注：**謂四方四維，八卦之位；山澤高卑，五土之宜。**近取諸身，注：**坤爲近、爲身，故近取諸身。**遠取諸物，注：**乾爲遠、爲物，故遠取諸物。**於是始作八卦，以通神明之德，注：**幽贊于神明而生蓍，演之爲數，三才五行備焉。顯道神德行，可與酬酢，可與右神，故以通神明之德。**以類萬物之情。注：**六十四卦凡萬有一千五百二十策，策類一物，故以類萬物之情。**疏：**庖犧至治也。此孟、京、虞義也。庖犧，孟、京作伏戲。許慎以易孟氏爲古文，故知古文作伏戲。伏讀爲服，戲讀爲化，古訓音與義並舉，故云：伏，服也；戲，化也。伏戲爲太昊有天下之號。伏戲畫八卦以治天下，始于幽贊，終于贊化育，故天下伏而化之。説卦曰帝出乎震，故知太昊氏以木德王天下。虞氏謂文王書經，系庖犧于乾五，故位乎乾五。昭廿九年蔡墨稱周易曰：在乾之大有，曰飛龍在天。大有體离，説卦曰相見乎离，故五動見离。离南方卦，南面而朝諸侯，天子當陽，諸侯用命，故南面而聽天下，嚮明而治也。其後神農因之，遂立明堂爲歷世治天下之大法也。天有至之情。此虞、陸績、九家等義也。在天成象，故天有八卦之象，謂震象出庚、兑象見丁之類是也。在地成形，故地有八卦之形，謂震竹、巽木之類是也。法象莫大乎天地，故天稱象，地稱法也。南方朱鳥，西方白虎，東方蒼龍，北方玄武，每方七宿，分主春秋冬夏，故四方二十八宿。五星爲緯，二十八宿爲經，故云經緯之文。坎、离、震、兑爲四方，乾、坤、艮、巽爲四維，故云八卦之位。山林川澤爲山澤，丘陵墳衍原隰爲高卑。周禮大司徒以土會之法辨五地之物生，故云五土之宜也。法言曰近如地，故坤爲近。坤爲自、爲我、爲躬，釋詁曰：身，我也。又曰：躬，身也。故坤爲身。虞注嗛象傳曰天道遠，故乾爲遠。乾純粹精，精氣爲物，故爲物。上陳天地，此言人物，乃三才也。觀鳥獸之文與地之宜，乃五行也。合三才五行而大衍之數備矣，故於是始作八卦也。伏戲用蓍而作八卦，蓍者聖人幽贊于神明而生，伏戲演其數爲五十。太極者，道也。分爲兩儀，故顯道。德行者，人也。列爲三才，故神德行。酬酢，往來也。變而爲四時，故可與酬酢。作八卦以助天神變化，故可與右神。是通神明之德之事也。二篇之筴當萬物之數。九家易曰：聖人有以見天下之册，而擬諸其形容，象其物宜。册古文筴，故云筴類一物也。**作結繩而爲罟**[一]**，以田以魚，蓋取諸离。**注：罟讀爲网古。离爲目，巽爲繩。目之重者唯古，故結繩爲网古。坤二五之乾成离，巽爲

［一］「罟」，通行本周易作「罔罟」。

魚，坤二稱田，以古取獸曰田，取魚曰魚，故取諸离。**疏**：此以下十二蓋取，皆制器尚象之事。上傳云：備物致用，立成器以爲天下利，莫大乎聖人。聖人謂庖犧以下也。罟讀爲网古者，古文二字併，故誤也。鍾鼎文皆然。离爲目以下，虞義也。説文曰：罟，网也。罟多目，故云目之重者唯罟。田讀爲畋，魚讀爲漁。故以罟取獸曰田，取魚曰魚。

庖犧氏没，神農氏作，**注**：没，終。作，造也。神農以火德王，火生土，故知土則利民播種，號神農氏也。斲木爲耜，揉木爲耒，耒耨之利，以教天下。蓋取諸益。**注**：否四之初也。巽爲木、爲入，艮爲手，乾爲金，手持金以入木，故斲木爲耜。耜止所踰，因名曰耜。艮爲小木，手以橈之，故揉木爲耒。耒耜，耔器也。巽爲號令，乾爲天，故以教天下。坤爲田，巽爲股進退，震足動耜，艮手持耒，進退田中，耕之象也。益萬物者莫若雷風，故法風雷而作耒耜。**疏**：没終至氏也。此虞義也。没本作歾。説文曰：歾，終也。經傳通用没，大學曰「没世而不妄」是也。作，造。釋言文。樂記曰：作者之謂聖。文言曰：聖人作而萬物覩。皆謂造作。後人不識古訓，改作爲起，妄易虞義，今不從也。否四至耒耜。此虞義也。案，益卦虞彼注云否上之初，此云四之初，誤也。卦互艮，乾謂否乾也。攷工匠人曰：耜廣五寸，二耜爲耦。一耦之伐，廣尺深尺。鄭彼注云：古者耜一金，兩人併發之。京氏曰：耜，耒下耓三倉曰耒頭鐵也。若然，耜爲耒金，金廣五寸，耒面謂之庇。鄭氏讀棘刺之刺，刺，耒下前曲接耜者。説文耜从木，故斲木爲耜。庇隨耜入地。攷工車人云：車人爲耒庇，長尺有一寸，自其庇緣，其外以至于首以弦，其内六尺有六寸，與步相中。步六尺，耒與步相中，亦六尺。故云：耜止所踰，因名曰耜。耒有直者，有句者。中地之耒倨句磬折，皆須揉木爲之，艮爲小木，手以橈之，故揉木爲耒。耔與芓同。詩大田曰：或芸或芓。班固謂：芓附根，每耨輒附根，皆用耒耜爲之。故云：耒耜，耔器也。上之初，利用爲大作。虞彼注云：大作謂耕播。故耒耨之利，取諸此也。震雷巽風，損上益下，民説无疆。故云：益萬物者莫若雷風，法風雷而作耒耜也。日中爲市，致天下之民，聚天下之貨，交易而退，各得其所。蓋取諸噬嗑。**注**：否五之初也。离象正上，故稱日中。否巽近市，故爲市。艮爲徑路，震爲足，又爲大塗，否乾爲天，坤爲民，故致天下之民。坎水艮山，羣珍所出，坤爲聚、爲化，故聚天下之貨。震爲交，乾爲易，否巽爲退，故交易而退，各得其所。噬嗑，食也。市井交易，飲食之道，故取諸此也。**疏**：此虞氏、翟玄義也。离爲日居五，故离象正上，日之中也。日有三時，朝市于東，陌市于中，夕市于西，舉日中以見朝夕也。巽近利市三倍，故爲市。中庸曰：今夫山，及其廣大，寶藏興焉。今夫水，及其不測，貨財殖焉。故云坎水艮山，羣珍所出。坤西南方，以類聚，故爲聚。坤化成物，故爲化。古貨字止作化，書皋陶謨曰「懋遷有無化居」是也。鄭注儀禮云：天地所化生，取積而能化之義。震初交坤〔二〕，故爲交。乾易知，故爲易。巽爲進退，故爲退。噬嗑，頤中有物，故爲食也。尋耕市皆始于神農，故許行〔三〕爲神農之言，有並耕一價之説，如楊朱之託于黄帝，墨子之託于禹，皆他技也。神農氏没，黄帝、堯、舜氏作，通其變，使民不倦：**注**：乾爲變，坤爲民。聖人南面而治天下，改正朔，易服色，與民變革，故通其變，使民不倦。神而化之，使民宜之。**注**：神謂乾，化謂坤。乾動之坤，化成萬物，以利天下。坤爲民，故使民宜之。詩曰：「宜民宜人，受禄于天。」易，窮則變，變則通，通則久。是以「自天右之，吉无不利」。**注**：化而裁之存乎變，故窮則變。推而行之存乎通，

〔二〕「坤」，原作「神」，據皇清經解本改。
〔三〕「行」，皇清經解本作「由」。

故變則通。與天終始則可久，故通則久。王者通三統、立三正，若循連環，周則復始，窮則反本，是其義也。黄帝、堯、舜亦位乾五，五動之大有，故自天右之，吉无不利。黄帝、堯、舜垂衣裳而天下治，蓋取諸乾坤。**注**：乾爲衣，坤爲裳，取乾坤用九、用六之義，以治天下，而君臣上下各得其正，故天下治。世本作曰：「黄帝臣伯余作衣裳。」蓋法始于伏戲而成于堯、舜。舜曰：「予欲觀古人之象，日月、星辰、山、龍、華、蟲，作會；宗彝、藻火、粉米、黼、黻、絺，繡。以五采章施于五色，作服，女明。」衣用會，裳用繡。凡十二章是取象乾坤之事。易者，象也。古人之象，謂易象也。春秋傳曰：見易象。**疏**：乾爲至不倦。乾變坤化，故乾爲變。聖人南面而治天下，改正朔，易服色，與民變革者，禮記大傳文。漢書元朔元年詔曰：朕聞天地不變，不成施化；陰陽不變，物不暢茂。引此傳通其變，使民不倦爲證，是其義也。神謂至於天。此虞義也。化而至不利。與天終始則可久，此陸績義也。王者通三統、立三正，若循連環，周則復始，窮則反本者，書傳略説文。黄帝、堯、舜繼伏羲、神農有天下者，故亦位乾五。五動之坤成大有，有天地日月之象，古之聰明睿知神武反復而不衰者，故自天右之，吉无不利也。乾爲至易象。乾爲衣，坤爲裳，九家説卦文。文言傳曰：乾元用九，天下治也。乾用九坤用六，成兩既濟，故君臣上下各得其正，而天下治也。世本十五篇，其一曰作篇，言制作之事。彼文云：伯余作衣裳。宋衷注云：黄帝臣也。揚子法言曰：法始于伏羲而成于堯。黄帝作衣裳，衣裳之制，取諸乾坤，故云法始于伏羲而成于堯、舜。堯、舜之治天下與伏羲同，禹、湯、文、武皆然，故荀子曰：文、武之道，同伏羲也。舜曰已下至女明，尚書臯陶謨文。鄭彼注云：會讀爲繪。宗彝，宗廟之鬱。鬯，尊也。虞夏以上蓋取虎彝、蜼彝而已。粉米，白米也。絺讀爲黹。黹，紩也。凡畫者爲繪，刺者爲繡。此繡與繪各六。衣用繪，裳用繡。性曰采，施曰色。此十二章爲五服，天子備有焉，以飾祭服。乾爲衣，坤爲裳。乾坤各六畫，繡與繪亦各六；乾坤十二爻，衣裳亦十二章。是取象乾坤之事。八卦成列，象在其中，故曰：易者，象也。

謂今之易，古之象也。伏羲作八卦，而名象，故五帝之書皆蒙象名。堯典：歷象日月星辰。此歷書也。又曰：象以典刑。臯陶謨曰：方施象刑。惟明此刑書也。古人之象，此易書也。聖人因天，故治天下之書皆名象。周禮六官稱六象縣于象魏，故哀三年春秋傳曰：命藏象魏，曰舊章不可亡也。是古名書爲象之事。春秋傳曰見易象，昭二年傳文。引之以驗彼時猶襲古名，稱爲易象也。

挎木爲舟，掞木爲楫，舟楫之利，以濟不通，致遠以利天下。蓋取諸渙。

注：否四之二也。木在水上乘風，舟楫之象。挎，判也。掞，鋭也。巽爲長木，艮爲手，乾爲金，艮手持金，故挎木爲舟，掞木爲楫也。否時天地不通，四之二，坎爲通，故以濟不通。乾爲遠爲利，故致遠以利天下。蓋取諸渙也。

疏：此虞、九家義也。虞氏謂：神農、黄帝、堯、舜之時，民多否閉，故聖人有作。取乾之坤，以坤之乾，備物致用，立成器以爲天下利也。渙自否來，九四之二體巽坎。巽爲木、爲風，坎爲水，木在水上乘風，舟楫之象也。挎，判。說文文。掞，鋭。字林文。艮，互艮；乾，否乾也。否時天地閉，故不通。四之二成坎，坎爲通，故以濟不通也。

犕牛乘馬，引重致遠，以利天下。蓋取諸隨。

注：否上之初也。否乾爲馬、爲遠，坤爲牛、爲重，坤初之上爲引重，乾上之初爲致遠。巽爲繩，繩束縛物，在牛背上，故服牛。艮爲背，巽爲股，在馬上，故乘馬。出否之隨，引重致遠，以利天下，故取諸隨。

疏：此虞義也。犕，古服字。孟喜作犕，今從之。春秋僖廿四年傳王使伯服，史記作伯犕。後漢書皇甫嵩傳：董卓謂嵩曰：義真犕未乎？義作服，字亦作備。史記趙世家：武靈王云騎射之備，戰國策備作服。特牲饋食禮云：備荅拜焉。鄭彼注云：古備爲復。說文：絥，車絥也。或作鞴。古音通也。否上九之坤初爲隨，艮、巽皆據互體，否上之初，故云出否之隨也。

重門擊欜，以待虣客，蓋取諸豫。

注：復四之初也。下有艮象，從外示之，震復爲艮，兩艮對合，重門之象也。艮爲手，震爲木。初，巽爻也；應在四，

皆木也。手持二木以相敲，是爲擊柝。擊柝爲守備警戒也。四體坎，坎爲盜。五离爻，爲甲胄戈兵。盜持兵，是暴客也。震爲足，爲行，坤爲夜，手持柝木，夜行之象。其卦爲豫，備豫不虞，故取諸豫也。疏：此虞、鄭、九家義也。復六四之初爲豫。豫互艮，外體震，震反艮也。故云：從外示之，震復爲艮。示，古視字也。艮爲門闕，故云：兩艮對合，重門之象。荀氏解中孚曰：兩巽對合，外實中虛。九家主荀，此説當出于荀氏耳。上古明堂之法，外户而不閉，盜竊亂賊不作。今有重門者，豈黄帝、堯、舜之時大道有時而隱乎？虞注上繫云：坎爲暴，坎盜持兵，是暴客也。

斷木爲杵，闕地爲臼，臼杵之利，萬民以濟。蓋取諸小過。注：晉上之三也。艮爲小木，上來之三斷艮，故斷木爲杵。坤爲地，艮手持木，以闕坤三，故闕地爲臼。艮止於下，臼之象也。震動而上，杵之象也。震出巽入，艮手持杵，出入臼中，春之象也。坤爲萬民，故萬民以濟。蓋取諸小過也。本无乾象，故不言以利天下。疏：此虞義也。艮爲小，其于木也爲堅多節，故爲小木。晉三體艮，上之三斷艮木，故爲杵。世本曰：雍父作杵臼。宋衷云：黄帝臣。古者闕地，故云：艮手持木，以闕坤三。後世始穿木石爲之也。乾爲天下，爲利，小過无乾象，故不云以利天下也。

弦木爲弧，掞木爲矢，弧矢之利，以威天下。蓋取諸睽。注：无妄五之二也。巽爲繩爲木，坎爲弧，离爲矢，故弦木爲弧。乾爲金，艮爲小木，五之二，以金掞艮，故掞木爲矢。乾爲威，五之二，故以威天下。弓發矢應而坎雨集，故取諸睽也。疏：此虞義也。无妄六二之乾五爲睽。坎爲弓，故爲弧。説文曰：弧，木工也。故弦木爲弧。坎爲雨，矢集如雨，故坎雨集也。

上古穴居而野處，後世聖人易之以宫室，上棟下宇，以待風雨。蓋取諸大壯。注：无妄兩象易也。无妄乾在上，故稱上古。艮爲穴居，乾爲野，巽爲處，无妄乾人在路，故穴居野處。震爲後世，乾爲聖人，後世聖人謂黄帝也。艮爲宫室，變成大壯，乾人入宫，故易以宮室。艮爲待，巽爲風，兑爲雨，乾爲高，巽爲長木，反在上爲棟，震雷動起爲上棟。宇謂屋邊也。兑澤動下爲下宇。无妄之大壯，巽風不見，兑雨隔震，與乾絶體，故上棟下宇，以待風雨，蓋取諸大壯者也。**疏**：此虞義也。傳先言上古，下言易之，故取兩象易之例。謂一卦上下兩象易也。无妄與大壯兩象易，故云无妄兩象易也。无妄外乾，乾爲上，爲古，故稱上古。乾稱古者，乾爲天，周書周祝曰：天爲古。古文尚書堯典曰：粤若稽古帝堯。鄭彼注云：稽，同也。古，天也。言能順天而行，與之同功。詩商頌玄鳥曰：古帝命武湯。鄭箋云：古帝，天也。故知乾爲古也。艮山爲穴，艮又爲居，故爲穴居。乾位西北，故爲野。巽陽藏室，故爲處。无妄乾爲行人，故云乾人在路。震長子繼世，故爲後，爲世。乾五爲聖人。取諸乾坤以下凡有九事，案皇甫謐帝王世紀載此九事，皆爲黄帝之功，故後世聖人謂黄帝也。艮爲山，山有圍繞之象。爾雅釋山曰：大山宫，小山霍。故艮爲宫。爾雅釋宫曰：宫謂之室，室謂之宫。故宫室連言也。无妄體艮，變成大壯，乾體在下，是乾人入宫之象，故易以宫室。艮止故爲待，兑澤爲雨。崇效天，故乾爲高。巽爲長木，大壯外象震，震反巽也，故反在上。雜卦曰：震，起也。无妄震陽在下，動起成大壯，故上棟。宇，屋邊也。説文文。倉頡篇曰：邊也。大壯體兑，兑澤動下，故下宇。无妄體巽，變之大壯，故巽風不見。大壯五互兑，四體震，乾別體在下，故兑雨隔震，與乾絶體也。

古之葬者，厚衣之以薪，葬之中野，不封不樹，喪期无數。後世聖人易之以棺椁。蓋取諸大過。**注**：中孚上下象易也。本无乾象，故不言上古。大過乾在中，故但言古者。巽爲薪，艮爲厚，乾爲衣、爲野，乾象在中，故厚衣之以薪，葬之中野。穿土稱封，封古窆字也。聚土爲樹。中孚无坤、坎象，故不封不樹。坤爲喪。期謂從斬衰至緦麻日月之期數。无坎离日月坤象，故喪期无數。无妄之大過，初在巽體，巽爲木，上六位在巳，巳當巽位，巽又爲木，二木夾四陽，四陽互體爲二乾，乾爲君、爲父，二木夾君父，是棺斂之象。中孚艮爲山邱，巽木在裏，棺藏山陵，椁之象也，故取諸大過。**疏**：此虞、鄭義也。大過與中孚，上下兩象易也。中孚无乾象，故不言上古。大過乾在中，乾爲古，故但言古者。巽柔爻爲草，故爲薪。艮止坤上，坤厚載物，故爲厚。乾爲衣，大過乾在中，巽在下，故厚衣之以薪，葬之中野。葬有作藏者。檀弓曰：葬也者，藏也，欲人之弗得見。古葬、藏同音，故有作藏也。周禮冢人曰：以爵等爲邱封之度，與其樹數。鄭彼注云：別尊卑也。王公曰邱，諸臣曰封。邱者邱隧，故王公曰邱。封者葬下棺，故諸臣曰封。檀弓曰：縣棺而封。鄭彼注云：封當爲窆。窆，下棺也。周禮遂人曰：及窆陳役。先鄭司農云：窆謂下棺時。禮記謂之封，春秋謂之堋，皆葬下棺也。聲相似。説文曰：堋，葬下土也。从土朋聲。春秋傳曰：朝而堋。禮記謂之封，周官謂之窆。是封與窆同物。故云：穿土稱封，封古窆字也。檀弓曰：衣足以飾身，棺周於衣，椁周於棺，土周於椁〔一〕，反壤樹之哉！故云：聚土爲樹。穿土象坎，聚土象坤，中孚无坤、坎象，故不封不樹。坤喪于乙，故爲喪。喪服斬衰、齊衰、大功、小功、緦從斬衰，至緦麻喪多而服止五也。其期數斬衰三年，齊衰有三年者，有期者，有三月者，其大功以下則以九月、五月、三月爲數也。日謂三日而斂，三日而食粥，及祥禫之日也。月謂三月而沐，期十三月而練冠，三年而祥，中月而禫之月數也。若然，古者喪期无數，當是心喪終身者。後世淳朴漸虧，故聖人爲之立中制節耳。坤爲喪，坎爲月，离爲日，中孚无坎离日月坤象，故喪期无數也。大過初體巽，故初在巽體。上六爻辰位在巳，巽四月卦，故巳當巽位。本末皆巽，故云二木。四陽在内，故夾四陽。中互二乾，上乾爲君，下乾爲父，故爲君、爲父。釋名曰：衣尸棺曰斂。斂藏不復見，故云：二木夾君父，棺斂之象。王公曰邱，故艮爲山邱。荀氏注中孚曰：兩巽對合，故巽木在裏。漢時天子所葬曰山陵，故云：棺藏山陵，椁之象也。

上古結繩而治，後世聖人易之以書契，百官以治，萬民以

〔一〕「椁」，原作「棺」，據皇清經解本改。

察。蓋取諸夬。注：履上下象易也。乾象在上，故復言上古。上古无文字，結繩爲約，事大大其繩，事小小其繩，各執以相考，亦足以治。巽爲繩，乾爲治，故結繩而治。後世聖人謂黄帝、堯、舜也。契，刻也。書之於木，刻其側爲契，各持其一，以相考合。夬本坤世，坤爲書，乾金爲契，故易之以書契。乾爲百，剥艮爲官，坤爲衆臣、爲萬民、爲迷暗，乾爲治，反剥以乾照坤，故百官以治，萬民以察。乾金決竹木爲書契，故取諸夬也。疏：此虞、鄭、九家義也。履與夬上下易，履乾在上，故復云上古。春秋桓三年曰：夏齊侯衛侯胥命于蒲。公羊傳云：古者不盟，結言而退。穀梁傳云：胥之爲言，猶相也。相命而信諭，謹書而退，以是爲近古也。荀子大略曰：春秋善胥命。若然，結言猶有文字，當在結繩以後。故范甯注云：古謂五帝時也。九家謂：結之多少，隨物衆寡，各執以相考，亦足以相治。故云結繩而治也。列子曰：宋人有遊于道，得人遺契者，密數其齒。張湛注云：刻處似齒。故云：契，刻也。書契猶周禮小宰之質劑。鄭氏謂：兩書一札，同而别之。故云：各持其一，以相考合。夬，坤五世卦，故云坤世。坤爲文，故爲書。刻之于木，刻以刀，故云乾金爲契。虞氏謂兑爲契，義亦通也。夬旁通剥，故云剥艮爲官。坤爲地、爲民，民生于地上，故爲萬民。坤先迷，又爲冥、爲晦，故爲迷暗。夬、剥亦爲反其類，故反剥以乾照坤。大壯震爲竹木，乾爲金，進而成夬。夬，决也。故乾金决竹木爲書契也。

是故易者，象也。注：今之易，古之象。象也者，象也。注：象天制作。彖者，才也。注：彖説三才，則三分天象以爲三才，謂天地人道也。爻也者，效天下之動者也。注：動，發也。謂兩三才爲六畫，則發揮于剛柔而生爻也。是故吉凶生，而悔吝著也。注：爻象動内，則吉凶見外，吉凶悔吝者，生乎動者也，故曰著。疏：今之至之象。舜曰：予欲觀古人之象。象即今易書。故云：今之易，古之象。象天制作。古之所以名象者，正以在天成象。聖人造爻象以象天，卦象天制作，故云：象者，象也。彖說至道也。此虞義也。此承彖來。繫上云：彖者，言乎象者也。謂天象三才，故云彖說三才。下傳云：易之爲書也，廣大悉備，有天道焉，有地道焉，有人道焉。故云：三分天象爲三才，謂天地人道也。虞氏述道士之言，謂「易象在天，三爻足矣」是也。動發至爻也。此虞義也。九六爻之變動者，故云動發也。分天象爲三才，以地兩之爲六畫，故云兩三才爲六畫。以三爲六，因而重之，爻在其中，故發揮于剛柔而生爻也。爻象至曰著。此虞義也，義見上。

陽卦多陰，陰卦多陽。**注**：陽卦一陽而二陰，故多陰。陰卦一陰而二陽，故多陽。其故何也？陽卦奇，陰卦耦。其德行何也？陽一君而二民，君子之道也。陰二君而一民，小人之道也。**注**：陽奇陰耦，道之常也，故曰：陽卦奇，陰卦耦。德行謂人。以人道言之，陽爲君，陰爲臣。陽卦一陽而二陰，在人爲一君而二民，二民共事一君，故君子之道。陰卦一陰而二陽，在人爲二君而一民，一民兼事二君，故小人之道。春秋傳曰：諺曰：臣一主二。**疏**：陽卦至多陽。此明陽爲君子、陰爲小人之義。自乾來者曰陽卦，皆一陽二陰，故多陰。自坤來者曰陰卦，皆一陰二陽，故多陽。陽奇至主二。設問以起下意，故云其故何也。但陽爲奇，陰爲耦，六耦承奇，陰陽得正，故云道之常也。繫上曰：顯道神德行。又云：默而成，不言而信，存乎德行。皆指人道，故德行謂人。鄭注益卦云：陰陽之義，陽稱爲君，陰稱爲臣。故知陽爲君，陰爲臣也。二民共事一君，是純臣之義，故云君子之道。一民兼事二君，是懷二心于君者，故云小人之道。春秋傳者，昭十三年子服惠伯之言。彼謂：主不能撫其臣，故有是語。實非事君之正也。

易曰：「憧憧往來，朋從爾思。」**注**：咸九四爻辭，六日七分時也。子曰：「天下何思何慮？**注**：易无思也。既濟定，六位得正，故何思何慮。天下同歸而殊塗，一致而百慮。天下何思何慮？注：遘巽爲同，震爲塗，故同歸而殊塗。乾爲百，坎爲慮，復初爲一，故一致而百慮。言神化之事，非思慮所及。日往則月來，注：謂咸初往之四，與五成离，离爲日；與二成坎，坎爲月。月來謂震也。三日月出震，八日兑見丁，皆在暮，故日往則月來。月往則日來，注：初變之四，與上成坎，故月往；四變之初，與三成离，故日來。月往謂巽也。十六日巽退辛，二十三日艮消丙，皆在旦，故月往則日來。日月相推而明生焉。注：一往一來曰推。五六三十，和而後月生，故明生。虞氏謂：既濟體兩离坎象，故明生焉。寒往則暑來，注：乾爲寒，坤爲暑，謂陰息陽消，從遘至否，故寒往則暑來。暑往則寒來，注：陰詘陽信，從復至泰，故暑往則寒來。寒暑相推而歲成焉。注：消息十二爻，而期一歲，故歲成。往者詘也，來者信也，詘信相感而利生焉。注：利，和也。詘信謂復、遘時也。復、遘，元也。相感，亨也。咸，感象，故相感。天地感而萬物化生，聖人感人心而天下和平。各正性命，保合太和，故利生焉。尺蠖之詘，以求信也。注：遘初體巽，巽蟲爲尺蠖。詘謂復時也。巽伏震下，故詘信謂遘時也。巽爲進退，故尺蠖之詘，以求信也。龍蛇之蟄，以存身也。注：蟄，潛藏也。龍潛而蛇藏，陽息初震爲龍，陰息初巽爲蛇。十月坤成，十一月復生，遘巽在下，龍蛇俱蟄，初坤爲身，故龍蛇之蟄，以存身也。精義入神，以致用也。注：陽稱精，陰爲義，入在初也。陰陽在初，深不可測，故謂之神。變爲遘、復，故曰致用。初坤爲致用也。利用安身，以崇德也。注：乾爲利，坤爲用，爲安身。陰道用事，謂遘時也。陰升上究，則乾伏坤中，安身默處也。乾爲崇德，時既潛藏，故利用安身以崇德，謂復時也。崇德，體卑而德高。過此以往，未之或知也。**注**：此謂中孚咸也。出此之外，未能有知也。窮神知化，德之盛也。」**注**：以坤變乾謂之窮神，以乾通坤謂之知化。乾爲盛德，故德之盛。**疏**：咸九至時也。易通卦驗曰：甲子卦氣起中孚。案，孟喜卦氣中孚至復六日七分，咸至遘亦六日七分，故云六日七分時也。易无至何慮。此虞義也。乾爲易，隱藏坤初，其静也專，故无思也。虞注咸彖傳曰：初四易位，成既濟，故既濟定。既濟剛柔正而位當，故六位得正。乾元用九，而天下治，故何思何慮也。遘巽至所及。上繫七爻首中孚，下繫十一爻首咸，皆復、遘時也，故兼震、巽言之。震、巽同聲相應，故巽爲同。震爲大塗，故爲塗。乾三爻三十六，略其奇五，故百。咸初變之四體坎，故坎爲慮。復初，元也，故爲一。乾爲神，坤爲化，從陰入陽，從陽入陰，神化之事，唯聖人能知之，非思慮所及也。謂咸至月來。咸卦初四易位成既濟，故云初往之四。四與五皆體离，故與五成离，离爲日。初往之四，二體坎，故與二成坎，坎爲月。此上虞義也。三日月出震在庚，八日兑見丁，皆于暮見之。日暮而月生，故日往則月來也。初變至日來。初變之四，有坎象，坎爲月，故月往。四變之初，有离象，离爲日，故日來。此上虞義也。月三五而闕，故月往謂巽。參同契曰：十六轉受統，巽辛見平明。艮直于丙南，下弦二十三。平明謂旦，故十六日巽退辛，二十三日艮消丙，皆在旦也。坎陽离陰，坎月离日。震出庚，兑見丁，乾盈甲，爲七八；巽退辛，艮消丙，坤滅乙，爲九六。一月之往來，亦如歲也。一往至生焉。一往一來曰推，何休説也。上云往來，此云相推，故知一往一來曰推也。參同契曰：七八數十五，九六亦相應。四者合三十，陽氣索滅藏。是言一月之數。周語曰：天六地五，數之常也。三統歷曰：夫五六者，天地之中，合而民所受生，故日有六甲，辰有五子，十一而天地之道畢。言終而復始。參同契又云：坤乙三十日，東北喪其朋。節盡相禪與，繼體復生明。所謂終而復始也。十一即五六，五六三十，而月一周天，故云天地之道畢。禮運曰：播五行于四時，和而後月生也。是以三五而盈，三五而闕，謂日月戰，天地雜，保太和，陰陽合德之時，故云和而後月生。虞氏謂：既濟體兩离坎象者，謂初往之四成既濟，既濟當望，有兩离坎象，日月雙明，故明生。義亦通也。　乾爲至暑來。　此虞義也。　陰詘至寒來。　此虞義也。　消息至歲成。　虞上注云：陰息陽消，從遘至否；陰詘陽信，從復至泰。此言寒暑往來，故止據内卦。其坤消乾，當從遘至剥；乾息坤，當從復至夬。乾鑿度曰：乾坤二卦十二爻，而朞一歲。乾息坤消，故消息十二爻而朞一歲。孟喜章句曰：自冬至初，中孚用事。一月之筴，九六七八，是爲三十。而卦以地六，候以天五。五六相承，消息一變。十有十二變，而歲復初。是其義也。孟唯以五六爲天五地六，非漢法，疑唐時僧一行之徒飾成之，學者所當審也。　利和至生焉。　利，和。子夏義也。陰消陽從遘，陽息陰從復，故詘信謂復、遘時也。復、遘，乾、坤之初，故云元也。息初至二，乾、坤交，故云：相感，亨也。咸感象以下，虞義也。咸，感也，故相感。天地感而萬物化生，聖人感人心而天下和平者，案虞彖傳注云：乾爲聖人，初四易位成既濟，坎爲心、爲平，故聖人感人心而天下和平。既濟六爻皆正，故各正性命。六爻皆應，故保合太和。剛柔正而位當，故利貞。是言咸初四易位成既濟之事也。　遘初至信也。　説卦曰：巽爲雞。九家易云：應八風也。二九十八主風，大戴禮易本命曰：二九十八，八主風，風主蟲，故蟲八日而化。王充論衡曰：夫蟲，風氣所生。倉頡知之，故凡蟲爲風之字，取氣于風，故八日而化生。遘内體巽，故遘初體巽。巽爲風，風主蟲，故巽蟲爲尺蠖。説文云：尺蠖，詘信蟲也。方言云：蠀蠘謂之尺蠖。郭注云：即踧二，音蠖，烏郭反。又呼步屈。尺蠖先詘而後信，故云尺蠖之詘。復時剛反，震在上，巽在下，故詘；遘時巽在上，故信也。巽爲進退，似尺蠖之詘信，故尺蠖之詘，以求信也。　蟄潛至身也。　此虞義也。月令孟春曰：其蟲鱗。鄭氏謂：龍蛇之屬。又曰：蟄蟲始振。則十一月時龍虵皆蟄，至正月而始振也。説文曰：蟄，藏也。文言曰：潛龍勿用，陽氣潛藏。龍亦得稱藏。今言龍潛而蛇藏者，説卦曰坤以藏之，繫上曰藏諸用，謂巽陽藏室，故陽言潛，陰言藏也。巽四月卦，值巳，故陰息初巽爲虵。震爲龍，故陽息初震爲龍。坤成于亥，故十月坤成。陽息于子，故十一月復生。復時震潛初，巽又伏震下，故遘巽在下，龍虵俱蟄之時也。遘初爲坤，故初坤爲身，陽爲存，故龍虵之蟄，以存身也。陽稱至用也。此姚信義也。乾純粹精，故陽稱精。周書曰地道曰義，乾鑿度曰地静而理曰義，故陰爲義。巽爲入，入在初，謂中孚、咸時也。初爲深，陰陽不測之謂神，故云：陰陽在初，深不可測，故謂之神也。六日七分，中孚至復，咸至遘，故變爲遘、復。坤爲致、爲用，故坤初爲致用；據時咸至遘，故專言致用也。乾爲至德高。此虞、九家義也。咸至遘六日七分，故云陰道用事，謂遘時也。乾鑿度曰：物有始、有壯、有究。坤消至上，故陰升上究。戌亥乾之都，故乾伏坤中。繫上曰默而成，九家云謂陰陽相處，故知安身默處也。繫上又云：夫易，聖人所以崇德而廣業。知崇體卑，崇效天，卑法地。陽伏坤中，坤爲體，故體卑。滅出復震，故德高。此因遘初消乾而究言之也。此謂至知也。尺蠖之詘以下，皆申明中孚、咸之義。故知此者謂中孚、咸也。知者，知此而已，而又非思慮所及。過此以往，變爲遘復，乾坤致用，天何言哉，四時行焉，百物生焉。故未能有知也。以坤至之盛。此虞義也。乾爲神，故以坤變乾謂之窮神。坤爲化，故以乾通坤謂之知化。變爲遘復，富有日新，盛德大業，皆于此出，陽統陰功，故止言盛德也。易曰：「困于石，據于蒺藜，入于其宫，不見其妻，凶。」子曰：「非所困而困焉，名必辱。**注**：困本咸，咸三入宫，以陽之陰，則二制坤，故以次咸。爲四所困，四失位惡人，故非所困而困焉。陽稱名，陰爲辱，以陽之陰下，故名必辱。

非所據而據焉，身必危。**注**：謂據二。二失位，故非所據而據焉。二變時，坤爲身，二折坤體，故身必危。

既辱且危，死其將至，妻其可得見邪？」**注**：三隱坤中，坤爲死，兑爲妻，三上无應，故死其將至，妻其可得見邪？**疏**：困本至必辱。此虞義也。虞注困卦謂否二之上，今云困本咸者，此承咸來，據爻變所值之卦也。咸下體艮，艮爲宮，咸三之二入艮宮，三陽爻而居二陰位，故云以陽之陰。三之二，成坎制坤。制猶折也，古文通。論語：子曰片言可以折獄者，鄭氏注云「魯讀折爲制」是也。咸三之二爲困，故以次咸。三之二，爲四所困，四以陽居陰爲失位，虞氏以四爲惡人，故云四失位惡人。咸三得位，非四所困，今之二失位，故非所困而困焉。陽成于三爲成名，故陽稱名，陰賤故爲辱。三之二，故以陽之陰下，名必辱也。　謂據至必危。　此虞義也。陽據陰，陰承陽，易之大義也。三之二失位，三以陰據陽，故非所據而據焉。二變入宮爲萃，萃下體坤，坤爲身，二困時折坤體，故身必危也。　三隱至見邪。　二變入宮，三隱坤中，坤喪于乙，爲既死霸，故爲死。兌少女爲艮妻，三上俱陰，兩陰无應，故死其將至，妻其可得見邪？陸績謂：三從困辱之家，變之大過爲棺椁，死喪之象，故死其將至，妻不可得而見。義亦通也。

易曰：「公用射隼于高墉之上，獲之，无不利。」子曰：「隼者，禽也。**注**：离爲隼，故稱禽。言其行野容如禽獸焉。弓矢者，器也。**注**：离爲矢，坎爲弓，坤爲器。射之者，人也。**注**：人，賢人也，謂乾。三伏陽出而成乾，故曰射之者人。人則公，三應上，故上令三出而射隼也。君子藏器於身，待時而動，何不利之有。**注**：三伏陽爲君子，二變時坤爲身、爲藏器，謂藏弓矢以待射隼。艮爲待、爲時，三待五來之二，弓張矢發，動出成乾，貫隼入大過死，兩坎象壞，故何不利之有。傳曰：以解悖。三陰小人，乘君子器，故上觀三出，射去隼也。動而不栝，是以出而有獲。語成器而動者也。」**注**：不讀曰拊。古柎、不同字，故誤作不。拊栝猶省栝也。　震爲語，乾五之坤二，成坎弓离矢，動以貫隼，故語成器而動者也。**疏**：离爲至獸焉。　此虞義也。釋鳥曰：二足而羽謂之禽。　故曰：隼者，禽也。繫上曰野容悔淫，謂解三也。管子曰：道路無行禽。三有鳥獸行，故云其行野容如禽獸焉。　离爲至爲器。　此虞義也。射禮有射器，謂弓、矢、決拾、旌、中、籌、楅、豐。故曰：弓矢者，器也。人賢至隼也。此虞義也。乾爲賢人，故曰：人，賢人也。六三匪人，故曰禽。下有伏陽，出而成乾，謂與二成乾，乾爲人，故曰射之者人。三爲三公，而與上應，故云：人則公，三應上，上令三射隼也。三伏至隼也。此虞義也。三伏陽，陽爲君子，二變成坤，坤以藏之，在地成形，形乃謂之器，故云二變時坤爲身、爲藏器。艮爲待、爲時，爻以時而動，故待時而動。五失位，當之二，故三待五來之二，二上之五，三發得正，與五成乾，體大過，棺椁死象。卦本有兩坎，五來之二，三出成乾，故兩坎象壞。坎爲悖，故以解悖。乾鑿度曰：二陰之精射三陽，當卦是埽。知陰陽動出，皆爲射也。不讀至者也。詩常棣曰：鄂不韡韡。鄭氏讀不爲拊。柎與拊相似，故誤爲不。括本作栝，說文曰：矢栝，築弦處。禮記緇衣引太甲曰：若虞機張，往省栝于厥度則釋。鄭氏注云：弩已張，從機間視栝，與所射參相得，乃後釋弦發矢。故云拊栝猶省栝也。震爲語以下，虞義也。子曰：「小人不恥不仁，不畏不義，**注：**謂否也。以坤滅乾爲不仁不義，坤爲恥、爲義，乾爲仁、爲畏者也。不見利不動，不威不懲。**注：**否乾爲威、爲利。巽爲近利，謂否五之初，成噬嗑市。离日見乾爲見利，震爲動，故不見利不動。五之初，以乾威坤，故不威不懲。震爲懲小。小懲而大誡，此小人之福也。**注：**艮爲小，乾爲大，五下威初，坤殺不行，震懼虩虩，故小懲大誡。坤爲小人，乾爲福，以陽下陰，民說无疆，故小人之福也。易曰：『屨校滅止，无咎。』此之謂也。**疏：**謂否至者也。此以下皆虞義也。噬嗑，否五之初。否小人道長，故小人謂否也。否消卦，故以坤滅乾爲不仁不義。坤辱爲恥，畏與威通，乾爲威，故爲畏也。否乾至懲也。乾爲君，君道威嚴，故爲威。利，四德之一，乾以美利利天下，故爲利。巽近利市三倍。利者，義之和。後世不以義爲利，而以利爲利。否坤小人之見利，巽之近利市三倍，皆以利爲利者也。神農日中爲市，取諸噬嗑，故成噬嗑市。离爲日，相見乎离，乾五之初，外體离，故离日見乾爲見利。説卦曰：震，動也。動萬物者莫疾乎雷，故震爲動。樂緯動聲儀曰：風雨動魚龍，仁義動君子，財色動小人。故不見利不動。俗本動作勸，非也。徵古文懲。震恐懼虩虩，故爲懲也。艮爲至福也。艮爲少男，故爲小。陽稱大，故乾爲大。五之初體震，故坤殺不行。坤爲虎刑，春生秋殺，故坤爲殺。震來虩虩，又恐懼脩省，故震懼虩虩。否五之初，巽象半見，有益象，故以陽下陰，民説无疆。震恐懼致福，故小人之福也。善不積，不足以成名；惡不積，不足以滅身。注：乾爲積善，陽稱名，坤爲積惡、爲身。以乾滅坤，故滅身者也。小人以小善爲无益而弗爲也，以小惡爲无傷而弗去也。注：小善謂復初，小惡謂遘初。故惡積而不可弇，辠大而不可解。注：謂陰息遘至遯，子弑其父，故惡積而不可弇。息遯成否，以臣弑君，故辠大而不可解。易曰：『何校滅耳，凶。』疏：乾爲至者也。此以下皆虞義也。噬嗑自否來，否陰消陽，弑父弑君，噬嗑明罰敕法之家，五來滅初，小懲大誡，所以絶惡于未萌，而起教于微眇。上六迷復，辠大惡積，故發其義于上九爻也。乾爲善，自一乾以至三乾成，故爲積善。初不成名，陽立于三，故成名也。坤爲惡，坤初消乾，成遯及否，故爲積惡。坤消至上，窮上反下，乾來滅坤，故滅身者也。小善至遘初。陽始見尚小，故小善謂復初。遘初消陽，故小惡謂遘初。易大傳逸篇曰：正其本，萬事理。君子慎始。差以毫釐，謬以千里。小善弗爲，小惡弗去，由辨之不早辨也。謂陰至可解。陰生亦稱息，息遘至遯，艮子弑父，其初難知，息遘及遯，則著矣。誠中形外，故惡積而不可弇也。息遯成否，坤臣弑君，故辠大而不可解。乾爲君、爲父，内體爲父，外體爲君。艮消乾三，坤消乾五，艮子道，坤臣道，故有此象也。子曰：「危者，安其位者也。亡者，保其存者也。亂者，有其治者也。注：否上爲危，坤爲安、爲亡、爲亂，乾爲治，陽爲存，否泰反其類，故危者安其位，亡者保其存，亂者有其治者也。是故君子安而不忘危，存而不忘亡，治而不忘亂，注：君子，大人，謂否五也。安者危之漸，存者亡之機，治者亂之萌。唯君子知之，故不忘也。是以身安而國家可保也。注：坤爲身。爲〔一〕否反爲泰，君定位于內，而臣忠于外，故身安而國家可保也。易曰：『其亡！其亡！繫于苞桑。』疏：否上至者也。否上爲危，虞義也。上九以陽居陰，體乾亢龍，盈不可久，故危。文言曰：知進退存亡而不失其正者，其唯聖人乎！荀氏注云：存謂五，爲陽位，故知陽爲存。泰反爲否，否反爲泰，故反其類。君子至忘也。君子，大人，謂否五，虞義也。九五休否，大人吉。故云：君子，大人，謂否五。陸績謂：五在否家，雖得中正，常自懼以危亡之事，是不忘之義也。坤爲至保也。此虞義也。否終則傾，故否反成泰。君定位于內，則國可保；臣忠于外，則家可保也。下繫十一爻首咸，咸至遘六日七分，陰始消陽。陸績謂：自此以上皆否陰滅陽之卦，舉之以示慎始之義也。

子曰：「德薄而位尊，注：鼎四也。离九四，凶惡小人，故德薄。四在乾位，故位尊。知少而謀大，注：兑爲少知，乾爲大謀，四在乾體，故謀大。力少而任重，注：五至初體大過，本末弱，故力少。乾爲仁，故任重。以爲己任，不亦重乎。尟不及矣。注：尟，少也。及，及于刑。易曰：『鼎折足，覆公餗，其刑屋，凶。』言不勝其任也。」疏：鼎四至位尊。此以下皆虞義也。鼎四爻辭，故云鼎四也。四體离，离四𠫓如其來如，不孝子𠫓出，不容于內，故爲凶惡小人。二至四體乾，乾爲德。繫上曰：天尊地卑，乾坤定矣。虞彼注云：天貴故尊。四在乾位，乾體不正，故德薄而位尊也。兑爲至謀大。兑爲少女，故爲少；坤爲知，本地親下，故兑爲

〔一〕「爲」，皇清經解本作「謂」。

少知。乾爲大，坎爲謀，本天親上，故乾爲大謀。　五至至重乎。　論語曰：仁以爲己任，不亦重乎。禮表記曰：子曰：仁之爲器重，舉者莫能勝也。又曰：中心安仁者，天下一人而已矣。大雅曰：德輶如毛，民鮮克舉之，我儀圖之，惟仲山甫舉之，愛莫助之。毛萇詩傳云：愛，隱也。言隱微之間，人莫能助，故大學謂之誠，荀子謂之獨。乾元爲仁，隱在初，德輕而莫舉，故曰重也。　尟少至于刑。　尟亦作尠。釋詁曰：尠，寡也。郭注云：謂少。故云少也。俗作鮮。刑謂屋中之刑，周禮之屋誅也。義詳鼎卦。　子曰：「知幾，其神乎。**注**：幾謂陽也。陽在復初稱幾。此謂豫四也。惡鼎四折足，故以此次言。豫四知幾，而反復初也。君子上交不諂，下交不瀆，其知幾乎。**注**：震爲交，爲笑言。笑言，諂也。坎爲瀆。三盱豫，上交諂也；上冥豫，下交瀆也。二欲四復初，得正元吉，故其知幾乎。　幾者，動之微，吉之先見者也。**注**：陽見初成震，故動之微。復初元吉，吉之先見者也。君子見幾而作，不竢終日。易曰：『介于石，不終日，貞吉。』介如石焉，寧用終日，斷可識矣。**注**：小畜离爲見，震爲作，艮待爲竢，故見幾而作，不竢終日。坤爲用，終變成离，离爲日，憂悔吝者存乎介，能識小疵，故介如石焉，寧用終日，斷可識矣。　君子知微知章，知柔知剛，萬夫之望。」**注**：微謂初。隱以之顯，故知微知章。柔謂豫初，剛謂豫四，四當之初，故知柔知剛。坤爲萬，震爲夫，四之初，以一持萬，乾元用九，而天下治，故萬夫之望。**疏**：幾謂至初也。　此虞義也。豫二爻辭，二欲四復初，故云此謂豫四。四與初應，鼎四不知幾，故折足；豫四知幾而反初，故以此次言也。　震爲至幾乎。　二欲四復初，是不諂也；已得休之，是不瀆也。論語曰巧言令色足恭，孟子曰脅肩諂笑，故云：笑言，諂也。坎爲溝瀆，故爲瀆。三諂上瀆，唯知幾之君子不諂不瀆。復初元吉，四之初，得正元吉，故其知幾乎。　陽見至者也。　此虞義也。陽見初成震，震爲動，故動之微。初即一也，一即元也。吕氏春秋曰：元者，吉之始也。古文一與壹通。天地壹壹，壹从壺吉。天壹地壹，天先而地後。陽稱幾，故幾有吉而无凶。復初九云：不遠復，无祇悔，元吉。故吉之先見者也。　小畜至識矣。　豫旁通小畜，小畜體离，离爲見，震爲作足，故爲作。釋言曰：竢，待也。艮爲待，故艮待爲竢，俗作俟也。　豫體震，小畜體巽，震巽特變，故終變成离，謂變小畜也。　微謂至之望。　初尚微，故微謂初。漢書贊曰：司馬遷稱易本隱以之顯。易氣從下生，自微及著，隱以之顯，誠不可弇，故知微知章。豫初陰不正，四陽不正，四之初，剛柔相易，各得其正，故知柔知剛。以一持萬，荀子文。復初，乾元也。元，一也。一以貫之，故以一持萬。乾元用九，成既濟定，故天下治，乃萬夫之望也。

子曰：「顏氏之子，其殆庶幾乎。**注**：幾者，神妙也。顏子知微，故殆庶幾。孔子曰：「回也，其庶幾也。」有不善未嘗不知，知之未嘗復行也。**注**：復以自知，謂「顏回不遷怒，不貳過」，「克己復禮，天下歸仁」。易曰：『不遠復，无祇悔，元吉。』**疏**：幾者至幾也。　此以下皆虞義也。上曰知幾其神乎，說卦曰：神也者，妙萬物而爲言者也。故云：幾者，神妙也。幾者，動之微。顏子知幾，故殆庶幾乎，言庶乎知幾微之道也。孔子曰回也其庶幾也者，論語文。今論語無幾字，也作乎，蓋虞所見本異也。　復以至歸仁。　卦本純坤，坤積不善，復亨剛反，窮上反下，知不善而反于善，故復以自知。復初，乾也。乾知大始，故云知也。顏淵不遷怒不貳過者，論語文。遷怒、貳過皆不善之事。中庸曰：子曰：回之爲人也，擇乎中庸，得一善則拳拳服膺而不失之矣。復之初，中也，即一善也。得而守之，即是不遷怒、不貳過之事。克己復禮，天下歸仁者，亦論語文。說文曰：克之象肩也，其義任也。曾子曰：仁以爲己任。詩敬之曰：佛時仔肩。毛傳云：仔肩，克也。鄭箋云：任也。克己復禮，以身任中道。禮，中也。孟子曰：湯武反之也。又曰：湯武身之也。反之者，復以自知，得善弗失之謂也。身之者，克己復禮之謂也。春秋昭十二年傳云：仲尼曰：古也有志，克己復禮，仁也。則古有是言。天下歸仁，爲仁之效也。引之以證顔子知幾之事也。天地壹壺，萬物化醇。注：謂泰上也。先説否，否反成泰，故不説泰。天地之元，吉凶未形，故曰壹壺。泰初之上成損，天地交萬物通，故化醇。男女覯精，萬物化生。注：艮爲男，兑爲女，故男女覯精。乾爲精。損反成益，萬物出震，故萬物化生。易曰：『三人行，則損一人；一人行，則得其友。』言致一也。」注：陰陽合德，故致一。疏：謂泰至化醇。泰初之上，故謂泰上。上説否五，故先説否。否反成泰，否、泰反其類，故不説泰而説損也。此虞義也。廣雅曰：壹壺，元氣也。故云天地之元。説文云：壹从壺，吉聲。又云：壺，壹壺也。从凶从壺。若然，天地壹壺，吉凶藏于内，故未形。魏伯陽以天地壹壺爲復之一爻交坤，故參同契曰：易有三百八十四爻，據爻摘符。符謂六十四卦，晦至朔旦，震來受符。當斯之際，天地覯其精，日月相撢持，雄陽播玄施，雌陰化黄包。混沌相交接，權輿樹根基。經營養鄞鄂，凝神以成軀。衆夫蹈以出，蝡動莫不由。是言天地合德，萬物化醇、化生之義。泰初之上以下，亦虞義也。泰者，通也。泰初之上，乾交于坤，故云天地交萬物通。艮爲至化生。此虞義也。乾純粹精，故爲精。管子曰：一氣能變曰精。蓋一則精，貳則惑。天地壹壺，男女覯精，皆有致一之義。損反益也，故云損反成益。益下體震，故萬物出震也。陰陽至致一。陰陽合德，謂天地雜、保太和、日月戰之時。陰陽合德，一也。一乃化端，故云言致一也。子曰：「君子安其身而後動，注：謂反損成益。君子，益初也。坤爲安身，震爲後動。易其心而後語，注：乾爲易，益初體復心，震爲後語。定其交而後求。注：震専爲定、爲交，謂剛柔始交。艮爲求。君子脩此三者，故全也。注：否上之初，「損上益下，其道大光。自上下下，民説无疆」，故全也。危以動，則民不與也。注：謂否上九高而无位，故危。坤民否閉，故不與。懼以語，則民不應也。注：否上窮災，故懼上。不之初，故民不應。坤爲民，震爲應也。无交而求，則民不與也。注：上不交初，故无交。震爲交。莫之與，則傷之者至矣。注：上不之初，否消滅乾，則體剥傷，故傷之者至矣。易曰：『莫益之，或擊之，立心勿恒，凶。』」疏：謂反至後動。此以下皆虞義也。承上損六三來，故云損反成益。益自否來，坤民否閉，上來益初得位，故稱君子。益初脩此三者，故全也。危以動以下，皆指否也。乾爲至後語。乾謂否乾，益初互復，復其見天地之心，故體復心也。震專至爲求。説卦曰：震爲專，乾其静也專，故爲定。上之初，故云剛柔始交也。否上至全也。虞注否上九曰：下反於初，成益體震，故後喜。否上之初，有此三者。損上益下以下，益彖傳文，釋全義也。謂否至不與。否上與乾上同義，故高而无位。孝經曰：高而不危。説文曰：危，在高而懼也。上九高而无位，故危。天地不交，故坤民否閉。上九无民，故民不與也。否上至應也。文言釋乾上九曰：忼龍有悔，窮志災也。否上義同，故懼也。上不至爲交。上交初，以貴下賤，大得民；上不交初，是无交也，故民不與。上不至至矣。益本否卦，故上不之初，則否消滅乾，消四至五體剥，剥六四云：剥牀以膚，凶。故體剥傷，傷之者至矣。

周易述卷十八

繫辭下傳

子曰：「乾坤，其易之門邪？注：陰陽相易，出入乾坤，故曰門。乾，陽物也。坤，陰物也。注：陽物天，陰物地。陰陽合德，而剛柔有體。注：合德，謂天地雜，保太和，日月戰。乾剛以體天，坤柔以體地。以體天地之撰，以通神明之德。注：撰，數也。天地之數五十有五，演之爲五十，用之爲四十九。蓍者，幽贊于神明而生，故以體天地之撰，以通神明之德。其稱名也，雜而不越。注：名謂卦名。陰陽雖錯，而卦象各有次第，不相踰越。於稽其類，其衰世之意邪？注：於，嗟也。稽，考也。類者，雜之反也。三稱盛德，上稱末世。乾終上九，動則入坤，坤爲亂，震爲世，陽出復震，入坤出坤，故衰世之意邪。夫易章往而察來，而微顯闡幽，開而當名，注：神以知來，知以藏往。微者顯之，謂從復成乾，是察來也。闡者幽之，謂從遘之坤，是章往也。陽息出初，故開而當名。辯物、正言、斷辭，則備矣。注：復小而辯于物，故辯物。震爲言，正陽在下，初帥其辭，故正言。繫辭焉以斷其吉凶，故斷辭。原始要終，故備矣。其稱名也小，注：謂乾坤與六子俱名八卦而小成，故小。其取類也大。注：謂乾陽也，爲天、爲父，觸類而長之，故大。其旨遠，其辭文。**注**：遠謂乾，文謂坤。其言曲而中，其事肆而隱。**注**：曲，詘。肆，直。中，得也。陽曲初，震爲言，故其言曲而中。坤爲事，隱未見，故肆而隱也。因貳以濟民行，以明失得之報。**注**：貳當爲弍，謂乾與坤也。坤爲民，乾爲行，行得則乾報以吉，行失則坤報以凶也。**疏**：陰陽至日門。此虞義也。以陰易陽，以陽易陰，故云陰陽相易。陽息震爲出，陰消巽爲入，故云出入乾坤。門所以出入者，故云易之門也。陽物至物地。此荀義也。謂純乾、純坤時也。合德至體地。此虞義也。文言曰：夫玄黄者，天地之雜也。謂乾坤合居也。乾彖傳曰：乾道變化，各正性命，保合太和，乃利貞。六爻皆正爲各正性命，六爻皆應爲保合太和，應亦有合義也。坎月離日，三十日一會于壬。虞注師彖傳曰：以离日坎月戰陰陽，是日月戰也。皆陰陽合德之事。乾剛坤柔，乾天坤地，言陰陽同處則合德，分之則剛柔各有體也。撰數至之德。撰，數。九家義也。天地之數五十有五，而五爲虚，故演之爲五十。大衍之數五十，而一不用，故用之爲四十九。是體天地之撰也，所用四十九蓍也。蓍者，聖人幽贊于神明而生，用以作易者，是通神明之德也。但陰陽合德之時，聖人探賾索隱，幽贊于神明，于是取天地之數演之爲五十，用四十有九以作易，蓍以七也，卦以八也，爻以九六也。故以體天地之撰，以通神明之德也。名謂至踰越。此九家義也。周禮太卜：三易其經卦皆八，其别皆六十四。名謂六十四卦之名，故云名謂卦名。虞注下傳「六爻相雜」云：陰陽錯居曰雜。六十四卦陰陽雖錯，各有次序，如屯，坎二之初，蒙，艮之二，此之卦之次序也；如中孚爲十一月，升爲十二月，此卦氣之次序也；如復爲乾世，遘爲坤世，此八宫之次序也；如上篇天道，下篇人事，此二篇之次序也。故云卦象各有次第，不相踰越也。於嗟至意邪。上云雜而不越，是類也。荀子曰：以類行雜。故云：類者，雜之反也。三稱盛德已下，虞義也。乾爲積德，陽成于三，故三稱盛德。上爲末，故上稱末世。乾盈動傾，故乾終上九，動則入坤。坤反君道，故爲亂。震繼世，故爲世。乾終上九爲入坤，陽出復震爲出坤。神農氏繼庖犧而作者，神農氏衰而黄帝作，少昊氏衰而顓頊作，高辛氏衰而堯、舜作。黄帝、堯、舜通其變，使民不倦。易窮則變，通則久，入坤出坤，以類行雜，皆承衰世之後。窮變通久，易之道也。故云：其衰世之意邪。　神以至當名。　此虞義也。乾神知來，坤知藏往，復初爲微，至三成乾，隱以之顯，故曰微者顯之。以乾照坤，故謂從復成乾，是察來也。倉頡篇曰：闡，開也。幽，隱也。幽者闡之反，吕氏春秋曰「隱則勝闡」是也。乾終上九，動而入坤，故闡者幽之，幽謂坤也。坤消乾自遘，故謂從遘至坤，是章往也。坤終于亥，則乾出于子，故陽息出初。闢户謂之乾，陽稱名，故開而當名也。　復小至備矣。　辯，别也。陽出復初尚小，始于坤别，故復小而辯于物。震爲言，乾鑿度曰：坤變初六復，正陽在下爲聖人。初帥其辭，下傳文。帥亦正也，故云正言。繫辭焉所以告也，定之以吉凶所以斷也，故斷辭。以乾原始，以坤要終，故備矣。　謂乾至故小。　此虞義也。庖犧觀變于陰陽而立卦。乾坤各三爻，共有六爻，陽變成震、坎、艮，陰變成巽、离、兑。六爻三變，三六十八，十有八變而成卦。名成于三，故名八卦而小成。三微成著，三著成體之時，故小也。　謂乾至故大。　此虞義也。庖犧引信三才，兼而兩之爲六畫。三才謂乾三爻，故乾爲天、爲父。觸，動也。謂六畫以成六十四卦，故觸類而長之。陽稱大，爲天、爲父，故大也。　遠謂至謂坤。　此虞義也。　曲詘至隱也。　此虞義也。曲、詘同義，故云：曲，詘。下傳云：失其守者其辭詘。虞彼注云：巽詰詘，陽在初，守巽初陽，入伏陰下，故其辭詘。若然，陽曲初，亦謂陽伏巽下也。三倉曰：中，得也。周禮師氏云：掌國中失之事。注云：故書中爲得。杜子春云：當爲得，記君得失。史記封禪書：康后與王不相中。周勃傳：勃子勝尚公主，不相中。皆訓爲得。吕氏春秋曰：禹爲司空，以中帝心。高誘注云：中猶得。是中、得同義，故云：中，得也。陽爲得，震初得位，又爲言，故其言曲而中。樂記曰：肆直而慈愛。故肆爲直，直謂陽也。巽初，坤也。坤爲事，初隱未見，巽稱而隱，故其事肆而隱也。　貳當至凶也。　此鄭、虞義也。貳从弍，弍爲古文二，故云貳當爲弍。大極分而爲二，故弍謂乾與坤也。坤爲民。天行健，故乾爲行。失謂坤，得謂乾，乾吉坤凶，故行得則乾報以吉，行失則坤報以凶也。

易之興也，其於中古乎？注：中古謂文王。作易者，其有憂患乎？注：文王蒙大難而演易，故作易者，其有憂患乎？傳曰：作者之謂聖。是故履，德之基也。注：履二幽人之貞，中不自亂；四「履虎尾，虩虩，終吉」，故德之基。春秋傳曰：「郤子无基。」凡言德皆陽爻。謙，德之柄也。注：坤爲柄，乾上降三，「天道下濟」，故德之柄。復，德之本也。注：復初，乾之元，「中行獨復」，故德之本。恒，德之固也。注：「立不易方」，故德之固。損，德之修也。注：「懲忿窒欲」，所以修德。益，德之裕也。注：「見善則遷，有過則改」，德之優裕者也。困，德之辯也。注：辯，別也。遭困之時，君子、小人之德于是別也。井，德之地也。注：「改邑不改井」，故德之地。巽，德之制也。注：君子制義，故德之制。履，和而至。注：謙與履通，謙坤柔和，故履，和而至。謙，尊而光。注：九三升五，故尊而光。復，小而辯于物。注：復初小善，故云小。「辯之早」，故辯于物。恒，雜而不厭。注：乾初之四，坤四之初，故雜。震巽特變，震究爲蕃鮮，巽究爲躁卦，故不厭。損，先難而後易。注：損初之上，失正，故先難。終反成益，得位于初，故後易。「易其心而後語」。益，長裕而不設。注：巽爲長，「益德之裕」，故長裕。設，大也。攷工記曰：「中其莖，設其後。」坤三進之乾，乾上之坤初，遷善改過。陰稱小，上之初體復小，故不設。困，窮而通。注：陽窮否上，變之坤二成坎，坎爲通，故困，窮而通。井，居其所而遷。注：「井，德之地」，故居其所。能遷其施，故遷也。巽，稱而隱。注：「巽，德之制」，故稱。巽陽隱初，故隱。履以和行。注：「禮之用，和爲貴。」謙震爲行，故以和行。嗛以制禮。注：陰稱禮，旁通履。履者，禮也。九三升五，以一陽制五陰，萬民服，故以制禮。復以自知。注：「有不善未嘗不知」，故自知也。恒以一德。注：一謂初，終變成益，「從一而終」，故以一德。損以遠害。注：坤爲害，泰以初止坤上，故遠害。乾爲遠。益以興利。注：震爲興，乾爲利，上之初，利用大作，耒耨之利，故以興利。困以寡怨。注：坤爲怨，否弑父與君，乾來上折坤二，故寡怨。坎水性通，故不怨也。井以辨義。注：坤爲義，以乾别坤，故辨義也。巽以行權。注：巽制義，故行權。春秋傳曰：「權者，反于經然後有善者也。」疏：中古謂文王。漢書藝文志曰：易道深矣，人更三聖，世歷三古。孟康云：伏羲爲上古，文王爲中古，孔子爲下古。故云中古謂文王。若虞氏之義，以爲文王書經，系庖犧于乾五，乾爲古，五在乾中，故興于中古，則庖犧以前爲上古。今知不然者，下傳云：易之興也，其當殷之末世，周之盛德邪？當文王與紂之事邪？與此傳皆言易之興。但易有興有廢，庖犧氏没而易廢，神農氏作而易興，則神農以前爲上古。神農氏没而易廢，黄帝、堯、舜氏作而易興，歷夏、商、周皆然，則文王以前爲中古。春秋之世，世衰道微，孔子作十翊而易道復興，則孔子之時爲下古。明夷彖傳云：内文明而外柔順，以蒙大難，文王以之。傳謂：作易者，其有憂患乎？正謂文王。庖犧之時，世尚淳樸，不得以憂患目之。馬氏、荀氏、鄭氏皆以文王爲中古，義當然也。文王至謂聖。春秋襄三十年傳云：紂囚文王七年。史記周本紀謂：西伯囚羑里，益易之八卦。漢書司馬遷謂：西伯拘而演周易。尋西伯亦述庖犧之易，而云作者，繫上云：庖犧氏没神農氏作，神農氏没黄帝、堯、舜氏作。神農、黄帝、堯、舜皆述庖犧之易，而亦云作。樂記曰：作者之謂聖。庖犧作易，文王繫辭，今所作二篇是也。聖人制作皆云作，故亦云作易者也。履二至陽爻。履通嗛，嗛之坤土爲基。文王幽于羑里，演易明道，文致太平。履之九二失位，在坎獄中，而不失其常，終免于難。

九四變得位，履虎尾而虩虩多懼，終行其志。春秋成十三年傳云：禮，人之幹也；敬，身之基也。郤子无基，言郤錡不敬，故无基。明履爲德之基也。凡言德皆陽爻，虞義也。乾爲德，故凡言德皆陽爻。言此九卦之德，皆指陽爻也。坤爲至之柄。此虞義也。坤爲柄，說卦文。謙從乾來，乾上降坤三，乾爲天，天道下濟，致恭以存其位，故德之柄也。復初至之本。此虞義也。復之初九，乾元也，即太極也。太極爲中，初九爲獨，中行獨復，故德之本。初爲本也。立不至之固。此虞義也。恒唯九三二爻得正不動，故立不易方。貞固足以幹事，故德之固。懲忿至修德。此荀義也。懲忿窒欲，損象傳文。虞氏云：乾陽剛武爲忿，坤陰吝嗇爲欲，損乾之初成兑說，故懲忿。初上據坤，艮爲山，故窒欲。懲忿窒欲，修德之事，故德之修。見善至者也。此荀義也。見善則遷，有過則改，益象傳文。虞氏云：乾爲善，坤爲過，坤三進之乾四，故見善則遷。乾上之坤初，改坤之過，故有過則改。周語曰布施優裕，故爲德之優裕。若然，虞注晉初六曰：坤弱曰裕。此以裕爲美德者，韋昭注周語云：裕，緩也；馬融注蠱六四云：裕，寬也。文王處憂患之地，長裕不設，獨行自然，故以裕爲美德也。辯別至別也。此鄭義也。九二困而不失其所，其唯君子；六三困于石，據于蒺藜，失其所矣。故云君子、小人之德于是別也。改邑至之地。經曰：改邑不改井。虞彼注云：乾初之五折坤，故改邑。初爲舊井，四應甃之，故不改井。井，法也。下傳云井居其所，爲不改其井之法，故德之地。坤爲地也。君子至之制。說文制作刺，云：裁也，从刀从未。未物成，有滋味，可裁斷，是制爲裁斷也。成八年傳云大國制義，下傳云巽稱而隱，又云巽以行權，是制義之事，故德之制。嗛與至而至。此虞義也。嗛與履旁通，嗛體坤，坤至柔，又爲和順，故嗛坤柔和。坤爲至，故履和而至。九三至而光。嗛象傳云：嗛，尊而光。謂三升五尊位，故尊而光也。復初至于物。上傳曰：小人以小善爲无益而弗爲也。虞彼注云：小善謂復初。故云復初小善，故云小。乾陽物爲善，辨之早；坤陰物爲不善，由辨之不早辨也。有不善未嘗不知，辨之早，故辨于物也。　乾初至不厭。　恒自泰來，故云乾初之四，坤四之初。虞下注云陰陽錯居稱雜，故云雜也。震雷巽風，故特變。震究爲巽，巽爲白，故爲蕃鮮。巽究爲震，震爲決躁，故爲躁卦。是不厭之義也。　損初至後語。　此虞義也。損，泰初之上，以陽居陰，失正，故先難。損極則益，故終反成益。益初得正，故後易。易其心而後語，上傳文。　虞彼注云：乾爲易，益初體復心，震爲後語也。　巽爲至不設。　設大也至設其後，鄭義也。　攷工記桃氏曰：中其莖，設其後。鄭彼注云：從中以郤稍大之也。後大則於把易制。知設訓爲大。　坤三進之乾爲遷善，乾上之坤初爲改過，初至四體復，象陽息復時尚小，故不設。　陽窮至而通。　此虞義也。困，否二之上，否時陽窮于上，故變之坤二。彼經云：困亨。否上之二體坎，乾坤交，故窮而通也。　井德至遷也。　改邑不改井，故德之地，居其所不遷也。井養不窮，是遷其施也。　巽德至故隱。　孟子曰：權然後知輕重。趙岐注云：權，銓衡也，所以稱輕重。巽德之制，故爲稱也。乾伏巽初，龍德而隱，故爲隱也。　禮之至和行。　此虞義也。禮之用，和爲貴，論語文。履者，禮也。論語又云：有所不行，知和而和，不以禮節之，亦不行也。履以和行，謂以禮節之而行也。履旁通嗛，嗛震爲行，故以和行也。　陰稱至制禮。　此虞義也。坤陰爲禮。樂記曰：大樂必易，大禮必簡。又云：樂由天作，禮以地制。故云陰稱禮也。　有不至知也。　此虞義也。　一謂至一德。　此虞義也。恒六五傳曰：從一而終。虞彼注云：一謂初，終變成益。以巽應初震，故從而終。恒，德之固，故一德也。　坤爲至爲遠。　此虞義也。坤陰爲害，泰初之上體艮，艮爲止，故以初止坤上，以乾止坤，乾爲遠，故遠害也。　震爲至興利。　震起爲興，否上之初，初九利用爲大作。虞彼注云：大作謂耕播。耒耨之利，萬民以濟，故興利也。　坤爲至怨也。　此虞義也。坤陰爲怨，困自否來，否三弑父與君，乾上之二，折坤體，怨讟不作，故寡怨。上之坤體坎，坎水性通，困窮而通，故不怨也。　坤爲至義也。　此虞義也。坤爲地，地道曰義，故爲義。辨，別也。　井自泰來，泰初之五，以乾別坤，故辨義也。　巽制至者也。巽，德之制，故以制義。巽稱而隱，鄭注月令云稱錘曰權，故以行權。權者反于經然後有善者也，公羊桓十一年傳文。九家所引，以釋行權之義也。

易之爲書也，不可遠，**注**：法象在內，故不遠。爲道也婁遷，**注**：遷，徙也。日月周流，上下无常，故婁遷。變動不居，周流六虛，**注**：變，易；動，行。六虛，六位也。日月周流，終則復始，故周流六虛。謂甲子之旬辰巳虛。坎戊爲月，离己爲日，入在中宮，其處空虛。故稱六虛，五甲如次者也。上下无常，剛柔相易，**注**：上謂乾二、坤初及三也；下謂坤五、乾四及上也。相易謂二與五、初與四、三與上。乾剛坤柔，相易得位也。不可爲典要，唯變所適。**注**：典要，道也。上下无常，故不可爲典要。適乾爲晝，適坤爲夜。其出入以度外內，使知懼，**注**：出乾爲外，入坤爲內，日行一度，故出入以度。出陽知生，入陰懼死，故使知懼也。又明於憂患與故。**注**：「神以知來」，故明憂患。「知以藏往」，故知事故。无有師保，如臨父母。**注**：陰陽之初，萬物之始，故无有師保。乾爲父，坤爲母，乾坤之元，故如臨父母。初帥其辭而揆其方。**注**：初，始下也。帥，正也。謂「修辭立誠」。方謂坤也。以乾通坤，故初帥其辭而揆其方。既有典常，苟非其人，道不虛行。**注**：其出入以度，故有典常。曲禮曰：「假尒泰龜有常。假尒泰筮有常。」今文尚書曰：「假尒元龜，网敢知吉。」是无典常也。苟，誠也。其人謂乾爲賢人。「神而明之，存乎其人；不言而信，存乎德行。」中庸曰：「待其人而後行。」故不虛行也。**疏**：法象至不遠。法象在內，故不遠，大戴禮文王官人文。法象莫大乎天地，成象之謂乾，效法之謂坤。易麗乾藏坤，故不遠。遷徙至婁遷。此虞義也。遷，徙。釋詁文。日月謂坎离，坎离爲乾坤二用，周流行于六位之中，故婁遷也。　變易至者也。　此虞義也。六虛謂六爻之位，故云六位也。參同契曰：日合五行精，月受六律紀。五六三十度，度竟復更始。故云：日月周流，終而復始。六位謂之六虛者，六甲孤虛法也。天有六甲，地有五子，日辰不全，故有孤虛。裴駰曰：甲子旬中无戌亥，戌亥爲孤，辰巳爲虛。坎納戊，离納己。參同契曰：天地設位，而易行乎其中矣。易謂坎离，坎离者，乾坤二用。二用无爻位，周流行六虛。往來既不定，上下亦无常。幽潛淪匿，變化于中。包囊萬物，爲道紀綱。以无制有，器用者空。故推消息，坎离滅亡。又云：坎戊月精，离己日光。日月爲易，剛柔相當。土王四季，羅絡始終。青赤黑白，各居一方。皆稟中宮，戊己之功。故云：入在中宮，其處空虛。故稱六虛也。五甲如次者，謂甲戌旬中无申酉，申酉爲孤，寅卯爲虛；甲申旬中无午未，午未爲孤，子丑爲虛；甲午旬中无辰巳，辰巳爲孤，戌亥爲虛；甲辰旬中无寅卯，寅卯爲孤，申酉爲虛；甲寅旬中无子丑，子丑爲孤，午未爲虛。故云五甲如次者也。　上謂至位也。　上言坎离周流于六虛，此兼言六爻升降易位之事。乾二居坤五，坤初居乾四，坤三居乾上，故上謂乾二、坤初及三也。或如謙、大壯之三四升坤五，或如需之上六舉坎以降陽，故无常也。乾二坤五，二五相易也。乾初坤四，初四相易也。乾上坤三，三上相易也。故云：相易謂二與五、初與四、三與上也。或有二爻相比而相易，或有爻變受成而相易也。乾剛坤柔，以剛易柔，以柔易剛，各得其位，故剛柔相易也。　典要至爲夜。　此虞義也。釋言曰：典，經也。下傳云：既有典常。故云：典要，道也。其爲道也婁遷，故不可爲典要。鄭注大學云：之，適也。如乾五動，是乾之大有也，坤五動，是坤之比也。又震巽特變，如豫終變成小畜，恒終變成益也，故云唯變所適。剛柔者，晝夜之道，故云：適乾爲晝，適坤爲夜。柔變剛，適乾也；剛化柔，適坤也。　出乾至懼也。　此虞義也。三日出震爲出乾，十六日退巽爲入坤，以出入爲外内也。日一日一夜而周一度，乾爲日，坤爲夜，出乾入坤，故出入以度。陽主生，陰主死，故出陽知生，入陰懼死。知生懼死，辨之早也。　神以至事故。　此虞義也。聖人以此先心，故神以知來。先知吉凶，興利遠害，故明憂患。故謂往，故坤智藏往，故知事故。陰陽至父母。師保生成，皆後起之事。陰陽之初，萬物之始，故无有師保。物之始生，受之以蒙，乃有師保也。乾坤之元，中孚、咸時也。中孚至復，咸至遘，隱以之顯，乾坤致用，故如臨父母，戒慎恐懼之時也。初始至其方。此虞義也。初始謂初九也。陽在下，故云下也。正陽在下，故初帥其辭。息至二當升五，二陽不正，故脩辭立誠。二本陰位，故以乾通坤。乾當居坤初、三、五之位，故揆其方也。其出至行也。此虞義也。日行一度，度有經常，故有典常。曲禮云者，證易之有常也。今文尚書者，伏生尚書西伯戡黎文。今作格人，俗儒改假爲格，訛尒爲人，失其義矣。神以知來，故吉凶可知。罔敢知吉，是无典常也。郭璞三倉解詁曰：苟，誠也。九二升坤五，故爲賢人。聖人幽贊于神明而生蓍，故神而明之存乎其人。信在言前，故不言而信。易簡之善配至德，故存乎德行。中庸云者，證非其人則既濟之功不行也。

易之爲書也，原始要終，以爲質也。**注**：質，本也。以乾原始，以坤要終，謂「原始及終，以知死生之説」。

六爻相雜，唯其時物也。**注**：陰陽錯居稱雜。時陽則陽，時陰則陰，故唯其時物。「乾，陽物；坤，陰物。」

其初難知，其上易知，本末也。**注**：本末，初上也。初尚微，故難知。「爻象動内，吉凶見外」，故易知。

初辭擬之，卒成之終。**注**：「初帥其辭」，「擬之而後言」，故初辭擬之。卦成于上，上爲終，故卒成之終。

若夫雜物撰德，辯是與非，則非其中爻不備。**注**：撰德謂乾。辯，別也。是謂陽，非謂陰也。中，正也。乾六爻二、四、上匪正，坤六爻初、三、五匪正，故非其中爻不備。「道有變動，故曰爻」也。

噫！亦要存亡吉凶，則居可知矣。知者觀其彖辭，則思過半矣。**注**：存亡吉凶，所謂要終者也。居，辭也。彖辭，卦辭。

卦辭惣舉六爻之義，故思過半矣。二與四同功而異位。**注**：乾五爲功，二應五，四承五，故同功。二爲大夫，四爲諸侯，故異位。其善不同，二多譽，四多懼，近也。**注**：乾爲善，二正應五，故多譽。四近承五，故多懼。傳曰：「近而不相得則凶。」柔之爲道不利遠者，其要无咎，其用柔中也。**注**：柔當承剛，故不利遠。傳曰：「困蒙之吝，獨遠實也。」柔中謂六二。三與五同功而異位。**注**：三有佐五之功，故同功。三爲三公，五爲天子，故異位。三多凶，五多功，貴賤之等也。**注**：三過中，故多凶。功歸于五，故五多功。五貴三賤，爻有等，故云貴賤之等。其柔危，其剛勝邪。**注**：謂三。勝，稱也。**疏**：質本至之說。此虞義也。廣雅曰：素，本也。質、素同義，故云：質，本也。乾元萬物資始，故以乾原始；坤用六以大終，故以坤要終。原始及終，以知死生之說，上繫文。乾知生，坤知死，故原始反終，以知死生之說。說讀爲舍也。陰陽至陰物。此虞義也。六爻陰陽錯居，故云雜。爻之變化有時，故云：時陽則陽，時陰則陰。乾，陽物；坤，陰物。上傳文。本末至易知。大過彖傳曰：棟橈，本末弱也。謂初上二爻，故知本末謂初上也。天道三微而成著，故初尚微。吉凶未定，故難知也。爻象動内，吉凶見外，上傳文。内謂初，外謂上，爻至上而吉凶始見，故易知也。初帥至之終。初稱擬，擬之而後言。擬者未定之辭，故初辭擬之。一卦吉凶存亡之義至上而具，故卦成于上。上者一卦之終，故卒成之終。撰德至爻也。此虞義也。承上「六爻相雜」來。雜物即六爻相雜，唯其時物是也。乾爲德，故撰德謂乾。鄭氏曰：撰，算也。是非猶善惡，故是謂陽，非謂陰也。六爻不皆中，故中謂正也。乾六爻二、四、上失位，故非正。坤六爻初、三、五失位，故非正。乾鑿度曰：陰陽失位，皆爲不正。鄭彼注云初六陰不正，九二陽不正是也。若然，乾二居坤五，乾四居坤初，乾上居坤三，坤五居乾二，坤初居乾四，坤三居乾上，則六爻得位，成兩既濟，天地人之道備。

故非其中則爻辭不備也。道有變動故曰爻，下傳文。　存亡至半矣。　此申要終之義也。居音基。居，辭。鄭、王肅義也。陽爲存，陰爲亡，乾爲吉，坤爲凶，乾吉則存，坤凶則亡，知存知亡，故居可知矣。彖辭，卦辭。馬義也。卦辭⿰牜甬舉一卦六爻之義，言不一一舉，故云⿰牜甬舉。如屯卦辭「不利有攸往，利建侯」，謂初也；蒙卦辭「匪我求童蒙，童蒙求我」，我謂二，童蒙謂五。「初筮告，再三瀆，瀆則不告」，初筮謂初，再三謂三、四。屯重既濟，以初九爲一卦之主，故止舉一爻；蒙則兼舉五爻，故云思過半矣。他卦卦辭皆放此。　乾五至異位。　此下陳二、四、三、五爻之義，亦所謂要終者也。六爻以二、五爲中和卦，二、五兩爻又以五爻爲主，乾五爲功，故凡言功皆指五。或以二、四同在陰位，三、五同在陽位，故同功，非易之例也。二爲大夫，四爲諸侯，乾鑿度文。言二、四皆有承五之功，而位則異也。　乾爲至則凶。　乾爲善，亦謂五也。二、四皆承五，二居中而應五，故多譽；四不中而近五，故多懼。凡卦相比而不相害則吉，近而不相得則凶，故引下傳以爲證也。　柔當至六二。　此申二多譽之義。柔利承陽，遠則不利。蒙六四之吝，遠于陽也。二遠于五，所以多譽而无咎者，以其用柔居中而應五也。其要者，亦要終之義也。　三有至異位。　功者五之功，而三佐之，故同功。三爲三公，五爲天子，亦乾鑿度文。　三過至之等。　揚雄論乾六爻之義云：過中則惕。三過中，故多凶也。六爻之功皆歸于五，故五多功。易之例陽貴陰賤，今三陽而稱賤者，三多凶，陽吉陰凶，故謂之賤。且三對五言，不得云貴。繫上云：卑高以陳，貴賤位矣。又云：列貴賤者存乎位。又云：崇高莫大乎富貴。貴皆謂五，故五在三不得言貴也。若據陰爻亦得言貴，屯初九傳云「以貴下賤，大得民」是也。若爻不善亦不得言貴，頤初九傳云「觀我朵頤，亦不足貴」是也。爻有等，下傳文。　乾爲善，三多凶，故不言其善也。　謂三勝稱也。　下傳云：其辭危。虞彼注云：危謂三。故知其柔其剛皆謂三也。勝、稱同物，故云：勝，稱也。上云非其中爻不備，故此傳論二爻之義云：其要无咎，其用柔中也；論三爻之義云：其柔危，其剛勝邪。以陽居陽，故稱也。

易之爲書也，廣大悉備，**注**：有天地人之道，故悉備。以言乎天地之間，則備矣。有天道焉，有人道焉，有地道焉。**注**：道謂陰陽、剛柔、仁義之道，所謂「性命之理」也。兼三才而兩之，故六。**注**：參天兩地爲六畫，故六也。六者非它也，三才之道也。**注**：「六爻之動，三極之道」，故三才之道也。道有變動，故曰爻。**注**：「爻也者，效天下之動者也。」爻有等，故曰物。**注**：「聖人有以見天下之動，而觀其會通，以行其等禮」，故爻有等。「乾陽物，坤陰物」，故爲物。物相雜，故曰文。**注**：純乾純坤之時，未有文章。陽物入坤，陰物入乾，更相雜成六十四卦，乃有文章，故曰文。文不當，故吉凶生焉。**注**：不當謂不當位。當則生吉，不當則生凶，故吉凶生也。

疏：有天至備矣。繫上曰：夫易廣矣、大矣。荀彼注云：以陰易陽謂之廣，以陽易陰謂之大。下云：以言乎天地之間則備矣。天，天道也；地，地道也；天地之間，人道也。大衍之數備三才，故廣大悉備也。道謂至理也。説卦曰：立天之道曰陰與陽，立地之道曰柔與剛，立人之道曰仁與義。六者原本于性命，故云性命之理。下云兼三才而兩之，是順性命之理也。參天至六也。説卦云：兼三才而兩之，故易六畫而成卦。虞彼注云：謂參天兩地，乾坤各三爻而成六畫之數也。六爻至道也。六爻之動，三極之道，上繫文。三極謂天地人，即三才，故云三才之道也。爻也至者也。道即三才之道。爻也者，效天下之動者也，上傳文。虞彼注云：動，變也。謂兩三才爲六畫，則發揮于剛柔而生爻也。聖人至爲物。聖人有以見天下之動，而觀其會通，以行其等禮。上繫文。道有變動，故曰爻。乾坤交而通，故觀其會通，以行其等禮。禮之有降殺，本于爻之有等級，故曰等禮。乾陽物，坤陰物，上傳文。言爻之陰陽自乾坤來也。純乾至曰文。此虞義也。純乾純坤謂乾坤各三爻也，其時未有文章，鄭語曰物一無文是也。乾坤交通，故陽物入坤，陰物入乾，而成六子，八卦更相錯而成六十四卦，柔文剛，剛文柔，如五色相雜而成文章，故曰文也。不當至生也。陽居陰、陰居陽爲不當位。乾鑿度曰：陽失位爲庸人，陰失位爲小人也。吉凶者，言乎其得失也。故得位則生吉，失位則生凶。

易之興也，其當殷之末世、周之盛德邪？當文王與紂之事邪？ **注**：謂文王書易六爻之辭也。末世，乾上；盛德，乾三也。**是故其辭危。** **注**：危謂乾三夕惕若夤，厲无咎。故辭危也。**危者使平，** **注**：平謂三。天地際，故平。文王則庖犧，合德乾五，故危者使平也。**易者使傾。** **注**：乾爲易。傾謂上。乾盈動傾，故使傾。謂紂也。**其道甚大，百物不廢。** **注**：大謂乾道。乾三爻三十六物，略其奇五，故百物。反復不衰，故不廢也。**懼以終始，其要无咎。此之謂易之道也。** **注**：乾稱易道。「知至至之，可與幾也」，故懼以始。「知終終之，可與存義也」，故懼以終。「終日乾乾」，故无咎。「危者使平，易者使傾」，「惡盈福謙」，故易之道者也。**疏**：謂文至三也。此虞義也。大道之行，天下爲公，選賢與能。故庖犧作易，創二五升降之法，以天德居天位。夏、商以後，大道既隱，天下爲家，大人世及以爲禮。至殷之末世，紂爲无道，故文王演易，昌明大道，書易六爻之辭，而明吉凶悔吝，易道廢而復興。屯之六三君子以經論，是文王演易，文致太平之事。故曰：易之興也，其當殷之末世、周之盛德邪？當文王與紂之事邪？上九忼龍有悔，故末世，乾上，謂紂也。陽成于三，九三終日乾乾，夕惕若夤，窮神知化，德之盛，故盛德，乾三也。危謂至危也。此虞義也。承上周之盛德，故知危謂乾三。三多凶，夕惕若夤，厲无咎，乾九三爻辭。文言云雖危无咎，故辭危也。平謂至平也。泰九三爻辭曰：无平不陂。虞彼注云：平謂三。傳曰：天地際也。三處天地之會，故平也。虞上繫注云：文王則庖犧，亦與天地合德。庖犧德合乾五，文王則之，故德亦合乾五。幽而演易，文致太平，故危者使平也。乾爲至紂也。乾以易知，故乾爲易。承殷之末世言，故傾謂上。上九忼龍，盈不可久，故乾盈動傾。紂无道滅亡，故易者使傾也。大謂至廢也。此虞義也。陽稱大，乾道變化，故大謂乾道。乾陽爻九，四九三十六，三爻一百八，略其奇數，故百物。乾純粹精，故爲物也。終日乾乾，反復道，故反復不衰，是不廢之義也。乾稱至者也。此虞義也。乾爲易、爲道，故乾稱易道。知至至之，「至謂初」；知終終之，終謂上。此文言傳釋九三義也。九三知始知終，雖危无咎，與此傳「懼以終始，其要无咎」同義，故引以爲證。天道福謙，故危者使平。地道變盈，人道惡盈，故易者使傾。謙自乾來，上九降三，乾爲易道，故易之道者也。

夫乾，天下之至健也，德行恒易，以知險。**注：**險謂坎也。謂乾二五之坤成坎離。日月麗天，「天險不可升」，故知險者也。夫坤，天下之至順也，德行恒簡，以知阻。**注：**阻，險阻也。謂坤二五之乾。艮爲山陵，坎爲水，巽高兑下，「地險山川丘陵」，故以知阻也。能説諸心，能孯諸侯之慮，**注：**乾五之坤，坎爲心，兑爲説，故能説諸心。坎心爲慮，乾初之坤爲震，震爲諸侯，故能孯諸侯之慮。定天下之吉凶，成天下之娓娓者。**注：**謂乾二五之坤成離日坎月，則八卦象具。「八卦定吉凶」，故能定天下之吉凶。娓娓者，陰陽之微。月生震初，故成天下之娓娓者。是故變化云爲，吉事有祥。**注：**祥，善也，吉之先見者也。陽出，變化云爲，吉事爲祥，謂復初，乾元者也。象事知器，占事知來。**注：**象事謂坤，坤爲器。乾五之坤成象，故象事知器。占事謂乾以知來。乾五動成離，則翫其占，故知來。天地設位，聖人成能。**注：**天尊五，地卑二，故設位。乾爲聖人，「能説諸心，能孯諸侯之慮」，故成能也。人謀鬼謀，百姓與能。**注：**乾爲人，坤爲鬼。乾二五之坤，坎爲謀，乾爲百，坤爲姓，故人謀鬼謀，百姓與能。**疏**：險謂至者也。　此虞義也。坎爲險，故云險謂坎也。乾二五之坤成坎，乾二五變，之坤成离，故云乾二五之坤成坎离。坎月离日，故日月麗天。論語曰：仲尼日月也，無得而踰焉。又云：夫子之不可及也，猶天之不可階而升也。故云天險不可升也，是知險之義也。天險不可升也，坎象傳文。　阻險至阻也。　此虞義也。坤二五之乾成离，坤二五動之乾成坎，互體艮爲山陵，坎爲水，巽爲高。澤動而下，故兑爲下。坤爲地。地險山川邱陵，亦坎象傳文。地險山川邱陵，地險而阻，故知阻者也。　乾五至之慮。　此虞義也。兑膢口說，說從坎心，說之深也。震初獨行，不與聖人同憂。揅慮從震，揅之微也。能說諸心，故能定天下之吉凶。能揅諸侯之慮，故能成天下之娓娓。所謂聖人成能也。　謂乾至娓者。　此虞、荀義也。乾二五之坤，坤二五之乾，成离日坎月，互有艮巽，故八卦象具。陽息則吉，陰消則凶，故八卦定吉凶。娓、微同物，故云娓娓者，陰陽之微。三日月出震，故月生震初。上傳云：定天下之吉凶，成天下之娓娓者，莫善乎蓍龜是也。知險知阻，其以此耳。　祥善至者也。　此虞義也。乾初爲善，故云：祥，善也，吉之先見者。故吉事有祥。陽出變化云爲，成復初，初爲元，元亦善也，故復初，乾元者也。　象事至知來。　此虞義也。坤爲事、爲器，乾五之坤成坎月离日，日月爲象，故象事知器。乾神知來，乾五動之坤成离，以离目玩其占，極數知來之謂占，故占事知來也。　天尊至能也。　此虞義也。天尊五，謂乾五。地卑二，謂坤二。列貴賤者存乎位，故設位。乾五爲聖人，謂庖犧也。說心揅慮，唯聖者能之，故成能也。　乾爲至與能。　此虞義也。人謀謂謀及乃心也，鬼謀謂謀及卜筮也，百姓謂謀及卿士也。朱仰之以百姓爲謀及庶人，非也。聖人成能，故百姓與能也。　八卦以象告，**注**：「在天成象」，乾二五之坤，則八卦象成。兑口震言，故以象告也。爻象以情言，**注**：聖人之情見乎辭，故爻象以情言。震爲言。剛柔雜居，而吉凶可見矣。**注**：乾二之坤成坎，坤五之乾成离，故剛柔雜居。艮爲居。离有巽、兑，坎有震、艮，八卦體備，故吉凶可見也。變動以利言，注：乾變之坤成震，乾爲利，變而通之，以盡利。震爲言，故變動以利言。吉凶以情遷。注：乾吉坤凶，「六爻發揮，旁通情也」，故以情遷。是故愛惡相攻，而吉凶生。注：攻，摩也。乾爲愛，坤爲惡。謂剛柔相摩。以愛攻惡生吉，以惡攻愛生凶，故吉凶生。遠近相取，而悔吝生。注：遠，陽，謂乾；近，陰，謂坤。陽取陰生悔，陰取陽生吝，悔吝言小疵。情僞相感，而利害生。注：情，陽；僞，陰也。情感僞生利，僞感情生害。乾爲利，坤爲害。凡易之情，近而不相得則凶；或害之，悔且吝。注：坤爲近、爲害。以陰居陽、以陽居陰爲悔且吝也。將叛者，其辭慚。注：坎人之辭也。坎爲隱伏，將叛，坎爲心，故慚也。中心疑者，其辭枝。注：离人之辭也。火性枝分，故枝疑也。吉人之辭寡。注：艮人之辭也。艮其輔，言有序，故辭寡。躁人之辭多。注：震人之辭也。震爲決躁，「笑言啞啞」，故辭多。誣善之人，其辭游。注：兑人之辭也。兑爲口舌，誣乾，乾爲善人也。失其守者，其辭詘。注：巽人之辭也。巽詰詘，陽在初守巽，初陽入伏陰下，故其辭詘。此六子也。离上坎下，震起艮止，兑見巽伏。上經終坎、离，則下經終既濟、未濟。上繫終乾、坤，則下繫終六子。此易之大義者也。疏：在天至告也。此虞義也。日月在天成八卦象。乾二五之坤成震、坎、艮，坤二五之乾成巽、离、兑，故八卦象成。兑爲口，震言爲告，故以象告也。聖人至情言。乾爲聖人，乾、坤旁通，而天地萬物之情可見。辭以覘乎情，故聖人之情見乎辭。全體爲象，析體爲爻。上傳云：知者觀其彖辭，則思過半矣。乾文言曰：六爻發揮，旁通情也。故爻象以情言也。乾二至見也。此虞義也。乾二升五，故乾二之坤成坎；坤五降二，故坤五之乾成离。乾剛坤柔，故剛柔雜居。坤二五之乾成离，互有巽、兑；乾二五之坤成坎，互有震、艮。八卦而小成，故八卦體備。八卦定吉凶，故吉凶可見也。乾變至利言。此虞義也。利者，義之和也。變動則有所適，如利見大人、利有攸往之類是也。變通所以盡利，故以利言也。乾吉至情遷。此虞義也。遷，運，徙也。乾、坤旁通，成六十四卦，故以情遷也。攻摩至凶生。此虞義也。攻有摩義，故云：攻，摩也。乾長人，故爲愛。惡道屬陰，故爲惡。乾剛坤柔，剛柔相摩，故愛惡相攻。以愛攻惡陽生，故吉生；以惡攻愛陰消，故凶生也。遠陽至小疵。此虞義也。本謂爻位之遠近，而云遠陽近陰者，陰遠于陽則稱遠，陽近于陰則稱近。故遠謂陽，近謂陰。乾爲遠，故遠，陽，謂乾；坤爲近，故近，陰，謂坤。陽居陰位，故陽取陰生悔；陰居陽位，故陰取陽生吝。纖介不正，悔吝爲賊，故悔吝言小疵。情陽至爲害。此虞義也。陽實爲情，陰虛爲僞。太玄曰：離乎情者必著乎僞，離乎僞者必著乎情。故知情，陽；僞，陰也。乾爲利，故情感僞生利。坤爲害，故僞感情生害也。坤爲至吝也。此虞義也。凡二爻相比而不相得者，皆爲陰陽失位而凶。雖不當位，而剛柔相應，近爻猶有害之者，乃悔吝小疵矣。乾鑿度所云其應實而有之，皆失義也。坎人至慙也。此虞義也。六子稱人者，乾鑿度十二辟卦皆稱表，鄭彼注謂：表者，人形體之章識也。故復表日角，臨表龍顔，稱復人、臨人。知六子亦稱人也。以下叙六子之辭，此爲坎人之辭也。坎爲隱伏，將叛之象也。慙从心，坎心爲慙也。离人至疑也。此虞義也。离爲火。火性枝分者，太玄應準离，初一曰：六幹羅如，五枝离如。故知火性枝分也。枝分不一，故枝疑也。艮人至辭寡。此虞義也。震人至辭多。此虞義也。巽究爲躁卦，謂震也。震剛在下而動，故爲决躁。震爲笑言，笑言啞啞，故辭多也。兑人至人也。兑爲巫、爲口舌，氣與乾通，故口舌誣乾。乾爲善人，故誣善也。兑爲金，太玄曰四九爲金、爲譖，是誣善之義也。巽人至者也。此虞義也。上傳云：其言曲而中。虞彼注云：曲，詘，陽曲初。巽詰詘，亦謂曲也。乾初在下，故陽在初守巽。陽伏巽下，故其辭詘。將叛者已下，皆謂六子之辭，故云此六子也。离上坎下，震起艮止，兑見巽伏，皆雜卦文。离火枝分，故上；坎隱伏，故下；震决躁，故起；兑誣乾，故見；巽詰詘，故伏。乾鑿度曰：离爲日，坎爲月，日月之道，陰陽之經，所以終始萬物。故以坎离爲終。既濟、未濟亦坎、离也，故上經終坎、离，則下經終既濟、未濟也。上繫乾坤其易之緼邪已下，皆叙乾坤。六子，乾坤所成，故上繫終乾坤，則下繫終六子。此皆七十子所傳大義，故云此易之大義者也。